Start-Up of Social Enterprise: Theory and Practice

사회적기업의 창업 이론과 실제

김영국

박영사

放下着

한평생 '나무 심는 마음'의 교훈을 일깨워 주신 부모님께 이 책을 바칩니다.

머리말

전 세계적으로 불평등과 양극화가 심화되고 있는 실정이다. 특히, 경제 위기 등에 따른 시장 및 자본주의 한계에 대한 성찰, 새로운 대안의 모색을 위한 다양한 흐름이 지속되고 있다. 한편으로는 우리 사회 전반에 걸친 취약계층에 대한 고용과 새로운 가치창출을 위한 사회서비스를 수행할 수 있는 조직으로 사회적기업이 출현하였다.

본서는 사회적경제 중 필자가 오랜 기간 준비해오며 초점을 두고 있는 사회적기업은 정부의 적극적인 육성정책에 힘입어 질적·양적으로 크게 성장하는 중이다. 그러나 아직도 사회적경제와 사회적기업을 중심으로 한 창업가정신의 중요성에 비추어볼 때, 이에 대한 국내외의 다양한 연구와 탐구는 아직도 미흡한 상태다.

특히, 사회적기업 지원정책은 이제 인건비 위주의 보조에서 벗어나 방식과 유형을 다양화하고, 사회적기업을 중심으로 한 창업가정신을 더욱 발전시켜나가는 것을 목표로 사회적 가치 창출을 위한 제도적 장치를 마련하는 방향으로 진행되어야 할 것이다.

우리나라의 사회적기업육성법이 지난 2007년에 제정된 이후, 이에 따른 지원이 곳곳에서 진행되고 있는 지금까지도 사회적기업에 대한 긍정적·부정적 영향의 양날개 같은 두 측면을 포괄적이고 세심하게 살펴보는 노력이 크게 필요한 시점이다.

2000년대에 접어들면서, 노동 불안정성의 심화 추세와 사회서비스 수요 증가를 배경으로 사회적기업이 창업 시장에서 창업가정신과 더불어 크게 주목받기 시작하였다. 사회적기업은 취약계층에게 사회서비스 또는 일자리를 제공하거나 지역사회에 공헌함으로써 지역주민의 삶의 질을 높이는 등의 사회적 목적을 추구하면서 재화 및 서비스의 생산·판매 등 영업활동을 하는 기업으로서 인증받은 자이다.

정부의 지원 효과는 사회적기업 특성에 따라 다르게 나타난다. 그러므로 개별 사회적기업에 대한 특성에 따라 정부 지원방식의 다양화가 필요하다. 특히, 사회적기업의 경우는 상대적으로 아직도 선진국에 비하면 자구노력과 자립기반이 미약한 편이다. 또한 소규모 신생조직 조직의 경험과 노하우의 습득과 민간기업과 시민단체 및 중간조직 등과 활발한 교류 통해 조직 운영에 필요한 자원 확보가 필요한 시점이다. 따라서, 정부의 사회적기업 지원정책은 사회적기업의 특성을 고려해 거시적 관점에서 창업생태계 조성에 초점을 두고 선택과 집중을 진행해야 할 것이다.

따라서 본서에서는 사회적기업과 창업을 중심으로, 국내외 사회적기업의 트렌드에 대한 다양한 연구와 탐구 방법을 시도하였다. 세계는 제4차 산업혁명이라는 거대한 변화 앞에 놓여 있다. 이러한 변화 이후 다가올 새로운 세상은 인공지능과 IoT, 클라우드, 빅데이터, 모바일 등 융합기술이 산업은 사회적경제와 사회적기업 등은 물론 복지, 고용, 교육, 국방 등 다양한 분야와 결합하여 사회 전반의 '지능화'가 실현되는 지능정보사회일 것이라는 데 전문가들의 의견이 일치할 것이다. 그것은 지금까지 우리가 한 번도 경험해보지 못한 새로운 사회의 모습일 것이다. 맥킨지 분석에 따르면 지능정보사회의 경제효과는 2030년 기준으로 최대 460조 원에 달할 것으로 전망되고 있다.

이러한 시대적 환경과 요구에 따라 4차 산업혁명에 시대의 도래에 따라, 알기 쉬운 사회적기업과 창업이라는 대명제 하에 부족하나마 본서를 발간하게 되었다. 특히, 사회적기업을 연구하는 대학(원)생, 일반인과 (예비)창업자들이 본서를 통하여 종합적으로 비교적 쉽게 이해함으로써 실무현장에서 적극적으로 활용되기를 바라는 마음이 간절하다.

본서는 이러한 시대적·환경적인 인식의 바탕 아래 저자가 국내외 산·학·군·관에서 40년여 재직한 현장의 실무경험을 적극적으로 반영하고자 하였다. 특히, 대학에서 동 분야의 연구활동과 강의 및 사회적기업을 비롯한 기업 국비과제 평가 및 심사, 국책 연구과제 수행 경험 등, 다양한 경험을 바탕으로 가급적이면 알기 쉽게 집필하고자 하였다. 한편으로는 전적으로 선행연구자들의 주옥같은 자료들을 중심으로 기존의 서적들과는 다른 새로운 실무적인 차별화 전략을 시도하고자 무척 노력하였다.

본서의 발간을 준비하는 동안 계절도 몇 차례나 바뀌었고 위드 코로나시대로 비대면의 새로운 세상으로 바뀌었다. 그러나 돌아보니 곳곳에 연구의 아쉬움과 능력의 한계로 부족한 곳이 참 많다.

여러모로 부족한 본서가 잉태하도록 세심한 열정을 다해주신 박영사 편집진의 노고에 깊이 감사드린다. 특히, 전채린 차창님과 장규식 차장님의 열정적이고 세심한 배려와 지원이 종종 에너지를 보태주셨다. 한평생 씨 뿌려 거두는 삶의 교훈과 늘 나침반 역할을 해주시는 존경하옵는 한뫼 김치순 선생님, 나의 사랑하는 가족과 형제들. 말레이시아에서 무럭무럭 잘 자라는 나의 삶 중에, 큰 에너지요 항상 삶의 청량제 같은 귀염둥이 손자 필립과 예준이와 아들 부부. 늘 이마 푸른 꿈을 총총 실천해 가는 독일의 열정파, 사랑하는 Alex & Hansong에게 바다 건너 큰 고마움을 전한다.

더불어 국내외 여러 산·학·군·관 등에서 물심양면으로 넉넉한 격려와 응원을 해주는 碩松의 지인과 선후배와 친구들과 사랑하는 제자들, 늘 긍정의 힘을 주시는 大圓 李曲之 박사(경영학·공학)와 百川 윤종규 회장(다우약품)과 羽江 손철호(현대스틸)㈜사장께도 상추 이파리 같은 넉넉한 사랑과 감사의 마음을 한 움큼 드리고 싶은 마음 간절하다.

하루하루가 언제나 소풍 같은 일상이고 싶다.
청산행(靑山行)처럼, '내 얼굴을 가질 때까지…'
계명동산 天地齊와 창녕(加福) 碩松연구실에서
코로나 종식을 기원하며…

2022년 6월
碩松 김영국(EnglandKim)

CHAPT 02

기업경영의 흐름과 경영철학

CHAPT 03

사회적경제와 사회적기업

CHAPT 07

사회적금융과 지원제도

표 차례

그림 차례

chapter 01

자본주의 경제의 이해

01 자본주의 경제의 이해

1. 경제 질서

　자본주의 경제 질서는 경제성장의 핵심이다. 모든 상품은 수요와 공급에 따라 적정한 가격이 정해진다. 가격을 기준으로 상품의 생산과 교환과 소비가 이루어진다. 따라서 가격은 그 가격에서 수요와 공급이 일치할 수 있는 높이로 결정된다.

　자본주의 경제 질서는 가격의 성립에 따라 유지된다. 상품가격은 수요와 공급의 관계에서 결정된다는 설이 일반적이나, 상품생산에 투하된 노동량에 일치나 비례한다는 설과 상품생산비에 평균이윤을 더한 선에서 안정된다는 설, 상품효용에 의해 결정된다는 설 등이 있다.

(1) 자유방임주의

　국가는 원칙적으로 자유방임정책을 취한다. 이는 시장이 최적의 산출해낼 수 있도록 정부 간섭을 최소한으로 하는 경제정책이다. 그런데 가격에 의한 질서에만 의존하게 되면 경제적 무정부성(無政府性)에 의해 생산과 소비와의 모순이 생겨 자본주의 경제 특유의 순환적인 공황이 발생하게 된다.

　가난한 사람들의 생활이 더욱 어렵게 되고 실업자가 생기게 된다. 따라서 국가는 여러 방법으로 경제에 통제를 가하게 되었다. 오늘날 자본주의의 경제적 질서는 가격과 국가통제에 의해 유지된다.

아덤 스미스 및 존 스튜어트 밀이 대중화시킨 자유방임주의는 사유 재산과 기업의 자유를 옹호하고, 국가 역할은 질서와 안보 유지로 제한하며 개인은 정부의 간섭 없이 자유로운 경제활동을 할 수 있어야 한다는 주장이다. 자유방임주의는 경제이론인 동시에 정치 이념이었다. 19세기의 지배적 이념은 개인이 원하는 목적을 각기 추구하는 것이 결국 그가 속한 사회를 위한 최선의 결과로 귀결된다. 국가의 역할은 질서와 안보 유지, 개인이 소망하는 목표를 추구하는 데 있어서 간섭을 피하는 것이었다.

이 이론은 1870년대에 절정에 이르렀으나 19세기 말 산업의 성장과 대량생산 기술의 도입으로 야기된 급격한 변화로 인해 새 이론에 밀려났다. 이 용어의 유래는 불분명하지만 대체로 1756~1778년경 프랑스에서 활동했던 중농주의자로 알려진 경제학자들과 연관이 있다. 자유방임정책은 영국에서 애덤 스미스의 영향 아래 발전하면서 고전 경제학의 강력한 지지를 얻었다. 자유방임주의에 대한 믿음은 19세기의 대중적 견해였다.

이 이론의 지지자들은 규제받지 않는 인간 활동에 대한 신뢰를 뒷받침하는 데 자연경제질서라는 고전경제학의 가설을 인용했다. 이러한 철학을 대중적인 경제용어로 사용하게 된 데에는 영국의 경제학자 존 스튜어트 밀의 저서 〈정치경제학의 원리 Principles of Political Economy, 1848〉의 역할이 컸다.

(2) 자본주의의 개념

자본주의란 인간 생활의 물질적 기초를 생산하고 또 재생산하는 과정이 자본재적 생산이라는 독자 형태로 이루어지는 사회를 말한다. 따라서 이러한 자본주의는 산업혁명을 거쳐서 성립된 근대 산업사회의 특이한 경제구조이다.

자본주의의 개념을 살펴보면, 하나는 기업이 이윤추구를 목적으로 자본투자를 하는 사회를 자본주의사회로 보는 견해이다. 이 견해에 따르면 자본주의는 이미 15, 16세기에 나타난 중상주의 시대를 자본주의 사회라고 볼 수 있다. 흔히 15, 16세기의 중상주의 사회를 상업자본주의 시대라고 부르는 것은 이러한 자본주의 개념에 따른 것이다.

또 하나의 개념은 자본재 생산양식에 시각을 맞추는 것이다. 즉, 자본이 상품유통 과정이나 고리대금업의 과정에서 이윤을 창출해 내는 기업조직이 아니라 생산과

정에서 부가가치의 형태로 이윤을 창출해 내는 기업이 사회적 생산의 주류를 이루는 기업사회로 보는 것이다.

이러한 기업사회는 16세기 이래 움트기 시작했으나 그것이 한 시대의 지배적인 생산양식으로 등장하는 것은 산업혁명이 일어난 18세기 후기다. 이러한 자본재 생산에 의해 형성된 기업사회가 산업자본주의 사회다. 산업자본주의는 산업혁명을 거치면서 지배적인 형태로 등장하여, 영국에서는 1770년대 이후 형성되었고, 유럽대륙에서는 1830년 내지 1840년대에 와서 그 시대의 지배적인 형태로 발전되었다.

이와 같은 자본제적 생산은 다음과 같은 특징이 있다. 첫째는 이 체제에서의 생산은 불특정한 시장수요를 목표로 생산한다. 즉 특정 수요자를 위한 생산이 아니라, 국내 및 국외의 수요를 예측하고 생산, 판매하는 조직이다. 그렇기 때문에 생산과잉도 있을 수 있다. 그러므로 이것을 자본주의의 무정부성이라고 하며, 공황(恐慌)도 그 속성이 된다.

둘째로 자본주의의 생산조직은 자본주의 원칙에 따르고 있다. 누가 어떠한 상품을 생산하던 국가나 또는 그 밖의 어떤 단체도 이를 간섭하지 않는다. 이 자유의 원칙은 노동관계에서도 마찬가지다. 노동도 상품화해서 시장에서 상품을 판매하듯 고용하고 또 고용에 응한다.

자본주의 생산이 이와 같이 불특정한 시장수요를 목표로 하고 자유주의 원칙에 입각해서 운영되는 생산조직이므로, 자본 상호 간의 경쟁이 치열하게 전개된다.

서구사회에서는 1870년대에 들어와서 자본 상호 간에 경쟁이 치열해져서 독점자본이 형성되며, 노사 간의 갈등도 심화되어 갔다. 그리하여 이러한 독점 자본주의는 20세기에 들어와서는 제국주의 전쟁을 일으키고 있었다.

독점자본의 성립이 각종 사회적 폐해, 즉 대자본의 횡포와 중소기업의 몰락, 실업자의 증대와 제국주의 전쟁 등으로 말미암아 식민지 백성에 대한 침략 등이 일어나자 지구의 한쪽에서는 자본주의 체제를 부정하는 사회주의 체제가 등장했다. 이러한 정세에서 자본주의는 체제개혁을 단행하지 않을 수 없었다. 그래서 나타난 것이 20세기 후반기의 수정자본주의다. 수정자본주의는 여러 가지 형태로 나타났으나, 그것은 자유주의에 입각한 자본주의 체제 자체를 부정하는 것은 아니고, 자본주의 생산에서 얻어지는 이윤의 분배를 복지사회의 개념으로 수정하자는 데 있었다.

제2차 세계대전 후의 자본주의는 자본증식의 합리화·과학화를 통해 이윤을 극대화하고, 그 이윤의 혜택을 대중에게 공정 분배하는 복지사회 건설을 목표로 하였다.

2. 경제 시스템

1900년 이후 대다수 기업들은 성장과 발전을 위한 경제 질서로 자본주의 경제 시스템을 이용하였다. 자본주의 경제는 급성장과 발전을 위한 부의 축척을 통해 다양한 형태의 글로벌 기업들의 경영핵심이론이었다.

실제적으로 많은 국가와 기업들은 이러한 자본주의 경제 질서를 통해 많은 성장과 발전을 해 왔으나, 소득의 양극화로 인한 불평등, 불균형 및 사회경제적인 문제점들을 유발시킴으로써 기업 간, 국가 간 갈등 요인으로 작용하였다. 특히, 기업 간 경제적 불평등은 노사 갈등의 핵심으로 등장하여 자본주의 경제 활동의 많은 부분들을 위협하는 수준에 이르기도 하였다. 경제성장의 핵심으로 작용해 온 자본주의 경제 질서에 대한 다양한 측면을 통해 창업가 마인드 구축의 필요성이 제기되었다.

(1) 자본주의 경제

자본주의 경제는 이윤의 획득을 가장 큰 목적으로 하는 경제활동과 화폐경제의 동의어로도 쓰인다. 16~18세기 영국과 프랑스를 중심으로 발달했으며 산업혁명에 의해 확립되었고, 이후 19세기 독일과 미국 등으로 파급되었다.

1930년대 대공황 이후 자본주의와 자유방임정책에 대한 회의적인 견해가 고조되었으나, 제2차 세계대전 이후 미국·일본 등에서 거둔 자본주의적 경제정책의 성과는 자본주의의 지속적인 생명력을 입증했다. 〈그림 1-1〉은 자본주의 시스템을 표현한 피라미드 구조다.

자본주의 활동은 이윤만을 추구하려는 영리지상주의와 목적 실현을 위해 여러 수단을 최대한 효율적으로 이용하려는 합리주의를 특징으로 한다. 자본주의 경제는 생산활동도 생산의 필요뿐만 아니라 이윤의 획득을 위해 이루어진다.

(2) 자본주의의 생산방법

자본주의의 생산방법은 자본의 소유자(자본가)가 자본을 투자하여 생산에 필요한 원료·기계 등의 여러 가지 수단을 획득하고, 임금을 지불하는 임금 노동자를 고용한다. 공장·직장 등에서 재화 및 서비스를 생산시켜 이 물품들을 상품으로 판매하는

그림 1-1　자본주의 시스템을 표현한 피라미드

출처: wikipedia

것에 의해 이윤을 획득한다. 즉 자본의 가치 증식에 의해 영리를 획득하는 것이 자본주의의 기업활동이다. 이러한 생산방법이 가능해지려면 생산한 재화 또는 서비스를 판매하는 시장이 있어야 한다. 또한 생산 수단과 노동력을 조달하는 노동시장과 토지시장 및 화폐시장 등이 존재해야 한다.

　　이러한 각종 시장은 어느 사회에서나 늘 존재하는 것은 아니다. 자본주의 사회 이전에는 경제의 주요 영역이 전통적인 양식에 의해 운영되었고 이것들은 일반적으로 상품화되지 않았다. 특히 노동과 토지는 전통적인 생산과 생활의 중심을 이루었으나 상품화되지는 않았다. 자본주의의 사회적·경제적 특징은 이와 같이 원래 상품화가 되어 있지 않았던 추상적 상품들을 시장을 통해 생산 활동을 하는 것을 의미한다.

　　이러한 의미에서 자본주의 경제는 시장화가 경제·사회의 중심에까지 확대·침투된 경제, 즉 '시장경제'를 가리키게 되었다.

3. 성립과 발전

　　자본주의 경제의 성립과 발전에 있어서 기계 기술의 발명은 커다란 의의를 갖는다. 기계는 대량생산을 가능하게 하여 생산비 인하를 가져왔다. 또 값싼 상품을 공급하여 시장을 확대하면서 전통적인 생산방식을 구축시켜 새로운 생활양식을 가져왔다. 또 기계는 그때까지의 숙련 노동을 해체하여 노동을 단순화시켜 노동력의 조달을 용이하게 만들었다. 이 때문에 공장에서는 효율적인 분업체계가 형성되었다.

(1) 자본가

자본가는 일정한 시장과 기술 조건을 갖추면 자유롭게 기업활동을 조직할 수 있다. 자본가는 이윤획득의 기회를 추구하는 기업가로서 자기의 판단에 따라 행동한다. 따라서 자본주의 경제에서는 자유로운 기업, 자유로운 거래, 자유로운 경쟁이 일반적이다. 이러한 자본주의 활동이 지속적으로 이루어지려면 사유재산제와 자유계약제가 유지되고 사회의 평화와 질서가 유지되어야 한다. 또 노동자의 생활을 유지시켜 노동 의욕을 고취시킬 필요가 있다.

자본주의의 경제활동은 법률체계와 도덕규범, 정부활동과 생활습관 및 가치체계 등의 여러 가지 제도적 장치를 전제로 하는 것이다.

(2) 자본주의적 활동의 특징

자본주의 활동의 특징은 영리주의와 합리주의라 할 수 있다. 영리주의는 이윤만을 추구하려는 영리지상주의의 태도이다. 자본주의 활동의 첫 번째 목적은 이윤의 획득인데 생산과 수송 등의 경제 활동 그 자체는 이윤을 얻는 수단에 지나지 않는다.

이처럼 자본주의 활동은 이윤 추구를 늘 최우선 목표로 삼고 있다. 자본이 획득한 이윤은 다른 욕구를 충족시키기 위해 사용될 뿐만 아니라 더 많은 이윤을 얻기 위해 재투자된다. 이윤으로 얻어진 화폐도 소비하지 않고 그대로 가지고 있는 한 이윤을 내게 된다. 이윤추구의 활동은 이같이 끝없는 화폐 추구의 행위라고 할 수 있다.

자본주의의 영리주의 측면을 강조한 좀바르트는 경제에서의 무한추구 정신은 무한의 화폐 추구라고 말했다. 이러한 사상이 발달한 배경에는 근세에 들어와 인간이 종교적 억제로부터 해방된 사실이 놓여 있다.

자본주의적 활동의 또 다른 측면인 합리주의는 어떤 목적을 실현하기 위해 여러 가지 수단을 최대한 효율적으로 선택하여 이용하는 태도를 말한다. 즉 이윤을 최대한으로 올리기 위해서는 효율적인 경영을 지속적으로 해나가야 하는 것이다. 막스 베버는 근대 자본주의의 특징으로서 합리주의적 경영을 강조했다.

그에 의하면 자본주의적 경영조직의 특색은 강제 없는 자유로운 노동, 가계와 경영의 분리에 의한 경영의 독립성, 합리적 부기에 의한 정밀한 자본계산, 경영자의 지휘·감독을 바탕으로 하여 분업화된 노동을 효율적으로 수행하는 것 등이다.

(3) 합리주의적 경영

합리주의적 경영을 실현하려면 자본가와 기업가는 잘 계산된 투자를 바탕으로 지속적이고 금욕적인 태도를 가져야 하며 노동자는 분업조직을 바탕으로 통제가능하고 규율 있는 노동을 하는 태도를 가져야 한다.

베버는 합리주의적 태도를 형성하는 데 프로테스탄티즘의 윤리관이 큰 역할을 지적했다. 그에 의하면 퓨리터니즘은 직업이라는 세속적 활동을 신이 부여한 사명으로 여겨 열심히 일할 것을 요구하며 절약과 저축을 미덕으로 삼았다. 인간과 신(神) 사이에는 절대적인 단절이 있는데, 인간이 신에 의해 구제될지 알 수 없으므로 이에 대한 불안을 덜고 구원될 수 있다는 확신을 얻기 위해 신이 준 사명, 즉 직업에 금욕적으로 전념하여 이 세상에서 신의 영광을 높이기 위해 부단히 노력해야 한다고 주장했다.

베버는 이러한 퓨리터니즘의 윤리를 저서 〈프로테스탄티즘의 윤리와 자본주의의 정신〉에서 강조했다.

4. 발전유형과 발달과정

(1) 발전유형

우리나라 자본주의의 발전유형을 살펴보자. 그것은 자본주의 발전의 세 가지 유형 가운데 식민지 종속형에 속한다. 이것은 우리나라 자본주의가 일본 제국주의의 식민지 지배에 의하여 자본제화(資本制化)로의 길을 강요받았다는 것을 의미한다.

따라서 우리나라 자본주의는 미성숙 제국주의인 일본 자본주의의 요구에 따라 한쪽으로는 토지소유제와 결합된 낡은 사회적 유제를 완전히 해체하지 않은 채 낡은 사회구조를 부분 계승하고, 다른 쪽으로는 자본이 반민족적이므로 처음부터 천민적일 수밖에 없는 일부 매판자본과 일본 자본을 주축으로 근대 자본주의가 발전의 길에 들어섰다.

그러나 이런 것들은 독자적인 것은 아니었으며 후발 선진자본주의로서 자본주의 독점단계에서 자본제화에 들어선 일본 자본주의의 성격을 반영하는 것으로서 비록 그것이 자본주의 발전의 일반 순서에 따르는 것일지라도 우리나라의 특수성을 반영하지 않을 수 없었다.

우리나라 자본주의의 특수성은 6·25전쟁 전까지는 식민지 종속성이 반영된 것이었다. 이는 국민경제의 이중구조, 공업구조의 파행성, 경제활동 분야의 경제외적 성격의 두드러짐, 산업자본 단계를 거치지 않는 점차적 독점의 실현 등이다.

이들은 식민지 종속형 자본주의 발전의 중요한 지표가 되는 시민혁명의 결여, 국민경제의 이중구조와 경제외적인 것이 축적되는 계기가 되었다. 또한 식민지 수탈을 위한 상품경제의 편성과 이식된 사회적 생산력 그리고 국민경제와 민족경제의 격리를 반영한 것이다.

역사적으로 나타나듯이 8·15광복에서 요구된 식민혁명의 내용은 실현되지 않은 채 전후의 우리나라 자본주의는 세계 자본주의적인 분업체계 속에서 이룩되었다. 그것은 낡은 식민지 경제구조를 유지한 채 그 위에 전후의 미국 의존적인 경제관계를 접합시켰음을 의미한다.

우리나라 자본주의는 그 축적의 계기나 산업자본 형성 과정에서 보듯, 지극히 경제외적인 성격을 지닐 수밖에 없었다. 전후 전개되는 자본주의는 일제식민지 통치하의 민족자본의 부재로 인해 일부 상인 자본이 중심이 되지 않을 수 없었다.

그러나 이들 자본은 산업자본으로 바뀐 후에도 오래도록 상인자본의 성격을 유지하였으며, 이런 것들은 어떤 의미에서 그 뒤에 전개되는 국가 독점 자본주의적인 성장 정책과 결합하면서 더욱 확대되었다.

따라서, 자본 측면의 대외의존은 산업의 이식형적인 성격을 강화하였다. 그것은 산업 간·기업 간의 긴밀한 분업성을 없어지게 할 뿐 아니라, 한 사회의 자원 부존 상태에 상응하지 못하는 기술을 도입하게 하고, 산업 또는 기업의 시장에 상응하는 고용 기회를 창출하지 못하게 한다.

식민지 종속형 자본주의에서 일반적이기는 하지만 우리나라 자본주의는 초기에는 국가권력과의 결합 관계에서, 그리고 후기에는 외자도입이나 외국자본과의 결합 관계에서 산업자본 단계의 경쟁을 거치지 않고 경제외적인 독점을 실현시켜 왔다. 이것은 사회적 생산력을 기초로 한 것이 아니기 때문에 사회적 생산력의 발전을 제약하고 독점을 터무니없이 확대, 강화하게 되었다. 오늘날 우리나라 자본주의에서 이른바 문어발식 확장으로 수십 개의 계열 기업군을 거느린 가족지배적 결합형태로서 재벌을 형성하고 있는 것이 이를 말해 준다.

우리나라 자본주의 발전은 전후의 상황에서 외국자본을 주축으로 한 수출입국형의 외연적인 불균형 성장이었다. 그것은 경제개발계획 모델에서 허슈만(Hirschman, A. O.)류의 불균형 성장이론이 적용되었다고 주장하는 이도 있다.

(2) 발달과정

우리나라 자본주의는 전통적 농업사회에서 근대 산업사회로 이행하는 과정에서 몇 차례 큰 변화를 겪으면서 전개되어 왔다.

그 첫 번째 전환기는 18세기 중엽에서 19세기 중엽에 이르는 약 1세기 동안의 변화이다. 이 시기에 주목할 만한 사실은 외래문화, 특히 서구 자본주의 문화의 영향 없이 우리나라 사회 내부에서 발생, 성장해 온 자생적 변화였다.

두 번째 전환기는 개항 이후 서구 자본주의 문화의 유입과 더불어 이를 수용함으로써 나타난 변화의 시기이다. 이 시기의 두드러진 특징은 상공업이 급속히 발전하면서 상공업자가 점차 경제 운용의 주역으로 떠오른다는 점이며, 또 한편 국민의 경제의식이 높아지면서 경제적 민족주의가 싹터 나온다는 점도 간과할 수 없는 것이다.

세 번째 전환기는 우리나라가 일본에 강점당하면서 식민지가 된 시기에 나타나는 변화로서, 이 시기에는 생존 투쟁을 위한 경제적 저항운동이 치열하게 전개되면서 자주자립 경제이념의 민족기업 건설운동이 전국민적 규모로 확산된 것이다. 이 운동은 특히 1920년대에 활발하게 전개되며, 이 시기를 경제적 민족주의가 주도적 이념이 되는 시기라고 할 수 있다.

네 번째 전환기는 광복 후 독립국가를 수립하면서 시작되어 오늘에 이르는, 공업화가 급진적으로 진행되는 시기이다. 이 시기에 자본주의는 급속도로 발전함에 따라 민족의 경제의식이 성숙되면서 자본주의 방향이 정립되어 갔던 것이다.

이상과 같이, 우리나라는 전통사회로부터 근대 산업사회로 이행하는 과정에서 네 차례의 큰 변동을 거치면서 오늘의 고도 자본주의사회를 이룩하고 있다.

(3) 소득의 양극화

소득 양극화는 중산층의 소득 점유율이 낮아지고 고소득층과 저소득층의 소득 점유율이 높아지는 현상을 말한다. 현실적으로는 중산층이 몰락한 결과 저소득층의 점유율이 급격하게 높아지는 형태로 나타난다.

양극화는 사회적으로 심각한 문제를 낳을 수 있다. 고소득층에 대한 저소득층의 반감이 높아져 계층 간 갈등이 심화될 수 있기 때문이다. 저소득층의 인구가 많아 상대적 빈곤율이 높을수록, 사회보장제도가 미흡할수록, 계층이동의 가능성이 낮을수록 양극화에 따른 사회적인 문제는 더 심각해진다.

우리나라의 경우 1997년 외환위기 이후 양극화 현상이 심화되고 있다. 이는 경제 성장률의 둔화, 고용으로 크게 이어지지 않는 성장, 기술집약적 산업으로의 전환과 중국으로부터의 노동 집약적 상품 수입 증가에 따른 일자리 감소, 비정규직의 증가 등에 따른 것이다.

(4) 경제적 불평등과 소득격차

경제적 불평등은 개인 간 경제적 자산과 소득의 차이에서 발생하는 불평등을 가리킨다. 빈부 격차, 소득 격차 등으로도 부른다. 여기에는 빈곤층과 부유층 간의 물질적 격차를 포함한다. 경제적 불평등이 증가하는 현상을 경제 양극화라고 부른다. 이러한 현상은 기본적으로 능력에 따른 보수를 지급하는 자본주의 사회의 기본적인 법칙에 의해 발생한다. 적절한 불평등은 개개인에게 근로의 욕구를 제공하여 그 사회가 발전하는 원동력이 된다는 장점이 있으나 개개인의 능력이 아닌 다른 이유로 불평등이 생겨나고 고착화된다면 이는 심각한 사회문제로 나타나게 된다.

(5) 양극화 현상

이는 서로 다른 계층 또는 집단이 서로 상반되는 방향으로 분리되는 현상이다. 경제적 양극화와 사회적 양극화로 나눌 수 있다. 양극화는 경제적 양극화와 사회적 양극화로 나뉘는데, 주로 경제적 양극화의 결과로 사회적 양극화 현상이 나타난다. 즉 빈부의 격차가 심해질수록 빈익빈 부익부 현상이 두드러지고, 부유층과 서민층의 사회 갈등이 발생하면서 사회가 통합되지 못하고 양극화된다. 그러므로 점점 더 커지는 소득의 차이는 심각한 사회 문제가 되고 있다. 이러한 경제적 양극화는 일자리의 양극화를 초래한다.

(6) 사회 양극화

사회 양극화(social polarization)는 서로 점점 더 달라지고 멀어진다는 사전적 의미를 담고 있으며, 사회 불평등의 심화를 가리킨다. 특히 중간계층이 줄어들고 사회 계층이 양극단으로 쏠리는 현상을 의미한다.

(7) 구조와 원인

양극화는 경제환경의 급변과 산업고용구조의 취약성, 과거 정책적 대응의 미흡으로 인해 생겨난 개념이다. 글로벌화, 중국의 급부상, IT 등 기술의 진보를 비롯해 중견 중소기업의 취약, 핵심 자본재와 중간재 취약, 자영업주의 비대, 그리고 외환위기 이후 경제구조개혁의 지체가 급속으로 진행되고 인력투자 및 사회안전망 대책 미흡이라는 세세한 사회적 환경에 따라 산업과 기업 간의 양극화, 소득과 고용의 양극화, 혁신기반 양극화가 생겨나게 되었다.

또한 저출산, 고령사회 시대가 본격적으로 도래되면서 생산가능인구 및 취업자 수 증가율 둔화에 직접적인 영향을 미치고 있으며 피부양 인구 비중의 급증에 따라 저축률을 하락시킴으로써 잠재 성장률 둔화의 핵심 요인의 하나로 작용하고 있다.

1) 산업과 기업 간 양극화

① 제조업과 서비스업 간의 생산성 격차의 확대가 지속되고 있다.
② 대기업과 중소기업 간의 성과 격차가 심화되고 있다. 수익률 측면에서 상위기업 간에는 큰 차이가 없으나 하위기업 간에는 현저하게 나타나고 있다.
③ 대기업과 중소기업 간의 노동생산성 격차가 확대되는 동시에 부문 각각의 내부에서도 개별 업체 간 생산성 격차가 확대되고 있다.

2) 고용 및 소득의 양극화

산업 양극화와 함께 저임금 – 저생산성 부문의 고용 비중이 증가추세다. 제조업은 고임금 대기업 고용은 감소하는 반면, 저임금 중소기업 고용은 증대되고 서비스업은 저임금부문은 고용비중이 높은 반면, 고임금부문의 고용비중은 낮은 편이다.

특히 고용의 양이 정체된 가운데 고용의 질에 있어서 양극화가 계속 진행된다는 게 큰 문제점이라고 말할 수 있다. 한국은 중간 일자리가 감소하고 상위, 하위 일자리가 증가하는 'U'자 형태를 나타내고 선진국은 중상위 일자리증가가 높은 'J'자 형태를 나타내고 있다.

(8) 문제 해결의 방향

첫째, 일차적으로 사회경제적 가치의 기본이 되는 양질의 일자리를 시장을 통해 창출해야 한다. 양극화 해소의 최우선 정책, 특히 고용 흡수력이 높은 서비스 산업을 적극적으로 육성해야 한다.

둘째, 사회의 수직적, 수평적 이동성 제고를 통해 빈곤의 대물림을 방지하고, 직업의 원활한 전환을 촉진해야 한다. 사회경제적 지위의 세습을 막기 위한 교육혁신과 사회보험 사각지대 해소 및 내실화를 해야 한다.

셋째, 보편적 사회안전망 구축 및 질적 내실화를 통해 소외계층 및 경쟁 낙오자에 대한 사회적 보호 및 자립, 자활 지원을 강화한다.

(9) 경제 성장의 지속과 위기 극복 과제

1980년대 후반 석유 가격과 달러 가치가 하락하고 국제 금리가 낮게 유지되는 호조건 속에서 경제성장이 지속되어, 1995년 국민 소득이 1만 달러를 넘어섰다. 1989년에는 아시아·태평양경제협력체(APEC) 설립에 참여하였고, 1996년에는 '선진국 클럽'이라는 경제협력개발기구(OECD)에도 가입하였다.

그러나 한국 경제는 1997년 외환위기에 직면하였다. 이에 정부는 국제통화기금(IMF)으로부터 외화를 차입하고, 은행과 기업의 강도 높은 구조 조정을 추진하였다. 또 기업 경쟁력 강화를 위해 정리 해고제를 본격 도입하면서 실직자와 비정규직이 급증하였다. 그 결과 재벌의 경제력 집중, 소득의 양극화로 인한 빈부격차 심화 등 사회문제가 확산되었다. 이에 정부는 국민 기초 생활 보장법을 제정하여 생활이 어려운 사람들의 최저 생활을 보장하였으며, 국민들 사이에서는 나눔을 실천하려는 자발적 움직임이 일어났다.

2000년대 들어 반도체와 LCD, 선박 건조, 자동차 등이 세계적 경쟁력을 갖춘 산업으로 성장하였다. 1994년 이후 쌀을 제외한 농축산물 시장의 개방이 확대되었고, 이후 한국 경제의 대외 개방 흐름은 칠레를 시작으로 아세안, 유럽 연합(EU), 미국

등과 자유무역협정(FTA)을 체결함으로써 더욱 확대되었다.

그러나 이러한 세계화와 개방화의 흐름 속에서 농업을 비롯해 국제 경쟁력이 취약한 분야에서 국민의 이익을 보호하고 사회적 격차를 해소해야만 하는 과제가 대두되었다. 또한, 보다 많은 사람이 개방의 혜택을 공유하며, 국가적 이익을 극대화할 수 있는 지혜와 노력이 요구되고 있다.

5. 세계화와 경제 공간의 불평등

(1) 경제발전의 지역 차

경제 활동의 세계화로 인한 지역 간 경쟁 심화, 국가 간 경쟁이 치열해지면서 선진국과 개발도상국의 남북 격차 크게 확대되고 있다.

선진국의 경우는 1인당 국내 총생산이 높고, 1차산업의 비중이 낮고, 2·3차 산업의 비중이 높은 편이다. 반면에 개발도상국의 경우는 1인당 국내 총생산이 낮고, 1차산업의 비중이 높고 2·3차 산업의 비중이 낮은 편이다.

(2) 경제 공간의 불평등을 해결하기 위한 노력

경제 공간의 불평등을 해결하기 위한 노력으로는 국가 간 협력으로는 첫째, 경제 발전을 위한 개발도상국의 노력과 선진국의 지원과 협력관계의 유지이다. 둘째, 다양한 국제 협력 기구 결성을 통하여, 국제통화기금(IMF), 국제부흥개발은행(IBRD), 경제협력개발기구(OECD) 등을 통한 세계 경제의 불평등을 해소하기 위한 노력이다. 셋째, 공정 무역을 통하여 소비자가 개발도상국의 농산물이나 공산품 생산자에게 정당한 가격을 주고 상품을 구매하는 윤리적 소비 운동 등을 들 수 있다.

이러한 노력을 통한 기대효과는 개발도상국 생산자의 경제적 자립에 도움을 주고, 중간 상인의 개입을 줄여 유통 비용을 낮춤으로써 아동과 부녀자의 노동 착취나 환경 파괴 방지 등을 들 수 있다. 그 외에 공정 여행으로 이는 여행 경비가 지역 경제에 환원되도록 공정한 거래를 지향하고 현지 문화를 존중하는 여행 방식이다.

일반 커피와 공정 무역 커피의 이익 배분 구조의 사례를 보면, 〈그림 1-2〉와 같이 일반 커피보다 공정 무역 커피가 농민들에게 많은 수익을 가져다준다는 것을 알 수 있다.

그림 1-2 일반 커피와 공정 무역 커피의 이익 배분 구조의 사례

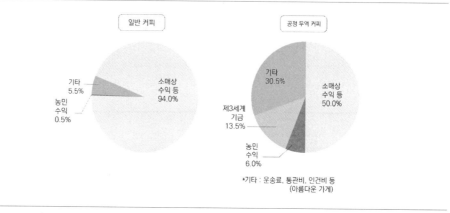

출처: 천재교육

(3) 자본주의 사회의 윤리적 문제점

자본주의는 인류 역사상 유례없는 물질적 풍요와 사회적 진보를 이끌어 왔다. 하지만 자본주의는 그에 못지않게 빈부 격차, 불공정 경쟁, 물질 만능 주의와 인간 소외 등 적지 않은 윤리적 문제점도 드러내고 있다.

자본주의는 기본적으로 사적 소유권을 기초로 자유로운 경제활동을 보장하고 있다. 하지만 개인 간에는 육체적·정신적 능력에 차이가 있을 수밖에 없고, 또 교육을 어느 정도 받았느냐에 따라 생산성에 차이가 나타날 수밖에 없다.

그뿐만 아니라 개인의 노력과는 무관하게 부의 상속 등과 같은 우연적 요소에 의해 소득 분배가 이루어지기도 한다. 이에 따라 자본주의 사회에서는 노동 기회나 소득 분배에서 불평등이 초래된다. 물론, 개인의 자유로운 판단에 따라 경제활동을 하는 자본주의사회에서 어느 정도의 빈부 격차가 발생하는 것은 자연스러운 현상이다. 그러나 경제적 불평등이 심해지면 계층 간 갈등으로 사회 통합에 어려움이 생기고, 공동체 구성원 간의 신뢰라는 사회적 자본이 파괴되기도 한다.

(4) 우연적 요소

이러한 우연성은 사회적 우연성과 자연적 우연성으로 나누어볼 수 있다. 사회적

우연성은 자기의 노력과 상관없이 부모 덕택에 우연히 소속하게 된 사회적 신분이나 조건 등으로 말미암은 사회적 배경을 의미하고, 자연적 우연성은 자기의 노력의 결과가 아니라 우연히 타고난 재능과 소질 등으로 말미암은 것을 의미한다.

또한 자본주의는 자유 경쟁이라는 토대 위에 세워진 경제체제인데, 경쟁이 공정하게 이루어지지 않아 문제가 발생하기도 한다. 자유 경쟁이 경제적 강자에게만 유리하고 경제적 약자에게는 불리하게 작용하는 상황이 발생하는 것이다. 시장에서 공급자와 수요자 간에 합리적인 관계가 형성되어야 함에도 독점 체제가 형성되어 공급자 중심으로 시장이 형성되기도 하며, 막대한 자본을 가진 대기업이 중소기업에 대해 불공정한 거래를 요구하여 중소기업이 위기를 겪기도 한다.

그리고 개인의 이윤 추구를 긍정하는 자본주의의 특징 때문에 물질만능주의의 폐해와 인간 소외가 나타나기도 한다. 자본주의 사회에서 개인은 생존과 삶의 전망을 오로지 자신이 책임져야 하므로, 경제적 이윤을 창출하려는 목표에 집착하게 된다.

그래서 삶의 최고 가치를 물질, 즉 자본의 축적에 두게 되어, 양심과 인간다움을 보존하고 추구하려는 품위 있는 정신을 잃어버리고 방황하게 된다. 이윤을 극대화하기 위한 과도한 노동과 이에 따른 강한 압박감 등이 인간의 마음을 황폐하게 하는 것이다.

(5) 인간 소외

이는 인간의 물질적, 정신적 활동으로 만들어진 생산물에 의하여 도리어 인간이 지배당하거나 인간의 본질이 상실되는 현상을 말한다. 마르크스는 소외란 인간이 자기가 생산해 낸 것에 의해 지배됨과 동시에 인간이 자기 생활의 업무에 만족하지 못하며, 또한 인간 상호 간의 관계도 이해타산의 관계로 변질되어 스스로 인간성을 상실하게 되는 상황이라고 정의하였다.

우리는 개인의 가치와 자유, 사회 전체의 선을 증진하려는 도덕적 정당성을 통해 자본주의 이념을 받아들였다. 하지만 이와 같은 자본주의의 문제점들은 자본주의가 지닌 윤리적 장점들을 침해하는 결과를 가져왔으며, '보이지 않는 손'을 더는 신뢰하기 어렵다는 인식을 낳았다.

아담 스미스는 단순히 〈국부론〉을 통해 인간의 이기심만을 강조한 것은 아니다. 그는 〈도덕 감정론〉에서 도덕 감정의 근거로 공감의 원리를 제시하였다. 그에 따르면 이타심뿐만 아니라 이기심도 적정한 수준이라면 타인의 공감을 불러올 수 있으며, 따라서 도덕적 감정이 될 수 있다고 보았다. 그는 이러한 공감의 원리가 이기심을 조절할 수 있기 때문에 사회 발전이 가능하다고 보았으며, 만일 이기심이 제어되지 않을 경우 사회가 무너질 수 있다고 경고하였다.

(6) 사회적 자본

사회 구성원들이 힘을 합쳐 공동의 목표를 효율적으로 추구할 수 있게 하는 자본을 이르는 말이다. 사람과 사람 사이의 협력과 사회적 거래를 촉진하는 일체의 신뢰, 규범 등 사회적 자산을 포괄한다.

(7) 자본주의 사회의 윤리적 문제점 극복

자본주의의 문제점을 극복하기 위해서는 먼저, 개인적 차원에서 공정한 자본주의 사회가 정착되고 유지될 수 있도록 도덕적 건강성을 회복해야 한다. 이윤 추구를 위해 수단과 방법을 가리지 않는 자세를 버려야 하며, 인간의 가치를 경제적으로만 평가하고 판단하려는 태도를 극복해야 한다.

그리고 공정한 경쟁을 통해 합리적으로 이윤을 추구하는 자세를 견지하며, 경제 활동에서도 경제 질서를 준수하고 양심에 어긋나지 않는 윤리적 경제 행위를 해야 한다.

노동자의 인권을 침해하거나 환경오염 물질을 배출한 기업의 상품에 대해 불매 운동을 하거나, 공정 거래 상품을 구매하는 윤리적 소비 운동에 참여하는 것도 좋은 실천 사례라고 할 수 있다.

사회적으로는 개인의 이익뿐만 아니라 공동체의 이익을 추구하는 경제 활동이 이루어지도록 건전한 경제 의식과 문화를 확립해야 한다. 사회적 차원에서 더불어 살아가는 공동체 의식을 함양하고, 상생의 문화를 확립해야 한다.

빈부 격차와 계층 간 갈등을 극복하고자 하는 배려와 나눔의 문화를 조성하여, 개인들의 자발적인 참여로 공동체의 이익을 추구하는 문화를 이룩해야 한다. 그리고 자본주의 시장이 합리적으로 운영되고 도덕적으로 타락하지 않도록 비판과 감시가 이루어질 수 있는 여건을 조성해야 한다.

국가적으로는 다양한 정책과 제도, 그리고 법질서의 확립을 통해 건강한 자본주의가 운영될 수 있도록 해야 한다. 국가는 자유로운 경제 활동을 보장하면서도 국민경제의 균형 있는 발전과 사회 정의의 실현을 위하여 그 역할과 책임을 다해야 한다. 특히, 모든 국민이 실업과 빈곤, 재해와 질병 등 사회적 위험으로부터 보호받을 수 있도록 사회안전망을 강화해야 하고, 다양한 제도적 장치를 마련하여 국민 복지를 실현해야 한다.

　이제 국가는 국민경제의 불균형과 경제적 불평등 문제를 그대로 내버려 두어서는 안 되며, 국민 경제와 공공복리를 위해 경제활동에 관한 합리적인 규제와 조정을 가해야 한다.

(8) 사회 안전망

　모든 국민을 실업, 빈곤, 재해, 노령, 질병 등의 사회적 위험으로부터 보호하기 위한 제도적 장치로, 사회 보험과 공공 부조 등 기존의 사회 보장 제도 외에 공공 근로 사업과 취업 훈련 등을 포괄하는 개념이다.

　최근 우리 사회에서는 경제 민주화에 대한 논의가 활발히 진행되고 있다. 이러한 논의는 자본주의의 문제점을 극복하고 자본주의의 건강성을 높여 지속 가능한 사회 발전을 이루려는 우리 사회의 바람에서 비롯된 것이다. 따라서 우리는 이러한 건전한 논의를 통해 경제적 불평등과 그로부터 파생되는 여러 사회 문제들을 치유하고, 자본주의 사회를 더욱 건강하게 지속시켜 모든 사람이 행복한 삶을 영위하도록 해야 할 것이다.

chapter 02

기업경영의 흐름과 경영철학

기업경영의 흐름과 경영철학

1. 기업경영의 흐름

기업경영이란 무엇일까? 무엇인지를 파악하기 위해서는 가장 먼저 경영(Business)을 알아야 하고, 비즈니스에 대한 흐름을 이해하기 위해서는 사업과 장사가 무엇인지를 먼저 알아야 한다.

본 장에서는 교양 기초 개념으로서의 경영 전반을 다루는 기업경영이 어떤 대상을 중심으로 어떠한 내용과 흐름으로 이루어지는지를 살펴보고자 한다.

(1) 기업경영

경영(Business)은 곧 회사에서 하는 일과 업무를 총체적으로 관리하는 개념이다. 즉 경영은 돈을 벌기 위해 개인 또는 회사 등에서 하는 일과 업무 등을 다루는 기술을 말한다. 회사(Company)란, 돈을 벌기 위해 만들어진 사람, 물자, 기술 및 여러 자원들이 상호 연결되어 통합적으로 구성된 사업 조직체(Business System)를 말한다.

회사에서 주로 하는 일을 업무(work)라고 하는데, 업무는 사람과 물자, 기술에 필요한 여러 가지 작업으로 주로 주어진 일을 담당하는 사람들이 직접 또는 간접적으로 하는 모든 일거리를 말한다. 따라서, 경영이란, 돈을 벌기 위해 만들어진 회사라

그림 2-1 경영의 구성 요소와 개념

구성요소	하는 일	경영의 개념
사람	사람을 다루는 모든 일	인사(人事)
돈	돈을 다루는 모든 일	회계(會計)
물자	물자를 다루는 모든 일	생산(生産)

는 조직에서 사람들이 하는 모든 일을 효과적으로 다루는 능력과 기술을 말하는 것이다.

회사에서 일반적으로 하는 일과 업무는 다음과 같다. 회사는 기본적으로 사람(Man)과 돈(Money), 그리고 물자(Materials)가 필요하며, 이러한 요소들의 영문 첫 글자를 모아서 3M이라고 부르기도 한다. 즉, 돈을 벌기 위한 조직을 만들기 위해서는 사람과 돈, 그리고 물자라는 기본 요소들이 반드시 있어야 한다는 것이다. 〈그림 2-1〉과 같이 기본적인 구성 요소들과 관련되어 하는 일은 사람을 다루는 일, 돈을 다루는 일, 물자를 다루는 일을 해야 하고, 이를 학문적으로 표현하면, 인사, 회계, 생산이라고 한다.

결론적으로 기업경영은 돈을 벌기 위해 사람들이 돈으로 물자를 구입하여 제품을 만들거나 서비스를 제공해 주는 조직체를 만들어, 이를 필요로 하는 사람들에게 돈을 받고 제품과 서비스를 사도록 하는 모든 활동들을 효과적으로 다루는 능력과 기술을 말한다.

(2) 기업경영의 주요 내용

경영에서 배우는 내용들은 가장 기본적으로 돈을 벌기 위해 필요한 필수 요소인 사람, 돈, 물자와 관련된 내용들을 중심으로 하여, 이를 보조하기 위한 사무 업무처리, 정보기술, 제품과 서비스를 파는 일, 국내, 해외로 제품과 서비스를 제공하는 일 등 다양한 내용들이 포함되어 있다. 따라서 〈그림 2-2〉와 같이 기업경영의 주요 내용을 요약하면 다음과 같다.

그림 2-2　기업경영의 주요 내용

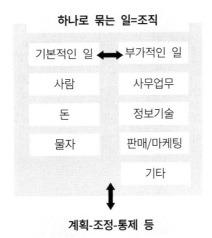

하나로 묶는 일=조직

| 기본적인 일 ←→ 부가적인 일 |
사람	사무업무
돈	정보기술
물자	판매/마케팅
	기타

계획-조정-통제 등

회사에서 필요한 기본적인 일과 부가적인 일

- 기본적인 일 = 사람, 돈, 물자에 필요한 일
- 부가적인 일 = 사무업무, 정보기술, 판매 등에 필요한 일, 회사를 만들기 위해
각각의 일들을 하나로 묶는 일
- 일을 하는 사람과 일을 하는 부서를 하나의 조직체로 묶는 일

하는 일들을 다루는 능력과 기술

- 회사에서 하는 모든 사람들의 일을 체계적, 효과적으로 다루는 능력과 기술
(예, 계획, 조직, 조정, 통제, 동기부여 등과 전략, 새로운 기법 등)

결론적으로 경영에서 하는 일은 회사에서 돈을 받고 일을 하는 사람들이 자신이 속한 각각의 부서 등에서 효율적으로 일을 할 수 있도록 다양한 기술과 능력을 제공해 주는 모든 일을 말하는 것으로 이러한 기업과 관련된 모든 활동을 배우는 것이 곧 기업경영이다.

1) 기업경영의 흐름

기업경영의 흐름을 이해하기 위해서는 가장 먼저 하는 일에 대한 흐름 파악과

그림 2-3 **일의 흐름**

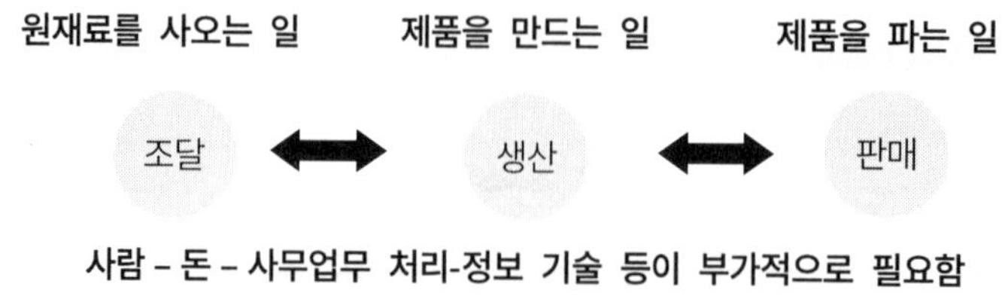

원재료를 사오는 일　　　제품을 만드는 일　　　제품을 파는 일

조달　◆━━━▶　생산　◆━━━▶　판매

사람 – 돈 – 사무업무 처리·정보 기술 등이 부가적으로 필요함

일을 하기 위한 기술과 능력을 파악해야 한다.

2) 일에 대한 흐름

회사에서 하는 일의 흐름은 〈그림 2－3〉과 같이 크게 나눌 수 있다.

가장 기본적으로 하는 일

* 원재료를 구매하는 일 = 조달, 구매 활동
* 제품을 만드는 일 = 생산 및 제조 활동
* 제품을 파는 일 = 판매, 마케팅 활동

부가적으로 하는 일

- 각각의 일에 사람이 필요함 = 인사 활동
- 각각의 일에 돈이 필요함 = 회계 자금 활동
- 일을 할 때마다 사무업무가 지원되어야 함 = 사무 활동
- 다양한 정보기술이 부가적으로 필요함 = 정보기술(IT) 활동

일을 하기 위한 사람의 기술과 능력

- 일의 목표를 정하고 세부적인 계획을 세우는 일 = 계획 활동
- 일의 내용, 범위를 정하고 필요한 사람들을 배치하는 일 = 조직 활동
- 진행되는 일의 순위를 정하고 배열하는 일 = 조정 활동
- 일의 활동을 제한 또는 제어하는 일 = 통제 활동
- 어떤 일을 잘할 수 있게 만들어 주는 일 = 동기부여 활동

그림 2-4 기술과 능력의 관계

일을 하기 위한 사람의 기술과 능력

일에 대한 계획을 세우고 조직하고, 서로 조정하며, 통제하는 기술과 능력

계획	조직	조정	통제	동기부여

그림 2-5 기업경영의 기능과 관리

경영학	기능론	하는 일 중심	인사, 생산, 판매, 회계, 사무 등
	관리론	사람의 기술과 능력	계획, 조직, 조정, 통제, 동기부여 등

경영학에서는 일에 대한 흐름을 기준으로 한 기능적인 측면의 경영기능론과 일을 하기 위한 사람의 기술과 능력 중심의 경영관리론으로 구분하고 있다.

그럼, 기업경영에서 배워야 할 포인트는 무엇일까? 기업경영은 앞서 설명한 일 중심의 경영기능론과 사람의 기술과 능력 중심의 경영관리론으로 구분할 수 있는데 실제로 기업경영에서 이해해야할 가장 중요한 관점을 요약하면 다음과 같다.

첫째, 기업경영은 사람을 공부하는 사회과학이다.

기업경영은 사람에 의해서 이루어지는 다양한 형태의 일과 사람 간의 관계성을 공부하는 사회과학이다. 따라서 경영학과 연관된 가장 중요한 것은 바로 사람에 대한 관점을 기준으로 해야 한다는 것이다.

둘째, 기업경영의 핵심 주체는 기업이다.

경영학은 기업의 목표 달성을 위한 다양한 기술과 전략 등을 중심으로 하여 연구하는 학문이다. 따라서 기업의 1차적인 목표인 수익 창출을 달성하기 위한 핵심기술과 전략 등을 돈을 벌기 위한 수단으로 이해되어야 한다.

셋째, 인간과 조직 및 신기술을 융·복합하는 창조경영이 경영의 핵심이다.

경영학은 인간과 조직 그리고 연관된 신기술을 융·복합적으로 운용함으로써 새로운 발전을 가능하게 하는 창조경영의 핵심적인 원리를 기반으로 이해해야 한다.

(3) 기업경영의 발전

경영환경의 변화는 시대별로 다양한 형태의 생각과 틀에 의한 패러다임을 만들면서 성장하고 발전해 왔다. 패러다임은 한 시대를 살아가는 사람들의 생각과 사고의 개념적인 틀을 말한다.

예를 들면, 한국은 "창조경제"의 시대가 곧 패러다임이다. 기업경영이 어떻게 변화하고 발전해 왔는지에 대한 일반적인 흐름을 파악하는 것은 매우 중요하다. 왜냐하면, 기업경영의 변화 발전과정을 눈여겨봄으로써 우리가 살아가는 현시대의 기업경영이 나아가야 할 방향과 미래의 비전을 설정할 수 있을 것이기 때문이다.

(4) 기업경영의 시작

경영은 사람들이 자신이 원하는 물자를 스스로 자급자족하던 원시시대에서 벗어나면서부터 사실상 물물교환이 이루어지기 시작했고, 서로가 원하는 물건들을 바꾸고 나누는 과정에서 사는 사람과 파는 사람이 생겨났고 이를 통해 거래가 시작된 것이 최초의 경영활동이다.

경제적인 측면의 수요와 공급이라는 흐름은 제품과 서비스의 상업적인 거래를 가능하게 하였으며, 이를 통한 장사 중심의 팔고 사는 경제원리가 기본을 이루는 상업경제학이 독일을 기반으로 한 유럽을 배경으로 〈그림 2-6〉과 같이 성장하고 발전해 왔기 때문이다.

- 수요: 원하는 제품과 서비스를 사고자 하는 능력을 가진 인간의 욕구
- 공급: 제품과 서비스를 팔고자 하는 능력을 가진 인간의 욕구
- 가격의 결정: 수요와 공급이 일치되는 점에서 시장의 가격이 결정

한편으로, 현대적인 측면의 경영학은 오스트리아 출신의 경영학자로 현대 현대경영학의 아버지로 불리고 있는 피터 드러커(Peter Drucker)에 의해서 처음으로 만들

그림 2-6 전통적 경영학의 View Points

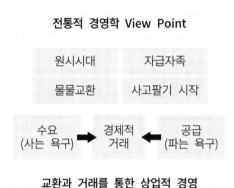

전통적 경영학 View Point

원시시대	자급자족
물물교환	사고팔기 시작

수요
(사는 욕구) ➡ 경제적
거래 ⬅ 공급
(파는 욕구)

교환과 거래를 통한 상업적 경영

그림 2-7 **현대적 경영학의 View Points**

현대적 경영학 View Point

| 1990년대
이전	주먹구구식 장사 방법

Taylor의 과학적 관리법

| 1990년대
이후	작업량 기준 장사 방법

어져 학문적인 이론으로 체계화되었다.

기업이란 무엇인지? 기업의 활동은 어떠한 것들이 있는지? 기업조직이란 무엇인지? 경영혁신 이론이란 무엇인가? 등에 대한 문제들을 상세하게 파악함으로써 기업경영이 가진 여러 가지 관점의 연구대상들을 통해 유럽보다는 미국 중심의 새로운 경영학 체계를 구축하였다. 특히, 현대 경영학은 미국의 테일러(Taylor)에 의해 만들어진 "과학적 관리법"을 시작으로 발전해 왔다. 과학적 관리법을 통해 종업원이 하루에 일하는 작업량이 정해지고 이를 통해 회사는 기존 방식보다는 더 많은 생산량을 통한 수익을 높일 수 있게 되었는데, 이러한 방식은 과거의 주먹구구식 운영방식에서 벗어나 최초의 과학적인 기준을 설정한 경영기법이라고 보고 있다.

과학적 관리법은 곧, 종업원이 하루 종일 일하는 작업량을 기준으로 하여 만들어진 작업 생산성 높이는 방법을 말한다.

(5) 경영 이론의 변화 과정

현대적인 경영 흐름에 따른 이론적인 변화 과정은 기업경영을 이해하는 데 있어 매우 중요한 의미를 가진다. 기업들이 어떠한 관점에서 종업원을 관리하고 있느냐 하는 것이 핵심적인 경영 이론의 출발점이다. 테일러에 의해 만들어진 과학적 관리법은 작업량 측정을 위한 시간연구, 동작연구 및 과업 관리를 통한 생산성 향상에 초점을 맞추다 보니, 더 많은 제품 생산을 위한 방법으로 자동화를 이용한 제품 생산 기술인 컨베이어 시스템이 포드자동차의 생산라인을 중심으로 등장하게 되었다.

- 과업(Tasks): 종업원이 하루 종일 해야 할 작업량
- 컨베이어 시스템: 제품 생산 라인(공정)을 자동적으로 연결시켜 주는 자동 이동 작업방식

즉, 생산량을 높이기 위한 시스템은 결과적으로는 종업원들을 기계화하는 등 인간적인 관점에서 인간성 상실 문제와 인간관계 문제 등이 나타날 수밖에 없었다.

하버드 대학의 메이요(E. Mayo)가 호손 실험(Hawthorne Effect)을 통해 인간관계의 중요성을 강조하고 비공식적인 집단과 민주적인 리더십을 필요로 하는 새로운 경영 기술을 만들어냈다.

1) 호손실험

메이요(G. E. Mayo) 등 하버드 대학의 경영학과 교수들이 미국의 웨스턴 일렉트릭(Western Electric) 회사 호손(Hawthorne) 공장에서 1924년부터 1932년까지 4차에 걸쳐 수행한 일련의 실험으로, 이 실험에 의해 인간관계론의 이론적 틀이 마련되었다.

2) 비공식 집단(Informal Group)

비공식 집단은 회사 내에서 종업원 스스로가 만든 모임이다. 예를 들면, 등산모임, 부서별 계모임 등 종업원들의 인간적인 측면을 중심으로 한 중요한 연구에서는 매슬로우의 욕구 단계 이론을 통해 종업원들의 동기부여를 효율적으로 할 수 있는 방법을 제안하였다. 특히, 허즈버그(Hezberg)의 동기-위생 이론, 맥그리거(Mcgreger)가 X-Y 이론 등을 통해 다양한 행동과학적인 이론들이 등장하였다.

그림 2-8 현대 경영학 발전과정

현대 경영학 발전과정

과학적 관리법: 테일러=과업관리
자동화 시스템론: 포드자동차=컨베이어 시스템

인간관계론: 메이요=호손 실험
행동과학 이론: 매슬로우=욕구5단계
                      허즈버그=동기/위생이론
                      맥그리서=X-Y이론

경영과학/의사결정론: 사이몬=경영과학(수학)
시스템 이론: 볼딩=일반시스템이론(GST)

일을 하는 종업원들을 어떠한 관점으로 보고 있는가?

H. Maslow의 욕구 단계설(The theory of Hierarchy Needs)

인간이 가지고 있는 욕구를 다섯 단계로 구분

   1단계: 생리적 욕구

   2단계: 안전의 욕구

   3단계: 사회적 욕구

   4단계: 존경의 욕구

   5단계: 자아실현의 욕구

허즈버그(Hezberg)의 동기-위생(Motivation-Hygiene) 이론

종업원이 하는 일에 만족을 주는 요인(동기요인)과 불만을 주는 요인(위생요인)을 어떻게 잘 운영해야만 작업자의 성과를 높일 수 있는가를 제시하는 이론이다.

맥그리거(Mcgreger)의 X-Y 이론

인간의 본성에는 원래 일하기 싫어하고 책임지기 싫어하며, 창의력 등이 없는 측면(X 이론)과 일하기를 좋아하고, 책임지기를 즐겨하며, 창의력 등을 가지고 있는 측면(Y 이론)이 있음을 구분하였다.

결론적으로 〈그림 2-8〉과 같이 현대적인 경영학은 기업주인 사장보다는 직접적인 회사의 일을 수행하고 있는 종업원들을 어떠한 관점으로 보면서 회사의 돈을 벌 것인가에 따라 다른 이론들이 나타나게 되었다.

(6) 최근 기업경영 이론의 관점

현대적인 기업경영의 흐름은 종업원들에 의한 생산성 향상에 초점이 맞추어져 있다. 2000년대 이후 기업들이 바라보고 있는 경영 이론의 관점은 회사를 운영하는 최고경영자와 종업원 그리고 이해관계자 집단과의 상호 관련성을 중심으로 한 신기술 경영기법과 차별적 경쟁전략에 초점을 맞추고 있다.

이해관계자 집단(Interest Group)

기업과 직접 또는 간접적으로 서로 영향을 미치는 다양한 형태의 관계 그룹들을 말한다(예: 주주, 은행, 거래처, 공급업자, 지자체, 정부 등).

기업을 구성하는 핵심 요인들은 기업 내부적인 관점에서는 최고경영자, 종업원, 외부적으로는 기업을 둘러싸고 있는 이해관계자 집단으로 구분할 수 있다.

기업들이 성장 발전함에 따라 자국에만 필요로 하는 제품과 서비스를 제공하는 것이 아니라 다른 나라와의 관계 개선을 위해 글로벌화된 기업으로 성장·발전해 나가야 한다. 이를 위해서는 기업 내·외부적인 영향 관계를 형성하는 집단들과 어떻게 잘 적응하고 상호연관성을 지속적으로 유지하면서 성장하는가가 매우 중요한 요인으로 등장하고 있다.

따라서, 최근의 기업들은 최고경영자, 종업원 간의 시너지 효과 창출을 위한 역량 계발에 더 많은 관심을 두고 있다.

시너지 효과(Synergy Effect)

첫째, 하나하나가 만들어 내는 효과보다는 여러 명이 한꺼번에 만드는 효과가 더 크게 작용한다는 것이다. 둘째, 글로벌화된 경쟁력 강화와 지속 가능한 성장 발전을 위해 다양한 경영기법과 차별화된 경영전략들을 적극적으로 활용하고 있다. 셋째, 디지털 정보화사회의 흐름과 변화에 따라 온·오프라인 정보기술의 융·복합화를 기반으로 하여 차별적 경쟁우위전략을 수립하고 있다.

(7) 기업경영의 프레임워크

기업경영의 기본적인 프레임워크는 매우 중요하다. 왜냐하면, 기업경영은 기업이라는 조직을 대상으로 하여 소속된 최고경영자, 종업원 및 이해관계자 집단 간의 관계성을 바탕으로 하여, 수익성을 창출하는 다양한 기법들을 공부하는 사회과학의 한 분야이다.

Infrastructure

세부적인 내용과 요소들을 기초로 하여 전체적인 하나의 틀을 만들어 내는 일련의 과정으로 '인프라'라고 한다.

기업경영의 기본 틀을 이해하기 위해서는 가장 먼저 경영의 기본 흐름과 구성 그리고 기업조직을 둘러싸고 있는 환경적인 부분에는 어떠한 것들이 있는지를 이해해야 한다.

(8) 기업경영의 대상

기업경영이 가지고 있는 특성상 기업이라는 조직을 통해 어떠한 요소들이 조직에 포함되어 있는지, 이들 요소 간에는 어떠한 연관성이 존재하고 있는지 등에 대한 내용들을 연구하고 살펴보는 것이다.

1) 기업 조직체가 대상이다

기업경영은 기업이라는 조직체가 대상이다. 즉, 기업은 경영의 기초 개념이다. 종업원에게 일종의 노동 대가로 받게 되는 여러 유형의 돈인 급여를 주고 고용하여 거래와 교환이라는 장사 기술을 통해 기업에서 만든 제품과 서비스를 고객들에게 판매하고 그 대가로 돈을 버는 일을 주된 업무로 하고 있는 조직체를 말한다.

2) 기업 업무의 흐름과 운영 기술이 핵심이다.

기업경영에서는 기업 업무의 흐름과 세부적인 운영 기술에는 어떠한 것들이 있는지? 이들 기술들은 기업의 수익성 창출에는 어떠한 효과를 미치고 있는지? 등이 주요 대상이다. 따라서 기업경영의 핵심적인 기준은 산출된 결과값이 투입된 값보다는 반드시 커야 한다는 것이다.

3) 회사 운영에 필요한 다양한 경영기법이 대상이다

기업경영은 회사 운영에 필요한 다양한 경영기술과 기법 및 전략 등을 체계화하는 것이다. 즉, 경영학에서는 단순한 기업구조의 이해만이 아니라, 업무에 따른 운영 기술의 이해와 업무에 연관된 다양한 경영기법 및 경영 전략 등에 대한 다음과 같은 이해력이 전제되어야만 한다.
① 기업 조직 구조의 이해
② 조직에 따른 경영 업무 흐름의 이해
③ 경영 업무에 따른 운영 기술의 이해
④ 운영 기술에 따른 경영기법과 전략의 이해

결론적으로 기업경영을 이해하기 위해서는 반드시 〈그림 2-9〉와 같은 내용이 전제되어야만 한다.

그림 2-9 **현대 경영학 연구대상**

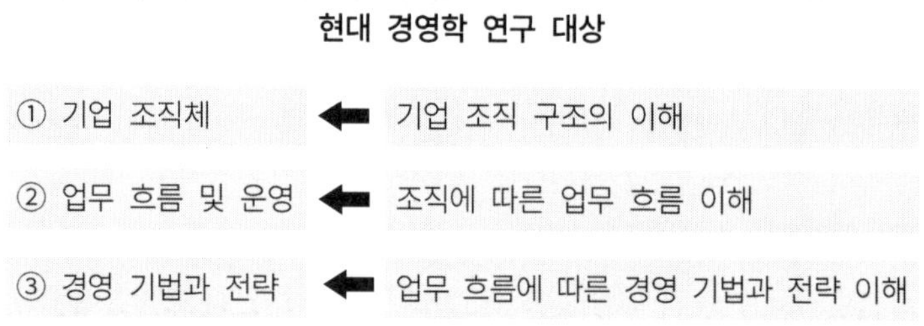

현대 경영학 연구 대상

① 기업 조직체 ◀ 기업 조직 구조의 이해

② 업무 흐름 및 운영 ◀ 조직에 따른 업무 흐름 이해

③ 경영 기법과 전략 ◀ 업무 흐름에 따른 경영 기법과 전략 이해

경영학 프레임워크는 다음과 같이 기업조직의 업무와 관련된 기능적인 측면과 사람들의 능력과 역량에 관계된 관리적인 측면을 같이 살펴보아야 한다.

Framework

이론적인 개념의 틀을 말하는 것으로 어떤 연구 대상에 대한 전체적인 개념의 범위, 내용, 방법, 기술 등이 포함된 틀이다. 기업경영은 기능적인 측면과 관리적인 측면으로 구분할 수 있다. 경영학의 기능적인 측면은 하는 일 중심으로 이루어지는 인사, 생산, 판매, 회계, 사무 업무 등이고, 관리적인 측면은 사람의 기술과 능력을 중

그림 2-10 기업경영의 프레임워크(Framework)

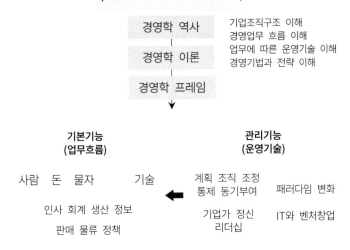

그림 2-11 기업경영의 관리와 기능

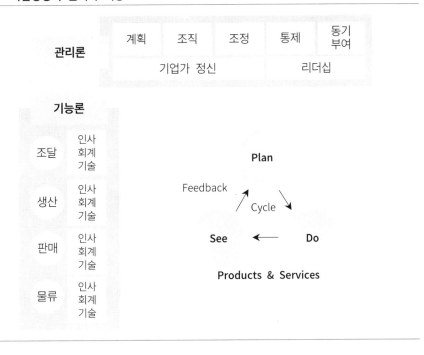

심으로 이루어지는 계획, 조직, 조정, 통제, 동기부여 등과 같은 활동을 말한다.

기업경영은 경영 업무와 관련된 기본 업무 흐름과 관리 기능을 중심으로 한 운영 기술로 요약될 수 있다. 기본 기능으로 경영 업무 흐름은 조달, 생산, 판매의 기본 플로우를 가지고 있으며, 관리 기능은 계획, 실행, 평가를 말한다.

결론적으로 기업경영의 프레임워크는 경영기능에 따른 조달, 생산, 판매, 물류를 기본으로 하여, 인사, 회계, 정보기술을 포함 시키고, 관리적인 측면의 계획, 조직, 조정, 통제, 동기부여 활동에 기업가 정신과 리더십을 포함시키는 방향으로 구성되었다.

경영활동의 기본은 제품과 서비스에 대한 계획, 실행, 평가의 순환 과정을 통해 다양한 형태로 여러 가지 활동들을 병행하면서 기업의 목표 달성에 공헌하는 것이 가장 일반적인 프레임워크이다. 특히, 기업가 정신과 리더십은 기업 전체의 역량 강화를 위해 최고경영자와 종업원들 간에 필요한 노하우와 개별적인 능력 함양에 필요한 개별적인 관리능력을 말한다. 또한, Plan−Do−See 전략의 경우는 〈그림 2−12〉와 같이 계획하고 조직하고 평가하는 일련의 순환 과정을 통해 기업이 만든 제품과 서비스에 대한 전체적인 운영기술을 재정립하는 것을 말한다.

기업경영의 프레임워크는 종업원과 최고경영자가 자신들의 역량을 최대한 발휘하여 고객이 원하고 만족할 수 있는 제품과 서비스를 만들기 위해 조달, 생산, 판매,

그림 2-12 Plan-Do-See 전략

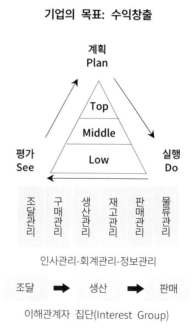

그림 2-13 거래 행위의 구분

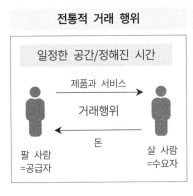
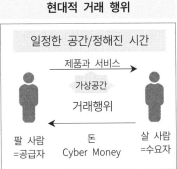

전통적 거래 행위

일정한 공간/정해진 시간

제품과 서비스 →

거래행위

← 돈

팔 사람
=공급자

살 사람
=수요자

현대적 거래 행위

일정한 공간/정해진 시간

제품과 서비스 →

가상공간

거래행위

← 돈

팔 사람
=공급자

돈
Cyber Money

살 사람
=수요자

물류, 인사, 회계, 기술 분야의 업무 수행에 계획, 조직, 조정, 통제, 동기부여와 기업가 마인드와 리더십 활동을 하는 일련의 과정을 통틀어서 말한다.

결국, 기업경영의 프레임워크는 다음과 같은 4가지 요소들을 기본으로 하여 상호 연관된 시스템 방식으로 구축되어야 하고, 이들은 기업의 목표인 수익 창출을 위해 전사적인 노력을 다해야 한다.

① 조직도
② 업무 흐름
③ 의사결정과정
④ 인프라

기업경영은 일종의 판매 행위를 기본으로 하는 상거래를 말하는 것으로, 전통적인 물물 교환 과정에서 나타나는 시장에서의 교환 행위가 대부분이었다.

〈그림 2-13〉과 같이 현대적인 기업경영에서는 장사의 개념 정의가 다음과 같은 이유로 인해 변화되고 있는 것이 특징이다.

첫째, 일정한 공간과 정해진 시간을 전제로 하는 시장이 만들어져야 한다. 그러나 현대적인 경영에서는 사이버 공간에서 이루어지는 인터넷 전자 상거래를 통해 물리적인 시장의 기능도 포함되었다.

둘째, 교환의 기본 단위인 화폐가 전자화폐 등으로 변화되고 있다. 현금과 현물과는 달리 눈에 보이지 않는 가상화폐(Cyber Money)가 거래를 위한 수단으로 사용되고 있다. 예를 들면, 가상 화폐의 대표적인 브랜드로 가장 각광받고 있는 비트코인과 같은 화폐들이 등장하여 사용되고 있다.

셋째, 장사를 통한 수익 창출은 국가에서 정한 일정한 세금을 납부하도록 되어 있다. 상거래는 제품과 서비스를 주고받을 사람들 간에 이루어지는 교환 행위를 기본으로 거래가 이루어지는 과정이다.

2. 경영철학

(1) 창조적 경영자의 경영철학

경영철학은 세상과 인간, 역사를 바라보는 '창(窓)'이다. 마찬가지로 경영철학은 경영자가 경영을 보는 창이다. 신성장 엔진을 창출하고 일하는 방법을 고유의 방식으로 창조해야 하는 창조적 경영자는 어떤 철학을 가져야 할까? 저자는 구성원에 대한 믿음으로서 인간관, 기업의 미래 비전을 향해 나아가는 발전적인 역사관, 불굴의 도전 정신을 가진 세계관 등이 창조적 경영철학의 핵심 요건이라는 생각에 이르렀다.

경영혁신에는 최고경영자의 사고와 철학으로부터 파생되는 비전과 의지가 중요하다. 경영혁신을 위해서는 종업원들이 능동적으로 참여하고 책임 있게 행동하는 문화가 필요하다. 이러한 문화를 형성하는 기초가 되는 것이 최고경영자의 사고와 철학 그리고 비전과 의지이기 때문이다.

망해가는 회사를 보면 문화에 병이 들어있다. 우선 대화가 별로 없다. 임원회의를 보면, 보고하고 지시는 해도 토론이 별로 없다. 부하직원들이 무슨 얘기든지 자유롭게 할 수 있는 분위기가 되어 있지 않고 관료적인 문화가 지배적이어서 상사에게 잘 보이려고 실제와 다르게 포장해서 말하고 사실대로 보고하지 않고 속마음을 내놓지 않는다. 횡적으로도 부서 간 협력이 잘 안 되고 서로 적대적 감정을 가지고 있으며 파벌이 심하다. 경영혁신을 하는 최고경영자는 조직문화를 보고와 지시, 대립에서 대화와 토론, 협력의 문화로 바꾸는 것이 중요하다.

그리고 회사는 망해가고 있는데 위기의식을 느끼지 않고 설마 회사가 망하기까지 하겠느냐 하는 설마 의식이 팽배하다. 그리고 회사가 침체된 원인을 남의 탓으로 돌린다. 사장은 능력 없는 아랫사람을 데리고 일하자고 하니 힘들다고 생각하고 아랫사람들은 사장이 비전이 없다고 생각하는 것이다. 회사에 활력을 불어 넣기 위해 중요한 것이 대화이다. 특히 새로 부임한 최고경영자는 현황 파악을 위해서도 많은 대화를 해야 한다.

경영 혁신의 출발은 위기의식과 도전 의식을 심어주는 것이다. 이를 위해서는 최고 경영자가 임직원 및 거래처, 고객과 광범위하게 대화하면서 문제의 근본 원인을 파악하고 그리고 대안은 무엇인가, 회사에 어떤 문제가 있는가 등에 기초를 두고 비전을 제시하면서 미래의 희망을 심어주고 최고 경영자가 진실하고 능력이 있음을 보여줌으로써 신뢰를 획득해야 한다. 그리고, 기업회생에 가장 중요한 과제를 종업원들에게 제시하고 필요한 활동을 전개해 나가면서 직원들의 능동적 참여를 불러일으키는 것이다.

(2) 창조적 경영자의 경영철학 요건-인간관

1) 사람에게서 구하라

경영자가 어떤 인간관에 기반을 둔 경영철학을 가지고 있는지는 창조적 기업을 넘어 사회에 영향을 끼친다. 창조적 경영자가 가지는 인간관의 핵심은 바로 인간중심 경영이다. 신뢰 경영을 통해 기업을 운영하고자 하는 경영진은 구성원 한 사람 한 사람을 소중히 여기는 인재 중시 철학을 명확히 확립하고, 이를 인사 제도나 조직 운영을 통해서 철저히 구현해야 한다.

"창조적 경영은 창의적 인재에서 비롯된다. 창의적 인재육성은 구성원에 대한 경영자의 신뢰에 기반을 둔 경영철학이 중요하다." 잭 웰치 회장은 얼마 전 세계경제포럼에 참석해 창조적 경영자와 신뢰에 대해 이같이 강조했다. 그는 또 "경영자는 위험을 감수하는 사람을 보상해주고 창의성 있는 인재를 기꺼이 영웅으로 만들 수 있어야 한다"며, "최고경영자가 창의력 있는 인재를 진정으로 원한다는 것을 보여주는 것이 핵심"이라고 강조했다.

기업의 핵심 역량은 제트엔진 제조 능력이나 CT · MRI 등 의료기기를 만드는 능력이 아닌 인력자원이다. 인재 경영이 중요한 것도 이 때문이다. 따라서 경영자는 사람을 중심으로 경영을 해야 한다. 관리 프로세스는 결국 인재를 관리한다는 얘기고 예산이나 전략을 검토한다는 말도 결국 인사를 검토한다는 말과 일맥상통한다. 이것이 바로 잭 웰치의 인간관이다.

2) 구성원은 공동경영자

"존엄성과 자유권을 가진 인간을 그저 노동이라는 하나의 생산요소로 보아서는 안 된다. 불신과 지시, 그리고 세부적인 규제가 아니라, 신뢰와 자율, 창의성이 미래를 여는 성공의 열쇠다. 노동자를 기업의 자산과 이윤에 자신의 몫을 가지는 공동경영자로 간주한다.”

이 인용문은 1997년 1월에 독일의 가톨릭기업인협회 회장인 베르너 텐이 독일의 대중 일간지 ‘프랑크푸르트 알게마이네 차이퉁’과 가진 인터뷰에서 밝힌 내용이다.

더 나아가 베르너 텐 회장은 구성원을 “기업의 자산과 이윤에 자신의 몫을 가지는 공동경영자로 간주한다”고 했다. 물론 구성원을 공동경영자(Co-manager)로 간주한다는 사실이 현실 속에서는 노사 양측으로부터 회의적인 태도를 유발할 수 있다. 이런 우려에도 불구하고 베르너 텐 회장은 구성원의 인격을 존중하고 경영의 동반자로 인정한다.

그의 이런 인간관에 기초한 경영철학은 “불신과 지시, 세부적 규제가 아니라, 신뢰와 자율, 창의성이 미래를 여는 성공의 열쇠”라는 바람직한 경영자의 리더십까지 도출한다.

1997년의 외환위기는 어떤 면에서 바로 이런 경영자의 ‘도구적’ 인간관에 의해 우리의 창조적 삶의 에너지가 체계적으로 고갈되고 소진된 결과로 생긴 것이 아닐까? 따라서 수천, 수만 명에 대한 정리해고 중심의 구조조정 과정에서 보듯이 경영자들의 도구적 인간관을 통해 위기를 극복하려는 것은 위험한 발상이다. 이처럼 경영자가 어떤 인간관에 기반을 둔 경영철학을 가지고 있는지는 창조적 기업을 넘어 사회에 영향을 끼친다.

1982년 5개 매장으로 시작한 스타벅스는 전 세계적으로 2021년 1분기 기준, 32,938곳이며 우리나라에는 1,533곳의 매장이 있다. 스타벅스의 2020년 순수익은 약 191억 6천만 달러로 2020년 스타벅스의 브랜드 가치는 178억 달러로 평가받으며 전 세계의 커피 체인 중 독보적인 위치에 있다. 스타벅스는 친환경 경영에 앞장서 소비자들의 마음을 사고 있다. 스타벅스는 구성원을 회사의 주인이라는 의미에서 파트너로 부른다.

3) 인간중시, 창조적 삶의 에너지 충전

1982년 5개 상점으로 시작해 현재 북미 지역에서 2,600개의 상점을 운영하는 스타벅스는 구성원을 회사의 주인이라는 의미에서 파트너로 부른다. 핵심가치는 ‘우리는 구성원에게 최고의 근무 환경을 제공하고, 존경심과 존엄성을 갖고 대면한다’이다.

사우스웨스트항공사 성공의 핵심은 바로 ‘구성원의 적극적 태도’이다. 사우스웨스트항공사 초대회장인 켈러허의 경영철학은 사람중시, 종업원 존중이다. "고객, 직원, 주주 가운데 누가 가장 중요한지에 대해 나는 고민하지 않는다"며, "직원이 단연 가장 중요하다"고 강조한다. 그는 또 "직원이 만족하고 열심히 일한다면, 자연히 고객에게도 최선을 다할 것"이라고 했다.

사우스웨스트항공사의 직원중시 경영철학은 고용안정 정책, 노사관계, 교육훈련 제도 등에 일관성 있게 적용됐다. 사우스웨스트는 한 번도 정리해고를 한 적이 없다. 무해고 정책은 직원에 대한 신뢰와 배려를 행동으로 보여준 것이다. 이것은 모든 경영 전략의 밑받침이 됐다. 비정규직 채용이 단기적으로 비용전략이 될 수 있겠지만 장기적으로 기업경쟁력을 약화시킬 것으로 본 것이다.

(3) 경영자(Manager)

경영자는 개인 또는 조직의 활동을 총괄적으로 계획, 조직, 조정, 통제하는 활동을 통해 의사결정을 가능하게 만드는 사람이다. 기업의 최고경영자(CEO)는 조직 전체의 총괄적인 의사결정권을 가진 사람으로 변화하는 기업환경에 적극적으로 대응할 수 있는 역량을 가지고 창조적인 리더십을 통하여 계속 기업으로서의 목적 수행을 가능케 하는 사람을 말한다.

1) 경영자의 임무

경영자는 기업 전체의 총괄적인 운영과 전략적인 경영책임을 져야 하며, 회사 전반적인 업무의 최종 결재권을 가진 의사결정권자를 말한다. 경영자는 단순한 인적 자원으로서의 개인이 아니라 기업을 대표하고 기업의 이미지를 나타낼 수 있는 가장 중요한 사람으로, 기업에서 생산, 판매되는 좋은 제품과 서비스를 고객들에게 제공해 줌으로써 경제적인 가치 창출을 이끌어나가는 혁신적이고 전략적인 리더의 역할을 수행해야 한다.

기업경영의 다변화, 글로벌화, 차별적 경쟁 등으로 인하여 최근에는 전문적인 능력과 노하우를 가진 전문경영자들이 기업에 많이 진출하고 있는데, 이는 기존의 경영자들이 주식과 소유에 의한 법적인 권리를 점유하기 위해 자신이 만든 기업을 독립적으로 운영해 오던 방식과는 현저하게 다른 소유와 경영의 분리에 의한 독자적 권리와 의무를 지닌 경영자들을 말한다.

그림 2-14 경영자 유형 분류

경영자 유형 분류

조직계층별	직무별	소유/경영별
최고 경영자	**총괄 경영자**	**전문 경영자**
중간 경영자	라인 경영자	고용 경영자
하위 경영자	스텝 경영자	소유 경영자

2) 경영자 유형

경영자는 자신이 수행하는 직업상의 업무에 따라 라인/스텝, 총괄 경영자로 구분이 가능하고, 경영조직상의 관리계층에 따라 하위, 중간, 최고경영자로 나눌 수 있다. 최근에는 주식과 소유의 분리라는 측면에서 소유 및 전문경영자로 구분하고 있다.

경영자는 일반적으로 조직 계층별로는 최고경영자, 직무 수행범위별로는 총괄경영자, 소유와 경영의 분리 측면에서는 전문경영자와 같은 식으로 부르는 것이 가장 보편적이며, 이들 모두를 CEO라고 부르기도 한다.

3) CEO의 View Points & 경영철학

기업경영의 경영철학은 다음 4가지의 주요 관점과 〈그림 2-15〉와 같이 요약할 수 있다.

첫째, 사람과 돈 그리고 물자에 대한 기본적인 기업경영에 대한 확고한 철학을 가지고 있어야 한다.

둘째, 사람인 인적 자원은 리더십, HRD & HRM과 인적 네트워킹 능력에 초점을 맞추어야 한다.

셋째, 돈인 금전적 자원은 자금 조달 및 운용, 수익과 비용 분석 그리고 투자와 위험에 대한 관점에 초점을 맞추어야 한다.

넷째, 물자인 물적 자원은 공급망 관리, 사회적 품질관리 및 글로벌 감각 등을 보는 눈을 가져야 한다.

그림 2-15 기업 경영철학의 이해

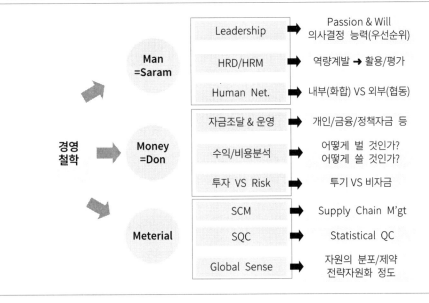

SCM(Supply Chain Management)

원자재 – 부품제공업자 – 생산자 – 유통업자 – 고객 간의 물류 흐름을 통합적으로 관리 운영하는 신 경영기법

SQC(Statistical Quality Control)

제품 생산을 위한 기초단계부터 통계적인 방법을 적용한 품질관리 수행기술

(4) 종업원

회사 운영에 있어서 핵심적인 역할을 수행하는 인적자원들은 대부분의 종업원들이다. 회사에 근무하는 모든 사람들은 사원 또는 근로자라고 부르기도 하는데 이들 종업원들은 일정한 노동의 대가로 급여와 같은 임금을 받으면서 자신에게 주어진 직업상의 업무와 연관된 일들을 수행하고 있다.

임금(Wage)은 회사에서 근무를 하면서 노동력을 제공하는 대가로 받게 되는 급여와 수당, 상여금 등을 통틀어 말한다. 한편, 통상임금의 경우에는 근로자들이 회사에서 받는 일체의 모든 화폐적인 대가를 모두 합한 것이다. 종업원들은 회사에서 수행하는 실제적인 업무를 직·간접적으로 처리하는 실무 담당자로서 자신에게 주어진 일을 충분히 이해하고, 업무 수행에 필요한 절차와 방법은 물론이고, 업무의 전문적 처리를 위한 개인적인 역량을 지속적으로 계발하고 강화시켜 나가야 한다.

종업원들이 수행하는 일반적인 업무에는 일상업무, 긴급업무, 특별 및 전문 업무 등으로 구분할 수 있으며, 이들이 수행하는 업무 내용과 절차에 따라 개별적인 업무 평가가 이루어지며, 그 결과가 인사고과 및 급여 수준 결정 등에 반영된다.

인사고과(Performance Appraisal)는 곧, 종업원이 자신의 주어진 업무 수행에 필요한 태도, 지식, 절차, 방법, 수준 등을 객관적으로 평가하고 이를 계량화, 점수화함으로써 인적자원관리의 기준이 되도록 하는 평가 시스템을 말한다.

종업원들이 기업 업무인 경영에 참여할 수 있는 대표적인 방법으로는 종업원 지주제도(Employee Stock Ownership Plans)를 통해 자신이 근무하고 있는 회사의 주식을 소유할 수 있도록 지원하는 제도를 말한다. 이 제도의 궁극적인 목적은 자신의 회사에 대한 자긍심과 애사심을 높여 주고, 종업원들의 개인적인 재산과 소득 창출을 도와주는 수단으로 활용 할 수 있도록 하는 것이다.

종업원 지주제도란 자기 회사에 근무하는 종업원을 대상으로 회사의 주식을 소유할 수 있도록 지원하는 방식으로 스톡옵션, 우리사주제 등이 대표적이다. 종업원들을 근로자라고 부르는 이유는 노동의 대가로 임금, 급여, 수단, 상여금 등과 같은 화폐적 단위의 돈을 받으면서 생계를 유지하는 모든 사람들 말한다.

근로자들은 기본적으로 정부에서 법으로 정한 근로기준법에 의해 회사와 근로계약을 작성하고 노동 활동을 수행하는 사람들이다.

1) 근로자의 유형

근로자는 정규직과 비정규직, 기간제 근로자, 파견 근로자 등으로 다음 그림과 같이 구분된다. 비정규직은 근로기준법에 정한 근로계약을 체결하지만 근로계약 기간이 일정한 단위로 계약되어 일을 하게 되는 근로자들을 말한다. 일반적으로 비정규직 근로자는 임시직, 시간직, 계약직 등과 같은 유형으로 구분되는데, 현재 우리나라에서는 2년 이상 계약이 지속된 비정규직 근로자들은 정규직으로 전환하도록 유도하고 있다.

비정규직 근로자들은 대부분 근로기준법상의 보호를 받지 못한 상태에서 근로 여건이나 근무환경 등에서 차별을 받고 있는 실정이며, 임금 지급 등에서도 정규직과 비교해서 상대적인 차별화가 높은 편이다.

기간제 근로자의 경우도 근로기준법에 정한 근로계약을 체결하지만, 대부분이

임시로 일을 하는 근로자들을 말하는 것으로, 일용노동자 등과 같이 매일 매일 또는 임시적으로 근로 계약을 통해 생계를 유지하는 일련의 근로자들을 말한다.

근로기준법은 근로자의 권익 보호를 위해 근로시간, 임금, 휴일, 휴가 등에 대한 규정과 정당한 이유 없이 해고를 금지하는 등의 법적인 기준을 마련된 법이다.

2) 사용자와 노동자의 View Point

결론적으로 사용자(Employer) 입장에서의 경영자와 노동자(Employee) 입장에서의 근로자들은 상호 보완적인 관계를 가지고 있으면서 수익성 창출을 위한 기업 목표 달성을 위해 다음과 같은 관점에서 전략적인 경영 활동을 수행하도록 해야만 한다.

첫째, 근로자는 경영자의 기업가 마인드를 통한 경영 전략 활동에 적극적으로 동참하고, 경영자는 파트너십을 통한 화합과 배려 활동이 필수적으로 이행되어야 한다.

둘째, 사용자와 노동자는 투쟁과 대립이 아니라 상대방을 보는 눈을 새로운 관점으로 다시 설정해야 한다. 사용자와 노동자의 투쟁과 대립을 함께 더 많은 수익을 창출하고 정년퇴직까지 안정적으로 근무 할 수 있는 직장으로서의 위상 정립을 통해 서로가 상대를 공동체로 바라 볼 수 있도록 하는 새로운 관점을 만들어야 한다.

셋째, 사용자와 노동자는 돈에 대한 개념과 철학 등을 재정립해야만 한다. 돈이란 생명을 유지하고 삶의 원동력이 되는 강한 힘을 가진 마력의 화폐로서, 돈을 삶의 목적으로 인식하지 말고, 인간이 살아가는 수단과 가족 화합, 평화, 사랑을 위한 가치 있는 매체로서 활용 가능한 도구임을 명심해야 한다.

돈을 통한 삶의 가치 재정립은 사용자와 노동자들이 모두 가져야 하는 돈에 대한 맹신과 종속의 문제가 아니라 삶의 행복과 즐거움 그리고 쾌락을 주는 인간적인

그림 2-16 근로자 유형 분류

근로자 유형 분류

원칙: 근로기준법에 의한 근로 계약 체결

정규직	비정규직	기간제
중간 관리자		**파견제**
하위 실무자	2년 이상 계약 지속➡정규직	

측면에서의 철학적인 문제이다.

3) 이상적인 경영의 유형

캐나다와 영국에서 주로 활동한 Henry Mintzberg의 경영자에 대한 연구에 의하면, 경영인들도 실수를 할 수 있는 지극히 인간적인 사람이라는 사실이 드러났다. 또한 그는 MBA 교육에 대해 가장 비판적인 입장을 취해 온 학자이며 이에 대한 대안으로 경영실무국제석사(IMPM) 프로그램을 주장하기도 하였다. 곧, '경영자는 경영 현장에서 만들어지는 것이지, 시험관에서 경영자를 만들 수는 없다'는 주장이다.

경영과 전략 분야에서 직관적이고 반응적인 경영을 지지하는 학자이기도 하다. '우리는 지성에 호소하는 경영에 얽매여 왔다. 나는 즉각적인 반응에 기반을 둔 직관적인 경영을 지지한다'고 주장하였다. 따라서 전략에서 분석과 분석적인 경영 전략에 대해서 가장 비판적인 입장에선 학자이기도 하다. 주요 내용은 다음과 같이 정리할수 있다.

① 기업의 사장이 하는 일이든 보건 관리자 또는 현장 감독이 하는 일이든 간에 경영 업무에는 유사성이 있다.
② 기능적 또는 계층적 수준에서 오는 차이가 있기는 하지만 대부분 공통적인 역할과 특징으로 설명될 수 있다.
③ 경영 업무는 비계획적인 활동뿐만 아니라 규칙적이고 계획된 업무로 구성된다.
④ 경영자는 제너럴리스트인 동시에 스페셜리스트여야 한다.
⑤ 경영자는 정보, 특히 구두로 전해진 정보를 중시해야 한다.
⑥ 업무활동은 간결성, 다양성 및 세분화로 특징지을 수 있다.
⑦ 경영업무는 과학이라기보다는 기술이라고 할 수 있으며, 직관적이고 명확하지 않은 과정에 의존한다.
⑧ 경영업무는 점점 복잡해진다.

3. 기업의 사회적 책임

사회적 책임(SR)은 기업이 사회의 일원으로 사회와 환경에 미치는 영향에 대해 책임 의식을 갖고, 투명경영·봉사 등에 앞장서는 것을 의미하는 기업의 사회적 책임인 CSR(Corporate Social Responsibility)에서 'C'(Corporate)를 삭제하여, 기업뿐만 아니라 정부·노조·시민단체 등에게도 사회적 책임이 적용되도록 한 개념이다.

'사회적'이란 의미는 기업 활동에 직접적으로 관련되는 경영자와 일반종업원에게 적용되기보다는 다른 사람이나 고객, 지역사회 등의 집단에 더 많이 적용된다.

'책임'은 주로 이미 이루어진 성과(결과)에 대한 책임을 의미하는 accountability' 와 관련되지만 여기서 논의되는 '책임(responsibility)'은 '대응하고 반응하는(to response) 능력(ability)'이라는 어원에서 유래된 것으로 실패에 대한 책임과는 전혀 다른 의미를 지닌다. 이는 '할 일, 역할, 다해야 할 의무' 등의 행동에 대한 책임의 개념으로 해석될 수 있다.

사회적 책임이 본격적으로 논의된 것은 1960년대와 70년대에 들어 기업과 사회와 환경 간의 상호의존성이 인식되면서 비롯됨. 특히 오늘날 기업, 경영자가 사회에 미치는 영향과 권력이 막강해짐에 따라 이들의 사회적 책임에 관한 문제는 매우 중요한 의미를 가지게 되었고. 이제 경영자는 사회적 책임에 관한 문제를 고려하면서 의사결정을 하지 않으면 안 되게 되었다.

기업의 사회적 책임의 관한 주요 내용으로는 종업원에 대해서는 고용안정, 적정 임금지급, 안전한 환경과 보건, 자기계발의 기회 등이며, 주주에 대해서는 적절한 투자이익을 보상해야 하는 것이며, 공급자에 대해서는 협력적 방식으로 업무를 수행해야 하고, 고객에 대해서는 양질의 제품과 서비스 제공하고 지역사회에 대한 지원과 환경문제에 관한 것이며, 정부에 대해서는 법과 규정을 준수하고 경쟁자와의 공정한 경쟁관계를 유지하는 것이다.

(1) 사회적 책임의 발전과정

1) 전통적 관점(프리드먼)

사회적 책임이란 최저의 비용으로 제품과 서비스를 생산하여 사회에 공헌하는 일. 기업의 유일한 사회적 책임은 이윤획득이다.

2) 이해관계자적 관점

경영자는 당해 기업목적과 이익에 영향을 받거나 주는 특정한 집단에 대해 책임을 져야 한다는 것이다.

3) 적극적 관점(데이비스)

경영자는 기업과 다양한 이해관련자 집단, 더 나아가 일반대중의 상호이익을 최대로 증진 시킬 책임이 있다. 이해관계자적 관점보다 훨씬 높은 차원이다. 참다운 의미에서의 사회적 책임으로 기업이 도덕적으로, 윤리적으로 만족스러운 방법으로 무엇을 해야만 하는가에 관한 문제이다. 기업의 사회적 책임에 대한 개념 정의는 보는 관점에 따라 다양하게 나타난다.

EU의 경우에는 기업들이 자발적 방식으로 사회, 경제적 문제들을 자사의 기업활동 및 이해관계자들과의 상호작용에 통합시키는 개념으로 정의하고 있다. 국제노동기구(ILO)는 법 준수를 뛰어넘는 기업의 자발적이고 다양한 경제, 사회, 환경 이니셔티브라고 정의하고 있다.

결론적으로 기업의 사회적 책임의 개념은 기업 경영을 통해 나타난 다양한 형태의 책임 규정을 사회, 경제적인 관점에서 기업의 역할 기능을 강조한 것으로 볼 수 있다.

4. 미래형 CEO의 조건

'삼성경제연구소의 창조적 리더십'이라는 보고서에서 제시한 '창조형 CEO'에 대한 내용을 바탕으로 살펴보자. 보고서는 우선 미래형 CEO가 되기 위해서는 급속하게 변해가는 주변 환경에 얽매이지 말 것을 조언했다. 경영실적 평가주기가 짧아지고 여론 및 이해 관계자의 감시가 강화되는 등 최고경영자의 지위는 날이 갈수록 불안해지고 있다. CEO가 자신을 둘러싼 변화에만 휩쓸리고 있을 경우 기업 경영이 위험에 처하게 될 수도 있다. CEO가 단기 성과에만 집착하고 개인 몸값 올리기에 급급할 수 있다는 것이다.

보고서는 기업에게 경쟁 우위를 제공하는 전략의 본질은 운영의 효율성이 아니라 '경쟁기업과의 차별화'임을 지적했다. 이를 달성하기 위해 기업과 CEO에게 필요한 역량이 '창조성'이라는 것이다. 실제로 삼성경제연구소가 CEO회원들을 대상으로 실시한 설문조사 결과에 따르면, 응답자의 98.7%가 기업의 존립에 있어 CEO의 창조성이 절대적인 역할을 한다고 답했다. 이와 함께 89.2%의 CEO는 기업을 경영하면서 자신과 조직의 창조성 부족으로 인해 어려움을 겪은 적이 있다고 응답했다. 창조형

CEO의 5대 조건은 다음과 같다.

(1) 부단한 성장 추구

성장 추구를 위해서는 '전략적 의지의 확립'과 미래 활황을 대비한 투자 확대가 중요하다. 저성장 시기는 기업 생존을 위협하기도 하지만 기존 업계 판도를 바꾸면서 도약할 수 있는 기회를 제공한다.

크리니크, 맥, 바비브라운 등의 계열사를 가지고 있는 에스티로더의 우수성은 뛰어난 브랜드 구축이다. 에스티로더는 3대 CEO 윌리엄 로더가 취임하면서 경영난에 시달리게 되었으나 웰빙이 각광받는 새로운 사회트렌드로 등장하였다.

삼성경제연구소, 미래 CEO의 조건, 창조적 리더십 떠오르게 되면서 그에 맞추어 자연주의 화장품 브랜드 오리진스를 세상에 내놓아 재기에 성공할 수 있었다.

(2) 인재 확보 및 후계자 육성

인재확보는 지식과 경험의 다양성 차원에서 이루어져야 한다. 창의적 조직을 구축하고 경영 성과를 도출해내기 위해서는 연령과 성별, 인종의 다양성뿐 아니라 지식과 경험의 다양성 확보가 중요하다.

지식 노동자들은 폭넓고 다양한 개인의 경험과 노하우를 끌어 모아 일시적이면서도 새로운, 기존과는 다른 유추방법을 사고와 의사결정 체계로 가져올 수 있다.

(3) 조직에 창조적 영감 부여

최근처럼 복잡한 사회에서 한 가지 사실에 대한 분석과 결정을 위해 본질을 꿰뚫어 볼 수 있는 통찰력과 직관력이 중요하다. 이 통찰의 힘을 얻기 위해서 인문학을 알아야 한다. 인문정신은 우리에게 'insight(꿰뚫어 봄)'와 'overview(두루 살펴봄)'의 힘을 키워준다. 셰이크 모하메드 두바이 국왕은 수천 편을 발표한 시인이고, 스티브 잡스 애플 CEO는 고전 영시를 탐독한다는 유명한 일화가 있을 정도다.

(4) 글로벌 시장 개척

글로벌 경영을 적극 추진해야 기업의 브랜드 가치가 높아지고 국내시장에서도 경쟁 우위를 확보할 수 있다. 오늘날 어떤 나라도 다른 나라와 경제적 관계없이 살아가거나 존재할 수 없으며, 특히 자원이 부족하고 무역의존도가 높은 우리나라 기업들에게는 세계시장의 중요성이 더욱더 높다고 할 수 있다. 이러한 세계 시장은 통신 기술의 발달과 각국 정부 규제의 완화 및 글로벌 스탠다드(global standard) 등으로 국가 간 경계선의 의미는 점점 희박해져 국내 시장과 비슷해지는 경향이 있다.

그러나 다른 한편에서는 각국은 그들의 고유한 문화적 특성을 가지고 있기 때문에 세계 시장에 진출하는 기업은 반드시 현지 문화를 이해하지 않으면 안 된다.

한편 세계 시장은 기업 간 경쟁이 더욱 치열해짐과 동시에 시장 확대라는 기회도 동시에 제공해 주고 있다.

(5) 사회와의 의사소통

현대 CEO는 기업 이해관계자들을 포함해 사회와 지속적으로 의사소통을 해야 하며 전략적 사회 공헌 등 기업과 사회의 상생 방안을 모색해야 한다. 기업은 오늘날 다원적인 조직 사회에서 인간이 필요로 하는 양적 수요, 즉 경제적 재화와 용역을 제공하는 기본적 아니라 인간의 질적 수요, 즉 현대인과 현대 사회의 물리적, 인간적, 사회적 환경에도 점점 더 많은 관심을 기울여야만 한다.

결론적으로 현대적인 CEO들은 기업 조직의 글로벌화와 더불어 기업의 1차적인 수익 창출 목표 달성과 더불어 기업의 사회적 책임에 대한 마인드가 정립되어 있어야만 한다.

기업의 사회적 책임이란 기업의 성장 발전을 사회 전체의 복리 증진과 행복 나눔에 공동 참여해야 한다는 것이다. 또한 글로벌 다국적 기업으로서의 공동체 의식 함양과 특히, 기업 조직과 직·간접적으로 연결되어 있는 이해관계자 집단에 대한 사회적 책임 의식은 필수적이다.

5. 리더십과 경영자

이제 리더십과 경영자의 개념 정의와 유형 및 미래형 CEO의 조건 등에 관련된 내용들을 중심으로 살펴보자. 경영자와 리더십의 개념은 매우 중요한 내용으로 다양한 조건에 따른 유형들을 살펴봄으로써 기업조직을 이해하고 개념을 정립하는 데 도움이 될 수 있다.

(1) 리더십 개념

리더십(Leadership)이란 힘을 행사하는 관점에 따라 달라질 수 있는데, 힘의 균형에 따라서 어떠한 영향력이 만들어지는가 하는 것이 매우 중요한 관점이다.

1) 리더 위주의 입장

지휘 기술성을 강조하는 것으로 지배성을 강조한다.

2) 리더와 부하와의 관계 위주의 입장

부하에게 주는 영향력이라는 입장과 리더와 부하와의 상호관계로 보는 입장으로 세분화된다. 결론적으로 리더십이란 목표를 달성하기 위해 개인 또는 집단에서 발생되는 힘의 균형을 조정, 통제하며 행동하게 하는 사람의 기술을 말한다. 즉, 목표 달성을 위한 힘의 균형을 조정, 통제하는 인간의 기술이다.

3) 리더십의 접근방법

리더십은 어느 측면을 중시하느냐에 따라 크게 세 가지로 나누어진다.

① **자질이론::** 리더가 지니고 있는 특성을 설명
② **행태이론::** 성과와 성과를 달성하는 리더의 지속적인 행태양식 설명
③ **상황이론:** 집단과 리더 사이의 상호작용이 존재한다는 사실에 착안하여 사람이란 자기의 개인적 욕망을 충족시켜주는 사람을 따르려는 경향이 있다는 이론으로 누구든지 교육훈련을 통하여 리더십을 증대시킬 수 있다고 보았다.

4) 리더십의 특징

① 리더가 갖는 개성이나 특성에 근거를 두고 설명하는 것으로 대표적인 학자는 피고스이다.
② 집단의 목표 달성이나 집단유지를 위하여 구성원의 자발적 행동을 유도하는 리더의 영향력에 중점을 두어 설명하는 것으로 대표적인 학자는 알포드와 비틀리이다.
③ 리더십을 리더와 부하의 행동 방향의 공통성과 이해의 일치를 전제로 인간관계 상호작용의 문제를 다루는 대표적인 학자는 시전트이다.
④ 집단에 변화를 가져오는 집단상황을 강조하는 입장에서 설명하는 것으로 대표적인 학자는 알포트이다.

(2) 리더십의 유형

1) 권위에 근거한 유형

① **전제형 리더**: 명령에 따른 복종 강요, 독선적이며 포상과 처벌을 동시에 장악한 리더를 말한다.
② **민주형 리더**: 제한된 행동과 결정에 따라 부하의 자문을 구하고 참여를 권하는 리더를 말한다.
③ **방임형 리더**: 권력을 거의 행사하지 않고 부하에게 상당한 자발성을 부여하는 리더를 말한다.

2) 아지리스의 성숙·미성숙 이론

① **통제지향적 리더**: 구성원이 수동적이 되고 사기가 저하되며 성과가 낮은 조직이 된다(미성숙 인간형).
② **분권지향적(민주적) 리더**: 구성원의 사명감과 자발성이 늘고 조직의 성과가 늘어난다(성숙한 인간형).

3) 미시간 대학의 리더십 연구

① **종업원 지향**: 인간관계를 중시하는 리더로 종업원의 개성과 개인적 욕구를 중시한다.
② **생산 지향**: 기술적 측면을 강조하는 리더로 종업원을 조직의 목표 달성을 위한 도구로 본다.

4) 오하이오 대학의 리더십 연구

리더의 행동이란 집단의 목표 달성을 위해 집단을 지휘할 때 두 가지로 나누어진다고 보았다.
① **일 추진력**: 리더와 종업원 사이의 관계를 명확히 해주고, 조직 유형이나 의사전달 통로 등을 잘 정리할 수 있는 리더의 행동
② **고려**: 우호적 분위기, 상호신뢰 등을 리더와 종업원 사이에 마련해 주는 행동

5) 관리망 이론

리더십 유형을 종합한 접근으로 블레이크와 머튼의 관리망 이론이다.
① **무기력형**: 작업에 필요한 최소 수준에 머무르는 리더
② **사교형**: 종업원과 관계를 원만하기 위해 분위기를 중시하는 리더
③ **과업지향형**: 인간적 요소를 최소화하고 업무의 능률만 중시
④ **절충형**: 과업과 인간관계를 만족할 만한 수준에서 조절
⑤ **단합형**: 상호신뢰를 바탕으로 하여 독립심을 최대한 보장하고 업무성과달성을 최대한 달성하려는 바람직한 리더십

그림 2-17 **Managerial Grid**

Managerial Grid

사교형 리더	단합형 리더
무기력형 리더	과업중심형 리더

Low ⬅ **과업 중시** ➡ High

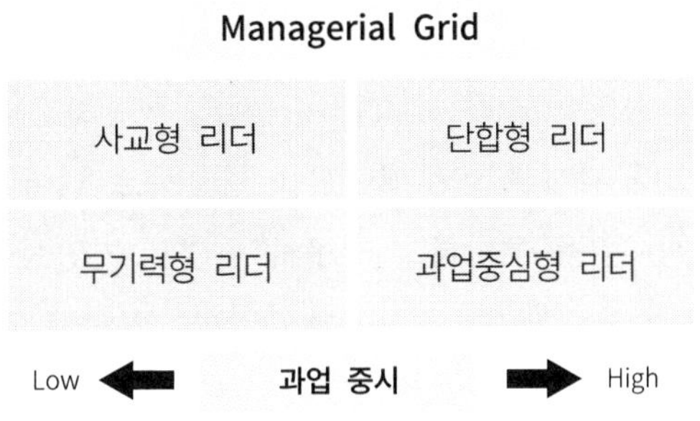

6) 3차원 모형

허시와 블랜챠드가 고안한 이론으로 오하이오 대학의 추진력과 고려 개념을 이용하여 리더십의 분류 기준인 인간관계 지향형과 과업지향형 리더의 행동을 다음 그림과 같은 4분면으로 분할하고 상황 요인으로서 구성원의 성숙도를 추가하였다.
① S1 지시형 리더: 인간관계 고려를 가장 낮게 할 때 효과적
② S2 설득형 리더: 배려를 가장 높게 할 때 효과적
③ S3 참여형 리더: 관계지향과 과업지향을 둘 다 줄일 때 효과적
④ S4 위임형 리더: 부하에게 영향 행사를 안 할 때 효과적

(3) Business Leadership

경영에는 기술적인 지식과 인간적인 통찰력이 모두 필요하다. 엄청난 복잡성, 불확실성, 변화를 감당할 수 있는 시야와 기질이 있어야 한다. 분석력과 감수성, 정열과 호기심, 결단력과 인내력도 요구된다. 경영자는 무엇이든 물어볼 정도로 의심이 많아야 하고 어떤 것도 당연시해서는 안 되며 그러면서도 직원들이 일을 제대로 할 수 있도록 그들을 믿어야 한다. 이렇게 경영자에게 기본적으로 요구되는 역할과 조건을 바탕으로 지식경제시대의 CEO가 갖추어야 할 자질에 대해 살펴보자.

리더십 바퀴 모델 6가지 원칙

① 정직성(성실성)을 가지고 솔선수범하는 원칙

리더란 자신의 성숙성지향 자기개발로 남에게 모범이 되어야 한다는 것이다. 즉 리더 자신이 먼저 성숙한 어른이 되기 위해 꾸준히 자기개발을 하라는 것이다.

② 큰 뜻을 품고, 성공전략을 개발하는 원칙

큰 뜻을 가지고 자신의 미래를 개척할 수 있는 성공전략을 개발하라는 것이다. 진정한 리더란 큰 뜻이나 남다른 이노베이션을 창출하고 뛰어난 전략으로 앞서가야 한다. 또한 이길 수 있는 길을 개발하고 연구하는 것은 기업성장의 근본이며 리더의 과업이다.

③ 탁월한 관리 운영팀을 육성하는 원칙

자발적이고 우수한 영업팀을 만들어서 경영능력의 최고수준을 유지하라는 것이다. 우수기업의 리더가 수행해야 할 중요한 과업중의 하나는 후계자를 양성하는 프로그램을 개발하는 것이다. 이를 위해서는 직접 관리 운영팀의 일원으로 참여하는 것이 가장 좋은 방법이다. 또한 지식의 창출과 관리 및 활용은 두뇌경영(능률경영)을 향상한다.

④ 직원이 과업을 성취할 수 있도록 격려하는 원칙

믿음의 가치경영이란, 모두가 공동목표를 인식하여 신나며 자발적인 협동심을 가지고 일할 때 큰일을 해낸다는 것이다. 우수기업으로 성장하기 위해서는 공생공영의 믿음과 인간존중이 필요하다. 또한 권한 분담(empowerment) 역시 중요하다.

⑤ 유연성 있고 대화가 가능한 조직을 만들라는 원칙

관료적 조직을 없애고 수평적인 소규모 팀조직으로의 개혁이 필요하다는 것이다. 이는 다시 말해서 과거의 통제와 통솔의 조직을 창의성 창출의 협동조직으로 변화시키는 조직개혁을 말한다.

⑥ 총괄적인 협동의 개념과 기술의 원칙

이 모든 원칙을 일관성 있게 수행하며, 상호 의존적 관계를 활성화시켜야 한다는 것이다. 아울러 보상제도와 경영을 강화시켜 모든 것을 연계시키는 것을 말한다.

그림 2-18 **3차원 모델**

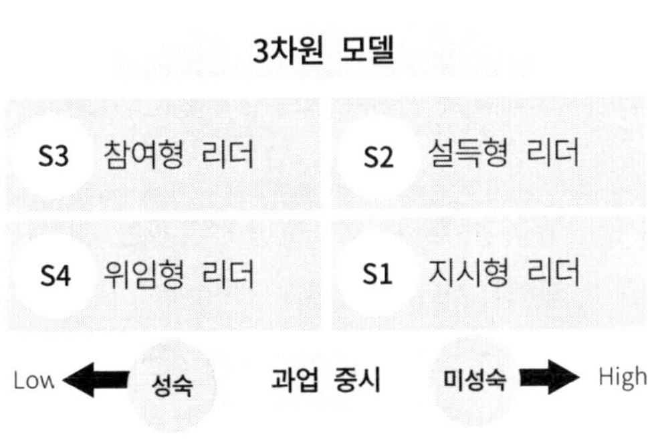

3차원 모델

S3 참여형 리더	S2 설득형 리더
S4 위임형 리더	S1 지시형 리더

Low ← 성숙 과업 중시 미성숙 → High

사례 1 SKT, 경영체계 개편…이사회가 경영 전면에 나선다

출처, SK텔레콤 이사회 소위원회 구조, SK텔레콤, 2021

SK텔레콤이 이사회 내에 미래전략·인사보상·ESG(환경·사회·지배구조) 등을 담당하는 별도 위원회를 갖추면서 '이사회 중심 경영'을 강화한다고 27일 밝혔다. 회사의 경영체제(거버넌스)를 글로벌 스탠다드에 부합하게 개편하겠다는 뜻이다.

SK텔레콤은 이날 기존의 이사회 소위원회를 독립성과 전문성을 갖춘 ▶미래전략 ▶인사보상 ▶사외이사후보추천 ▶ESG ▶감사를 담당하는 5개의 위원회를 확대 개편한다고 밝혔다. 이사회가 회사의 최고 의사결정기구로서 경영 전면에 나선다는 게 핵심이다. 이사회는 대표이사를 선임하고 보상 규모의 적정성을 심의하며, 경영계획과 핵심성과지표(KPI)를 승인·평가하는 등 주요한 역할을 담당한다.

미래전략위원회는 한 해의 경영계획과 KPI를 승인·평가하고, 전사적으로 추진 중인 '파이낸셜 스토리'를 만들기 위한 중장기 전략을 수립한다. 파이낸셜 스토리는 회사의 모든 가치를 숫자로 담아내 투자자와 주주들에게 제공해야 한다는 최태원 SK그룹 회장의 경영 철학이다. 위원회는 사외이사 5인과 사내이사 1인으로 구성한다.

인사보상위원회는 대표이사의 연임 여부를 검토하고 신규 선임 때는 후보를 이사회에 추천한다. 대표이사와 사내이사의 보상 규모도 심의한다. 사외이사 3인과 기타비상무이사 1인으로 구성한다.

사외이사후보추천위원회는 사외이사 후보군을 관리하고 최종 후보를 주주총회에 상정한다. 사외이사 2인과 대표이사 1인으로 구성하며, 사외이사를 위원장으로 선임하도록 규정에 명문화해 독립성을 강화했다.

ESG위원회는 회사의 ESG 사업 방향과 성과를 관리하고, 이해관계자들과 소통하는 업무를 담당한다. 사회적 가치를 구현한다는 업무 특성을 고려해 전원(3인) 사외이사로 구성한다.

감사위원회는 기존의 회계 감사, 컴플라이언스(준법감시) 업무에 자체 경영진단, 윤리 감사 업무를 더한다. 업무의 독립성과 공정성을 위해 4인 전원을 사외이사로 구성한다.

앞서 박정호 SKT 최고경영자CEO)는 정기 주주총회에서 선진 거버넌스를 확립할 것임을 공식화했다. 이후 SK텔레콤은 기업지배구조 헌장을 정관에 신설해 투명하고 건전한 지배구조에 대한 의지를 반영하고 이사회 중심 경영 체제를 강화하겠다고 밝혔다.

출처: 중앙일보, 2021.05.27. 발췌정리

사례 2　안전경영 중소기업 금융지원 받는다

　안전경영활동이 우수한 중소기업에 대한 금융지원이 이뤄진다. 2021년 5월 12일 안전보건공단에 따르면 공단과 신용보증기금은 안전경영활동 우수기업 지원 및 안전보건 수준 향상을 위한 업무협약을 체결한다. 공단에서 인정하는 안전경영활동 우수 중소기업이 보증부대출을 받을 때 보증비율 우대나 보증료 감면 등의 혜택을 받을 수 있도록 하는 내용이다.

　대상기업은 안전보건 공생협력프로그램에 참여하거나, 위험성 평가 인정기업·안전보건경영시스템 인증기업이다. 2만여 개 사업장이 해당된다. 이들 기업은 3년간 보증 비율 확대, 보증료율 차감 우대 혜택을 받을 수 있게 된다. 중소기업이 보증을 신청하면 신용보증기금에서 공단을 통해 안전경영활동 인증기업 여부 등을 확인·심사한 뒤 보증서를 발급해 주는 절차를 밟는다. 안전경영활동 우수기업 금융지원책의 자세한 내용은 신용보증기금 대표전화(1588-6565)나 보증기금 영업점에서 상담 받을 수 있다.

출처: 매일노동뉴스, 2021.05.13. 발췌정리

철학은 원래 인간과 세계에 대한 전체적 인식을 추구하는 학문이다. 따라서 철학은 경영자에게 기업이 왜 존재하며, 기업은 어떤 적절한 행동으로 구성돼 있는지를 이해 할 수 있게 도움을 주는 학문이다. 철학을 통한 인간성의 회복, 철학을 통한 경영의 시야 확보. 바로 창조적 경영자가 추구해야 할 철학경영의 이유이다.

"우리의 사고는 우리의 운명이다."

치열한 경쟁의 세계 글로벌 경제는 쇼펜하우어의 이 말을 실감나게 만들고 있다. 기업의 성공과 실패가 바로 컨셉트, 아이디어, 사고에 의해 결정되는 '창조의 시대'에 돌입했기 때문이다.

기발하면서도 옳은 아이디어, 바람직한 컨셉트, 솔직한 전략은 적절한 시기를 만나 실행되면 곧장 수익성의 상승으로 이어지고 있다.

이젠 그럴듯한 시스템과 전략, 최신의 경영스킬만으로는 경쟁우위를 차지할 수 없다. 지식과 전략을 올바른 결정과 행동으로 전환할 수 있도록 하는 창의적이고 전략적인 사상가와 인재가 요구되고 있다. 시의적절하게 코스를 수정해서 새로운 전략을 실행한 비범한 경영자가 요구되는 시대가 온 것이다.

철학은 창의적이고 전략적인 사상가, 인재, 경영자를 육성하는 자양분이 되고 있다.

전문가들은 "성공적인 기업과 그렇지 못한 기업을 구분하게 해주는 척도는 앞으로 점점 더 경영기법과 경영자의 자질 자체에 의해 결정될 것"이라며, "조직의 모든 차원과 분야에서 기업총수와 경영자는 천재적 전략과 효율적인 의사결정을 통해서만 경쟁우위를 차지할 수 있을 것"이라고 강조한다.

또한 "철학은 경영자를 천재적 전략과 효율적인 의사결정으로 이끄는 매개체 역할을 한다"고 덧붙였다.

전문가들은 "철학은 중요한 아이디어분 아니라 이에 따른 사고 전략과 글로벌 마음가짐을 제공한다"며, "이것은 흔히 창조적 업적을 이루는 기반과 배경이 된다"고 강조한다.

철학이 창조적 경영의 자양분

'소크라테스가 대기업의 대표자라면, 니체가 광고회사의 경영자이고 자크 데리다가 벤처기업가라면 그 기업의 운명은 어떻게 바뀌었을까?'

전문가들은 "역사 속의 철학자가 말하는 철학적 사고가 기업들의 핵심적인 경영 판단을 내리는 데 지침으로 활용될 수 있다"고 설명한다.

이를 테면 소크라테스는 경영자로서 상대에게 동기를 부여하기 위해 "질문하는 자가 주도한다"는 명제를 아주 중요한 원칙으로 삼았으며, 니체는 아무리 좋은 아이디어와 자본과 기술을 가진 기업가라고 할지라도 실천하는 용기의 필요성을, 데카르트는 좋은 경영자는 과연 자신이 올바른 사업을 하고 있는지를 자문하기 전에 자신이 도대체 경영이라고 하는 것을 하고 있는지 회의(懷疑)를 거쳐야 한다고 강조한다.

또한 데리다는 아무리 전통적으로 확고한 사고방식이라도 해체해 봐야 한다고 역설한다.

특히 서양 철학사에서 빼놓을 수 없는 철학자가 바로 플라톤. 플라톤의 철학은 경영을 어떻게 정의하고 있을까. 바로 '비전의 힘'이다.

요즘 경제계에서는 일선 실무자들이 경제 활동의 중추세력으로 통한다. 소위 '소프트 요인'은 이상주의자의 탁상공론이라며 배척당한다. 플라톤의 가치 평가는 이와 정반대다. 그의 견해에 의하면, 상업적 이윤 추구를 목적으로 행동하는 자들은 사회의 최하층 계급에 속한다고 한다. 이들은 이데아의 세계에 진입할 능력이 있는 철학자의 통치를 받고 관리돼야 하고, 철학자의 성격은 이데아와 닮았다고 한다. 높은 망루에서 내다보는 사람이야말로 사회 전체의 행복을 위해 일할 능력이 있다는 것이다.

플라톤 사상과 경영을 연구한 독일의 경영칼럼리스트 안드레아스 드러스데크는 "플라톤은 이상적인 경영자가 되려는 사람은 선견지명, 공명정대, 신뢰할 수 있는 핵심적 가치를 가지고서 그 비전을 기업에서 실천에 옮길 수 있는 철학자가 돼야 함을 강조한다"고.

출처: Executive, Vol.51. 2007.2 발췌정리

사례 4 자본시장연구원 "ESG 경영 촉진에 금융의 역할 필요"

ESG 가치의 시장거래 인프라 예시

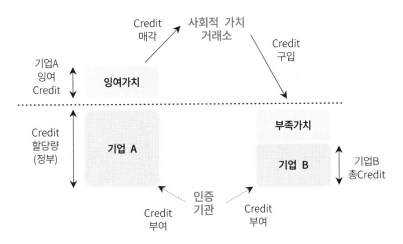

기업의 ESG(환경·사회·지배구조) 경영을 촉진하려면 금융의 역할이 중요하다는 의견이 나왔다. 자본시장연구원 주최로 열린 'ESG와 금융시장: 쟁점과 과제' 온라인 정책세미나에서 이효섭 선임연구위원은 "기업의 ESG 경영 촉진을 위해 규제 강화, CSR(기업의 사회적 책임) 등을 고려할 수 있으나 이는 효과가 크지 않다"고 말했다.

그는 "ESG 경영에 부합하는 생태계 조성을 위해 금융의 역할이 절실히 필요하다"며 "우선 ESG 가치의 시장 거래를 활성화해 ESG 투자 비용을 충당할 수 있는 인센티브를 제공할 필요가 있다"고 제안했다. 아울러 "ESG 성과 연계 금융중개를 활성화하고, ESG 가치를 객관적으로 측정하고 평가할 수 있는 인프라를 구축해야 한다"고 덧붙였다.

이 선임연구위원은 "금융의 역할 못지않게 법과 제도 개선 노력이 필요하다"며 "이사회와 최고경영자(CEO)의 경영철학이 근본적으로 바뀌고, 이사회 역할과 책임을 재정립하는 한편 장기투자 문화 유도를 위해 세제를 개선하고 수탁자 책임을 강화해야 할 것"이라고 강조했다. ESG 경영 활성화 차원에서 정보공시와 기후변화 대응을 강화해야 한다는 의견도 나왔다.

이상호 연구위원과 이인형 선임연구위원은 "ESG 대응 수준이 낮아 규제 환경 변화의 위험에 크게 노출된 기업일수록 정보의 공시 수준이 열악하다"고 지적했다.

이어 "중요 ESG 정보에 대한 공시를 의무화해 투자자 보호 차원에서 정보 비대칭 문제를 개선하고, 정보의 신뢰성 제고를 위해 인증 절차를 도입해야 한다"고 강조했다. 박혜진 연구위원과 최순영 선임연구위원은 "글로벌 금융회사는 기후변화 대응을 위한 다양한 활동을 전개한다"며 "블랙록, 골드만삭스 등은 기후 리스크 관리를 강화하는 동시에 저탄소 경제에서 발생하는 새로운 투자 기회 발굴에 노력하고 있다"고 전했다.

그러면서 "향후 국내 금융투자회사에도 기후변화 관련 공시 확대 및 리스크 관리 요구가 증대될 수 있는 만큼 기후변화 대응 정책과 전략을 마련할 필요가 있다"고 제안했다.

출처: 연합뉴스, 2021.05.26. 발췌정리

사례 5 창조적 경영철학 : 인간, 역사, 세계 창이 창조성 이끈다

경영자의 경영철학은 경영자가 가진 '창(窓)'이 결정한다. 경영자의 窓이란 인간관, 역사관, 세계관을 말한다. 이것은 경영자 철학의 요건이다. 독특한 경영자의 窓은 기업의 신성장 엔진을 발굴하고, 독특한 혁신 Way를 창출하는 토양이 된다. 그렇다면 창조적 경영자의 경영철학은 무엇이 다른가. 창조적 경영자의 인간관, 역사관, 세계관을 살펴본다.

애플의 CEO 스티브잡스는 '새로운 것' '다르게'라는 경영철학을 바탕으로 창조적 기업 애플을 일으켜 세웠고, 그 또한 창조적 경영자의 반열에 올랐다. 그만의 경영철학에 녹아든 인간관, 세계관, 역사관이 만든 결과다.

유한양행은 '기업이 얻은 이익은 그 기업을 키워준 사회에 환원해야 한다'는 창업자의 경영철학을 직원들이 충실하게 실천하고 있다. 유일한 창업주의 남다른 인간관, 역사관, 세계관에 의해 기업문화를 형성하고 있는 유한양행은 제약업계 최초의 기업공개로 자본과 경영을 분리했고, 우리나라 최초로 종업원 지주제 채택, 전문경영인제 등 선진경영 기법을 도입하기도 했다.

또 기업 이념으로 가장 좋은 상품의 생산, 성실한 납세, 기업이윤의 사회 환원을 통해 기업이 국가에 대한 책임을 다하겠다는 의지를 다지고 있다. 이 때문에 고객들은 유한양행의 제품을 사용하면서 은연중에 애국심을 느끼게 되고 그 구성원들에 대해 깊은 호감을 갖게 된다.

경영철학이 없다면 마치 나침반 없이 바다를 항해하는 것과 같아 큰 파도를 헤쳐 나가기 힘들다. 특히 올바른 인간관, 역사관, 세계관이 경영철학에 녹아있지 않으면 제대로 된 방향을 제시할 수 없다.

전문가들은 "경영철학이 없으면 기업 구성원들에게 자부심이나 미래에 대한 비전을 제시하기 힘들다"며 "CEO가 어떤 경영철학을 가지고 있는가는 그 기업의 항로를 좌우하는 중요한 요인"이라고 강조했다. 또 "어떤 인간관, 역사관, 세계관을 가졌는가는 창조적 경영철학의 핵심"이라고 덧붙였다.

인간관, '사람에게서 구하라'

경영자가 어떤 인간관에 기반을 둔 경영철학을 가지고 있는지는 창조적 기업을 넘어 사회에 영향을 끼친다. 창조적 경영자가 가지는 인간관의 핵심은 바로 인간중심 경영이다. 신뢰 경영을 통해 기업을 운영하고자 하는 경영진은 구성원 한 사람 한 사람을 소중히 여기는 인재중시 철학을 명확히 확립하고, 이를 인사 제도나 조직 운영을 통해서 철저히 구현해야 한다. 1997년의 외환위기는 어떤 면에서 바로 이런 '도구적' 인간관에 의해 우리의 창조적 삶의 에너지가 체계적으로 고갈되고 소진된 결과로 생긴 것이 아닐까? 따라서 수천, 수만 명에 대한 정리해고 중심의 구조조정 과정에서 보듯이 경영자들의 도구적 인간관을 통해 위기를 극복하려는 것은 위험한 발상이다.

이처럼 경영자가 어떤 인간관에 기반을 둔 경영철학을 가지고 있는지는 창조적 기업과 사회에 큰 영향을 미친다.

역사관, 발전적 미래를 여는 창

창조적 경영자가 가져야 할 역사관의 핵심은 '발전적 미래를 여는 창'이다. 특히 불확실한 경영환경, 창조적 경영에 대한 대비책 마련을 위해 경영자는 미래를 창출하는 역사관을 키워야 한다.

경영자들은 "기업을 경영하면서 대면하는 많은 문제점들은 과거에도 등장했던 것들"이라며 "역사 속의 수많은 경험과 사례들은 경영자들에게 자극적인 아이디어를 제공한다"고 말한다.

이처럼 경영자는 올바르고 발전적인 역사관을 통해 경영자들의 눈에 복잡하게만 느껴지는 현실의 문제를 바라봐야 한다. 역사의 따끔하고 냉철한 시각을 통한다면 간단하고 새로운 개념으로 정리할 수 있다. 전문가들은 "역사관은 기업을 경영하는 경영자들에게 고리타분한 고물이 아니라 오늘의 문제, 미래를 여유 있고 깊이 있게 바라볼 수 있는 안목을 제시한다"고 설명한다.

세계관, 위기극복의 엔진

세계관은 세계를 객관적으로 이해하고 어떤 방향으로 가는지 반성하는, 즉 근본적으로 인생을 어떻게 살아갈 것인가를 결정하게 한다. 그래서 어떤 사람이 어떤 세계관을 선택하느냐는 이론적 태도뿐만 아니라 결단과 행동을 결정하는 중요한 요소가 된다. 그렇다면 경영자에게 요구되는 세계관은 무엇일까. 무엇보다도 노력을 통해 위기를 극복하면 최고가 될 수 있다는 불굴의 도전정신, 그리고 환경 변화와 미래를 바라보는 건강하면서도 합리적인 시야일 것이다.

경영자의 근본적 세계관이 고진감래(苦盡甘來)라면 일과 사업에 대한 신념과 확신이 커뮤니케이션 될 것이다.

정열적이고 실천력에 충만했던 애플 사의 스티븐 잡스는 탁월함을 창조하겠다는 일념으로 애플의 PC를 최초로 만들어냈고, 잭 웰치는 미래를 위한 파괴를 감행해 GE의 역동적 기업문화를 새롭게 만들어 세계에서 가장 존경받는 기업으로 성장하였다.

사례 6 개인 생산성 혁신의 키워드, SMART

일 잘하는 직원을 만드는 회사들은 구체적으로 어떻게 개인생산성을 혁신시키고 있을까. 개인생산성 혁신의 키워드 'SMART', 즉 성과 평가 개선 및 공정한 보상(Satisfaction), 내재적 동기부여와 몰입(MindSet), 목적 지향 협업(Association), 리프레시(Refresh), 4차 산업혁명 기술 활용(Tech)을 통해 그 비결을 확인해 본다.

성과 평가 개선 및 공정한 보상

최근 많은 기업들이 직원들의 소통능력을 높여 생산성을 높이기 위해 사무실에서 칸막이를 없애는 작업들을 하고 있다. 개인 책상도 없애고 사내 어디서든 일을 할 수 있도록 공유 책상을 두는 등 개방형 오피스를 만들고 있다. 세계적인 트렌드다.

실제로 앞서가는 기업들 가운데 이런 개방형 오피스인 곳이 많다. 구글이 대표적이다. 많은 직장인들은 자신의 회사가 구글 캠퍼스처럼 되기를 꿈꾼다. 그런데 지난 6월 이와 관련된 의외의 조사 결과가 나왔다. 개방된 업무환경이 오히려 생산성을 떨어뜨린다는 것이다.

글로벌 부동산 서비스업체 세빌스가 영국 근로자들을 설문조사한 결과에 따르면, 공용 업무 책상을 이용하는 회사에서 직원의 45%는 사무실 구조가 생산성을 저해한다고 답했다. 젊은 직원들이 유연한 근무 환경을 선호할 것이란 예상과 달리 모든 연령대에서 자신만의 업무 공간을 갖고 싶어 했고 칸막이를 걷어내면서 생기는 소음에 민감하게 반응하는 직원들도 있었다. 개방형 오피스가 소통을 증진시키기는커녕 직원 간 대면 접촉을 줄어들게 한다는 연구 결과도 있다. 이선 번스타인 하버드비즈니스스쿨 교수 등에 따르면, 칸막이를 없앤 기업들에서 직원 간 대면 접촉 시간이 70%나 줄고 오히려 메신저 등으로 대화하는 횟수가 67% 늘었다.

이런 결과는 개인의 생산성이 단순히 근무환경을 개선하고 유행처럼 번지는 솔루션들을 따르는 것만으론 향상되지 않음을 보여주는 단적인 예다. 그렇다면 기업은 무엇을 해야 할까.

내재적 동기부여 · 몰입

일한 만큼 돌려받는 것이 개인의 생산성을 높이는 데 훌륭한 자극이 되는 것은 사실이지만 여기서 한 가지 주의할 점이 있다. 바로 경쟁을 성장의 동력으로 생각해서는 안 된다는 것이다. 다른 직원보다 상대적으로 높은 성과를 내는 것이 직업윤리라는 분위기는 오히려 생산성을 저해한다.

조성일 포스코경영연구원 수석연구원은 "외부 기업들과의 경쟁 격화를 내부 직원 간의 경쟁 강화로 극복할 수 있다고 믿는 것이 성과주의 철학인 양 제도를 운영해서는 곤란하다"고 지적한다.

실제로 최근에는 성과주의 평가 제도의 대표적인 도구인 핵심성과지표(KPI)를 폐지하는 기업들도 나타나고 있다. 중국의 샤오미와 현대카드 등은 '관리를 위한 관리 도구'로 변질되어 직원과 조직의 유연성과 기민성을 떨어뜨리는 KPI를 폐지하고 대신 목표 수치와 성과 데이터의 '질'에 대한 논의에 집중하고 있다.

이러한 기업들의 변화는 성과를 만들기 위해서는 직원들의 자발적 동기 부여가 중요함을 인식했기 때문이다. 심리학에서는 이를 '내재적 동기'라고 한다. 내재적 동기는 외부 자극이 아니라 흥미나 호기심처럼 인간의 내부에 있는 요인들에서 유래된 동기를 말한다.

사람들은 관심이 있고 도전할 만한 것을 찾으면 자신의 능력으로 그것을 정복하고 싶어 한다. 즉 내재적으로 동기화되면 그 자체가 보상으로 작용하기 때문에 동기 부여 측면에서 강한 힘을 발휘할 수 있다.

목적 지향 협업

한 바이킹이 해적질을 하다가 황금빛 수도꼭지를 발견하고 그것을 집에 가져가 아내에게 선물했다. 그리고는 의기양양하게 수도꼭지를 조금씩 트는데, 이상하게도 수도꼭지에서는 아무것도 나오지 않았다. 그것을 훔칠 때는 분명히 꼭지를 돌리기만 하면 물이 콸콸 쏟아져 나왔는데 말이다.

세계적인 석학 윤정구 이화여대 교수는 저서 '황금수도꼭지'에서 이 이야기를 언급하며 황금 수도꼭지가 무용지물이 된 것은 생명의 물이 들어 있는 관정에 연결하지 않았기 때문이라고 설명한다. 수도꼭지의 존재 '목적'인 관정이 없었기에 결국 눈에는 보이나 손에는 잡히지 않는 파랑새와 같은 존재가 되었다는 얘기다.

그는 오랜 연구 끝에 지속가능한 성과를 내고 있는 이들은 '목적'의 관정에 파이프라인과 수도꼭지가 잘 연결되어 있음을 밝혀냈다. "목적의 관정에 파이프라인을 묻고 이 파이프라인을 따라 혁신하다 보면 지속적인 성과, 삶의 행복, 의미 있는 결과가 자연스럽게 따라온다"는 것. 그는 또 "세상이 너무 복잡해졌기 때문에 협업 없이는 기본적인 문제들조차 해결하기 힘들다"고 덧붙이며 "초연결 사회에서 최고의 협업 파트너는 목적에 대한 신념과 그것에 기여할 수 있는 기술, 둘 다를 갖춘 이들"이라고 말했다.

오늘날 기업들에서 목적 지향 협업이 중요해지고 있다. 실제로 미국의 경영컨설팅업체 CEB에 따르면, 직장인들 열 명 중 여섯 일곱 명(67%)은 '협업이 필요한 일들이 많이 늘어나고 있다'고 생각했다.

Refresh

"열심히 일한 당신, 떠나라." 요즘 같은 휴가철에 직장인들이 가장 듣고 싶어 하는 말 중 하나일 것이다. 여기서의 '떠남'에는 전제가 달려 있다. '열심히 일한 사람'만 떠날 자격이 주어진다는 것이다.

이용규 선교사는 저서 '떠남'에서 "떠남은 현실 도피 내지는 책임 회피와는 다른 것이다. 자신에게 주어진 부담을 못 이겨서 도망하는 것과도 다르다"며 "경우에 따라서는 고정된 사회적 틀이나 일상으로부터의 벗어남을 의미할 수도 있다. 왜냐하면 종종 이러한 일상의 제약들이 우리의 생각과 가치관을 묶어버리기 때문"이라고 말한다. 직장인들에게 가끔 '떠남'이 필요한 이유다. 잠시 현안 업무로부터 벗어나서 몸이나 마음을 자신만의 휴식처로 떠나보내면 있는지도 모르겠던 창의성이, 아스라이 사라져 가던 열정이 다시 돌아오게 마련이다.

실제로 자포스, 나이키, 허핑턴포스트 등은 낮잠이 생산성을 높여 준다고 판단하고 직원들에게 업무시간 중 30분의 낮잠 기회를 준다. 개인용 수면실을 마련해 눈치 보지 않고 푹 쉴 수 있도록 해준다.

4차 산업혁명 기술 활용

세계경제포럼(WEF)이 지난 2016년 1월, 다보스 연차총회를 앞두고 발표한 '일자리의 미래' 보고서에는 충격적인 내용이 담겼다. 로봇, 인공지능 등 4차 산업혁명의 발달로 인해 앞으로 5년간 700만 개의 일자리가 사라질 거라는 내용이다. 그로부터 2년이 지난 지난해, 새로 발표된 '일자리의 미래' 보고서는 그때와는 사뭇 내용이 달랐다. 향후 5년 동안 전 세계에서 1억 3,300만 개의 새로운 일자리가 창출될 것이고, 반면 로봇 등 자동화로 인해 대체되는 일자리는 그보다 훨씬 적은 7,500만 개로 예상했다.

세계경제포럼도 전망을 왔다 갔다 할 만큼 일을 둘러싼 환경과 기술의 발달은 급변하고 있고 불확실성 또한 크다. 그래서인지 생산성을 획기적으로 올릴 만한 신기술이 소개되어도 미적지근한 반응을 보이는 회사들이 많다.

그러나 기업의 성장에 있어서 기술의 혁신은 결코 떼려야 뗄 수 없는 명제이다. 특히 4차 산업혁명의 기술들은 개인생산성을 높이는 훌륭한 도구가 되며 성공한 회사들은 '낯선 것'을 받아들이는 데 익숙하고 도전을 겁내지 않는다.

폴 로머 미국 뉴욕대 교수는 기술 혁신이 성장을 이끈다는 '내생적 성장 이론(Endogenous Growth

Theory)'으로 지난해 노벨 경제학상을 받았다. 그는 교육과 연구개발(R&D)로 내부에서 추진된 기술 혁신이 새로운 생산성 향상의 원천이 될 수 있고 결국 자본 축적에 따른 성장률 저하를 극복할 수 있다고 주장했다. 앞서 세계경제포럼 보고서에 따르면 특히 주목받는 미래 기술은 유비쿼터스 초고속 모바일 인터넷과 인공지능, 클라우드, 빅데이터의 4개 분야다. 실제로 관련 기술을 도입하겠다는 회사가 조사 대상의 85%를 차지했다.

최근 기업들에게 각광을 받는 기술은 머신러닝, 인공지능 등을 포함한 '로봇 프로세스 자동화(Robotic Process Automation: RPA)'다. 산업별로 조금씩 다르지만 23~37%의 회사들이 로봇화에 투자할 생각을 갖고 있는 것으로 나타났다.

출처: Executive, Vol.201. 2019.8 발췌정리

chapter 03

사회적경제와 사회적기업

사회적경제와 사회적기업

1. 사회적경제

(1) 사회적경제

사회적경제는 자본주의 시장 경제가 발전하면서 나타난 불평등과 빈부격차, 환경파괴 등 다양한 사회문제에 대한 대안으로 등장했다. 사회적경제의 개념은 나라마다, 제도마다 다르다. 사회적 경제는 혼합경제 및 시장경제를 기반으로 사회적 가치를 우위에 두는 경제활동을 말한다. 이 때문에 '사람 중심의 경제'라고도 불린다.

사회적경제가 발달한 지역에서는 법 혹은 공신력 있는 기구가 정의한 개념을 사용한다. 그러나 여기에도 공통 원칙은 있다. 사회적경제는 민주적 의사결정과 사회적 목적의 추구, 지분에 근거하지 않은 경제적 성과 배분의 원리 및 국가로부터의 독립성을 운영원칙으로 하는 경제주체가 만든다는 점이다.

사회적경제는 사회적 가치에 기반하여 공동의 이익을 목적으로 생산, 소비, 분배가 이뤄지는 경제 시스템이다. 사회적기업, 협동조합 등 사회적경제 조직은 영리기업과 다르다.

사회서비스의 질 개선, 취약계층의 일자리 창출, 지역 공동체 재생 등 다양한 사회적 가치 실현을 추구한다. 경쟁과 효율 중심에서 벗어나 협동과 연대를 지향하는 사회적 경제는 우리에게 닥친 불평등의 문제를 풀어가는 데 중요한 역할을 할 수 있다. 사회적경제 활성화를 위해 국내외 많은 기관과 조직이 활동하고 있다.

1800년대 초 유럽과 미국에서는 협동조합, 사회적기업, 상호부조조합, 커뮤니티 비즈니스 형태로, 우리나라에서는 1920년대 농민협동조합과 도시빈곤층의 두레조합 형태로 나타났다.

이후 1960년대 시작된 신용협동조합 운동, 1980년대 생활협동조합 운동이 일어났다. 1997년 외환위기 이후에는 구조화된 실업문제, 고용불안, 심화되는 빈부격차, 쇠락하는 지역의 문제를 해결하기 위해 자활기업, 사회적기업, 마을기업, 자활기업협동조합 등을 필두로 하는 사회적경제론이 높아졌다. 우리나라는 2007년 사회적기업 육성법이 제정, 발효되었다.

지금은 글로벌 시장의 양극화 해소, 일자리 창출 등 공동이익과 사회적 가치의 실현을 위해 각 국가들이 다양한 정책과 전략 등으로 노력하고 있다.

사회적 경제는 곧, 사회적 경제조직이 상호협력과 사회연대를 바탕으로 사업체를 통해 수행하는 모든 경제적 활동을 말한다. 자본주의 시장경제에서 드러나는 문제를 해결하고 일자리와 주거, 육아와 교육 등 인간 생애와 관련된 영역에서 경쟁과 이윤을 넘어 상생과 나눔의 삶의 방식을 실현하고 있다.

대표적인 사회적 경제조직에는 사회적 기업과 협동조합, 마을기업과 자활기업 및 농어촌공동체회사 등으로 다양한 편이다.

사회적 경제조직은 곧, 경제사회가 정상운영을 위하여 필요한 협력관계를 성립시킨 사회적 조직이다. 우리의 경제생활은 원시사회와 같이 자급자족형태가 아니라 소비자가 요구하는 것을 제조하는 생산자의 협력, 생산자가 공급하는 생산물에 만족을 느끼는 소비자의 욕망 등 순환운동에 참가함으로써 성립된다.

경제행위에는 반드시 주체가 있으나 이들이 모여서 형성되는 경제조직에는 고유의 주체가 없으므로 이를 종합경제라 한다.

오늘날 주된 경제조직은 대부분이 국민경제 중심이다. 이 국민경제는 국가를 중심으로 하여 국민이란 정치단체를 기반으로 형성된 경제조직을 말한다. 국가가 국민경제의 중심을 이루기는 하지만 국민전체의 소비 및 생산 계획에 참여하는 것은 아니며 이를 직접 담당하는 것은 개개의 가계와 기업이다.

그러나 사회주의경제하에서는 국영의 범위가 확대됨으로 국가가 생산의 대부분을 담당한다. 자본주의경제에 있어서도 국방상 또는 완전고용의 달성 내지 국민복지의 향상을 위해 예외적으로 국가가 일정한 범위 안에서 생산을 직접 담당하는 경우가 있다.

오늘의 경제조직은 자본주의경제라고 하는데, 이것은 사유재산제도하의 재산에서 얻는 소득, 즉 지대와 이자가 시인되는 경우를 말하고, 사유재산제도가 인정되지 않는 사회주의경제와는 경제조직을 달리한다.

(2) 시장경제

사회적경제는 양극화 해소, 일자리 창출 등 공동이익과 사회적 가치의 실현을 위해 사회적 경제조직이 상호협력과 사회연대를 바탕으로 사업체를 통해 수행하는 모든 경제적 활동이다. 자본주의 시장경제에서 드러나는 문제를 해결하고 일자리, 주거, 육아, 교육 등 인간 생애와 관련된 영역에서 경쟁과 이윤을 넘어 상생과 나눔의 삶의 방식을 실현하려고 한다. 사회적 경제조직에는 사회적 기업, 협동조합, 마을기업, 자활기업, 농어촌공동체회사 등이 있다.

일반적으로 사회주의 경제를 계획경제, 자본주의의 경제를 시장경제라고 부른다. 계획경제는 단일의 국가계획 작성과 그 수행이라는 형태로 경제발전이 행하여지며, 재화의 생산·유통·분배가 인간의 의식적 관리 아래 이루어지는 국민경제를 말한다.

자유주의 경제체제에서는 모든 경제주체의 생산 활동은 자유로우며, 시장에서의 물품구입도 자유의지에 의해 이루어진다. 이 같은 흐름이 너무 자유로워 무질서한 경제활동처럼 인식되기 쉽다. 그러나 그것이 자연스럽게 질서를 유지할 수 있는 것은 가격이라고 하는 메커니즘이 시장에서의 상품매매를 성사시키기 때문이다. 또 이것을 근거로 생산과 소비를 조정할 수 있기 때문이다. 이러한 경제의 특징과 장점의 경우는 장기적으로 보아 가격의 자유로운 흐름에 따라 자원의 합리적 분배가 이루어진다는 점에 있다.

시장경제라는 용어는 제2차 세계대전 후부터는 사회주의국가에서도 사용되기 시작하였다. 따라서 시장경제의 메커니즘은 이들의 중앙집권적 계획경제에 부분적으로 적용되어 갔다.

그것은 비록 계획경제에 의해 가격과 생산량이 결정되었다 하더라도 소비자의 기호에 따라 결국 생산량과 수요량은 일치할 수 없게 된다. 여기에 시장 메커니즘이 개입됨으로써 가격과 수급이 조정되고 시장은 원활히 제 기능을 발휘하게 된다.

이에 계획경제에 의하여 가격을 결정하는 경우라도 시장경제의 수급균형화작용을 활용해야 한다는 주장이 대두되었다. 이와 관련 1930년대에 하이에크나 미제스 등은 사회주의경제하에서의 경제운영 불가론을 내세운 데 대하여 테일러와 랑게 등은 경쟁적 사회주의를 제창, 사회주의경제 불가론을 주창하였다.

(3) 경제주체와 경제행위

기업 · 개인(또는 가계) · 정부 · 외국 등이 전형적인 경제주체의 예이다. 즉, 기업은 개인으로부터 생산요소를 구입하여 생산을 하고, 개인은 기업으로부터 자기가 제공한 생산요소에 대한 보수를 받아 소비지출을 한다.

정부는 기업 · 개인으로부터 세금을 거두어 이를 지출하는 재정활동을 하고, 외국은 다른 외국과 무역을 하는 식으로 각 경제주체는 서로 밀접한 관계를 가지고 경제활동을 하고 있다. 따라서 경제 주체 간의 상호작용을 살펴보면 〈그림 3-1〉과 같다.

한편으로 경제행위는 가계에서 소비자가 소득을 소비재에 지출하는 행위, 기업에서 생산자가 자금을 생산요소에 할당하는 행위가 경제행위의 예이다. 경제행위의 주체를 경제단위라고 하며, 경제단위는 크게 구별해서 가계 · 기업 · 국가(지방자치단체)가 있다. 경제주체가 경제행위를 할 때는 적은 비용으로 큰 효과를 얻으려는 경제원칙에 입각한 계획하에 하는 것이 보통이다.

오늘날 세계화된 경제에서는 가계, 기업, 정부, 외국이 상호작용하면서 생산과 분배, 소비의 과정이 반복되고 있다. 즉 국내외의 여러 경제 주체들이 서로 유기적인 관계를 맺고 각자 맡은 역할을 충실히 수행하고 협력함으로써 경제가 원활하게 순환할 수 있다.

그림 3-1 **경제주체 간의 상호작용**

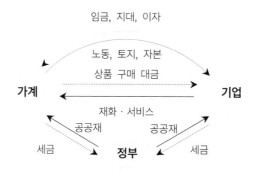

출처: doopedia

(4) 경제행위

경제행위는 경제주체가 주어진 경제수단으로 자기의 경제적 목적을 가장 합리적으로 달성하기 위해서 세심하게 고려한 계획적 행위를 말한다.

생산자가 한정된 자본으로 극대이윤을 가져다 줄 생산요소의 배분(최적생산 요소 조합)을 고려한다든지 소비자가 주어진 소득으로 극대효용을 가져다줄 소비재의 조합을 선택한다든지 하는 것이 그 예이다. 따라서 경제행위의 중심이 되는 것은 합리성에 기초한 선택행위이며, 이러한 경제행위의 규준이 되는 것이 경제원칙이다.

한편 이때, 경제원칙(economic principles)은 경제행위에서 가급적 가장 적은 비용 또는 동일한 비용으로 가장 큰 효과를 얻으려는 주의이다.

일반적으로, ① 일정한 효과를 올리는 데 최소의 비용 또는 희생을 지불하려는 최소비용원칙, ② 일정한 비용으로 최대의 효과를 올리는 최대효과원칙, ③ 비용·효과가 일정하지 않을 때, 그 차이를 최대로 하려는 최소비용 최대효과 원칙 등의 3가지를 들 수 있다. 그러나 이러한 원칙은 반드시 인간행위의 경제적 측면에만 적용되는 고유의 원칙이 아니라, 인간 행위 전반에 걸친 기술적 합리성의 원칙이기도 하다.

(5) 사회적기업

사회적기업(Social Enterprise)은 비영리조직과 영리기업의 중간 형태로, 사회적 목적을 추구하면서 영업활동을 수행하는 기업을 말한다. 한편, 사회적 가치 추구기업은 기업 특성상 일반기업과의 경쟁에서 일부 취약할 수 있으나 영리와 함께 공공의 이익을 함께 도모하는 점에서 의의가 있다.

특히, 사회적 약자인 취약계층에게 일자리나 사회서비스를 제공하는 등 사회적 목적을 추구하며 이를 위해 수익을 창출하는 영리·비영리 조직이다. 민법상 법인·조합, 상법상 회사, 등록된 비영리 민간단체 등의 일정한 조직형태를 갖춰야 한다.

또 영업활동을 통해 얻는 수입이 총 수입의 일정 비율 이상이어야 하며, 이익은 사업 자체나 지역공동체에 재투자해야 하는 조건이 붙는다. 자원봉사단체나 순수 공익적 목적만을 수행하는 사회복지법인 및 시설 등은 사회적 기업이 아니다.

한국의 경우는 이지무브(현대자동차), 다솜이재단(교보생명), 행복도시락(SK텔레콤) 등이 대기업이 지원하고 있는 대표적인 사회적기업으로 꼽힌다.

현재 사회적기업은 취약계층에게 사회서비스 또는 일자리를 제공하여 지역주민의 삶의 질을 높이는 등의 사회적 목적을 추구하면서 재화 및 서비스의 생산·판매 등 영업활동을 수행하는 기업을 말하고 있다. 또한, 영리기업이 이윤 추구를 목적으로 하는 데 반해, 사회적기업은 사회서비스의 제공 및 취약계층의 일자리 창출을 목적으로 하는 점에서 영리기업과 큰 차이가 있다.

주요 특징으로는 취약계층에 일자리 및 사회서비스 제공 등의 사회적 목적 추구, 영업활동 수행 및 수익의 사회적 목적 재투자, 민주적인 의사결정구조 구비 등을 들 수 있다.

유럽, 미국 등 선진국에서는 1970년대부터 활동하기 시작되었다. 영국에는 55,000여 개의 사회적 기업이 다양한 분야에서 활동 중이다. 한국에서는 2007년 7월부터 노동부가 주관하여 시행되고 있다.

예를 들면, 요쿠르트 회사인 '그라민－다농 컴퍼니', '피프틴' 레스토랑, 잡지출판 및 판매를 통해 노숙자의 재활을 지원하는 '빅이슈', 가전제품을 재활용하는 프랑스의 '앙비', 저개발국 치료제 개발 및 판매기업 '원월드헬쓰' 등이 세계적으로 유명한 사회적 기업이다.

국내에서도 재활용품을 수거·판매하는 '아름다운 가게', 지적장애인이 우리밀 과자를 생산하는 '위캔', 폐타이어 등 재활용품을 활용하여 만든 악기를 통해 소외계층을 위한 공연을 하는 '노리단', 컴퓨터 재활용 기업 '컴윈', 친환경 건물청소업체 '함께 일하는 세상', 장애인 모자생산업체 '동천모자' 등의 사회적기업이 활동하고 있다.

사회적기업이 되기 위해서는 조직형태, 조직의 목적, 의사결정구조 등이 사회적기업육성법이 정한 인증요건에 부합해야 하며, 사회적기업육성위원회의 심의를 거쳐야 한다. 인증된 사회적기업에 대해서는 인건비 및 사업주부담 4대 사회보험료 지원, 법인세·소득세의 감면 등 세제지원, 시설비 등 융자지원, 전문 컨설팅 기관을 통한 경영, 세무, 노무 등 경영지원의 혜택 등 다양한 지원이 제공된다.

(6) 협동조합

협동조합(cooperative)은 같은 목적을 가지고 모인 조합원들이 물자 등의 구매·생산·판매·소비 등의 일부 또는 전부를 협동으로 영위하는 조직단체이다.

이러한 조직과 운영을 위해서는 통상적으로 다음과 같은 네 가지 원칙이 있다. 첫째, 사업의 목적이 영리에 있지 않고 조합원 간의 상호부조에 있다. 둘째, 임의로 설립되며 조합원의 가입·탈퇴가 자유로워야 한다. 셋째, 조합원은 출자액의 다소에 관계없이 한 사람이 한 표의 평등한 의결권을 가진다. 넷째, 잉여금을 조합원에게 분배함에 있어서는 출자액의 다소에 의하지 않고 조합사업의 이용분량에 따라서 실시한다는 것 등이다.

또한, 협동조합의 특징은 자본구성체가 아니고 인적구성체이기 때문에 진정한 민주적 운영을 의도하는 데 있다. 이는 영리를 목적으로 하는 것이 아니므로 조합의 운영은 실비주의를 원칙으로 한다. 그러나 현실적으로는 약간의 위험부담을 위한 비용이 가산되기 때문에 잉여금이 생긴다.

협동조합은 여러 방법에 의하여 분류할 수 있지만 일반적으로는 사업의 성격에 따라 크게 사업협동조합·신용협동조합·협동조합연합회·기업조합의 네 가지로 분류된다. 사업협동조합에는 산업별로 농업·수산업·축산업·상공업 등의 소규모 생산업자들에 의해 결성되는 농업협동조합·수산업협동조합·축산업협동조합·상업협동조합 등 또는 그에 관련되는 각종 협동조합이 있어 다음과 같은 사업의 일부 또는 전부를 영위한다.

① 생산·가공·판매·구매·보관·운송·검사 등의 공동시설
② 조합원에 대한 자금대부와 조합원을 위한 자금의 차입
③ 복리후생시설
④ 경영·기술의 개선, 지식의 보급을 위한 교육과 정보의 제공
⑤ 조합원의 경제적 지위를 개선하기 위한 단체협약의 체결
⑥ 기타 이상의 사업에 부대되는 사업 등이다.

신용협동조합은 조합원을 위한 금융이 사업의 중심이 된다. 이상의 협동조합은 단위협동조합인데, 이 단위조합이 일정한 지역 등을 기반으로 연합체를 결성한 것이 협동조합연합회이다. 이 같은 연합체도 단위조합이 영위하는 각종 사업을 직접 영위할 수 있다.

기업조합의 경우는, 조합의 이념을 보다 고차적으로 구체화한 것이다. 기업조합 이외의 일반협동조합은 작은 생산업체들이 제각기 독립된 자기사업을 가지고 참여한 연합체로, 일종의 복합기업형태인 데 비하여 기업조합은 조합원의 2/3 이상이 조합의 종업원이어야 하고 또 조합종업원의 1/2 이상이 조합원이어야 한다.

이는 바로 조합원이 독립된 작은 생산자로서의 지위를 지양하고 하나로 뭉쳐진 독립사업체로서의 기업조합을 중심으로 결집하려는 것을 기본적으로 기도하는 것이라고 할 수 있다. 여기서 협동의 실효는 더욱 높아질 수 있는 가능성을 갖게 된다.

그러나 기업조합들이 실제로 이와 같은 기도를 꼭 실천하고 있다고는 할 수 없다.

협동조합을 기능별로 분류해 보면, 우선 생산조합과 소비조합으로 크게 나눌 수 있다. 이 중 소비조합은 생활협동조합이라고도 하는데 이는 조합원의 생활에 필요한 물자를 싼값으로 공동구입하는 것을 목적으로 한다.

이와 같은 협동조합운동은 산업혁명 이후 자본주의사회 형성기에 자본을 소유하지 못한 노동자들이 생활안정 및 경제적 편익을 도모할 목적으로 시작되었다. 그 대표적 사례로 1844년 영국에서 28명의 로치데일의 광산노동자에 의하여 결성된 소비협동조합이다. 이처럼 소비조합은 대체로 각 직장 중심으로 또는 지역을 기반으로 하여 결성된다. 대부분의 소비조합은 소매조합으로 구성되지만 간혹 여러 조합이 연합하여 도매조합을 결성하는 경우도 있다. 한편 생산조합은 다시 다음과 같이 분류할 수 있다.

첫째, 조합원의 생산물을 협동하여 판매하는 판매조합이 있는데, 이에는 단순히 출하·판매만을 하는 것과 간단한 가공을 하여 출하·판매하는 가공판매조합이 있다.

둘째, 조합원의 사업에 필요한 물자를 협동하여 구입하기 위한 구매조합이 있다.

셋째, 이용조합인데, 여기서 이용조합이란 조합원이 단독으로서는 갖추지 못하거나 단독사용이 비경제적인 시설을 공동으로 설치하여 공동으로 사용하는 것이다.

넷째, 신용협동조합인데, 이는 조합원을 위한 금융사업만을 한다.

다섯째, 조합원이 협동하여 생산 활동을 하는 생산적 조합인을 말한다.

이때 기업조합은 이 같은 생산조합을 촉진하려는 것이라 볼 수 있다. 협동조합에는 단일 기능만을 하는 단일조합이 있으며, 각종 기능, 즉 구매·판매·가공 등 복합적인 기능을 하는 것도 있다.

다시 말하면, 협동의 범위·정도가 낮은 것은 단일협동의 정도에 머물러 있고, 정도가 높은 것은 다각적인 협동기능으로 발전하는데, 한국의 농업협동조합은 신용·구매·소비 등의 복합적인 넓은 범위에서 기능하고 있기 때문이다. 사회적 경제센터와 관련 각 지자체별 사례 중에, 인천의 경우는 〈그림 3-2〉와 같다.

그림 3-2　인천광역시 계양구 사회적경제 센터 사례

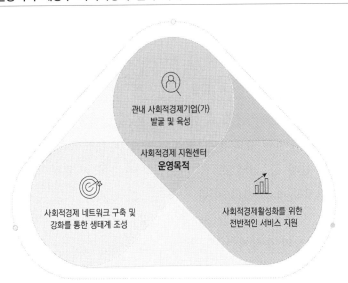

(7) 주요 활용 사례

지원기관 사례

한국사회적기업진흥원 http://www.socialenterprise.or.kr

서울 사회적경제 포털 http://sehub.net

COOP https://web.archive.org/web/20150823230523/http://www.coop.go.kr

Global Social Economy Forum http://www.gsef—net.org

OECD http://www.oecd.org/cfe/leed/social—economy.htm

Social Economy in EU https://ec.europa.eu/growth/sectors/social—economy_en

기업사례

몬드라곤(Mondragón): 스페인 노동자협동조합

미그로(Migros): 스위스 소비자협동조합

AP(Associated Press): 미국 뉴스통신사, 언론사 등 사용자협동조합

한살림: 한국생활협동조합

ICOOP: 한국생활협동조합

해피브릿지: 한국노동자협동조합

소셜브릿지협동조합: IT 협동조합

2. 한국의 사회적기업

(1) 개념 및 지원제도

1) 한국의 사회적기업 개념 및 법률 근거

사회적기업은 취약계층에게 사회서비스 또는 일자리를 제공하거나 지역사회에 공헌함으로써 지역주민의 삶의 질을 높이는 등의 사회적 목적을 추구하면서 재화 및 서비스의 생산·판매 등 영업활동을 하는 기업으로서 사회적기업으로 인증을 받은 자(「사회적기업육성법」 제2조 제1호)이다.

취약계층은 자신에게 필요한 사회서비스를 시장가격으로 구매하는 데에 어려움이 있거나 노동시장의 통상적인 조건에서 취업이 특히 곤란한 계층(「사회적기업 육성법」 제2조 제2호)을 말한다.

또 사회서비스는 곧, 교육, 보건, 사회복지, 환경 및 문화 분야의 서비스, 그 밖에 이에 준하는 서비스(「사회적기업육성법」 제2조 제3호)에 해당되는 경우이다.

2) 한국의 사회적기업 육성배경

한국의 경우는 외환위기 이후 짧은 기간 동안 공공근로, 자활 등 정부재정지원에 의한 일자리가 확대되었으나, 안정적인 일자리로 연결되지 못함에 따라 정부재정지원의 효과성과 관련한 논란이 지속적으로 제기되어 왔다.

특히, 2000년대에 들어 고용 없는 성장의 구조화, 사회서비스 수요의 증가 등에 대한 대안으로 유럽의 사회적기업 제도 도입과 관련한 논의가 본격화되면서, 비영리법인·단체 등 제3섹터를 활용한 안정적인 일자리창출 및 양질의 사회서비스 제공모델로서 사회적기업 활성화 논의가 진행되고 있다.

한편, 사회적기업은 공동체 수요(needs)에 적합한 사회서비스를 확충하고, 취약계층에 안정적 일자리를 제공할 뿐만 아니라, 지역의 인적·물적 자원을 활용하여 고용 및 복지를 확대하고, 경제 활성화에 기여하고 있다.

최근 저성장·저고용으로 고용구조 변화 및 저 출산·고령화시대의 서비스·일자리 수요 증가의 대안으로 사회적기업의 역할이 크게 부상되고 있다. 노동시장 격차, 고용 불안정성 해소를 위해 "착한 소비·따뜻한 일자리"를 제공하는 사회적기업의 육성 및 역할 지속 필요성 증대되고 있기 때문이다.

한편, 2007년 7월 「사회적기업 육성법」이 시행된 이후, 사회적기업의 확산 및 체계적 지원을 위해 '기본계획' 수립, '관계부처 협의체 및 육성 TF' 구성·운영 등 지속 추진되고 있다.

3) 한국 사회적기업의 유형 및 유형별 사례

현재, 한국의 사회적기업의 유형 및 유형별 사례를 살펴보면 다음과 같다.

표 3-1 한국 사회적기업의 유형

❶ 일자리제공형 : 조직의 주된 목적이 취약계층에게 일자리를 제공			
기업명	요약	내용	주요사업
메자닌아이팩	• 새터민 희망일터	• 메자닌아이팩의 근로자 대부분은 새터민(탈북자) • 새터민이 빈곤층으로 전락하지 않도록 돕기 위해 설립된 사회적기업으로 사회복지법인 열매나눔재단이 SK에너지와 협력하여 설립. • 현재 거래처가 50여 곳이 넘는 활발한 작업 공장으로 새터민의 자립·자활에 기여	Box 제조 등
한빛예술단	• 자신감 부여와 장애극복의지 고취. • 시각장애학생들의 음악적 재능 발굴 육성 • 음악을 통해 직업 창출 및 자립 능력 배양	• 시각장애인 연주단의 전문적인 연주를 통하여 장애인 공연 예술을 발전시키고 장애인 예술 인재를 발굴 및 양성 • 시각 장애인 연주단의 다양한 공연을 통하여 일반인들의 장애인식개선을 도모하고, 취약계층에게 지속적인 일자리나 사회서비스를 제공하여 삶의 질 향상에 기여 • 지역사회와의 연대활동에 적극 참여함으로써 지역주민들이 경제적 안정과 자립기반 및 문화선진국으로서의 발돋움.	음악 및 예술분야의 시각장애인 전문인력 일자리 창출 사업, 문화 콘텐츠 개발 등
❷ 사회서비스제공형: 조직의 주된 목적이 취약계층에게 사회서비스를 제공			
기업명	요약	내용	주요사업
충남교육연구소	교육을 통한 농촌문제 해결	• 농촌의 교사/지역주민/지역사회/지역학교가 교육을 필요로 하는 곳에 교육 인력을 배치하고 또 그 인력을 적절한 형태의 교육 프로그램과 연계하는 시스템을 구성 • 교육의 질을 높이기 위해 다양한 교육전문가집단의 네트워크를 구축하는 작업 • 학교와 지역사회의 소통	청소년문화학교 느티나무사업, 학교지원사업, 지역사업, 교육연수
휴먼케어	지역의 돌봄서비스	• 노인과 장애인의 이해와 요구를 우선 배려하면서도 직원의 근무여건 개선을 위해 노력하는 조정자 역할을 수행하여 지역사회 내 정직하고 질 좋은 사회서비스를 제공하는 기업	요양기관, 복지용구사업, 장애인 활동보조 지원 사업 등
❸ 혼합형: 조직의 주된 목적이 취약계층 일자리 제공과 사회서비스 제공이 혼합			
기업명	요약	내용	주요사업
오가니제이션	• 만드는 사람과 먹는 사람 모두가	• 청소년, 여성결혼이민자, 경력단절여성 등 희망을 가진 사람들이 더불어 성장하는 공동체회사	케이터링, 레스토랑,

요리	즐거운 요리 • 재료와 사람에 대해 정직한 요리 • 배움이 곧 나눔이고 성장인 요리	• '가르치면서 배우기', '배우면서 일하기', '여성이 삶과 함께 하는 건강한 일터 만들기'를 중심으로 여성친화적인 기업문화를 만들기 위해 노력 • 이러한 기반 위에 전문성을 강화하고 경쟁력을 갖춘 외식문화 회사로의 지속적인 성장을 목표	하모니식당, 카페, 교육
행복도시락	• 행복을 나누는 도시락	• 결식이웃에게 무료 도시락을 만들어 배달하고 취약계층에게는 조리와 배송 등의 과정에 참여하게 하여 일자리를 제공	결식이웃 무료급식, 도시락사업, 김치 등
한국재가장기요양기관	• 이웃을 품고 희망을 나누는 기업	• 어르신께는 노인복지서비스를 제공하여 효를 실천하고, 저소득층/고령자/장기실업자 등 취약계층을 고용하여 안정적 일자리를 제공함으로써 지역주민의 삶의 질을 높이는 데 기여	노인재가서비스, 복지정보신문 발간, 취약계층 일자리 창출 등

❹ 지역사회공헌형: 조직의 주된 목적이 지역사회에 공헌

기업명	요약	내용	주요사업
홍성 풀무나누미 영농조합 법인	지역농업 공동체	• 풀무학교와 친환경농산물을 중심으로 형성해 온 홍동지역의 많은 시설기반과 인적기반 등을 통해 친환경농산물 소포장 및 도농교류사업을 추진 • 친환경농산물의 품질을 높이고, 소비자의 만족도를 증진하는 한편, 농촌여성인력의 생산가공활동 참여를 통한 일자리 창출과 가정경제의 활성화를 도모하고, 도농 간의 교류를 통한 생산소비자 공동체를 구현	

❺ 기타형 : 사회적 목적의 실현여부를 계량화하여 판단하기 곤란한 경우

기업명	요약	내용	주요사업
아름다운 가게	복합공익단체	• 물건의 재사용과 순환을 통해 우리 사회의 생태적/친환경적 변화를 추구하고, 나눔을 통해 도움의 손길이 필요한 우리의 이웃들과 단체들의 공익활동을 지원하는 시민단체 • 아름다운 가게 매장은 단순히 물건을 사고파는 곳이 아닌 수익배분을 통한 나눔, 지역 주민들의 기증을 통한 물품의 순환을 실천하는 지역공동체의 중심	재사용 나눔가게, 공익캠페인, 자선/나눔 사업, 공정무역, 국제지원 모금사업
노리단	문화예술 기업	• 혁신적인 공연, 창의교육, 커뮤니티 디자인 사업과 미디어 아트 통합브랜드 'dalog'로 사회 각 분야와 네트워킹을 통해 국내뿐 아니라 일본, 홍콩, 미국, 런던 등 글로벌 커뮤니티를 만나며 삶의 활력을 디자인하는 문화예술 기업	공연사업, 교육사업, 디자인사업, 네트워크사
트래블러스 맵	공정한 여행, 지속가능한 여행을 기획	• 여행자에게는 최고의 기회/지역에는 최선의 기여/환경에는 최소의 영향 • 지속가능한 여행을 통해 사회적 과제를 해결하고자 노력하는 기업으로서 지역경제기반을 위협하고 문화 자연유산을 훼손하면서 여행할 수밖에 없는 기존의 관광산업구조 혁신을 위해 노력 • 대안여행 전문가를 양성하고 함께 사회적 과제를 해결해 나갈 새로운 인재를 육성	국내/국외 공정여행 상품 개발 및 판매, 대안학교 로드스꼴라 운영 등

(2) 예비사회적기업

예비사회적기업의 형태는 다음과 같이 구분할 수 있으며, 사회적기업과 예비사회적기업을 비교하면 〈표 3-2〉와 같다.

표 3-2 **사회적기업과 예비사회적기업 비교**

사회적기업	구분	예비사회적기업
고용노동부 장관인증	주관	광역자치단체장, 중앙부처장지정
① 조직형태 ② 유급근로자 고용하여 영업활동을 수행 (6개월 이상) ③ 사회적 목적 실현 (취약계층 고용·사회서비스제공 등) ④ 이해관계자가 참여하는 의사결정구조 ⑤ 영업활동을 통한 수입 (매출액이 노무비의 50% 이상) ⑥ 정관·규약 등을 갖출 것 ⑦ 배분 가능한 이윤의 2/3 이상 사회적 목적을 위해 재투자(상법상 회사 등의 경우)	요건	① 조직형태 ② 유급근로자 고용하여 영업활동을 수행 (3개월 이상) ③ 사회적 목적 실현 (취약계층 고용·사회서비스제공 등) ④ - ⑤ - ⑥ 상법상 회사 등의 경우 정관·규약 ⑦ 배분 가능한 이윤의 2/3 이상 사회적 목적을 위해 재투자(상법상 회사 등의 경우)
상시접수(한국사회적기업진흥원)	신청	위의 주관별 연중 1~2차 일정 공고
최대 3년	지원 기간	최대 2년

1) 지역형 예비사회적기업

이는 사회적 목적 실현, 영업활동을 통한 수익창출 등 사회적기업 인증을 위한 최소한의 법적 요건을 갖추고 있으나 수익구조 등 일부 요건을 충족하지 못하고 있는 기업을 지방자치단체장이 지정하여 장차 요건을 보완하는 등 향후 사회적기업 인증이 가능한 기업이 경우이다.

2) 부처형 예비사회적기업

이는 사회적 목적 실현, 영업활동을 통한 수익창출 등 사회적기업 인증을 위한 최소한의 요건을 갖추고 있는 기업으로서, 중앙부처장이 지정하여 장차 요건을 보완하는 등 사회적기업 인증을 목적으로 하는 기업을 말한다.

(3) 예비사회적기업 지정기간

예비사회적기업의 지정기간은 3년으로 하고 유사사업(마을기업, 농어촌공동체회사, 기초자치단체 지정 예비사회적기업)에 참여한 경우에는 해당사업에 참여한 기간을 지정기간에 합산된다. 특히, 유사사업 참여기업으로 선정된 경우에도 지역형·부처형 예비사회적기업으로 중복 지정가능하다. 단, 유사사업 참여기업에 대한 사업비와 예비사회적기업 재정지원은 중복 지원이 불가하다.

1) 인건비 지원

사회적기업의 인건비는 예비 사회적기업 및 사회적기업을 대상으로 지자체에서 공모하는 일자리창출사업에 지원하여 신규 채용자의 인건비를 지원받을 수 있다.

참여자격
- 「사회적기업 육성법」에 따라 고용노동부장관이 인증한 사회적기업
- 「지역형 예비사회적기업 지정제 운영지침」에 따라 광역자치단체장이 지정한 지역형 예비사회적기업
- 「부처형 예비사회적기업 지정제 운영지침」에 따라 중앙행정기관의 장이 지정한 부처형 예비사회적기업
- 하나의 비영리법인·단체 등에 소속된 두 개 이상의 사업단이 예비사회적기업으로 지정받은 경우에는 동일한 광역자치단체에서 하나의 사업단만 참여 가능

다만, 일자리창출사업에 참여중이거나 참여했던 예비사회적기업인 사업단이 사회적기업으로 인증받고 분리·독립한 경우에는 모법인이나 모법인 내 다른 예비사회적기업인 사업단이 새로운 사업으로 참여가 가능하다.

특히, 지정종료일이 얼마 남지 않은 예비사회적기업이 사업신청서 접수기간 중에 사회적기업 인증을 신청한 때에는 사회적기업의 자격으로 사업참여 신청 및 선정이 가능하다.

지원기간

− 예비 사회적기업은 최대 2년간 지원하며, 사회적기업은 최장 3년까지 지원하는데, 어느 한 단체에 대한 지원기간은 총 5년을 초과하지 않아야 함

지원내용

− '최저임금 수준의 참여근로자 인건비'와 '사업주가 부담하는 4대 보험료의 일부(9.36%)'

지원수준

참여근로자 1인당 지원금은 지원연차별로 차등 지급된다(슬라이딩 시스템).

− 예비사회적기업: 1년차 70%, 2년차 60%
− 사회적기업: 1년차 60%, 2년차 50%, 3년차 30%＋20%(계속 고용 시)

특히, 3년차 사회적기업의 경우 지원비율은 30%이나, 2년 이상 계속 고용한 인원은 50%(30%＋20%)의 지원비율을 적용하며, 2년 이상 계속 고용한 인원이란, 인증지원 1년차 참여근로자 중에 인증지원 3년차에도 계속하여 참여하고 있는 자를 말한다.

2) 전문인력 인건비 지원

(예비)사회적기업이 경영역량 강화를 위해 기획, 인사·노무, 마케팅·홍보, 교육·훈련, 회계·재무, 법무 등 기업경영에 필요한 특정 분야의 전문 인력을 채용하는 경우 심사를 통해 전문인력 인건비 일부를 지원하는 사업이다.

참여자격

− 「사회적기업 육성법」에 따라 고용노동부장관이 인증한 사회적기업
− 「지역형 예비사회적기업 지정제 운영지침」에 따라 광역자치단체장이 지정한 지역형 예비사회적기업
− 「부처형 예비사회적기업 지정제 운영지침」에 따라 중앙행정기관의 장이 지정한 부처형 예비사회적기업
− 하나의 비영리법인·단체 등에 소속된 두 개 이상의 사업단이 예비사회적기업으로 지정받은 경우에는 동일한 광역자치단체에서 하나의 사업단만 참여 가능

다만, 일자리창출사업에 참여중이거나 참여했던 예비사회적기업인 사업단이 사회적기업으로 인증 받고 분리·독립한 경우에는 모법인이나 모법인 내 다른 예비사회적기업인 사업단이 새로운 사업으로 참여 가능하다.

지정종료일이 얼마 남지 않은 예비사회적기업이 사업신청서 접수기간 중에 사회적기업 인증을 신청한 때에는 사회적기업의 자격으로 사업참여 신청 및 선정이 가능하다.

지원대상

- 사회서비스를 제공하는 (예비)사회적기업 중 전문인력을 신규채용하는 기업
  - 다만, 중앙행정기관 및 지방자치단체로부터 동일 또는 전문인력지원사업과 유사한 재정지원을 받고 있지 아니하여야 함
  - 예비사회적기업은 전문인력 지원 신청 전월 말일을 기준하여 상시근로자 1인(자체고용인원＋인건비 지원인원) 이상 사업장 대상
- 참여제외 대상
  - 과거 부정수급으로 적발되어 약정해지된 기업
  - 사업신청일이 속하는 달의 직전 3개월 이내에 근로자 해고 등 고용조정을 한 사실이 확인된 기업
  - 단, 회사사정에 의한 경영상 필요에 의한 해고가 아닌 근로자의 귀책사유에 의한 징계해고나 권고사직 등의 경우 제외

지원기간

- 지원기간
  - 지원 개시일로부터 '12개월'을 원칙으로 함
  - (예비)사회적기업 인증(지정)이 취소(반납)되는 경우 취소(반납)일로부터 약정을 해지함
- 최대지원기간
  - 매년 재심사를 통해 전문인력 운영의 적정성 여부를 평가하고 예산의 범위 내에서 추가 지원여부 결정
  - 예비사회적기업: 지정일로부터 3년 이내 최대지원기간 2년
  - 사회적기업: 인증 후 최초 지원개시일로부터 5년 이내 최대지원기간은 3년

지원내용

- 지원인원 한도

- 사회적기업은 기업당 2인(단, 유급근로자수가 50인 이상 기업은 3인), 예비사회적기업은 기업당 1인
- 다만, 지원인원 한도를 모두 채용한 사회적기업이나 상시근로자 15인 이상 예비사회적기업이 고령자를 채용할 경우 1인 추가지원
- 지원금액 및 사업참여기업 자부담
  - 자격요건에 따라 월 200만원 또는 250만원을 한도로 예비사회적기업은 2년간, 사회적기업은 3년간 인건비 일부를 지원하되, 전문인력에게 지급하는 급여의 일정 부분은 사업참여기업이 자부담
- 자부담률
  - 예비사회적기업: 10%(1차연도) → 20%(2차연도), 다만 2016년부터 약정한 경우 2017년 1월 임금에 대한 지원금부터 적용한다.
  - 사회적기업: 20%(1차연도) → 30%(2차연도) → 50%(3차연도)로 연도별 차등지원
  - 전문인력을 지원 받은 예비사회적기업이 사회적기업으로 전환되는 경우 사회적기업 1년차 지원 비율부터 적용

3) 사회보험(4대보험) 지원

참여자격
- 고용노동부장관이 인증한 사회적기업
  다만, 사회적기업 일자리창출사업 참여기업의 경우에는 인건비에 포함된 사회보험료를 지원받지 않는 자체고용 근로자에 한해 사회보험료 지원이 가능하다.

참여제외 대상
- 과거 부정수급으로 적발되어 약정이 해지된 기업
- 국가 또는 자치단체로부터 사회보험료의 일부·전부를 지원받는 기업
  - 정부 재정지원 일자리사업 중복참여 여부는 통합정보시스템 조회를 통해 확인
  - 정부지원금과 관계없이 사업주와 근로자간 근로계약을 통하여 임금이 결정되는 바우처 제공 기관, 장기요양보험기관은 중복지원이라 볼 수 없음

지원제외 대상

－ 대표자·등기임원 및 대표자 등기임원의 친족 중 아래에 해당하는 자

    ① 대표자·등기임원의 배우자

    ② 대표자·등기임원의 형제자매

    ③ 대표자·등기임원의 직계존비속

    ④ 대표자·등기임원 배우자의 형제자매

    ⑤ 대표자·등기임원 배우자의 직계존비속

특히, 이해관계자가 참여하는 의사결정구조를 충족하기 위해 당해 사업참여기업의 지원대상 참여근로자가 등기임원이 된 경우는 지원이 가능하며, 65세 이상 등 일부 보험가입이 제한되는 자는 적용되는 보험료에 한해 지원된다.

지원기간

인증 받은 익월부터 지원이 가능하고 지원기간은 최초 지원개시일로부터 5년 이내 4년이며, 4년은 지원개시일로부터 연속의 개념이다.

지원한도

－ 월 50명('16.1월분 보험료부터 적용)

지원내용

－ 4대 사회보험료 중 사업주 부담분 일부

    • 「고용보험 및 산업재해보상보험의 보험료 징수 등에 관한 법률」에 따른 고용보험료 및 산업재해보상보험료,「국민건강보험법」에 따른 건강보험료 및 「국민연금법」에 따른 연금보험료

    • 임금체불이나 보험료 체납시 지원금 지급보류, 체불임금을 청산하거나 보험료 납부 완료 후 소급하여 지원

지원수준

기업 규모 및 업종과 관계없이 최저요율 기준으로 다음과 같이 지원된다.

－ 고용보험 능력개발·고용안정(0.25%), 산재보험(0.7%)

－ 근로자 임금을 기준으로 보험요율을 산정하는 경우는 소정근로시간이 40시간인 근로자의 최저임금을 한도로 지원

    * '17년 적용 시간급 최저임금 6,470원, 월평균 소정근로시간 209시간

－ 고용보험 이중취득자로 사회적기업이 아닌 다른 사업장이 주된 사업장으로 고용보험이 취득된 경우 해당 사회적기업은 고용보험을 제외한 산재, 건강보

험과 국민연금만 지원

- 지원한도: 4대보험 모두 가입 시 1인당 월 126,560원
- 산재보험은 1인당 월 9,460원(≒6,470원 × 209시간 × 0.7%)
- 건강보험은 1인당 월 44,080원(≒6,470원 × 209시간 × 3.26%)
- 국민연금은 1인당 월 60,850원(≒6,470원 × 209시간 × 4.5%)

4) 경영컨설팅 지원

(예비)사회적기업의 성장수준을 반영한 맞춤형 컨설팅 제공된다. 특히, (예비)사회적기업의 생애주기를 '창업단계 → 성장단계 → 자립단계'로 구분하여 해당 단계에 적합한 수준별 컨설팅이 제공된다. 수요자 중심의 컨설팅 연계 및 대상별 차별화된 컨설팅 지원의 경우는 다음과 같다.

- (기초컨설팅)
  (예비) 사회적기업을 대상으로 인사, 회계, 법무 분야의 경영코칭(Coaching)을 제공하여 기본시스템 구축 지원
- (전문컨설팅)
  성장 및 자립 단계의 사회적기업을 대상으로 경영과제를 해결하는 맞춤형 전문컨설팅을 제공하여 자립 가능성 제고

지원한도

기업별 총 5회 내 지원(연간 1회 한정)
- 금액지원한도는 없으나 예비사회적기업은 연간 1,000만원 한도(VAT포함) 내 지원

기업부담

컨설팅 총사업 금액에 따라 금액구간별 10~40%

공공기관 우선구매

「사회적기업 육성법」에 공공기관의 사회적기업 제품 우선구매의 법적 근거가 있으며, 지방자치단체 조례에 우선구매 법적 근거가 마련되고 있다. 특히, 공공기관 조달 및 정부 사회서비스 사업 등에 사회적기업의 진출 기회를 확대하고 다음과 같이 우선권을 부여(국가계약법 시행령, 계약예규「적격심사 기준」개정)한다.

- 자치단체가 물품입찰을 할 때 거치는 적격심사 시 사회적기업에 가점 부여
- 취약계층을 30% 이상 고용한 사회적경제기업에 대하여는 수의계약 허용

(5천만원 이하 계약)

구매대상 품목 확인

- 사회적기업 상품소개사이트(www.e−store365.or.kr)를 통해 상품 및 구매정보 검색
- 사회적기업 상품 홍보 카탈로그를 활용하여 제품과 서비스를 확인 후, 사회적기업에 문의하여 구매

표 3-3 공공구매지원센터 및 사회적경제 공공구매 지원기관 주요 활동

	공공구매 지원센터	공공구매 지원기관
수행기관	한국사회적기업진흥원	권역별 16개 지원기관
주요활동	• 공공구매 지원기관 운영 • 사회적기업 상품소개사이트 관리 • 공공기관 우선구매 계획 및 실적 입력 지원 및 관리 • 공공구매 관련 교육 · 설명회 · 상담회 등 행사개최 및 홍보 • 공공구매 우수사례 발굴 및 확산	• 지역 맞춤형 정보제공 및 구매상담 • 지역 및 공공기관 대상 공동사업 추진 • 진흥원 사업 연계

표 3-4 2018년 사회적경제 공공구매 지원기관 현황

연번	지역	지원기관	전화번호
1	서울	(사)한국 마이크로크레디트 신나는조합	
2	경기	사회적협동조합 사람과세상	
3	인천	(사)홍익경제연구소	
4	강원	(사)강원도사회적경제지원센터	
5	대전·세종	사회적경제연구원 사회적협동조합	
6	충북	(사)사람과경제	
7	충남	(사)충남사회경제네트워크	
8	대구	(사)커뮤니티와경제	
9	경북	사단법인 지역과 소셜비즈	1566-5635
10	부산	(사)사회적기업연구원	
11	울산	사회적협동조합 울산사회적경제지원센터	
12	경남	모두의 경제 사회적협동조합	
13	광주	(사협)살림	
14	전남	사단법인 상생나무	
15	전북	(사)전북사회경제포럼	
16	제주	(사)제주사회적경제네트워크	

5) 금융지원

표 3-5 사회적기업 금융지원 내용

서민금융진흥원 소액자금대출

구분	내용
서민금융진흥원 소액자금대출	
운영기관	서민금융진흥원
운영목적	제도권 금융기관에서 자금조달이 곤란하나, 발전가능성이 높은 사회적기업을 발굴·지원
지원대상	고용노동부 인증 사회적기업, 고용노동부 사회적일자리 창출사업 참여하고 있는 예비사회적기업, 서울형사회적기업, 경기도 예비사회적기업
운영방식	사업주체기관인 [서민금융진흥원]이 복지사업자를 통하여 사회적기업에 대한 간접지원
대출조건	(대출한도) 1억원, (이자율) 3~4.5%/년, (상환) 5년, 6개월~1년의 거치기간 포함
대출절차	상담접수 → 서류심사 → 면접심사 → 현장실사
중소기업 정책자금	
운영기관	중소기업진흥공단
운영목적	중소기업에 해당되는 사회적기업과 중소기업에 대하여 제도권 금융기관보다 저리의 대출방식으로 사업화 자금 등을 지원
지원대상	[중소기업기본법]상의 중소기업 단 전략산업 영위하는 중소기업은 우선지원 * 전략산업: 미래성장동력산업, 뿌리산업, 소재·부품산업, 지역특화(주력)산업, 지식서비스산업, 문화콘텐츠산업, 바이오산업, 융복합 및 프랜차이즈산업, 물류산업, 유망소비재산업
운영방식	중진공에서 대출신청·접수하여 대상 결정 후, 중진공(직접대출) 또는 금융회사(대리대출)에서 신용, 담보부 대출방식
대출조건	- (대출한도) 개별기업당 45억 원(수도권을 제외한 지방소재기업은 50억 원)까지이며, 매출액의 150% 이내에서 지원) - (대출금리) '17년 1/4분기 정책자금 기준금리 연 2.30% - (대출기간) 5~8년(2~3년의 거치기간 포함) * 이자율 및 상환기간은 정책자금유형별로 상이함

대출절차	① 온라인자가진단: 융자신청 대상 여부 및 신청자금의 적정성에 대해 자가진단
	   (중진공홈페이지, www.sbc.or.kr)
	② 사전상담: 지역본(지)부에 방문상담하여 정책자금 신청기회 부여 여부를 결정
	   (사전상담 예약 가능)
	③ 온라인신청: 사전상담 완료 후 신청기회를 부여받은 기업은 온라인으로 융자 신청·접수
	④ 기업평가: 기술성, 사업성, 미래성장성, 경영능력, 사업계획 타당성 등을 종합평가하여 기업 평가등급산정
	⑤ 융자대상결정: 평가결과 일정 기업평가등급 또는 일정기준 이상인 기업을 대상으로 융자여부 결정
	⑥ 자금대출: 융자 대상으로 결정된 기업에 대하여 융자약정 체결 후 대출
	⑦ 사후관리: 대출 후 당초 사업목적에 부합하는 자금집행 여부 점검을 위해 실태조사 실시
	   *용도 외 사용 시 자금 조기회수 등 제재조치

신청문의	중소기업진흥공단 각 지역본(지)부 (http://hp.sbc.or.kr/websquare/websquare.jsp?w2xPath=/SBC/n_sbc_info/info/map.xml) 중소기업통합콜센터(국번 없이 ☎1357)

사회적기업 전용 특별보증	
보증기관	지역신용보증재단
운영목적	사회적기업에 특화된 전용 보증지원을 통하여 취약계층에게 사회서비스 제공 및 일자리 창출 확대
지원대상	고용노동부 장관의 승인을 받은 사회적기업 중 - (영리사회적기업) [중소기업기본법] 제2조에 의한 중소기업 - (비영리사회적기업) [중소기업기본법시행령] 제2조 제2항에 의한 사회적기업
보증한도	동일기업당 4억 원 이내
보증비율	영리사회적기업 90%, 비영리사회적기업 100%
보증기간	5년 이내
상환방법	5년 분할상환(12개월 거치기간 포함)
대출취급 기관	기업은행
대출금리	영리사회적기업 4.6%, 비영리사회적기업 3.7%
보증절차	- (5천만 원 이하) 보증신청서류접수 → 보증심사 → 보증서 발급 → 대출실행 - (5천만 원 초과) 보증신청서류접수 → 현장실사 → 보증심사 → 평가위원회 평가(대면평가) 　→ 보증서발급 → 대출실행
연대보증인	- (영리사회적기업) 대표이사, 무한책임사원, 실제경영자 등 - (비영리사회적기업) 조합장, 업무집행조합원, 모법인 대표, 대표사원 등
신청문의	각 지역 신용보증재단(http://www.koreg.or.kr)
사회적기업 전용 나눔보증	
보증기관	신용보증기금
운영목적	신용보증기금을 통한 정책성 특례보증제도로 고용문제 해소에 중점을 두어 운영
지원대상	사회적기업육성법에서 규정한 사회적기업 및 예비사회적기업 * 단, 보증접수일 현재 보증잔액이 없는 기업이어야 함
보증한도	같은 기업당 1억 원 이내 - (운전자금) 최근 1년간 매출액 또는 향후 1년간 예상매출액 범위 내 　(50백만 원 매출 이하는 매출액 검토대상 제외) - (시설자금) 해당시설 필요자금 범위 내
보증비율	100% 전액 보증
보증료	연 0.5%(고정)
보증기간	5년 이상 장기 운용원칙(협의조정가능), 근보증의 경우 1년 이내 운영
상환방법	보증기간별 상이
대출취급 기관	국민은행, 신한은행, 우리은행, 기업은행
대출금리	5% 미만(대출취급기관별 상이)
보증절차	상담 및 보증접수 → 신용조사(예비·현장) → 보증심사 → 보증서 발급 → 대출실행
연대보증인	대표이사, 무한책임사원, 실제경영자
신청문의	신용보증기금정책보증센터 Tel.1588-6565(http://www.kodit.co.kr)

6) 세제지원

표 3-6 사회적기업 세제지원 내용

조세특례제한법

▶ 법제85조의6 (사회적기업 및 장애인 표준사업장에 대한 법인세 등의 감면)

① 「사회적기업 육성법」 제2조제1호에 따라 2019년 12월 31일까지 사회적기업으로 인증받은 내국인은 해당 사업에서 최초로 소득이 발생한 과세연도(인증을 받은 날부터 5년이 되는 날이 속하는 과세연도까지 해당 사업에서 소득이 발생하지 아니한 경우에는 5년이 되는 날이 속하는 과세연도)와 그 다음 과세연도의 개시일부터 2년 이내에 끝나는 과세연도까지 해당 사업에서 발생한 소득에 대한 법인세 또는 소득세의 100분의 100에 상당하는 세액을 감면하고, 그 다음 2년 이내에 끝나는 과세연도에는 소득세 또는 법인세의 100분의 50에 상당하는 세액을 감면한다.

③ 제1항을 적용할 때 세액감면기간 중 다음 각 호의 어느 하나에 해당하여 「사회적기업육성법」 제18조에 따라 사회적기업의 인증이 취소되었을 때에는 해당 과세연도부터 제1항에 따른 법인세 또는 소득세를 감면받을 수 없다. <개정 2010.12.27.>

   1. 거짓이나 그 밖의 부정한 방법으로 인증을 받은 경우

   2.「사회적기업육성법」 제8조의 인증요건을 갖추지 못하게 된 경우

⑥ 제1항 및 제2항을 적용받으려는 자는 대통령령으로 정하는 바에 따라 감면신청을 하여야 한다.

지방세특례제한법

▶ 법제22조의4(사회적기업에 대한 감면) 「사회적기업육성법」 제2조제1호에 따른 사회적기업(「상법」에 따른 회사인 경우에는 「중소기업기본법」 제2조제1항에 따른 중소기업으로 한정한다)에 대해서는 다음 각 호에서 정하는 바에 따라 지방세를 2018년 12월 31일까지 경감한다. <개정 2014.1.1, 2015.12.29>

   1. 그 고유업무에 직접 사용하기 위하여 취득하는 부동산에 대해서는 취득세의 100분의 50을 경감한다. 다만, 다음 각 목의 어느 하나에 해당하는 경우 그 해당 부분에 대해서는 경감된 취득세를 추징한다.

     가. 그 취득일부터 3년 이내에 「사회적기업육성법」 제18조에 따라 사회적기업의 인증이 취소되는 경우

     나. 정당한 사유 없이 그 취득일부터 1년이 경과할 때까지 해당 용도로 직접 사용하지 아니하는 경우

     다. 해당 용도로 직접 사용한 기간이 2년 미만인 상태에서 매각·증여하거나 다른 용도로 사용하는 경우

   2. 그 법인등기에 대해서는 등록면허세의 100분의 50을 경감한다.

   3. 과세기준일 현재 그 고유업무에 직접 사용하는 부동산에 대해서는 재산세의 100분의 25를 경감한다.[본조신설 2011.12.31]

부가가치세법

▶ 법 제26조(재화 또는 용역의 공급에 대한 면세)

① 「다음 각 호의 재화 또는 용역의 공급에 대하여는 부가가치세를 면제한다. <개정 2015.8.11., 2016.1.19.>

   5. 의료보건 용역(수의사의 용역을 포함한다)으로서 대통령령으로 정하는 것과 혈액

   6. 교육 용역으로서 대통령령으로 정하는 것

▶ 시행령 제35조(면세하는 의료보건 용역의 범위)

법 제26조제1항제5호에 따른 의료보건 용역은 다음 각 호의 용역(「의료법」 또는 「수의사법」에 따라 의료기관 또는 동물병원을 개설한 자가 제공하는 것을 포함한다)으로 한다.

   17.「사회적기업육성법」 제7조에 따라 인증받은 사회적기업이 직접 제공하는 간병·산후조리·보육 용역

▶ 시행령 제36조(면세하는 교육 용역의 범위)

① 법 제26조제1항제6호에 따른 교육 용역은 다음 각 호의 어느 하나에 해당하는 시설 등에서 학생, 수강생, 훈련생, 교습생 또는 청강생에게 지식, 기술 등을 가르치는 것으로 한다.

4. 「사회적기업 육성법」 제7조에 따라 인증받은 사회적기업

사회적기업이 제공하는 의료보건 및 교육 용역에 대하여 부가세 면제의 경우, 사회적기업이 제공하는 의료보건(간병, 산후조리, 보육) 및 교육용역에 대하여 부가가치세가 면제된다.

(4) 사회적 기업에 대한 기부금 인정

사회적기업에 기부를 하는 일반법인·개인·연계기업에 그 기부금을 법인소득의 10% 범위 내에서 손금 산입 처리된다.

법인세법

▶ 법제24조(기부금의 손금불산입) ① 내국법인이 각 사업연도에 지출한 기부금 중 사회복지·문화·예술·교육·종교·자선·학술 등 공익성을 고려하여 대통령령으로 정하는 기부금(이하 "지정기부금"이라 한다) 중 제1호의 금액에서 제2호의 금액을 뺀 금액에 100분의 10을 곱하여 산출한 금액(이하 이 조에서 "손금산입한도액"이라 한다)을 초과하는 금액과 지정기부금 외의 기부금은 해당 사업연도의 소득금액을 계산할 때 손금에 산입하지 아니한다.

  1. 해당 사업연도의 소득금액(제44조, 제46조 및 제46조의5에 따른 양도손익은 제외하고 제2항에 따른 기부금과 지정기부금을 손금에 산입하기 전의 소득금액을 말한다. 이하 이 조에서 같다)

  2. 제2항에 따라 손금에 산입되는 기부금과 제13조제1호에 따른 결손금의 합계액

▶ 시행령 제36조(지정기부금의 범위 등)　① 법 제24조제1항 각 호 외의 부분에서"대통령령으로 정하는 기부금"이란 다음 각 호의 어느 하나에 해당하는 것을 말한다.

2. 다음 각목의 기부금

  다. 사회복지·문화·예술·교육·종교·자선·학술 등 공익목적으로 지출하는 기부금으로서 기획재정부령이 정하는 기부금

▶ 시행규칙 제18조(지정기부금단체등의 범위)

② 영 제36조제1항제2호다목에서 "기획재정부령이 정하는 기부금"이란 별표 6의3에 따른 기부금을 말한다.

별표 6의 3 지정기부금의 범위(제18조제2항 관련)

---

(5) 국내 대기업의 사회적기업 지원현황

사회적기업에 대한 관심이 높아지며, 기업의 사회 공헌활동의 일환으로 많은 대기업들이 사회적기업 설립을 지원하고, 경영노하우를 제공하는 등 직접적인 지원활동을 전개하는 추세이다.

표 3-7 대기업의 사회적기업 지원유형 및 내용

유형	내용	대표사례
설립지원	① 직접 영리형 설립 ② 기업재단을 통한 설립 ③ 비영리기관과 협업으로 설립 ④ 비영리기관과 협업하여 영리형 설립	포스코(포스에코하우징) SK행복나눔재단(행복한학교) 교보(다솜이재단-함재) SK-열매나눔재단(메자닌)
구매지원	① 사회적기업 생산물 직접 구매 ② 사회적기업 제품 홍보· ③ 사회적기업 광고제작 및 방송	이스타항공(참신나는옷 구매) G-마켓, GS샵 롯데홈쇼핑
인프라지원	① 임직원 프로보노 활동 ② 사회적 기업가 양성 ③ 초기사업비 지원 ④ 사회적기업 육성기금 별도 조성 ⑤ 기타	SK 프로보노 삼성(SGS 아카데미) LG전자, 강원랜드 등 SK, 현대기아차 LH(시설임대) 신한은행(회계전문인력 양성)

SK

사회적기업 관련 전담 재단인 행복나눔재단을 2006년 설립하여 재단을 중심으로 2011년 1분기까지, 65개의 사회적기업을 설립하면서 약 1,021명의 일자리를 창출하고 241억 원을 지원하였다(2010년 1월, 대기업 최초로 사회적기업사업단을 설립).

2000년에 창립되어 연간 매출 1,200억 원의 국내최대 규모의 사회적기업으로 성장한 '행복나래(舊MRO코리아)'를 설립·운영하였다. SK와 지자체 및 교육청(행정적 지원), 단위학교(위탁계약을 통한 강사파견), 여성능력개발기관(강사관리) 등 다자간 협력을 통해 공교육의 내실화, 사교육비 경감 및 일자리 창출 등 사회문제 해결방안을 제시하기 위해 '행복한 학교' 재단을 설립하였다.

'행복을 나누는 도시락(행복도시락)'을 설립하고 배달원, 조리사 등을 저소득층에서 채용하여 결식이웃에게 도시락을 제공, 2006년 2월 중구 1호점을 시작으로 2011년 기준 30개 지점이 운영 중이며 이 중 22개가 사회적기업으로 인증되었다. SK아카데미 내에 사회적기업 과정을 별도로 운영하여, 프로보노 매칭을 통한 7개 분야 300명(2011년)이 재능기부 자원봉사를 실시하는 등 다양한 분야에서 적극적으로 사회적기업을 지원하였다.

현대자동차

　장애인, 노약자의 이동편의, 교통안전등과 연관되어 있는 사회적기업을 설립하고 있으며 〈함께 움직이는 세상〉을 주제로 Easy Move, Green Move, Happy Move, Safe Move 4가지 테마로 나누어 사회공헌을 진행하였다. 현대자동차는 장애인 보조·재활 기구를 만드는 자립형 사회적기업 '(주)이지무브'를 설립하여, 설립 이후 2011년까지 22억 8천만 원을 투자하였으며, 2011년 27억 원 매출을 달성하였다.

　특히, 노인 및 장애인 돌봄 분야의 사회적 기업인 '(사)안심생활'을 설립하여 운 영하고 있으며, 경기도 화성시의 새마을회와 함께 쌀과자와 빵을 만들어 파는 '(주)두 리반'을 설립하여 재정적으로 지원하였다.

삼성

　농촌형 다문화가족 지원회사(음성글로벌투게더), 공부방 지도교사 파견회사(희망네 트워크), 장애인 인력파견회사, 청년 사회적 기업가 창업아카데미 등 4개 사회적기업 을 설립하였다. 국내 사회적기업의 원조라 할 수 있는 무궁화전자를 1994년에 239억 원을 출자하여 전체 근로자의 약 73%를 장애인으로 고용하였다.

　특히, (사)음성글로벌투게더를 설립하여 충북 음성군 내 다문화가족지원센터를 위탁운영하고 있으며, 2011년 12월부터는 충북 금왕읍 소재에 카페와 공방을 운영하 여 다문화가정과 취약계층에 일자리를 제공하였다.

　2011년 1월 (사)희망네트워크를 설립하여 서울, 경기 지역의 공부방 30개소를 거 점으로 750여 명의 취약계층 아동을 지원하였다.

LG

　2011년 12월 사회공헌 활동을 전담하는 CSR팀을 신설하였으며, 1969년 설립한 LG연암문화재단을 비롯, LG복지재단, LG상록재단 등 6개 공익재단을 운영하여 사 회적 기업을 지원하였다. 특히, LG전자, LG디스플레이를 중심으로 하여, 정부, 노조, 시민단체 등과의 다자간 협력모델을 통해 녹색성장 분야 사회적기업 지원에 특화하 였다.

　2011년 고용노동부, 환경부와 체결한 '다자간 협력모델을 위한 사회적기업 활성 화 지원사업'의 하나로 지원 대상 예비 사회적기업을 공모해 매년 재정적으로 지원하였다.

포스코

포스코가 설립한 사회적기업은 모두 포스코 자회사형이며 철강업관련 사업을 하거나, 포스코 대상 위탁 용업 및 외주작업을 통해 취약계층(장애인, 새터민, 청년실업자, 결혼 이주여성)의 일자리 제공에 초점이 맞춰진 특성을 보이고 있다.

사회적기업(친환경 건설업체 '포스코에코하우징', 2010년 광양제철소 신후판 재질시험편 가공 및 후판제품의 재고, 출하 관리업체인 '포스코플레이트', 인천 송도 내 포스코 패밀리 사옥의 청소와 주차관리를 담당하는 '송도SE')을 자회사로 설립하여 운영하고 있으며, 이 4개사 직원 총 781명 중 65%가량이 사회적 취약계층으로 구성되어 있어 포스코 내 전문 봉사단을 운영하고 프로보노 활동을 지원하고 있다.

한화

친환경 에너지인 태양광 분야의 선두기업으로서의 이미지를 제고하고 상생, 친환경, 복지 등 기업의 사회적 책임을 다하기 위해 '한화 공생발전 7대 종합 프로젝트'를 선정하여 친환경 사회적 기업들을 지원하였다. 함께 일하는 재단, 고용노동부과 함께 자체 선발한 친환경 사회적기업 18사에 대해 1기관 1멘토 서비스를 비롯하여 경영컨설팅, 멘토링, 교육, 사업자금 등을 지원하였다.

롯데

롯데홈쇼핑은 사회적기업의 가장 큰 어려움 중 하나인 판로개척을 홈쇼핑 방송이라는 사업특성을 살려 사회적기업을 후원, 롯데홈쇼핑은 한국사회적기업중앙협의회, 한국사회적기업진흥원과 맺은 '사회적기업 광고방송 제작을 위한 협약'에 따라, 롯데홈쇼핑을 통해 10분 분량의 광고방송을 무료로 지원하고 있다.

신세계

시각장애 예술단 '한빛예술단'과 '1사1사회적기업 후원 협약'을 맺었으며, 이에 따른 재정적 지원, 경영 노하우 및 공연 기회 확대 제공 등을 지원하고 있다.

3. 외국의 사회적 기업

(1) 독일의 사회적기업

독일은 나치시대 통제경제에 대한 부정적 경험과 자유주의 이념에 기초하여 자유방임과 사회주의식 계획경제를 모두 거부하고 '제3의 체제'를 개발하였는데 이를 『사회적 시장경제(Soziale Marktwirtschaft)』라고 한다.

나치시대 개인의 자유가 억압받고, 경제는 중앙통제적 전시체제에서 창의성이 발휘되지 못함을 인식한 일련의 학자들이 자유민주적 경제사회의 실현을 위한 체제연구를 꾸준히 진행하여 그 결실이 사회적 시장경제로 나타났으며, 이 용어는 밀러-아르막(Mueller-Armack)에 의해서 1946년에 처음 사용되었다.

『사회적 시장경제』는 나치시대 전시체제의 중앙집권적 통제경제에 대한 부정적 경험과 경제적 의사결정에 대한 분권화 욕구 증대, 자유주의적 질서이념의 확산 등에 기초하여 구상, 발전되었으며, 독일이 전후의 혼란기를 극복한 다음 시장에서의 자유와 사회적 형평을 결합시킨 사회공동체(Gemeinschaft)를 건설하는 틀로 정착된 것이다.

『사회적 시장경제』의 중심사상은 "사회적 책임을 동반한 시장경제체제의 구현으로 압축"할 수 있으며, "시장경제의 기초 위에서 자유로운 창의성과 그를 통해서 확보된 사회적 진보를 결합시키는 것"으로 "시장과 사회적 요소간의 조화" 혹은 개인적 자유와 사회적 조화간의 복합명제(Synthesis)이다.

독일의 사회적기업이 등장하게 된 배경은 사회적 시장경제라는 역사적 관점에서 찾아볼 수 있다. 사회적 시장경제가 민간경제에게 최대의 자유를 보장하지만 정부의 시장개입은 사회적 형편이나 시장질서 확립을 위해서 허용되고 있다. 이것은 과정의 공정성과 행위의 자유라는 상충관계를 조화롭게 결합하는 질서 자유주의라는 것을 의미한다. 따라서 독일의 사회적기업 모델은 근본적으로 시장의 자유 질서를 보장하지만, 그 외에 정부개입을 통해서 사회적 불평등과 약자를 보호하는 사회적 평등성을 추구하는 것이다. 따라서 독일의 사회적기업은 사회적 양면성을 갖고 있다.

독일에서는 사회적 경제나 제3섹터의 개념이 대중적, 학문적으로 큰 반향을 얻지 못함에 따라, 사회적 경제에 시장친화적인 경제활동을 강조하는 '제3체계'라는 용어를 사용하고 있다. 독일에서는 사회적 기업(Social Entrepreneurship)의 필요성을 인정하면서도, '사회적기업'이라는 개별적 개념에 근거한 특별한 법적 지위를 부여하기보다 다양한 법적 형태를 통해 간접적인 방식으로 기업의 설립과 활동을 지원하고 있다.

1) 독일 사회적기업의 현황과 정책

① 사회적 기업 현황

베를린 사회과학연구소(WZB)에서는 제3체계의 기관들을 상세하게 연구하였다. 그에 따르면, 제3체계의 조직형태는 협회, 단체(Vereine), 재단(Stiftungen), 공익적 유한회사(gGmbHs), 협동조합(Genossenschaft)으로 구성되어 있고, 제3체계 단체의 수는 약 615,000개 정도로 추정한다.

표 3-8 **독일 제3체계의 단체의 수**

조직형태	단체의 수
협회, 단체	약 580,000개
재단	약 180,000개
공익적 유한회사	약 9,000개
협동조합	약 8,000개
합계	615,000개

출처 : Gesamtreport von Social Entrepreneurship in Deutschland, 2013)

제3체계 조직의 활동분야를 보면, 1위로는 사회적 영역과 지원(22%), 2위로는 교육, 양육, 육아돌봄(17%), 3위로는 스포츠와 운동(14%)으로 되어 있다.

독일 사회적 기업의 수는 사회적 기업의 정의와 분류에 따라 많은 차이를 보인다. 또한 제3체계라는 개념 아래 다양한 법적 형태가 존재하는 독일에서는 사회적 기업의 숫자를 정확하게 파악하는 것이 매우 어렵다.

독일의 가장 대표적인 사회적 기업 연구 담당기관 메르카도르 사회적기업 연구네트워크(MEFOSE: Mercator Forschungsnetzwerk social Entrepreneurship)의 연구에 따르면, 현재 독일 사회적기업의 수는 약 1,700개로 정도이다.

사회적 기업의 활동분야는 교육·학문, 업무통합, 사회통합, 지역경제발전, 환경·자연보호, 스포츠·문화·여가, 보건, 재정·인력배치·상담, 민주적 지원, 주거, 개발원조, 기타 등으로 분류된다.

MEFOSE의 2013년 연구의 대상이었던 244개 사회적 기업 중 활동분야가 여러 개인 경우가 있어 중복 응답할 수 있게 한 결과 업무통합 분야(19.8%), 교육·학문분야(19.3%), 사회복지 분야(19.0%), 사회통합 분야(16.3%), 스포츠·문화·여가 분야(5.5%), 재정·인력배치·상담 분야(4.0%), 환경·자연보호 분야(3.8%), 민주적 지원 분야(3.5%),

그림 3-3 독일 제3체계의 활동분야(단위: %)

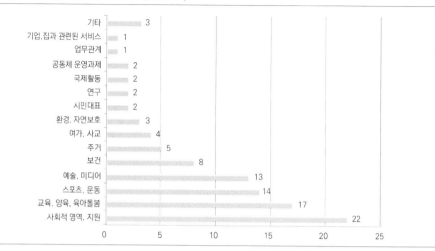

출처: Gesamtreport von Social Entrepreneurship in Deutschland, 2013

그림 3-4 독일 사회적기업의 활동분야

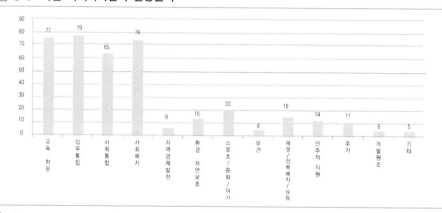

출처: Gesamtreport von Social Entrepreneurship in Deutschland, 2013

그림 3-5 독일 사회적기업의 수명

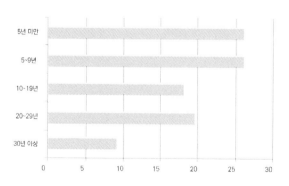

표 3-9 독일 사회적기업의 직원 수와 수입액

수입(단위: 1,000 유로)	비율(%)	직원 수(명)
<50	28.37	0.5
50-100	9.13	2
100-250	12.02	5
250-500	10.10	7
500-1,000	9.62	14.5
1,000-5,000	23.08	41
>5,000	7.69	250
합계	100	

출처: Gesamtreport von Social Entrepreneurship in Deutschland, 2013

주거 분야(2.8%), 지역경제발전 분야(2.0%), 보건 분야(1.5%), 개발원조 분야(1.3%)와 기타 분야(1.3%) 순으로 나타났다.

같은 연구에서 독일 사회적 기업의 수명은 5년 미만인 경우와 5~9년인 경우가 가장 많았고, 20~29년, 10~19년, 30년 이상 순으로 나타났다. 대체로 10년 미만인 경우가 많았고, 30년 이상 지속된 사회적 기업은 10% 이내인 것으로 나타났다.

독일 사회적 기업의 규모는 굉장히 작은 편이다. 거의 절반 정도는 연간 수입이 25만 유로 이하였다. 약 8% 정도만 연간 수입이 500만 유로였고, 100만유로 이하의 연간 수입을 가진 회사의 경우 직원의 수는 최대 14.5명이었다. 이것은 유럽의 소규모회사(총액 200만유로 이하, 직원수 10명 이하)에 해당하는 규모이다.

사회적기업의 37.5% 정도는 수입이 10만 유로 이하였고, 약 70.0%는 100만 유로 이하였다. 이들 중 2/3 정도는 현재 은행에 대출을 받고 있지 않으며, 나머지 1/3 중 40%는 10만 유로 이하의 대출금과 57.0%는 25만유로 이하의 대출금을 포함하고 있다. 기본적으로 단체의 48.8%는 미래에도 사업을 운영하는 데 충분한 재정을 갖고 있다고 하였다.

특이한 점으로 대규모 사회적 기업의 주요 수입원은 사회보험시스템을 통한 성과보상금과 공공기관의 보조금이 높은 비중을 차지한다. 중간 규모의 사회적기업의 수입원은 성과보상금, 목표집단, 보조금, 후원금, 회비 등 다양한 영역에서 얻어지고 있다. 소규모 사회적 기업의 수입원은 주로 기부금과 스폰서링, 회비로 운영되고 있다. 전체적으로 보면, 사회적 기업은 다양한 재정형태, 즉 공공영역과 민간영역의 혼합 형태로 볼 수 있다. 일반적으로 혼합형 재정구조(hybride Finanzierungs struktur)를 갖고 있는 것이다.

표 3-10　독일의 활동 분야에 따른 사회적기업의 수입구조

수입 (단위: 1,000유로)	성과 보상금	목표 집단	보조금	후원금	재단회비	스폰서링	회원비	기타
<50	9.0%	14.3%	6.8%	20.9%	8.1%	14.3%	13.1%	13.6%
50-100	5.3%	29.9%	30%	5.3%	14.1%	3.8%	3.8%	7.8%
100-250	15.3%	24%	15.2%	11.7%	12.8%	11.3%	2.4%	7.2%
250-500	25.8%	21.2%	19.5%	10.9%	4.1%	6.2%	0.6%	11.5%
500-1,000	18.9%	30.8%	27.5%	6.4%	5.1%	2.8%	2.7%	6.1%
1,000-5,000	33.1%	20.8%	16.2%	2%	4.2%	5.7%	0.3%	17.7%
>5,000	50.2%	18.4%	6.7%	3.7%	0.7%	0.1%	3.3%	17.1%
합계	20.8%	21%	15.4%	10.3%	7.1%	8%	5%	12.6%

출처 : Gesamtreport von Social Entrepreneurship in Deutschland, 2013

　　사회적기업의 재원의 수를 보면, 평균 3~4개 정도로 나타나고, 이 수치는 굉장히 적다. 하지만, 사회적기업은 자금이 아닌 기타 재원을 동원하여 성공을 거두고 있다. 사회적기업의 재원구조에서 무보수 명예직(Ehrenamt)과 자유연대(freiwilliges Engagement)는 굉장히 중요한 요소이다.

　　조직의 86%는 적극적인 무보수 명예직으로 일하고 있으며, 그 수는 전체 약 1800만 명이다. 특히 단체(97%)와 협동조합(78%)과 재단(76%)은 무보수 명예직의 인력으로 운영되고 있다. 특이한 결과로 공익적 유한회사의 56%도 무보수 명예직이 있다. 이것은 독일의 전통적인 자유연대(Freiwillig Enengagement)에서 발생한 것으로 볼 수 있다.

표 3-11　독일 사회적기업의 무보수 명예직과 일반직원의 수(단위: 명)

	전일제	계약직	자유직	무보수 명예직	근무시간
중앙치	86.27	40.07	10.53	42.34	7.82
평균	8.5	4	3	7.5	5

출처 : Gesamtreport von Social Entrepreneurship in Deutschland, 2013

　　2007년 제3체계 조직의 전체지출액은 약 900억 유로(약 126조 원)이다. 제3체계 조직의 수입 크기는 굉장한 차이를 보이고 있다. 몇 가지 요인들이 이러한 차이를 보이는 데 연관되어 있다. 그것은 단체설립기간, 법적 형태, 지역적인 목표 및 방향, 각각의 다른 활동영역이다. 대부분의 조직들의 가장 중요한 수입원은 공공보조금과 성과보조금과 자가경제금으로 나타나고 있다.

표 3-12 **법적 형태에 따른 독일 제3체계 조직의 수입항목**(단위: %)

수입항목	단체, 연맹	공익적 유한회사	협동조합	재단
공공 보조금	29	21	4	20
성과 보조금	38	55	17	9
기부금, 스폰서링	13	3	1	6
자가경제금 (예: 판매수입금, 회원비)	19	19	77	64
기타	1	2	2	1

출처: Gesamtreport von Social Entrepreneurship in Deutschland, 2013

② 사회적 기업 정책

독일 사회적기업의 법적 형태

독일에서는 사회적 기업(Social Entrepreneurship)의 필요성을 인정하면서도, '사회적기업'이라는 개별적 개념에 근거한 특별한 법적 지위를 부여하기보다 다양한 법적 형태를 통해 간접적인 방식으로 기업의 설립과 활동을 지원하고 있다. 등록된 협동조합법, (공익적)유한회사, 협회 등 기존 상법상의 법적 형태와 합자회사, 기업가회사, (공익적)주식회사 등의 법적 형태를 통해 사회적 목적과 공익성을 추구하는 기업들의 경제활동 공간을 확장시키고 있다.

독일에서는 사회적 경제나 제3섹터의 개념이 대중적, 학문적으로 큰 반향을 얻지 못함에 따라, 사회적 경제에 시장친화적인 경제활동을 강조하는 '제3체계'라는 용어를 사용하였다. 제3체계는 제3섹터보다 경제적으로 영리를 추구하면서도 그 영리를 지역사회에 재분배하고 지역사회 문제에 보다 적극적으로 참여하는 실천적 모델을 제시한다.

독일 사회적 기업의 활동분야는 전통적인 복지국가의 영역인 교육을 통한 돌봄 및 요양과 청소년지원, 노동시장 통합, 대체에너지 획득, 환경보호, 재정서비스, 공정한 무역과 경제적 지역발전 등으로 굉장히 다양하다. 또한 연맹과 몇몇 정치집단들도 사회적 기업으로 운영되고 있다.

독일의 사회적 기업은 제3체계 내에서 논의되는 것이 보통이다. 독일 내각에서는 2010년 10월 6일 처음으로 국가연대전략(Nationale Engagement strategie)과 기업의 사회적 책임에 관한 국가전략: 행동계획 CSR - 공통의 사회적 책임(Nationale Strategie zur gesellschaft lichen Verantwortung von Unternehmen: Aktionsplan CSR - Corporate Social Responsibility)을 의결하였다.

독일연방 가족·노인·여성·청소년부(Bundesministerium fuer Familie, Senioren, Frauen und Jugend: BMFSFJ)는 2010년 국가연대전략을 통해 사회적 기업을 지원해야 한다고 제시하였다. 그러나 국가연대전략에서 사회적 기업에 대한 명확한 개념이 명시되어 있는 것은 아니다.

독일연방정부는 국가연대전략과 함께 국가, 경제와 시민사회 간의 더 향상된 연대지원을 위한 기초를 세우길 원하였다. 적용기관들은 이웃의 집, 자원센터와 자원중계소, 다세대집, 스포츠클럽, 시민이니셔티브, 사회적 기업, 호스피스 혹은 자원 소방대 등이 속하였다.

독일정부에서는 단지 사회적 기업에 대한 정책방안이 따로 있는 것이 아니라, 국가연대전략이라는 큰 정책사업안에 사회적 기업과 관련된 정책이 포함되어 있다.

독일 정부 내에서 사회적 기업을 지원하는 주요 정책적 동기는 실업률 감소, 장애인의 노동시장 통합과 빈곤 해결이다. 독일정부에는 사회적 기업과의 통합된 대화창구가 없다.

따라서 서로 다른 부처가 각기 다른 조직군을 관리하는데, 예를 들면 고용기업은 경제고용부(BMWA)가 관할하며, 노동시장통합회사(Integrationsfirmen)는 주로 보건부의 소관이되 고용부도 관련되어 있다. 또한 협동조합은 법무부가 관할하고 있다.

대략적으로 사회적 기업가는 혁신적, 기업적 시작점을 가진 사회적 도전을 해결하려는 조직을 개인적인 시민연대로부터 설립하려는 사람이다. 사회적 기업은 이러한 사람들이 이런 목표를 가지고 설립되거나 운영되는 조직이다.

여기서 법적 형태는 중요하지 않다. '사회적 기업 재정에 관한 프로그램'에 대한 재건 신용기관의 설명서에는 사회적 기업이 "독일의 사회문제를 기업적인 접근과 혁신적인 운영모델을 가지고 해결하기를 원하는 소규모, 중간규모의 회사"라고 정의되어 있다.

독일정부는 사회적 혁신과 사회적 기업을 주제로 독일연방 민간사회복지사업협의회(Bundesarbeitsgemeinschaft der Freien Wohlfahrtspflege: BAGFW), 민간복지육성전문협회와 함께 2010년 초 협력관계를 구축하였다. 사회적 혁신과 사회적 기업의 일반화와 확산에 있어 자유복지육성은 굉장한 의미이기 때문이다.

독일의 가장 대표적인 6개의 복지연합체는 아보(AWO. 1919년 설립), 카리타스(Caritas, 1897년 설립), 독일적십자연맹(Deutsches Rotes Kreuz, 1853년 설립), 디아코니(Diakonie, 1849년 설립), 평등(Paritaet, 1919년 설립), 독일유대인 중앙복지단체(ZWST, 1917년 설립)가 있다.

이들은 정기적으로 만남을 가지고 정보교류를 하고 있으며, 민간사회복지사업협의회의 회의에 독일연방 가족, 노인, 여성, 청소년부서의 담당자도 참여하고 있다. 주요 협력 주제로는 민간복지 육성의 복지단체/혁신경영에서 사회적 혁신 지원, 복지단체와 사회적 기업 간의 협력 구축, 효과 중심의 지원금배분과 사회적 보고기준(Social Reporting Standard)을 통한 보고제안 등이다.

2) 독일 사회적기업의 특성

독일 사회적기업의 특성은 사회적 공동체 지향적 목표 외에 경제적 목표를 함께 갖고 있는데, 운영 주체적 관점에서 보면 그 주된 활동은 정규 노동시장 진입이 어렵고 배제된 집단을 위한 일자리 창출과 노동시장으로의 진입을 용이하게 하는 것을 목적으로 하고 있다.

독일의 사회적기업은 지역사회의 문제를 해결하기 위한 이니셔티브에 의한 자생적 단체이지만 고용이라는 국가 정책적 측면에서 이들을 공공정책의 대상으로 다루어지고 있다. 사회적기업의 비전의 하나로서 1990년 이후 제3섹터에 기반을 둔 사회적 일자리 창출이 보다 근본적으로 제시되었다. 독일의 사회적 일자리 창출 유형은 영·미권과는 달리 정부와 제3섹터간의 선진국의 협력적 구조로 되어 있는데, 이러한 구조는 정부가 재정을 지원하고 제3섹터에 공공서비스를 제공하는 협력모델이다.

3) 독일 사회적기업의 사례

독일의 경우 사회적 경제의 구성요소인 협동조합, 상호조합, 결사체 그리고 재단 등이 역할을 하면서도 사회적기업이 관습적 조직과 사기업 혹은 공공조직 혹은 전문 조직 혹은 지역당국 사이의 하이브리드 형태를 띠고 있다고 평가되고 있다. 따라서 독일형 사회적기업으로 법형태적으로 상징적인 의미가 있는 네 개의 기업을 소개한다.

① 유한회사의 사회적기업 : Dialoque Social Enterprise
(이하 DSE-GmbH)와 Dialog im Dunkeln(어둠 속의 대화)

국가의 보조금을 받지 않으면서도 이익을 내고 장기적으로 활동 중인 DSE-GmbH는 성공한 사회적기업으로 평가되고 있다.

DSE-GmbH를 세운 하이닉케(Andrea Heinicke)는 기업내부적으로 Dialog-im

Dunkeln(어둠 속의 대화)프로그램, Dinner in the Dark(어둠에서의 식사)프로그램 그리고 세미나, 교육 프로그램으로 세분화하여 운영하고 있다. 특히 Dialog im Dunkeln의 구상과 함께 그는 볼 수 있는 사람들이 어둠 속으로 들어가 맹인으로부터 새롭게 보는 것을 배우는 토대를 발전시켰다.

아이디어는 매우 간단하다. 완전히 어둡게 된 공간에서 맹인들이 소규모 그룹들을 전시회로 안내한다. 향기, 바람, 온도, 소리 등으로부터 공원, 도시 혹은 술집이 만들어지고 완전히 새로운 체험이 전개된다. 역할교환도 이루어진다. 볼 수 있는 사람들은 사회적 일상생활과 익숙한 상황에서 분리되는 반면, 맹인이 방향성과 이동을 보장하고 그림 없는 문화의 전달자가 된다.

함부르크에서 시작하여 점차 이 지역뿐만 아니라 30개 국가 17개 도시로 확산되었고 2010년에는 전 세계적으로 360명의 시각장애인들이 65만 명의 방문객을 맞이한 것으로 추산되고 있는 DSE-GmbH는 지금까지 고용했던 6천명의 시각장애인들 중 40%를 경제활동을 할 수 있도록 중재하였고 현재 60명의 장애인들을 고용하고 있다.

시각장애인을 위한 고용구상을 발전시키는 과정에 기업의 설립자인 하이닉케(Heinicke)는 처음에는 사회통합 관련 관청으로부터의 지원에 재정적으로 의존하였지만 2007부터 독립할 수 있었다. 그는 이제 Dialog im Dunkeln을 단지 맹인만을 위한 프로젝트가 아니라 청각장애인 집단으로 프로그램을 확대하고 있다. 그리고 DSE-GmbH는 그들의 프로그램을 발전시키기 위하여 지역의 다른 시각장애인 단체들과 긴밀한 관계를 계속 유지하고 있다.

DSE-GmbH이 재정적으로 성공할 수 있었던 것은 높은 가격에도 불구하고 전시회에 많은 사람들이 참여하고 있기 때문이다. 전시회에 입장하는 가격은 90분 코스와 60분 코스로 나뉘는데 먼저 90분 코스의 가격은 어른 1인당 19유로 학생, 대학생, 중증장애인에게는 할인이 적용되어 13유로 50, 12세까지 어린이에게 11유로 50, 그리고 어른 2명과 어린이 2명의 가족은 52유로이다. 60분 코스의 경우에는 어른 15유로, 할인 입장은 9유로 50, 12세까지 어린이 7유로 50, 가족단위에게는 39유로의 가격이 정해져 있다. Dinner in the Dark의 경우에도 4가지 종류의 메뉴가 있는 식사비용은 55유로이다.

② 등록된 협회(e.V.)의 사회적기업 :Graefewirtschaft e.V(이하 GW-eV).

GW-eV는 베를린-크로이츠베르크에서 장기실업자와 외국이주자 등 9개 나라 출신의 하르츠피어(hartz-Ⅳ) 수령자들이 모여 절망적인 상황에서 벗어나기 위하여

2009년에 설립한 사회적기업이다.

기업이 자리하고 있는 환경이 이 기업이 등장하게 된 계기를 설명해 준다. 기업의 출발 소재지인 뒤트만－지들룽(Düttmann－Siedlung)과 인근의 그래페－키츠(Graefe－Kiez)는 장기실업자와 이주민들이 높은 비율을 차지하여 평균 이상의 동요와 변화상실, 평균 이상의 실업률을 가지고 있어서 매우 사회적 도움이 필요한 지역으로 간주되는 곳이다.

"문화들을 결속하기－다양함을 살리기(Kulturen verbinden － Vielfalt leben)"라는 기업모토에서 암시하듯이 문화들 사이의 상호이해를 돕고 언어장벽을 허무는 것을 목적으로 설립된 공익적 협회는 문화활동과 일자리창출을 통하여 사회통합과 직업통합을 지향한다. 이 두 개의 목표를 위하여 GW－eV는 다시 세 개의 기업영역으로 나누었다.

먼저 사회적 시설을 위하여 다양한 제품을 생산하는 바느질 작업장을 운영한다. 여기에서는 천을 재료로 높은 가치의 개별 생산품과 여러 종류의 바느질일이나 수예품을 전문적으로 만든다. 두 번째 영업활동으로 카페 "Catering"을 운영한다. 이 카페는 재단들, 조직들 그리고 공공기관의 행사를 위하여 맛있는 음식을 제공하기도 한다. 특히 자선병원과 연방의회가 이 레스토랑의 주요고객이다.

마지막 세 번째는 기업가회사 형태로(UG) "세계음식(Weltküche)"이란 이름의 레스토랑을 경영한다. 이 세계음식은 다른 공익적 협회인, 후천성 면역결핍바이러스 이주민 보균자를 고용할 목적으로 이미 오래전에 목적경영으로서 "세계음식"을 설립하였던 Positive Aktion과 협력하여 운영된다.

이 레스토랑에서는 외국 이주자들이 그들 모국의 건강한 전통음식을 대부분 소득이 많지 않는 이 지역주민들과 인근의 작은 기업을 위하여 실비로 요리를 한다.

사회적기업과 다문화 기업을 위한 모델사례로 알려져 있는 GW－eV의 설립에는 베를린의 사회적기업과 도시부분경제를 위한 발전기관(Berliner Entwicklungsagentur für Soziale Unternehmen und Stadtteilökonomie, 이하 Best)의 도움이 컸다.

Best는 GW－eV의 설립 당시 자원, 노하우 그리고 개인 기부자, 주민 그리고 재단들의 자본을 조달하는데 그들의 조직네트워크를 활용하여 많은 도움을 주었다. 여기에 또한 지역의 다양한 조직들 － 즉 재단들 도시의회 그리고 지역관청과 일자리센터－ 의 지원을 받았던 GW－eV는 시장에서 성공적으로 자리를 잡을 수 있었고 현재 독립적으로 경제활동을 할 수 있게 되었다.

GW－eV의 회원들은 "하르츠 IV 수령자가 되기를 원하지 않고 모든 어려움에도 불구하고 그들 기업의 미래에 많은 참여와 노동을 투자하기를 원한다. 왜냐하면 사회적기업은 하나의 실질적인 전망을 제공하기 때문이다"라고 주장한다.

③ 등록된 협동조합의 사회적기업 : Weiber Wirtschaft e. G(이하 WW-eG)

WW-eG는 베를린 중심으로부터 북쪽에 위치하고 있는 유럽에서 가장 큰 여성협동조합으로 '여성들을 경제적으로 강하게 만든다'는 취지를 가지고 활동하고 있다.

1970년대의 여성운동의 연장선상에서부터 1980년 초 여성프로젝트분야, 대안경제 및 자치적인 경영의 분야에 대한 관심을 거쳐 마침내 1988년에 설립된 여성협동조합은 당시 가부장적인 지배의 철폐와 혁신적인 기업적 발상을 가지고 여성이 처하고 있는 안타까운 현실 즉, 기업설립에 있어서 낮은 여성비율과 여성들의 낮은 신용도를 극복하려는 의지에서 출발하였다.

WW-eG의 설립을 주도한 여성들은 여성설립자센터에서 영업장소 제공, 여성일자리 창출과 보장 및 경제적, 사회적 그리고 문화적 영역에서 강한 여성 만들기를 그들의 과제로 삼았다.

1992년 동독지역의 상가복합체 건물을 사들인 WW-eG는 한 번의 국가 보조금, 베를린 시의 대출, 은행신용과 지속적으로 성장하는 협동조합의 자기자본을 기업의 설립과 운영을 위하여 결합시켰다.

그리고 WW-eG는 여성기업들의 요구에 따라 복합건물을 개조하였다. 다수의 설립자들이 분배할 수 있는 영리단위들 및 가능한 한 많은 작은 영리단위들을 만들어 내는 것이 고려되었기 때문이다. 그 후 고집스럽고, 창조적인, 주로 무임금의 노동이 몇 십년간 지속되면서 현재 1,700여 명의 회원을 가지는 안정적인 협동조합이 되었다.

WW-eG은 지금 서비스, 수공업, 요식업, 문화, 재교육, 생산 그리고 비영리 영역으로부터 약 65개의 기업과 협회들이 상주하고 있고 주로 서비스영역에서 160개 이상의 일자리가 존재한다. 이들 작은 그리고 많은 기업들은 한 공간에서 공동으로 일하는 특성을 이용하여 공동의 프로젝트를 실천하고 서로 간에 노하우를 공유하는 장점을 가진다. 또한 장기계약을 맺음으로써 여성기업가들은 안정적인 영리활동을 보장받을 수 있다. 여기에 경제적이고 문화적이며 사회적인 기업들, 젊은 여성기업가들과 경험 있는 여성기업가들, 다양한 영역과 출신국가의 여성기업가들의 혼합은 시너지 효과를 작동시키고 있으며 경험교환의 다양한 가능성과 상호간의 지원이 이루어지는 유익한 분위기가 형성되었다. 그리하여 여기에서 활동하는 기업이나 협회의

75%가 힘든 초창기 3년의 기간을 극복하여 생존하고 있고 성장한 몇몇 기업들은 더욱 큰 영리공간을 위해 건물 밖으로 분가하기도 하였다.

식당, 회의장소 그리고 69명의 어린이를 수용하는 유치원을 편의시설로 가지고 있는 WW-eG는 기본적으로 개별여성들의 이익극대화가 아니라 여성들의 경제적인 자립을 전면에 내세우고 그들을 상이한 조건에 따라 높은 자본을 대출하지만 지금까지 그에 대한 이자를 받지 않는 등 서로 연대하여 프로젝트를 운영하고 있다. 여기에는 또한 내부적으로 전세 문제나 다른 문제들이 발생했을 경우 조정할 수 있는 회원들의 다양한 참여기회나 발언기회가 주어진다.

여성기업가들을 위한 또 하나의 주된 지원은 자본유통의 영역에서 분명하게 실행되고 있다. WW-eG는 여성프로젝트 골드라우쉬가 분배하는 여성을 위한 소액재정자금을 위한 보험자본을 제공한다.

WW-eG와 베를린의 골드라우쉬 e.V.(Gold-rausch e.v.. 이하 G-R e.V.)의 관계는 다양한 사회적기업의 협력적 관계를 보여준다. WW-eG와 공동으로 일하는 G-R e.V.는 1982년 이래로 기초생계를 위하여 여성을 위한 소액신용을 대출하고 있으며 2010년 3월 이래로 독일 전역의 유일한 여성재정조직으로서 독일 소액신용기금에 신용을 설정하여 그것을 통하여 여성들에게 소액대부를 제공한다.

④ (공익적) 주식회사로서의((g) AG) 사회적기업: Regionalwert AG

많은 사회적기업가들은 기업의 설립단계에서 그들의 핵심사업을 지원하기 위하여 그들의 전문능력을 활용한다. 프라이부프크의 농장경영자 그리스티앙 히스는 시민-주주단을 모집하여 Regionalwert(레기오날베르트) AG를 설립함으로써 소형화된 지역의 농촌경제에 활력을 불어 넣었던 개척자이다. 그는 사라질 것으로 위협을 받고 있던 농장들을 사들이고 새로운 관리와 생태-농촌으로 전환하는 것을 재정 지원하며 500명의 지분자들을 투명하게 그들의 수익금을 처리하는 전략적 경영에 참여시킨다. 그것과 함께 순수하게 상업적인 투자에 있어서 매력적이지 않는 사업모델을 재정적으로 지원할 수 있게 하고 농촌경제의 다양성과 고용을 유지한다.

500명의 주주들은 경작되지 않는 농장을 사들여서 생태적인 농업을 하기를 원하지만, 그러나 필요한 자본을 가지지 않는 소작농에게 임대하기 위하여 Regionalwert AG가 가지고 있는 자본을 활용한다.

주주들은 고전적인 형태와 사회-생태적의 두 가지 형태의 연수익을 가진다. 사회-생태적 연수익을 증명하기 위하여 Regionalwert AG는 그들의 파트너기업들과 함께 공동으로 관리기준을 합의하였다. 그것을 위하여 "주식을 위한 연수익으로서 지속가능한 가치들"이라는 연구프로젝트에서 학자들 및 자문단과 공동으로 소위 지속가능한 지표를 만들었다.

13개의 지표들은 회원영역(고용구조, 일자리의 보수, 동요(fluction), 질), 생태적인 영역(토지비옥성, 생물다양성, 생태-농장토지, 자원보시, 유럽공동체-생태-규정적용) 및 지역경제영역(가치창조분배, 지역에서의 가치창조, 지역에서의 참여, 가치창조연결망에서의 대화)에서 규정되어 있다.

Regionalwert AG의 발상을 통하여 그동안 사회적-생태적으로 경제활동을 하는 16지역생산자들과 상인들(특히, 정원사, 와인농장, 치즈공장)이 지원되었다.

Regionalwert AG는 이제 프라이부르크에서만 활동하지 않는다. 그들은 법적이고 경영학적인 지평 위에서 전환을 위한 그들의 노하우를 이용함으로써, 지역네트워크의 설립 내지 구축에 있어서 자문을 제공한다. 게다가 히스는 니더-바이에른의 첫 번째 지사, 'Regionalwert AG ISar-Inn'이 조직되어 있는 하나의 지주회사를 설립하였다.

(2) 일본의 사회적기업

1) 사회적 경제의 개념과 역할

사회적경제의 개념은 무엇인가? 국가가 관료화되어 국민의 다양한 요구를 충족시키지 못하여, 시장이 모든 사람들에게 질 좋은 일자리와 사회서비스를 제공하지 못하는 상황에서, 국가와 시장의 외곽에 다양한 조직이 생겨난다. 우리는 이러한 조직을 여러 가지 이름으로 부른다.

일반적으로 비영리 단체와 사회적기업의 발전이 강한 미국에서는 '비영리 섹터'라는 용어가 협동조합, 공제조합 등이 발전되어 있는 유럽의 전통 속에서는 '사회적 경제, 연대경제'라는 용어가 많이 사용된다.

지금까지 사회적 경제와 관련한 다양한 설명들이 상용되어 왔다. 가장 광의인 개념으로 사회적 경제를 OECD에서는 "국가와 시장 사이에 존재하는 모든 조직"들로서 정의하고 이속에는 사회적 기업, 비영리 단체, 일반 재단 및 사단법인 등 모두를 포괄하고 있다.

이에 비해 유럽대륙의 전통 속에서 협동조합에 초점을 맞추면서도 좀 더 엄격한 기준을 설정하곤 했다. EMES에서의 사회적 기업(경제)의 정의는 재화를 생산하고 용역을 판매하는 지속적인 활동, 높은 수준의 자율성, 상당한 정도의 경제적 리스크, 최소한 이상의 임금노동, 다양한 이해관계자의 참여, 제한적 이익분배, 일반시민의 주도성이다.

한마디로 사회적 목적과 경제적 목적을 결합하며, 주요한 의사결정이 이용자, 내부직원, 자원봉사자 등 다양한 이해관계자들이 의사결정에 참여하며, 조직의 수익이 사적으로 유용되는 않는 조직이라고 정의하고 있다.

사회적 경제는 논의하는 이유가 일자리와 사회서비스를 새로운 방식으로 공급하는 주체에 대한 논의라고 한다면, 그 주력은 역시 사회적기업과 협동조합으로 판단할 수밖에 없다.

2) 사회적 경제의 효과

사회경제는 어떻게 일자리와 사회서비스의 새로운 공급주체로서 의미는 가지는가? 이는 사회경제의 한축인 민주적인 내부통제와 협동조합간 협동의 실현에 있다고 본다. 또 다른 한축은 비영리라는 장점 때문에 사회 속에 속하는 각종 선의의 자원을 결합할 수 있다는 데 있다.

사회적기업은 애초 이윤극대화를 단일원리로 움직이는 자본주의적 기업활동과는 차원을 달리한다. 특히 비영리원칙 즉 배당제한이라는 원칙에 입각하여 사회적 목적을 시현한다는 기업활동은 영업수익 이외에 사회의 자발적인 선의의 자원들과 결합을 쉽게 한다.

협동조합의 1인 1표의 원칙고수는 자본의 수익증대를 위해 노동을 희생하는 자본주의적 경영을 지양한다. 또 협동조합의 협동과 지역사회에 대한 공헌은 승자독식과 지역사회의 공동화를 막아내기도 한다.

스페인의 빌바오, 이탈리아의 트렌티노, 캐나다 퀘벡 등 협동조합이 발전한 곳이 모두 높은 소득수준과 생활안정을 향유하고 있다는 현실은 협동조합의 새로운 가능성을 일깨워 주고 있으며, 이러한 협동조합의 사회통합기능에 착목해서 UN에서는 2012년을 세계협동조합의 해로 선포했던 것이다.

복지에 있어서 기업, 종교, 학교, 일반시민의 기부와 자원봉사, 윤리적 소비와 투자는 중요한 역할을 하며, 사회적기업은 사회의 각종 선의의 자원을 동원하는 통로인 것이다.

전 세계적으로 사회적기업 붐이라고 일컬어질 정도로 사회적기업이 생겨나고 있는 현실, 세계 유수의 경영대학원(하버드, 옥스퍼드, 스텐포드)에서 사회적기업가 양성을 위한 별도의 교육 프로그램이 운영되고 있고, 기업의 사회 공헌자금이 점점 더 사회적기업을 통해 고유의 목적을 실현시킬 수 있는 현실은 사회적기업이 점차 한 사회 속에서 중요한 역할과 위치를 차지하고 있는 것을 나타낸다.

3) 사회적 기업의 개요

각 나라의 사회적 기업의 특성은 나라마다 다르다. 각 나라의 사회적 기업을 이해하는 위해 한 국가의 고유한 제도와 역사적 맥락을 이해해야 한다.

사회적 기업은 각 국가가 갖고 있는 복지제도와 고용과 복지에 대한 제3부문의 역할 등 역사와 제도적 틀이 중요하게 작용하여 서로 다른 형태로 나타나고 있다.

유럽과 미국의 경우 정부의 전폭적인 정책적 지원을 통해 사회적기업이 성장한 사례는 거의 찾아보기 힘들고, 자생적으로 발달한 사회적 경제와 제3섹터, 시민사회를 통해 사회적 기업이 성장하였고, 각국 정부들은 그러한 사회적기업에 대한 법적 지위와 간접적인 지원을 하는 역할을 하였다.

사회적기업에 대한 외국과 관련 된 비교연구들에서 선정국가들이 대부분 유럽이나 미국에 치우쳐 있고 일본의 사회적기업에 관한 연구는 소수에 불과하다.

아시아 국가 중에서 선진국에 속하고 권위주의 속에서도 사회적기업이 자생적으로 발전하였기 때문에 유럽형 사회적기업의 특징을 보이는 것으로 기존의 연구들에서 분석되고 있다.

따라서 유사한 지리적·환경적 배경을 가지고 있는 국가에서 독립된 법제도 없이 어떻게 사회적기업이 자생적으로 발생하여 성장하고, 활성화되었는지 한국의 사회적기업 정책과 비교 분석하였을 때 사회적 기업을 잘 이해할 수 있다.

4) 사회적 기업 역사적 배경

일본은 메이지유신으로 매우 절대적인 중앙집권적 국가체제가 만들어졌고, 국가는 관료에 의해 통치되며, 일본국민은 천황의 신민이며 국가에 지배받는 피치자로 자유롭고 독립적인 시민이란 존재할 수 없었다.

이런 역사적 배경 속에서 시민이나 시민사회에 대한 실질적인 활동은 매우 어려운 일이었다. 그러나 1960년대 후반부터 주민운동 혹은 시민운동이라는 운동이 활성화되면서 기존의 권위적인 국가체제에 대한 문제제기가 활발하게 일어나게 되었고, 일본의 시민사회는 전환점을 맞게 되었다.

1990년대 버블경제 붕괴에 따라 일본의 자본주의 경제는 흔들렸고, 장기적인 경기침체로 여러 가지 사회문제가 발생하였다. 일본의 장기불황에 따른 실업율의 증가되고 2000년대에 들어 사회격차가 확대되면서 동북아에서로 복지국가로 평가 받았던 일본이 복지체제가 기능부전에 빠지기 시작하자, 사회보장과 복지문제에 대한 논의가 활발하게 진행되었다.

1990년대 확대된 경제격차가 더욱 확대되어 소득불평도가 크게 상승하고, 빈곤율도 높아지면서 사회적 배제에 대한 관심도 높아졌다. 그러나 일본의 재정적자를 고려한다면 사회문제를 재정지출의 증가로 해결하기에는 역부족이었고, 이를 해결하기 위해 사회적 기업을 활용하는 방안이 논의되었다. 이러한 가운데 90년대부터 제기되었던 급속한 고령화, 경제의 국제화, 고용형태의 변화 등 다양한 요인에 대한 해결방안으로 사회적기업이 등장하게 되었고, 행정개혁에 대한 시민단체의 중요성이 확대되었다.

이런 와중에 1995년 1월 17일 '한신아와지 대지진'이 일어났고, 이로 인해 사망자가 수천을 넘는 상황에서 100만 여명 이상이 전국 각지에서 조직적으로 구호활동을 펼치면서 자발적 부분의 활동이 본격적으로 조직화되었고, 활발히 시민활동이 전개되면서 각종 시민활동에 대한 결정적인 변화가 일어나게 되었다. 정부는 '한신아와지 대지진' 이후 시민들의 자발적인 지역 활동 및 커뮤니티 활동의 중요성을 인식하면서 '특정비영리활동촉진법(NPO법)'의 제정과 지원을 위한 기반정비를 추진하였다.

1998년 '특정비영리활동촉진법'이 재정되면서, 시민단체는 관할청의 인증을 통해서 법인격을 취득하게 되었고, 현재 일본에서는 4만개가 넘는 NPO법인이 17개 분야에서 매우 활발한 활동을 보이고 있다.

일본에서는 명확한 사회적기업에 대한 합의된 정의가 없다. 왜냐하면 한국과 같이 사회적기업을 지원하는 특별법이 없기 때문이다. 일본에서의 사회적기업은 사회적기업이라고 지칭할 수 있는 다양한 법인격들을 모두 포괄하는 개념이다. 여기에는 NPO법인으로 알려진 특정비영리활동법인, 협동조합, 유한책임회사, 임의단체, 재단 및 사단주식회사, 사회복지법인 등이 포함된다.

2000년대 초반 '사회적 기업'이라는 용어보다 커뮤니티 비즈니스라는 용어가 사회적기업을 대신하는 것으로 사용되었는데, 2000년대 초반 이후 사회적 목표와 경제적 목표를 동시에 추구하는 혼합형 조직들이 생겨나면서 사회적기업 혹은 사회적 기업가라는 개념이 점차 더 많이 사용되었다.

일본에서 가장 대표적인 사회적기업의 형태는 NPO법인으로 '특정비영리활동법'

에서 그 정의를 다음과 같이 내리고 있다. '특정비영리활동법인'이란 특정비영리활동을 실시하는 것을 주된 목적으로 하고 이 법률이 정하는 바에 따라 설립된 법인을 말한다.

5) 사회적기업과 중간지원조직

일본에서는 사회적기업에 대한 단일한 법적 정의는 존재하지 않고 있고, 따라서 사회적 기업을 인지할 수 있는 기준이 명확하지 않다.

일본 경제산업서에서는 사회적기업의 개념을 사회적 문제해결이 사업의 중심에 있는 "사회성"과 그 목표를 비즈니스 형태로 해결해나가는 "사업성" 및 해결방식의 "혁신성"으로 보고 있다. 즉 일본에서는 사회적 기업이 스스로 사회적 기업이라고 인식하면 사회적 기업인 것이다.

한국의 사회적 기업은 일반명사가 아니라 엄격한 법적인 용어로서 취약계층에 일자리 제공 혹은 사회서비스 제공이 목적인 기업이며, 인증기준을 통과하여 고용노동부의 지도하에서 예산지원이 되는 점을 감안할 때 일본의 사회적 기업과 동일선상에서 비교하는 것은 아무런 의미가 없게 된다.

일본에서 사회적기업 등을 지원하는 중간지원조직에 있어서는 국가차원, 광역차원, 준 광역차원, 기초차원, 마을차원의 5개 층위에서 중간지원조직이 활동하고 있다. 내각부 조사에서는 중간조직을 "공생과 협동이라는 목표를 향해서, 지역사회와 NPO의 변화와 욕구를 파악하고, 인재, 자금, 정보 등을 제공하며, NPO 간의 중계 혹은 광의의 각종 서비스의 수요와 공급을 연결시키는 조직"이라고 규정하고 있다.

일본의 사회적 기업 중 주력은 협동조합이며, 잘 발달된 각 단위 협동조합연합회등이 충분히 중간지원조직으로서 역할을 잘 수행하고 있다는 점이 우리하고 차이가 난다.

일본에서는 다양한 협동조합이 잘 발달되어 있다. 일본의 협동조합 규모는 특히 농협, 생협, 공제보험 등에서 세계적인 규모에 달하고 있다. 일본 생협 조합원수는 2,665만명으로 유럽 18개국 조합원의 97%, 사업액은 34% (2013년 6월 8일 기준) 수준에 달한다.

일본협동조합의 특징은 비전설정을 통한 조합의 중장기 목표의 명시화 및 조합원 비전가치 내면화와 조합원교육에 많은 투자를 한다는 점이다. 가령 의료생협연합회(2012년 111개 병원 및 복지시설, 279만 명의 조합원수)에서는 매년 80개 과목의 통신교육과정에 2011년 16,568명이 수강하였다.

6) 사회적기업 지원체계

① 법률

일본의 사회적기업들은 조직의 목적과 사업구조에 적합한 법적 형태를 선택하는 경향이 있어서 다양한 법적 형태를 취하고 있다. 그 중 가장 일반적인 형태가 NPO 법인의 형태이고, 이와 관련되어 사회적기업의 정신에 부합하는 활동을 규정하고 있는 대표적인 법률이 바로 1998년 제정된 '특정 비영리활동 촉진법'이다.

이 법은 특정 비영리활동을 실시하는 단체에 법인격을 부여하는 법으로 민법의 특별법으로서 의료·복지·교육·환경·문화·재난구조 등 17개 분야에서 비영리활동을 하고자 할 경우 10명 이상의 참가자만 있으면 기본 재산이 없더라도 간단한 수속을 걸쳐 특정비영리활동 법인의 자격을 취득할 수 있게 한 법이다. 이 법에 의해 NPO 형태를 띠는 일본의 사회적기업들은 세제 혜택 등 지원을 받고 있다.

반면 한국은 사회적기업 지원을 위한 주법으로 2007년 1월 제정되고 7월에 시행된 '사회적기업육성법'이 있고, 예비 사회적기업과 관련하여 모든 광역 및 지방자치단체에서 사회적기업 지원과 육성을 위한 조례를 제정하여 운영 중에 있다.

'사회적기업육성법'에 따라 한국의 사회적 기업들은 고용노동부로부터 인증을 받은 후에 정부로부터 경영지원, 시설비 지원, 사회적기업의 생산물에 대한 공공기관의 우선구매, 조세감면 및 사회 보험료의 지원, 재정지원 등을 받고 있다.

② 정책 전담부처

일본에서는 사회적 기업에 대한 관심은 높지만 중앙정부 차원의 강력한 정책적 지원이 이루어지고 있지는 않다. 왜냐하면 사회적기업을 공적자금을 투입하지 않아도 되는 시장적 역할로 생각하는 것이 지배적이기 때문이다.

따라서 여러 정부부처들이 나누어서 사회적기업에 대한 시책을 집행하고 지원하고 있다. 경제통상산업부와 관동경제산업국, 후생노동성, 내각부 등 여러 정부부처에서 NPO 형태의 사회적기업 지원을 하고 있고, 지방자치단체 자체에서도 NPO 지원·협동에 관한 지침, 조례, 계획 등을 토대로 NPO 형태의 사회적기업 지원을 하고 있다.

한국의 사회적기업에 대한 전담 부처는 고용노동부이다. 사회적기업육성법을 보면 고용노동부가 사회적기업 육성 기본계획을 수립하고, 실태조사, 사회적기업 인증, 재정 및 경영지원, 보고를 받으며, 인증취소 등 사회적기업에 관련된 모든 업무를 전담한다.

또한 2010년 6월 '사회적기업육성법'이 개정되면서 고용노동부 산하 한국사회적
기업진흥원이 2011년 2월 22일 개원하여, 기존에 고용노동부에서 담당하던 다양한
사회적기업 관련 업무를 전담하게 되었다. 고용노동부 외에 각 광역 및 지방자치단체
사회적경제과 등에서 지역사회 사회적기업 관련 지원을 하고 있다.

③ 중간지원조직

일본의 사회적기업 관련 중간지원조직으로는 NPO센터가 있다. NPO센터는 정부
의 지원을 받고 있는 조직으로 NPO의 활동을 지원하는 공식적 중간지원조직이라고
할 수 있다. 즉, NPO와 NPO, NPO 와 행정기관, 기업 그리고 주민 사이에 중개자 역
할을 하며 개개의 NPO가 필요로 하는 자금이나 자원, 인재육성을 비롯하여 개별적
으로 맡는 상담 등 NPO활동을 다양한 면에서 지원한다.

NPO센터는 어느 지방자치단체에 속하는 것이 아니라 독립적으로 존재하고, 지
방자치단체가 밀접한 파트너십을 통하여 다양한 사업을 전개하고 있다. NPO센터는
지역을 거점으로 하는 지역중소기업 지원센터, 각 상공회와 상공회의소, 사회적기업
관계자들과 긴밀한 네트워크를 유지할 수 있도록 중개자 역할을 하고 있다. 중간지원
조직의 중개자 역할은 네트워크 촉진뿐만 아니라 자원(사람, 물건, 돈, 정보)의 중개와
가치창출(정책제언, 조사연구)을 포함하고 있다.

일본은 사회적기업 지원을 정부가 직접적으로 하지 않고 중간지원조직을 통해서
하기 때문에, 중간지원조직의 활동이 매우 활발하여 사회적기업의 발전에 큰 역할을
하고 있다.

한국의 중간지원조직은 한국사회적기업진흥원과 고용노동부로부터 사회적기업
지원 업무를 위탁 받은 권역별 지원기관(전국 14개 기관)이 있다. 한국사회적기업진흥
원은 사회적기업 정책 집행 업무 외에도 협동조합의 운영 업무도 총괄하고 있다. 권
역 별 지원기관은 광역시/도별 사업모델 지원 발굴, 사회적기업 인증, 컨설팅 지원,
교육 등의 기능을 수행하고 있다.

④ 관련 조직 네트워크

일본의 사회적기업 관련 조직 네트워크는 매우 다양하며 긴밀하게 연결되어 있
다. 일본은 사회적기업에 대한 전담 정부부처가 없고, 시민사회와 사회적 경제를 토
대로 사회적기업이 발달하였기 때문에 정부(경제통상산업부, 후생노동성, 내각부)와 지방

자치단체, NPO, 시민, 민간기업 사이에 네트워크가 매우 긴밀하여 사회적기업 활성화에 이바지하고 있다.

예로, 오사카부는 NPO 협동추진체계획에서 NPO와의 협동을 위하여 다양한 시책을 수행하고 있다. 구체적으로 추진해야 하는 협동사업의 기준을 함께 정하고, NPO와 관련된 정책 입안시 NPO로부터 제언을 받기 위해 제안창구나 협동추진담당을 배치하는 등 추진체계를 가지고 있다.

현재 한국의 사회적기업과 관련 조직 네트워크는 긴밀한 연결과 협조가 약하다고 할 수 있다. 이는 한국에서 사회적기업의 발전이 시민사회나 제3섹터, 사회적 경제를 성장의 발판으로 삼아 자발적으로 이루어진 것이 아니라, 정부에서 정책화하여 집중적 육성과 발전을 주도했다는 점에서 기인한다고 할 수 있다.

이에 따라 정부부문에서는 사회적기업에 대한 지원이 고용노동부 전담처럼 인식되고 있어서 다른 유관 부처(보건복지부, 여성가족부)와의 긴밀한 업무협조가 이루어지지 않고 있다.

한국사회적기업진흥원을 중심으로 정부와의 정책협력 및 지역사회와의 연계성 제고를 위한 민관협의체인 사회적기업활성화 전국네트워크가 출범하여 사회적기업 네트워크를 위한 업무들을 수행하고 있고, 민간기업과의 네트워크 구축을 위해 사회적기업 캠페인을 벌이고 있으나 사회적기업과 민간기업간의 상호 지원 관계가 아닌 민간기업의 사회공헌활동 차원의 지원 수준으로 임시적 단기적 관계에 그치는 등 뚜렷한 성과를 제시하지 못하고 있다.

실제로 한국사회적 기업진흥원의 사회적기업 실태 조사 연구보고서(2012년)에서 사회적기업 관련 기관 및 조직, 기업들 사이에 네트워킹을 분석하였는데 분석결과, 사회적기업과 외부 조직 및 기관 사이에 네트워킹이 다양화되지 못하고 있었으며 관계도 1개 분야에 국한되고 있는 것으로 분석되었다. 또한 대부분의 사회적기업의 경우 사회적기업과 협의회 사이에는 수평적 네트워킹 관계에 있고 정부부처와는 수직적 네트워킹 관계가 기본단계에 머물고 있다고 하였다.

7) 사회적기업 지원 방법

① 재정지원

일본의 사회적기업에 대한 재정지원은 지원체계 중 관련 정부부처들과 지방자치단체인 도도부현(都道府県)에 의해 이루어지고 있는데, 사회적기업에 대한 지원이 아니라 NPO법인에 대한 지원의 일환으로 이루어지고 있다.

그러나 이러한 재정지원도 한국과 같이 직접적으로 인건비를 보조해주거나 정부보조금 지원과 같은 직접지원(일부 지방정부에 의해 소규모 지원 됨)보다는 세제지원과 금융지원(자금형성 토대 마련)과 같은 간접지원에 주력하고 있다.

2011년 6월 'NPO법 개정안'성립과 함께 '신 기부세제'를 포함한 세제개정법안이 마련되면서 NPO법인에 대한 세제지원이 가능하게 되었는데 이는 NPO법인에게 직접적으로 지원되는 것이 아니라 기부자의 기부금에 대한 세제지원이다.

특정비영리활동촉진법 제3장 제46조에 의해 인증 받은 NPO법인에 기부한 개인은 기부한 금액의 40%가 소득세에서 그리고 10%가 주민세에서 공제되어 도합 최대 기부금액의 50%를 세액에서 공제받을 수 있다. 기부금액의 절반을 확정 신고 시 돌려받을 수 있기 때문에 기부자와 기부금액의 증가를 도모하고 있다.

일본의 사회적기업에 대한 금융지원은 도도부현을 중심으로 이루어지는데 기부금 모집지원이나 융자촉진을 위한 지원 사업, 브리지론 지원 사업 등을 통해 사회적기업 운영자금을 형성할 수 있도록 간접지원하고 있다(김학실, 2011). 또한 사회적기업 관련 조직 네트워크는 지역사회와 연계하여 신용금고와 같은 조직들을 이용하여 사회적기업 융자사업을 벌이고 있다.

한국의 경우 고용노동부와 고용노동부로부터 사회적기업 정책 집행을 이관받은 한국사회적기업진흥원, 권역별 지원기관들이 사회적기업육성법 제11조, 제13조, 제14조에 따라 직접적 재정지원을 하고 있다.

간접적 지원은 시설비 및 운영비 대부 지원 및 세제지원, 공공기관 우선 구매 지원이다.

② 사업(경영)지원

일본의 사업경영지원은 경제통산산업부, 내각부와 지방자치단체, 중간지원조직에 의해서 다각적으로 이루어지고 있다. 사회적기업에 대한 경영컨설팅은 내각부를 중심으로 이루어지는데 '새로운 공공'으로 기능할 수 있는 사회적기업 등의 창출과 인재육성을 목적으로 실시된다.

이는 사회적기업이 지속적으로 회비, 기부, 보조금, 위탁, 자체사업수익, 볼런티어 등 자원을 집중시키는 비즈니스 모델을 확립하고 기반을 마련하며 새로운 고용창출에 연결하는 것이 주된 내용이다.

이 중에 사회적기업 인재창출 및 인턴십 사업의 일환으로 지역 NPO인턴십 프로그램을 통해 6주 이상 인재창출을 할 수 있도록 프로그램을 지원하고 있다.

경제통산산업부는 사회적기업가들을 대상으로 교육프로그램을 지원하고 있고, 지방자치단체인 도도부현은 공공의 지원센터 설치 지원, NPO의 운영 인력 역량강화를 위한 연수사업 시행, 경영지원으로 활동기반 정비를 위한 지원 사업, 협동사업 공모, 기부금 모집지원사업, 융자촉진 지원 사업, 브리지론 사업 등을 지원하고 있다.

내각부의 지원을 받는 중간지원조직인 NPO센터는 실질적으로 사회적기업의 효율적인 운영과 존립에 영향을 미치는 여러 가지 지원(네트워킹 및 교류촉진, 정보수집 및 제공, 상담 및 컨설팅, 조사연구, 인재 육성 및 연수, 활동지원 및 조성, 정책제안) 등을 적극적으로 하고 있다.

한국의 경우 사회적기업육성법 제10조에 따라 경영지원을 할 수 있고, 이를 중간지원조직인 한국사회적기업진흥원과 권역별 지원기관에서 시행하고 있다.

사회적기업의 설립 및 운영에 필요한 경영·기술·세무·노무(勞務)·회계 등의 분야에 대한 전문적인 자문 및 정보 제공을 지원할 수 있고, 사회적기업의 설립·운영에 필요한 전문 인력의 육성, 사회적기업 근로자의 능력향상을 위하여 교육훈련을 실시하고 있다.

실질적으로 정부는 경영지원, 사회적기업가 양성 지원(아카데미 지원, 소셜벤처 지원), 사회적기업 가치에 대한 홍보 및 마케팅을 사회적기업 성장수준에 맞춰 지원하고 있다.

③ 기타지원

일본은 내각부 NPO 홈페이지를 통해서 NPO에 대한 홍보 지원을 하고 있다. 인증 NPO법인을 위한 지원세제와 중앙정부 및 지방자치단체의 NPO시책 검색, 관민 파트너십 확립을 위한 지원 사업 등 에 대한 설명을 제공하고 있으나 정부차원에서는 개괄적인 수준에 그치고 있다.

왜냐하면, 일본의 사회적기업 운영은 지방자치단체 주민 주도로 이루어지는 경우가 많기 때문이다. 일본의 NPO센터와 지방자치단체인 도도부현은 지역사회와 더불어 NPO홍보를 매우 적극적으로 하고 있다.

한국의 경우 기타지원으로 한국사회적기업진흥원을 통해 사회적기업에 대한 각종 정보 제공과 홍보를 지원하고 있고, 민간차원의 여러 관련 조직과 기관에서도 사회적기업에 대해 홍보를 하고 있으나 여전히 사회적기업에 대한 인식 수준은 낮은 실정이다.

8) 일본과 한국의 지원제도 비교분석

① 사회적 기업의 지원체계 비교 분석

사회적기업 관련 법률에서 한국만 주법이 존재하고, 일본은 주법이 없다. 한국만 사회적기업 정책 전담기구가 존재하고, 일본은 여러 부처에서 나누어서 사회적기업 관련 업무를 수행하고 있다.

중간지원조직은 일본과 한국의 경우는 공식적 중간지원조직이 존재하고, 관련조직 네트워크는 일본의 경우 사회적기업 관련 정부 부처와 지방자치단체인 도도부현이 중간 지원조직인 NPO센터를 중개자로 하여 자생적으로 발생한 지역사회를 기반으로 하는 사회적기업 관련조직들이 매우 유기적으로 연결되어 있어서 그 네트워크를 이용하여 사회적기업과 관련된 직접적인 정책과정에 NPO들이 직접 참여하고 있다.

그에 비해 한국은 정부부처들, 중간지원조직, 권역별 지원 기관, 지방자치단체, 센터들 사이에 네트워크가 형성되고 있으나 이는 고용노동부가 주도하는 수직적 네트워크이며, 다른 유관 기관과 조직들은 고용노동부의 협력기관으로 역할이 제한되어 있고, 네트워크를 통해 사회적기업들이 실질적인 지원을 받기에는 아직 자원이 부족하다.

표 3-13 **일본 한국의 사회적기업 지원체계 비교분석**

분류		일본	한국
사회적기업 지원 체계	법률	주법 없음 특정비영리활동촉진법 (NPO법, 1998년)	사회적기업육성법 (2007)
	정책 전담 기구	전담기구 없음 관계부처 협력 (경제통상산업부, 관동경제산업부 내각부, 도도부현, 후생노동성)	고용노동부
	중간 지원 조직	NPO센터	한국 사회적기업진흥원
	관련 조직 네트워크	정부, 지방자치단체, NPO, 시민, 민간기업 사회적기업 관련 네트워크 다양하게 존재하고 유기적 관계가 긴밀함 (예: SI 클러스터)	최근 관련 기업, 정부, 지역사회, 학계 등 정부주도 네트워크 형성이 진행중임 (예: 사회적기업활성화 전국네트워크)

② 사회적기업 지원방법 비교분석

사회적기업 지원방법 중 재정지원은 일본은 일부 지방정부에 의해 소규모 지원되는 직접지원보다는 간접지원에 주력을 하고 있고, 한국은 직접지원과 간접지원을 모두 하고 있는 것으로 분석되었다.

일본은 NPO법인에게 기부하는 기부자의 기부금에 세제지원을 하고 있고, 기부금 모집지원, 융자촉진을 위한 사업 등을 통해 사회적기업 운영을 위한 자금을 형성할 수 있는 토대 마련에 힘을 쓰고 있다.

이에 비해 한국은 법률에 직접지원과 간접지원 모두를 할 수 있도록 정하고 지원도 실제로 하고 있으나 주로 직접지원(인건비 지원, 보조금 지원)을 주요 정책수단으로 사용하고 있다.

사업(경영)지원은 일본의 경우 중앙정부의 직접적인 사업경영지원이 없음에도 불구하고 중간지원 조직인 NPO센터와 함께 지방자치단체인 도도부현, 그리고 지역사회의 관련 조직 네트워크들이 긴밀히 협조하여 체계적으로 사회적기업이 역할을 수행하고 자생할 수 있도록 매우 다양하고 적극적으로 지원하고 있다. 즉, 사회적기업이 새로운 고용창출에 기여할 수 있도록 지속가능한 비즈니스 모델 확립을 위해 자원을 집중시키고 있고, 사회적기업을 이끌어 갈 인재들을 지원하기 위한 많은 교육과 연수 프로그램을 지원하고 있다.

또한 사회적기업 관련 정보 수집과 조사 및 연구, 네트워킹 및 교류 촉진을 위해 많은 지방자치단체, 중간지원조직, 지역사회를 기반으로 하는 관련 조직 네트워크가 매우 적극적으로 지원하고 있다.

한국 역시 다양한 사업경영지원(경영지원, 사회적기업가 양성 프로그램, 마케팅, 정보 생산 및 관리, 경영 컨설팅 등)을 수행하고 있으나 이러한 지원들이 현재에는 중앙정부나 지방정부, 중앙 중간지원 조직에 의해 주로 이루어져 재정 측면에서 시간이 흐름에 따라 재정부담의 한계가 있다.

동일한 역사 문화적 배경 안에 속한 아시아 국가들 중에서 일본의 사회적기업 지원체계와 지원 방법을 한국과 비교분석하여 다각적이며 새로운 시각에서 한국의 사회적기업의 질적 성장과 활성화를 위한 다음과 같이 제시한다.

첫째, 사회적기업 지원체계를 비교분석한 결과 정부 차원의 제도적 지원체계가 잘 확립되어 있는 국가는 한국으로 평가되었다. 이는 사회적기업에 관한 주법이 존재하여 정책 전담기구와 중간지원조직, 관련조직 네트워크 모두가 정부 주도로 이루어지고 있기 때문인 것으로 사료된다.

　따라서 한국은 사회적기업을 단기적으로 육성하고 활성화시키는 데 필요한 기본적인 제도적 장치 마련에는 성공적인 안착을 하고 있다고 평가할 수 있으나, 한국의 경우 직접재정지원, 간접재정지원, 사업경영지원, 기타지원 등 모든 지원이 정부주도 하에 이루어지기 때문에 정부의존도가 매우 높아서 만약 정부의 지원이 중단될 경우 사회적기업의 존립에 직접적 타격으로 이어질 가능성이 매우 크기 때문이다.

　또한 양적으로는 지원이 많이 확대되었지만, 사회적기업의 자생력 향상을 위한 네트워킹, 기업자체의 토양인 전략·구조 및 경쟁 부분에 대한 지원이 현저히 부족하여, 1차원적이고 단기적인 성과중심 지원에 집중되어 있다고 볼 수 있다. 따라서 사회적기업의 기본토대에 대한 지원, 지속성장을 위한 생태계 조성이 미흡하고, 경쟁력 향상을 위한 인프라가 부족한 것이 사회적기업 지원정책의 현주소이다.

　일본은 비록 정부차원의 지원은 한국보다 미비하나, 중간지원조직과 지역사회를 기반으로 하는 관련 조직 네트워크와의 유기적 협력 수준이 매우 높아 사회적기업 활동들을 주로 하고 있는 NPO들의 성과와 지속가능 성이 탄탄함을 알 수 있었다. 즉, 태생적으로 중앙정부의 지원이 없거나 간접지원 중심으로 이루어졌기 때문에 지역사회를 기반으로 하여 NPO들이 발전하였다. 또한 중간지원조직을 정부와 기업을 연결하는 중개자 역할 이상으로 보지 않고 자생력을 키우기 위해서 지역사회에 기업의 지속가능성을 높이기 위한 의존점을 두었기 때문에 정부의 지원이 중단된다 할지라도 NPO들의 존립에 큰 영향을 미치지 못하게 되는 것이다.

　따라서 향후 한국의 사회적기업들이 안정적·지속가능한 경영이 가능하기 위해서는 중간지원조직에 대한 물적 인적자원의 전폭적 지원과 관련 조직 네트워크 형성과 유기적 상호작용을 위해 정부의 정책적 방향 수정이 반드시 필요하다.

　둘째, 사회적기업 지원 방법으로 한국은 사회적기업육성법에 따라 직접적인 재정지원과 간접적인사업지원과 기타 지원들이 모두 이루어지고 있어서 잘 지원되고 있는 것처럼 보이지만, 이는 사회적 기업의 장기적인 미래를 위해서는 바람직한 방향이 아니다.

　직접적 재정지원에 인건비의 지원이 크기 때문에 만약 지원이 종료될 경우 인증을 취소해야 하는 상황에 놓이는 사회적기업이 매우 많고 실질 적으로 지원이 종료된 시점에서 폐업이나 인증을 취소한 사회적기업들이 많이 나오고 있는 실정이다. 결과적으로 사회적기업의 지속가능성과 자립성을 키우는 데는 직접적인 재정지원보다는 자립성을 키울 수 있도록 정책 지원방향을 바꾸어야 한다.

일본은 사회적기업 지원방법을 간접적으로 지원함으로써 사회적기업의 장기적인 안정과 지속적인 발전을 위해 사회적기업의 자립성을 기르는 데 지원을 주력하고 있다. 향후 한국의 사회적기업의 지속적인 존속과 발전을 위해서는 재정자립성을 기를 수 있도록 직접적인 지원보다는 간접적인 지원이 될 수 있도록 지원방향이 수정되어야 한다.

예를 들면, 사회적기업가 양성을 위해 지역 대학과 연계하여 그 교육의 체계성을 높인다든지, 직접적인 보조금이나 인건비 지원을 줄이고 자생력을 키우기 위해서 처음부터 인증단계에서 지속가능성과 재무건전성을 평가하여야 한다. 그리고 사회적기업의 재화나 서비스를 판매할 수 있는 경로를 보다 확대할 수 있도록 정보를 제공해 준다거나, 사회적기업 투자 펀드나 기금 마련을 위한 재단 설립과 같은 간접적인 재정지원을 하는 방향으로 바꾸어야 한다.

현재, 한국의 사회적기업은 정부의 직접적인 지원 아래 양적 발전을 충분히 이루어나가고 있다. 이제 사회적기업을 위해 필요한 정부의 정책적 지원은 양적 발전이 아니라 질적 발전과 안정화를 위한 방향으로 수정되어야 한다. 이를 위해서는 사회적기업들, 지역사회와의 관련조직 네트워크와 함께 살아가며 서로의 지속가능성을 높일 수 있는 지원환경, 즉 사회적기업 생태계 형성이 반드시 필요하다.

이러한 사회적기업 생태계는 지역사회를 기반으로 하여 형성되어야 제대로 작동할 수 있다. 둘 사이의 관계는 양합적(positive)이기 때문이다. 사회적기업 활동이 활발한 지역사회는 사회적기업 생태계를 개선할 것이고, 사회적기업생태계를 구성하는 사람들은 사회적기업 활동에 영향을 미치고 이는 다시 지역사회에 영향을 미치기 때문이다. 이러한 사회적기업 생태계 조성과 더불어 사회적기업들은 민간기업과 경쟁하기 위해 지속 가능한 비즈니스 모델을 도입하여 자립성을 키워나가기 위해 노력해야 할 것이다.

9) 사회적기업 유형

① 유럽형 사회적 기업

유럽에서는 사회적기업을 정의할 때 사회적 배제와 사회적 포섭의 중요성을 강조하고 있다. 즉 장기실업과 빈곤, 장애등으로 노동시장 및 지역커뮤니티에서 배제되는 현상을 사회적 배제로 인식하여 이들을 다시 사회참여로 유인하여 통합해가는 것을 목표로 하고 있다.

이러한 목적에 따라 행동하고 있는 기업을 사회적기업으로 설정하여 재정, 금융 면에서 지원하고 있다. 즉 자본주의의 성숙으로 자본 집중화가 진행되면서 사회양극화가 심화되면서 경제적 효율과 사회복지 등의 종합적 실현을 이룩하기 위해 사회적 경제이론의 재구축이 요구되었다. 그래서 유럽의 사회적기업은 경제통합을 위해 사회적 해결의 역할이 부여되었고, 이를 복지국가의 재구성으로 인식했다.

경제연대란 상호부조 및 민주적 참가를 포함한 경제활동을 의미하는 것으로, 유럽의 사회적 기업은 경제연대와 민주적인 참가를 지향하면서 사회적 문제 해결과 사회서비스를 제공하는 다원적 경제를 기반으로 했다.

유럽의 사회적 기업은 다음과 같은 특징이 있다.

－사회적기업은 재화, 서비스를 공급하여 사회문제를 해결한다.

－일반 기업과 같이 재정위기에 빠질 수 있는 리스크를 안고 있다.

－사회적기업은 유급노동자를 고용하고 있다.

－회원모두 조직에 대한 투표권이 있다.

－사회적 기업은 이익배분에 제약이 있다.

② 미국형 사회적 기업

유럽의 사회적기업이 경제성장과 복지의 종합적 실현을 목표로 전개되어 왔다면, 미국은 사회적 공헌을 중심으로 하는 사업체를 사회적 기업으로 설정하고 있다. 이는 NPO의 상업화라는 문맥으로 해설할 수 있다.

미국의 사회적 기업은 NPO활동과 밀접한 관계가 있다. NPO는 미국에서 공익적 목적으로 국가건설의 초창기부터 형성되었다. 이후 1960년대와 1970년대 정부와 파트너쉽 관계를 구축하면서 급성장했다.

이러한 활동에는 정부의 지원이 있었기 때문에 가능했다. 이후 1970년대 석유파동으로 인한 스태그플레이션을 극복하기 위한 정부의 재정투입으로 NPO에 대한 지원이 크게 축소되었고, 이는 NPO의 상업화를 모색하는 동기 부여가 되었다.

1980년대 이후 정부지원이 축소되면서 NPO는 상업화하여 창출된 이익에서 재원조달을 적극적으로 추진하게 되었는데, 이는 정부의 자금지원과 비교하여 규제가 없었다는 점이 작용했다.

이는 기존의 NPO와는 성격을 달리하는 것으로 상업적 활동은 사회적기업의 사명감뿐만 아니라 상품 및 서비스의 제공에 의한 사회공헌의 부가가치를 더해 새로운 시장을 개척하는 활동으로 연결되어 사회적기업의 범위를 확대하고 있다.

이는 사회적 기업에 부여된 사회혁신의 역할이며, 다양한 형태로 NPO가 존재한다는 것을 나타낸다.

(3) 중국의 사회적 기업

1) 사회적 기업의 정의

중국은 경제적으로 성장하면서 여타 자본주의 선진국들처럼 많은 사회적 문제들로 골머리를 썩고 있다. 대한민국 소셜 임팩트의 개척자 중 하나인 MYSC는 지금까지 쌓아온 역량과 노하우를 기반으로 해서 중국 사회적 기업들과도 협력사업을 진행 준비 중에 있다.

중국의 사회적 기업(social enterprise)은 다소 생소할 수 있어 약간의 배경 설명이 필요하다. 1990년대에 사회문제를 해결하는 기업의 형태로서 사회적 기업은 북미와 유럽에서 대두되기 시작했다. 신자유주의와 시장 개방 등으로 빈부격차가 심화되고, 계층 간 갈등이 확산되는 등 새로운 사회적 위험이 증가하면서 새로운 대안으로 급격하게 떠오르게 됐다.

이러한 개념은 선진 자본주의 국가로부터 시작해서 아시아와 아프리카로 확산되었으며, 한국의 경우 2007년에 사회적기업 육성법이 제정되고, 한국사회적기업진흥원이 설립이 되면서 사회적 기업에 대한 소개 및 사회적기업 인증 활성화가 진행되기 시작했다. 그렇다면 이웃 나라 중국에서는 사회적 기업이라는 개념이 어디까지 자리잡고 있는지, 어떠한 형태로 운영되고 있는지 살펴보자.

중국 사회적 기업의 정의로 사회적 기업의 형태는 국가마다 다르게 운영되고 있다. 중국의 경우 관에서 주도하고 있는 Top-down 형식으로 정부의 입김이 강하게 미치고 있으며, 비영리 섹터를 중심으로 새로운 흐름이 일어나고 있다.

'취약계층 일자리 제공, 어르신 케어 서비스, 보건복지 서비스, 농촌 빈곤 퇴치' 등의 다양한 사회 문제 해결에 집중을 하고 있고 크게 공헌을 하고 있다. 하지만, 사회적 기업의 정확한 정의와 범위에 대해서는 여전히 견해가 갈리고 있다.

예를 들어 Lee는 '사업의 잉여금을 커뮤니티에 재투자하는 사회적 목적을 지닌 공동체'라 정의를 하고 있는 한편, Yu는 '취약계층 일자리, 사회 서비스, 의료 서비스, 빈곤 완화, 교육 서비스 제공'이 주목적이다.

Zhao는 중국의 사회적 기업은 서구와는 달리 경영, 자율성, 민주적 의사결정이

제대로 이루어지지 않고 있으며 중국의 사회적 기업은 조합원이나 커뮤니티에 상품, 서비스를 제공하는 비영리 조직이며 국가 소유나 자본 소유와는 다른 특별한 제도이다. Wang은 '사회적 기업은 기업도 비영리 조직도 초월한 것으로 영리 추구와 공익 증진을 함께 추구하는 곳'이라고 하고 있다. 이들의 주장의 공통점은 중국의 사회적 기업의 형태는 ① 사회복리기업 ② 농민전업합작사 ③ 사구복무기구 ④ 민영비기업 ⑤ 기금회로 정리해볼 수 있다.

다섯 가지 형태의 조직이 생소할 수 있어서 간략하게 설명하면 다음과 같다.

① 사회복리기업(社会福利企业)은 장애인의 취업을 촉진하기 위한 사회복지적 성격을 가진 특수기업으로 정의되며 중국 최초의 취약계층 지원을 위한 시장−지향 운영모델로 꼽힌다.

② 농민전업합작사(农民专业合作社)는 정부주도형 성격이 강한 지역별 우수 농산물 중심의 농민협동조합이다.

③ 사구복무기구는 지역사회(사구, 社区)를 기본단위로 각종 서비스(복무, 服务)를 지원하는 기구이다. 수백 가지 서비스를 제공하지만 대표적으로 공익서비스, 취약계층 보조, 창업지원 등의 서비스를 제공한다.

④ 민영비기업(民营非企业)은 기업이나 비영리 사업단위, 사회단체와 기타 사회조직 및 국민이 비국유자산을 이용하여 설립하고 비영리 사회봉사활동을 하는 사회조직이다.

⑤ 기금회(基金会)는 금전적인 힘을 바탕으로 해서 사회적 기업들을 지원하는 단체이다.

여기서 중국 사회적 기업의 특징을 또 다시 느낄 수 있다. 비록 사회적 기업이 개혁개방 이후의 비영리 부문 증가 흐름과 맞닿아 있다고 하더라도, 이미 중국 내부에서도 알게 모르게 이러한 사회 운동이 있었던 것이다.

대표적으로는 사회복리기업의 경우 마오쩌둥 시기의 사회주의 체제와 밀접한 관계를 갖고 있다. 국가가 국민을 책임져야 한다는 사회주의 이념에 기반해 장애인 고용을 이미 장려하고 있다. 또한 합작사, 사구복무기구는 민간 조직의 형식을 취하고 있으나 국가의 지도를 받거나 국가의 재정지원을 받는 등 국가와의 친화성 역시 높다. 이러한 점에서, 사회 운동에도 국가가 크게 관여하고 있음을 알 수 있다.

그렇다면 중국에서 사회적 기업은 왜 등장하게 된 것일까? 우리는 크게 3가지 방법으로 접근해볼 수 있다. 바로 구조적 요인, 국가적 요인, 사회적 요인이다.

① 구조적 요인

구조적으로 개혁 개방에 따른 문제점들이 쏟아지자 대안이 필요하게 되었다. 개혁 이전 마오쩌둥 시기 중국의 사회보장 정책은 인민공사와 단위 제도를 통해 집행됐다.

1950년대 초반 토지 개혁 이후 1958년까지 중국 농촌에서는 농촌합작을 통해 농촌의 사회보장이 이루어졌고 장애인과 같은 사회적 약자들을 위한 일자리도 제공됐다. 일종의 사회적 기업 이였던 것이다. 정부의 적극적 지원하에 이러한 형태의 조합은 성장하였으나, 1990년대 중반부터 중국의 경제개혁과 시장에서의 경쟁이 심화됨에 따라 많은 수의 조합들이 경쟁에서 실패하였다.

이로 인해 조합들이 유지해온 안정적인 고용구조를 유지하기 어려워졌고, 국유기업들이 고용의 유연성을 확보하기 위하여 노동 계약 제도를 도입하면서 사회보장의 문제 또한 크게 부각되기 시작했다. 개혁개방은 농촌의 대규모 노동력의 도시 진출을 야기하였으며 이는 중국 사회의 구조적 문제를 초래하였고 농촌과 도시의 격차, 빈부격차가 심화. 정부는 해결책으로 사회적 기업을 적극적으로 논의하게 됐다.

② 국가적 요인

구조적 문제점들이 심화되자 국가적으로 후진타오 정부부터 사회적 참여를 독려하였다.

당대회에서 "사회건설은 인민의 행복과 평안과 밀접히 관계되는 사업이다. 우리는 반드시 경제발전에 기초하여 사회건설을 보다 중시해야 하는바 민생을 보장하고 개선하며 사회체제개혁을 추진하고 공공서비스를 확대하며 사회 관리를 보완하고 사회의 공평과 정의를 촉진하는 데 힘써야 하며 전체 인민이 누구나 다 교육받을 수 있고, 일한만큼 소득을 취득할 수 있으며, 치료를 받을 수 있고, 노후가 보장되고, 주택이 보장되도록 하여 조화사회 건설을 추진해야 한다"라고 연설을 할 정도로 후진타오는 사회적 기업을 통해 중국의 문제들을 해결하고자 의지를 보였다.

③ 사회적 요인

사회적 참여 기회가 확대되면서 각종 조직들이 사회적 기업 형태로 활동을 하기 시작하여 〈그림 3-6〉과 같이 증가하고 있는 실정이다.

가장 급격하게 성장하고 있는 형태는 민영비기업이다. 민영비기업은 기업의 사

그림 3-6 **중국의 사회적 기업**(단위: 개사)

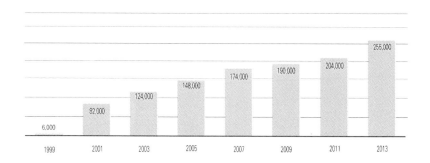

출처: 중국 통계청

업단위로, 사회단체와 기타 사회역량 및 국민이 비국유 자산을 이용하여 건립하고 비영리성 사회서비스 활동에 종사하는 사회조직이다.

2013년 기준으로 사회서비스 제공 민영비기업 단위가 36,698개, 교육분야 145,210개, 과학기술 서비스 13,729, 문화분야 11,694개가 있다. 농민전업합작사라는 경제조직 역시 급증하고 있다. 이들은 토지경영 서비스의 제공자와 이용자들이 자발적으로 협동하여 민주적으로 관리하는 상부상조의 성격을 지닌 조직이다. 이 외에도 기금회나 사구복무기구 역시 빠른 속도로 양적 그리고 질적으로 성장하고 있다.

사회적 기업의 육성을 위해 국제적인 노력도 빼놓을 수 없다. 특히 영국은 중국에 사회적 기업을 소개하는 데 매우 적극적이다.

영국문화원(British Council)에서 2007년 '사회적 기업: 중국과 영국의 경험'을, 2008년 '중국 사회적 기업 조사보고서'를 간행하였다. 또한 2008년 6월부터 '우성 기업가 빈곤퇴치 기금회', '남도공익기금회', '상해중애기금회'와 같이 사회적 기업가 훈련프로그램을 진행하고 있다.

이러한 노력 역시 중요했지만 중국에 사회적 기업이 각광을 받게 된 사건이 있었습니다. 2008년 쓰촨 대지진 당시 중국에 존재하는 많은 사회적 기업들이 봉사와 구호활동에 적극적으로 나섰다.

재난 수습과정에서 사회적 기업과 NGO들의 공익 활동이 부각되면서 호의적인 여론이 형성되었으며, 사회적 기업가들도 이때 굉장한 자부심을 가지게 되었다. 사회적 기업에 소속되어 있는 사람들의 95%는 이 분야에 뛰어든 계기가 쓰촨 대지진이라고 응답할 정도로 이 사건은 국의 마음속에 깊게 자리 잡았다.

그림 3-7 쓰촨 대지진으로 낙심한 사람들을 위해 재건하는 모습

NGO들이 사회적 기업으로 전환하는 추세 역시 사회적 기업의 성장에 큰 도움이 되고 있다. 이들이 주로 전환하는 이유는 자금 문제 때문이다.

2000년 칭화대학교 설문조사에 의하면 41.4%의 NGO들이 자금부족이 주요 문제라고 응답할 정도로 재정적인 여건이 열악한 경우가 많다. NGO자금의 53.55%가 정부 재원, 5.63%이 기업 후원금, 대중의 기부는 2.18%였기 때문에 정부의 도움이 없다면 운영이 안 될 지경이었다.

스스로의 수입을 증가시키기 위해 서비스 제공의 유료화, 경영활동 참여, 미래의 수익 확보를 위한 투자를 추진하였다. 이 과정에서 NGO들은 내부 조직의 기업화, 정부로부터의 서비스 구매, 여타 상업적 기업들과의 협력과 경쟁 등을 추진하여 시장화를 도입하였으며, 자연스럽게 스스로를 사회적 기업으로 전환하게 된다. 공익활동을 진행하면서도 영리활동을 동시에 추진할 수 있게 된 것이다.

2) 중국의 자선법(慈善法) 제정

2010년 국제사회에서 'ISO 26000'이 제정되면서 전 세계에서 다양하게 논의되어 오던 기업의 사회적 책임에 대한 정의와 해석이 명확해진 바 있다.

국제적인 분위기 탓일까? 중국도 '사회주의 시장경제 체제'라는 특유의 경제체제를 수립하면서 기업의 사회적 책임에 대해 상당한 관심을 기울여 온 바 있다.

특히, 중국 회사법(中华人民共和国公司法) 제5조는 회사는 경영활동에 종사함에 있어서 반드시 법률, 행정법규를 준수하고 사회공공도덕과 상도덕을 준수하여야 하며, 신의성실원칙을 지키고 정부와 사회대중의 감독을 받아야 하며, 사회적 책임을 부담하여야 한다고 규정하고 있다. 또한, 조합기업법(合伙企业法) 제1장 총칙 제7조에도 회사법과 유사한 취지의 규정이 마련되어 있다.

즉, '조합기업과 그 조합원은 법률과 행정법규를 준수하여야 하고, 사회 공공 도덕과 상도덕을 준수하여야 하며, 사회적 책임을 부담하여야 한다'고 규정하고 있는 것이다.

동 규정도 회사법 제5조에서의 사회적 책임과 같이 사회적 책임에 법적 책임과 윤리적 책임을 모두 의미하는 것으로 해석할 수 있을 것이다. 그리고 국유자산감독관리위원회의 국영기업을 위한 사회적 책임 가이드라인이나 증권거래소의 관련 안내서 등에도 기업의 사회적 책임에 관한 기준이 제시되고 있다.

이처럼 중국에서는 기업의 사회적 책임(Corporate Social Responsibility, 이하 CSR)이 자발적, 도덕적 책임을 넘어 법적 책임으로 논의되고 있기 때문에, 기업의 일부 이익을 사회에 환원하고 영리를 추구하는 기업과 개인이 사회의 공동이익을 위하여 행하는 봉사활동 등에 대한 사회적 기대수준도 높다.

중국 소비자들의 CSR에 대한 인식이 높아지면서 CSR 활동을 적극적으로 하는 기업에 대한 선호도가 높아지고, 이것이 제품에 대한 신뢰로 이어지면서 이러한 현상이 경영 수익에까지 영향을 미친다는 사실은 이미 잘 알려져 있다. 중국 정부의 자선사업 관련 정책과 기업의 사회공동이익 환원에 대한 세금 감면 혜택을 시행하고 있다.

한편, 2015년 1월 3일 〈인민일보〉가 보도한 '네티즌들이 뽑은 2014년 10대 민생정책 이슈'에는 2014년 국무원(国务院)이 시행한 개혁조치들 중 '자선사업의 건전한 발전 촉진에 관한 지도의견'(关于促进慈善事业健康发展的指导意见)이 포함되어 있는 점에 주목할 필요가 있다.

2014년 11월 24일 제정되어 12월 발표된 지도의견에서는 기업의 공익성 기부 지출에 대해 연 이윤 총액의 12%까지 세금을 감면하도록 하고 있으며, 개인의 기부지출에 대하여서도 납세대상 소득총액의 30%까지 세금을 감면하고, 공제대상으로도 포함되도록 하고 있다. 또한, 자선활동에 대한 자선단체의 공개의무를 강화하는 한편 주식과 지식재산권의 기부 및 자선신탁 등 새로운 형태의 기부와 운영방식도 제시한 바 있다. 그리고 국무원의 지도의견에 대하여 민정부(民政部)는 같은 해 12월 15일 「민정부의 '국무원이 제정한 자선사업의 건전한 발전 촉진에 관한 지도의견' 시행에 관한 통지와 2015년 1월 7일의 동 지도의견 해설을 통하여 자선사업 발전을 위한 행정상 제공해야 할 편의와 제도화 필요성에 대해서도 거듭 강조한 바 있다.

나아가, 강소성을 시작으로 각 성정부와 성인민대표대회 차원에서도 '자선사업의 건전한 발전 촉진에 관한 실시의견'과 '자선사업 촉진 조례'를 제정하여 앞 다투어 자선사업 활동을 지원하고 규범화해 온 바 있다.

이러한 중국 정부의 노력이 집약되어 있는 '자선법'(慈善法) 초안이 2016년 3월 16일 종료된 중국의 전국인민대표대회에서 통과된 것은 어쩌면 당연한 결과라 볼 수 있을 것이다. 올해 9월부터 시행되는 중국의 자선법은 우리나라의 '사회복지사업법'이나 '사회복지공동모금회법', 나아가 '기부금품의 모집 및 사용에 관한 법률'과 그 적용대상이나 관리·감독상 유사한 면을 가지고 있다.

특히, 중국 내에서 그동안 문제가 되어 왔던 자선단체의 자격이나 정보 공개, 모금활동이나 자선기금의 사용 등에 대한 규범화가 구체적으로 시도되었다는 점이 중국 언론에서 강조되고 있다.

또 중국에서 외국자본 기업에 대하여서도 CSR이 강조되고 있는 점, 자선법상 기업이나 개인의 기부금에 대한 일정한 세금 감면 혜택이 있는 점, 재능기부자 등의 자원봉사자에 대한 입사 시 우대 혜택 의무가 있는 점 등에 대해서는 중국에 진출한 우리 기업들도 자선법 규정들을 충분히 활용할 가치가 있을 것으로 예상된다. 다만, 우리나라 관련 입법에서는 찾아보기 힘든 강력한 제제를 동반하는 규정들이 몇 가지 있어서 유의할 필요가 있다.

첫째, 제40조에서는 기부활동 전에 자선단체나 수혜자와 기부계약을 체결하도록 하고 있으며, 특히 제44조 1항 1호에서는 경제적 빈곤자, 노약자, 장애인, 병자나 자연재해 등으로 인한 사고 구조를 위한 자선활동 기부에 대해서는 서면으로 기부계약을 체결하도록 강제하고, 기부계약에 따른 기부를 이행하지 아니하는 경우에는 자선단체나 수혜자가 인민법원에 지급명령 또는 소송을 제기할 수 있도록 하고 있다.

또한, 44조 1항 2호에서는 기부자가 방송·TV·신문·인터넷 등의 매체를 통하여 공개적으로 기부를 승낙한 경우에도 기부계약에 따른 기부를 이행하지 아니하는 경우에는 자선단체나 수혜자가 인민법원에 지급명령 또는 소송을 제기할 수 있도록 하고 있어 특별한 주의가 요구된다.

둘째, 제108조에서는 세금감면을 목적으로 자선단체가 허위로 행위하였을 때, 세무부문이 조사하여 해당 사안이 심각하다고 판단되면 민정부는 자선단체 등록을 취소하고, 발급한 등기증을 회수하는 한편, 범죄 구성요건이 성립하는 경우에는 형사책임까지 지도록 하고 있다.

셋째, 제109조에서는 자선단체가 국가안전을 위협하거나 사회공공이익을 위해하는 활동을 하는 경우, 유관기관 조사를 통하여 사안이 심각하다고 판단되면 민정부는 발급한 등기증을 회수하는 한편, 범죄 구성요건이 성립하는 경우에는 형사책임까지 지도록 하고 있다.

특히, 이 경우 외국인의 자선활동 내용에 민감한 부분이 있는 경우, 중국 정부에서 중국 헌법 위반을 이유로 사회체제를 위협한다고 판단하는 경우가 발생할 여지가 있어 극도의 주의가 필요해 보인다.

넷째, 제111조에서는 봉사활동 중 수혜자가 제3자에게 손해를 끼치는 경우 자선단체가 손해배상책임을 부담하도록 하고 있으며, 재능기부자 등의 자원봉사자에게 중대한 과실이나 고의가 있는 경우에는 자선단체가 당사자에 대하여 구상권을 행사할 수 있도록 하고 있다.

지원자의 봉사활동 중에 자선단체의 과실로 손해가 발생한 경우 자선단체가 손해배상책임을 지며, 그 손해가 불가항력으로 인한 것인 경우에도 자선단체는 그 손해에 대한 적절한 보상을 하여야 한다.

이러한 특징을 가진 중국 자선법의 내용을 잘 파악하고 활용함으로써 향후 우리 기업이 중국에서 사회적 책임의 일환으로 자선활동을 전개해 나가거나 자선단체를 설립하여 자선활동을 펼쳐나감에 있어서 일정한 시사점을 얻게 되기를 기대해 본다.

3) 중국 사회적기업의 동향

제3회 한중 사회적 경제 국제세미나가 '거버넌스·지역발전과 사회적 경제의 역할'이라는 주제로 중국 상하이교통대학(2017.12.4~12.9)에서 개최되었다. 이 국제세미나는 지난 2015년 충남연구원과 상하이교통대학의 업무협약을 시작으로 매년 열렸고, 이를 통해 양국 사회적 경제의 연구 성과를 공유하였다.

이 국제세미나는 '거버넌스, 지역발전, 사회적 경제의 미래'라는 3개 세션, 총 15개 주제발표와 종합토론으로 구성되었으며, 특히 상하이 및 항주 지역 사회적기업의 방문을 통해 중국 사회적기업의 특성을 살펴볼 수 있다.

4) 중국 사회적기업의 연구 및 정책 동향

'사회적기업'이라는 용어(중국에서는 '사회기업'이라고 함)가 중국에 도입된 것은 2004년 류지동(刘继同) 교수가 OECD(1999년)에서 발표한 「사회적기업 리포트」의 번역서가 발표되면서부터이다.

이 번역서가 학자 및 현장조직에 알려지며 사회적기업에 대한 관심이 점차 증가하였고, 그 결과 북경 사회적기업 포럼(2004년)이 개최되기에 이르렀다. 이후 2009년에서 2015년까지 영국 의회의 '사회적기업 역량강화 교육'에 2,200여 명의 중국 사회적기업 리더들이 참여함으로써 중국 사회에 더욱 확산되었고, 2017년에는 학계와 민간으로 구성된 10여 개 단체들이 '베이징 사회적기업 이니셔티브(Beijing SE Initiative)'를 발표하는 등 민간을 중심으로 사회적기업 활성화를 위한 노력이 이루어지고 있다.

중국 사회적기업의 특징은 첫째, 외국의 사회적기업 개념 적용, 둘째, 민간의 자발적 추진, 셋째, 비영리부문의 주도, 넷째, 대도시에서의 주도이다. 특히 정부에서 인증제를 추진하는 우리나라와 달리 민간조직인 중국자선회에서 사회적기업 인증사업을 추진하고 있는 것이 눈에 띈다.

중국사회적기업으로 인증 받기 위해서는

① 사회적 문제 해결을 목표로 할 것

② 사회변혁의 기회를 식별해낼 수 있을 것

③ 사회적 문제를 해결하는 혁신성을 지닐 것

④ 사회적 목표 지속의 안정성을 지닐 것

등의 조건을 모두 충족해야 한다.

특이한 점은 사회적기업의 인증 유형을 4개(최우수 사회적기업－우수 사회적기업－사회적기업－관찰 사회적기업)로 차등화하여 지원을 달리하고 있다는 것이다.

2016년까지 중국 자선회에서 인증한 사회적기업은 130여 개에 달한다. 중국사회적기업은 10여 년간의 발전과정을 거쳐, 최근 2년간 빠르게 발전하고 있다. 그러나 아직은 시작단계이며, 특히 중국정부의 지원 부족이 사회적기업 활성화에 걸림돌이 되고 있다. 그럼에도 불구하고 중국 사회적기업은 거대한 사회서비스 수요와 민간조직의 잠재력을 갖고 있는 만큼 그 발전가능성이 매우 크다고 할 수 있다.

5) 중국 거버넌스와 사회변화

중국에서 국가관리, 정부관리, 사회관리는 오랫동안 사용되어 온 개념으로 최근에는 국가 거버넌스, 사회 거버넌스 등 새로운 개념이 도입되고 있다. 중국은 전통적으로 정부라는 틀 안에 기업과 사회조직이 포함되어 있었으나, 현재는 정부, 기업, 사회조직이 교집합을 이루어 가고 있다. 이러한 맥락 속에서 사회적기업이 갖는 가치는 자체적으로 시장에서 자금을 조달한다는 것으로 기존 사회단체가 정부나 기업으로부터 조달받았던 것과는 근본적인 차이가 존재한다.

중국에서 사회적기업의 서비스 대상자는 빈곤계층과 약자계층 및 특수계층으로 특히 이들에게 취업기회를 제공한다는 것이 특징이다. 중국 사회적기업이 당면한 과제는 크게 4가지로 볼 수 있다.

첫째, 사회적기업의 개념이 학계에서 사용될 뿐 국가정책에 받아들여지지 않고 있다는 것이다.

둘째, 사회적기업은 공공정책의 혜택을 받지 못하고 있는데, 이는 중국 법률에서 영리법인과 비영리 법인 두 형태만 인정하기 때문이다.

셋째, 사회적기업에 대해 무관심한 중앙정부의 영향으로 지방정부도 관심이 없다는 것이다.

넷째, 사회적기업에 대한 공인된 기준이 없는 상황이며, 민간에서 인증제를 운영하고 있으나 인지도가 낮은 상황이다.

따라서, 중국 사회적기업의 지속가능한 발전을 위해서는 첫째, 정부차원의 사회적기업 정책도입(민간 중심의 노력만으로는 사회적기업의 성장에 한계를 갖고 있다), 둘째, 사회적기업 인증 표준안 개정(현재의 인증제는 인지도가 낮아 많은 참여가 이루어지지 않고 있다), 셋째, 사회적기업의 재무성과 공개와 이를 위한 시스템 구축, 넷째, 사회적기업에 대한 세금혜택을 통해 지속가능 기반 마련과 같은 정책이 요구된다.

6) 상하이 사회적기업과 사회혁신

상하이 지역은 상하이 재경대학이 2008년 사회적기업연구센터를 설립한 이후 다양한 사회적기업 연구를 수행해오고 있다. 그러나 상하이 지역의 사회적기업은 발전기간이 짧고, 조직규모도 작은 상황이다.

상하이 지역에서 2013년까지 비교적 성장이 잘 된 사회적기업은 10개에 불과하며, 매출액 규모도 1억 6천만 원 수준이다. 상하이에서 비영리 조직이 사회적기업 운영 모델을 적용하는 이유는 사회적기업 운영방식을 통해 조직의 목표를 확장하고, 수입원을 다양화하기 위한 절충적 선택이라 할 수 있다.

상하이 지역에서 대표적인 사회적기업 사례는 '상하이 청년 제빵사'이다. 이 기업은 2008년 12명의 프랑스 청년이 상하이에서 의미 있는 일을 하고자, 취약계층을 대상으로 프랑스식 베이킹 양성과정을 운영하면서 시작되었다. 프로젝트 초기에는 프랑스 협력식품 기업이 교육을 진행하였으며, 교육을 마친 교육생들은 파티쉐(제빵사) 시험에 응시할 수 있었고, 국가인증을 통해 취업경쟁력을 높일 수 있었다.

7) 사회적기업의 창업투자기금 운용

증애공익재단은 사회적기업을 대상으로 투자 및 대출 지원을 수행하는 단체이다. 기금은 민간기업의 사회공헌 자금이 대부분을 차지하고 있으며, 주로 사회단체 및 사회적기업에 투자를 하고 있다. 대표적인 사례로 시에즈 여관(취업창업학원)에 20만 위안을 투자한 것을 들 수 있는데, 이 사회적기업은 청년들의 취업을 지원하고 숙소를 제공하고 있다.

다른 사례는 서안미술관 장애인센터로 농아 학생의 취업지원을 목표로 설립된 기관이다. 농아의 경우 취업이 매우 어려운 실정인데 증애공익재단이 센터를 만들어 일자리 연계를 지원하고 농아 대상 취업 시장을 만들어 내는 역할을 수행하고 있다. 증애재단은 사회적기업을 대상으로 무이자 대출 프로젝트를 추진하고 있으며, 투자재단인 만큼 상환금은 증여 방식으로 받고 있다.

중국의 사회적 투자와 관련하여 다양한 정책이나 이론 연구가 부족한 만큼 다양한 연구와 정책개발을 통한 지원 확대가 필요하다.

8) 중국 사회적기업의 뜨거운 도전

① 버려지는 옷들의 사회적 재활용, 자선마트 'BUY for TWO'

BUY for TWO'는 사용하지 않는 새 옷과 장신구, 전자제품 등을 기증 받아 저렴한 가격에 판매함으로써 일자리를 창출하고 있는 사회적기업이다.

이 기업은 중국이 처한 문제의 해결, 즉 장애인의 일자리를 창출하고, 재활용을 통하여 환경보호를 실현하며, 취약계층의 사회참여 확대를 도모하기 위해 설립되었다. 온·오프라인을 통해 기부 받은 새 상품을 매장에서 저렴하게 판매하며, 장기간 판매되지 않는 제품은 새로운 상품으로 리뉴얼하거나 다른 취약지역에 기증하고 있다.

상품은 온라인 포탈에서 기증하면 택배로 수거하는 구조이며, 매장에도 기부함을 설치하여 언제든 기부할 수 있도록 하고 있다.

새 상품의 기부는 개인 보다는 기업 등의 대량 기부가 많으며, 매년 지속적으로 기부 물품이 증가하는 추세이다. 새 상품으로 판매하는 이유는 중국의 문화가 헌 옷을 기피하기 때문이다. 중고물품으로는 사업 활동이 어렵다.

이 기업은 취약계층의 일자리 창출을 위해 업무를 세분화하여 필요한 일자리를 구체화하고 있다. 상품 기획, 판매, 유통, 서비스 등 구체화된 일자리에 취약계층을 고용하고 있으며, 직원은 일반인 1명당 장애인 1명으로 구성하고 있다. 특히 온라인 홈페이지 관리나 디자인 등 재택근무가 가능한 일자리를 만들어 취약계층에 우선적으로 제공하고 있다.

유사 기업과 비교했을 때 이 기업의 차이점은 첫째, 미국과 영국의 성공사례를 중국의 특색에 맞게 개발, 둘째, 물품관리, 제고, 일자리 등 관리 시스템의 표준화, 셋째, 브랜드를 만들어 좋은 기업이라는 이미지의 지속적 홍보, 넷째, 우수한 인력구조(전원 칭화대 출신) 등이다. 향후에는 소도시나 농촌지역을 타깃으로 하여 중고 물품을 저렴하게 공급하는 매장을 설치·확대할 계획을 갖고 있다.

② 착한 경제교육에 대한 고민, 'Be Better'

'Be Better'는 상하이 지역 아동들을 대상으로 착한 경제에 대한 교육을 수행하는 사회적 기업이다.

상하이 지역은 아이들을 대상으로 한 경제 관련 교육기관이 부족한 실정이어서, 이들에게 경제관념을 심어주고, 바른 경제활동을 이끌기 위해 이 센터를 설립하였다. 이 센터에서는 아이들의 자아를 찾는 일, 돈을 어떻게 잘 쓸 것인지, 돈이 어떠한 개념인지, 아이들의 권리와 참여는 무엇인지, 어린이 창업은 어떻게 하는지 등 5개 테마로 교육활동을 수행하고 있다.

정부에서 장소와 인테리어 비용을 제공하였다. 도서관에 자리 잡고 있어 지역주민들이 아이 들과 책을 읽을 수 있으며, 경제교육도 받을 수 있는 방식으로 운영되고 있다.

지역주민은 소득에 관계없이 모두 이용가능하며, 2020년까지 전국에 50개의 센터를 만들 계획이다. 경제와 관련된 보드게임을 통해 교육을 실시하고 있다.

'아프통'이라는 가상의 은행을 활용하여 아이들에게 돈을 주고 아이들끼리 교환할 수 있게 하면서 경제관념을 심어주고 있다. 이 센터는 지역 내 부족한 교육수요를 민간에서 주도적으로 해결하고 있다는 점에서 의의가 있다.

특히 다양한 교육프로그램을 개발하여 운영하고 있으며, 다양한 사회적기업과 연계하여 교육프로그램을 공유하고 있다는 점을 긍정적 요소로 평가할 수 있다.

③ 시에즈 여관

시에즈 여관은 일자리를 구하러 도시로 떠나온 청년들에게 숙소와 취업알선을 위해 설립된 사회적기업이다.

창업가는 청년들이 외지에 나가면 가장 어려운 점이 잠잘 곳과 좋은 일자리를 구하는 것이라는 것에 착안하여 2008년 창업하였다. 시에즈 여관은 대학생 등 청년들만을 대상으로 하며, 첫째 날 숙박비는 무료 둘째 날부터는 28위안 정도의 비용만 지불하면 숙소를 이용할 수 있다. 또한, 빅데이터 기술을 기반으로 대학 및 기업의

그림 3-8 **시에즈 여관 전경**

일자리 정보를 DB화하고 있으며, 이를 통해 청년들에게 일자리를 알선하는 역할도 수행하고 있다. 지금까지 약 5만 명 정도의 청년들에게 일자리를 제공하였으며, 이 영역에서 선도 기업이라 할 수 있다.

구체적인 사업영역은 숙박, 교육, 일자리 알선이라 할 수 있다. 우선, 숙박의 경우 하루 28위안 정도이며 방의 수준에 따라 비용 차등이 있는데 청소 혹은 이불 정리를 지원하거나 SNS로 홍보하는 등의 방법으로 무료 투숙도 가능하다.

교육 사업은 자기소개서 작성, 취업 예절 등을 교육하는 한편, 대학과 협력하여 취업 경쟁력 강화를 위한 기술습득 등을 지원하고 있다.

마지막으로 일자리 알선은 자체적으로 개발한 홈페이지와 어플리케이션을 통해 빅데이터를 토대로 한 일자리 정보를 제공하고 있다.

9) 시사점

시에즈여관은 청년문제를 적극적으로 해결하려는 사회적기업이어서 한국에서도 참고할 만한 기업모델이라 할 수 있다. 청년이 취업하기까지에 필요한 숙식, 교육, 알선을 사회적기업에서 원스톱으로 제공하고 있는 만큼 이러한 모델의 한국적 적용에 대한 고민과 연구가 필요하다.

중국의 사회적기업은 아직 초기단계라 할 수 있다. 한국이 2007년부터 고민해왔던 사회적 기업의 인증제도와 정책적 지원 방안에 대한 논의가 한창 진행 중에 있으며, 중국 내에서도 아직까지 사회적기업에 대한 인지도가 낮은 상황이라 할 수 있다.

그럼에도 불구하고, 2017년 현재 2억 명에 달하는 노인인구, 8,500만 명에 달하는 장애인, 13.7억 명에 달하는 인구 등이 필요로 하는 다양한 사회서비스 수요는 중국 사회적기업의 무궁무진한 잠재력을 보여준다.

따라서, 중국에 비해 비교적 사회적기업의 정책 경험 및 현장사례가 다양한 한

그림 3-9 **사회적기업의 책임 광고 사례**

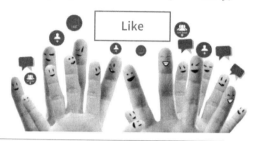

기업의 사회적 책임
CSR(Corporate Social Responsibility)

국의 경험을 적극적으로 중국에 전파하고 알릴 필요가 있다.

특히, 충청남도는 전국 최초로 사회적 경제를 정책으로 도입하여 다양한 연구 및 정책을 개발·운영해왔던 만큼 그동안 축적되어 온 다양한 노하우를 교류할 필요가 있다. 단순 학술교류가 아닌 현장 주체들과의 교류 확대로 한국 사회적 기업이 중국시장에 진출하는 통로가 되어야 한다.

실제 중국 내 인터뷰에서 많은 사회적 기업가들이 한국 사회적 기업가들과의 교류를 원하고 있다는 것을 알 수 있었다. 이는 한중 사회적 기업가 교류의 중요한 시발점이 될 수 있을 것이다.

더불어 한중 사회적 경제 교류를 지속적으로 수행해오고 있는 충남연구원의 역할에 대해 몇 가지 제언하고자 한다. 첫째, 한중 사회적 경제 교류협력 프로그램을 충남연구원의 한중 교류 협력 특화상품으로 육성할 필요가 있다. 교류 주체인 상하이 교통대학교는 풍부한 물적 인프라와 인적 네트워크를 보유하고 있고, 지속적인 교류 협력에 대한 관심과 열정을 갖고 있다.

특히, 사회적 경제를 넘어 사회혁신, 거버넌스, 지방자치, 시민사회 등의 연구도 수행하고 있는 만큼 이러한 분야로의 확장도 필요하다. 그리고 한-중-일 국제세미나로 범위의 확대가 필요하다. 일본은 사회적 경제의 오랜 역사를 갖고 있으며, 다양한 정책과 사례가 활성화되어 있는 곳이다. 충청남도 사회적 경제의 다양한 정책개발 및 비즈니스 모델 강화를 위해 다양한 학술연구와 현장사례의 벤치마킹이 중요한 만큼 한국-중국-일본으로 확대된 교류협력 관계의 활성화가 필요하다.

10) 중국진출 한국기업의 사회적 책임(CSR)

2008년 쓰촨성 대지진 당시 까르푸는 300만 위안을 성금으로 냈다가 중국 네티즌들의 뭇매를 맞았다. 결국 2,000만 위안을 더 보태서 총 2,300만 위안을 구호성금으로 냈지만, 중국인들은 중국에서 돈 벌고 있는 외국기업이 정작 중국이 도움을 필요로 할 때는 인색했다며 불매운동을 벌였다.

이에 반해 중국의 음료회사 왕라오지는 1억 위안을 쾌척하며 중국인들의 사랑을 한몸에 받았다. 그리고 지금까지 중국 음료시장에서 부동의 1위를 지키고 있다.

쓰촨성 대지진 말고도 식품 안전과 환경 문제들이 터지면서 중국인들은 기업의 사회적 책임(Corporate Social Responsibility)에 대한 요구수준이 높다. 특히나 외국 기업은 중국에서 돈을 버는 만큼 마땅한 책임을 다하라는 인식이 강하기 때문에 외국기업의 CSR 문제에 대해서는 특히 민감하게 반응한다.

중국 사회과학원의 조사에 따르면 중국인 10명 중 4.7명은 외국기업의 사회적책임(CSR)에 대해 인지하고 있다고 한다. 자국 기업에 대한 인지는 10명 중 2명꼴이다. 결국 자기네 나라에 와서 돈을 벌고 있는 외국기업들에게 더 엄격한 사회적 책임을 요구하고 있는 것이다.

중국은 2006년 1월 1일 새로운 회사법을 공표하면서 기업의 사회적 책임에 대한 법적 기초를 마련했다. 중국사회과학원은 2009년부터 국유기업, 민간기업, 외자기업을 대상으로 CSR 지수를 조사하여 발표하고 있다. 이제 중국에서도 CSR은 낯선 개념이 아니다.

다행히 중국에 진출한 한국 대기업은 중국의 이러한 상황을 잘 파악하고 CSR에 적극적이다. 대부분 CSR전문 부서가 있다. 덕분에 삼성은 중국에 진출해 있는 전 세계 외국기업 중 CSR점수가 2년 연속 1위고, 포스코도 4위에 올라 있다. 중국에서 매년 평균 40% 이상 매출성장을 기록하고 있는 이랜드도 중국 빈곤층 자녀들의 교육비 지원을 위한 장학기금을 운영하고 있다. 하지만 안타깝게도 중국에 진출한 한국병원이나 헬스케어 업체들 중 이와 같은 대조적 CSR활동을 적극적으로 할 수 있는 경우는 많지 않다. 예산과 인력면에서 여유가 없다.

그렇다면 규모가 성장하고 수익이 많아질 때까지 기업의 사회적 책임(CSR)은 잠시 접어두어야 할까? 사실 CSR은 기업 이익을 기부하는 것만 뜻하지는 않는다. CSR은 자선활동이 아니기 때문이다. 기업의 사회적 책임은 기업이 생산과 영업활동을 하면서 환경, 윤리, 사회분야에서 도덕적 의무를 행하는 것이다. 꼭 수익의 일부를 기부하지 않아도 기업의 존재 목적인 수익 추구과정에서 바르게 벌고, 바르게 쓰면서 사회의 일부로서의 책임을 다하고자 노력하는 것이 CSR의 시작이다.

대기업처럼 CSR전문 부서를 운영하면서 수익의 일부를 대외적으로 활용하기 어렵다면 우선은 회사 내부에서 할 수 있는 CSR부터 챙겨야 한다. 회사에 있는 직업들, 회사와 함께 일하는 파트너들 모두 중국 사회의 일원이다. CSR의 대상을 꼭 회사 외부에서 찾을 필요는 없다. 직원에게 할 수 있는 회사 차원의 복지를 챙기는 것도 회사의 CSR이다.

CSR은 사실 마케팅 활동의 일환이기도 하다. 이왕 돈 쓰며 하는 거 회사 이익에 도움이 되어야 한다고 생각하는 것도 당연하다. 하지만, 대외적으로 CSR활동을 하려고 해도 결국 회사 직원들이 움직여야 하는데, 직원들이 불만 가득한 상황에서 타인을 대상으로 하는 CSR이 정상적으로 이루어질 수가 없다.

사례연구 1 사회적기업육성법 개정안, 과연 이대로 좋은가?

(김영국 계명대 벤처창업학과 교수/경영학박사)

사회적기업은 취약계층을 노동시장과 연결하고, 지역사회의 활성화를 통해 지역경제의 발전과 공공서비스의 수요를 충족시킨다. 특히, 기업의 사회공헌으로 윤리적 경영문화와 시장을 이루는 것에 큰 의의가 있다. 즉, 사회적기업은 경제적 가치만을 추구해 온 전통적 기업과는 달리, 사회적 가치를 최우선에 두고 생산과 판매, 영업활동을 수행하는 기업이다.

사회적기업은 2007년 사회적기업육성법 제정으로 시작되어 벌써 13년이 지났다. 세계적으로는 1970년대에 민간에서부터 시작되었고, 1990년대부터는 선진국을 중심으로, 사회적기업에 대한 다양한 정책적 지원이 국가 차원에서 제공되었다. 2001년 시작된 영국 등 선진국에 비하면 아직도 시행착오를 거듭하는 실정이다.

사회적기업의 형태는 통상적으로 주된 목적에 따라 구분된다. 실제로는 일자리제공형과 사회서비스제공형, 지역사회 공헌형과 혼합형, 창의ㆍ혁신형(기타형) 다섯 유형으로 분류된다. 이는 정책심의회 심의를 거쳐 고용노동부장관이 사회적 목적의 실현 여부로 판단한다.

2020년 7월 현재 우리나라의 인증 및 등록기준 2,559개소의 사회적기업 인증 비율은 일자리제공형 66.8%, 창의ㆍ혁신형 12.7%, 혼합형 7.7%, 지역사회 공헌형 6.7%, 사회서비스제공형 6.1% 순으로 일자리 제공형의 비중이 여전히 매우 높다. 대구·경북은 각각 87개소, 163개소 수준으로 수치상으로 전국 대비 9.7% 수준에 불과하다.

사회적기업육성법 개정안은 20대 국회만료로 폐기됐다가, 지난 7월 21대 국회에서 현행 사회적기업인증제를 등록제로 전환하는 내용을 골자로 사회적기업육성법 개정안이 다시 발의됐다. 개정법률안의 주요 내용은 다음과 같다.

첫째, 현재의 사회적기업의 진입장벽을 더 낮춰 외연을 확장하는 것으로 등록제 도입 및 운영 절차의 간소화다. 즉, 현행의 인증심사(인증소위 → 육성전문위) 간소화로 요건을 갖추면 등록신청이 가능하다. 둘째, 사회적기업의 정의에 '창의적·혁신적 방법을 통한 사회문제를 해결'을 추가하였다. 셋째, 사회적기업 평가 및 경영공시 근거 신설로, 등록된 사회적기업이 공공기관의 우선구매에 참여하거나 재정지원을 받고자 할 경우, 고용부장관이 실시하는 평가를 받고 경영에 관한 사항을 공시하는 것이다. 마지막으로 정부지원 신청 사회적기업에 대한 투명성 강화로, 공공기관 구매 우선 및 정부재정지원 신청을 희망하는 기업에 대한 경영공시 및 사전교육 의무화이다.

그러나 이번 개정안의 수정 및 보완이 크게 필요하다. 전략적 수정 및 보안과 개선방안을 제시하고자 한다. 첫째, 사회적기업의 활성화를 위한 정량적인 평가 기준 도입이다. 현행법에서의 인증 실무를 보면, 창의·혁신형 사회적기업의 사회적 목적 실현 여부의 경우는 계량화된 수치로 평가하지 않기 때문에 사전적으로 요건충족 여부를 판단하기가 상당히 어렵다. 따라서 창의·혁신형 사회적기업의 경우도 다른 유형처럼 정량적인 평가 기준을 도입해야 한다.

둘째, 적정성 평가지표 설계이다. 금번 개정안은 절차 및 요건을 비교적 완화해 사회적기업 등록은 수월하게 하되, 등록된 사회적기업이라도 우선구매 참여와 재정지원을 받으려면 적정성 평가, 경영공시 등을 해야 한다. 이때 적정성 평가의 경우는 각 사회적기업의 조직 형태별 특성에 맞게 평가될 수 있는 적정성 지표가 반드시 설계되어야 한다.

마지막으로 현행의 개정안을 시행할 경우 〈부적정 결정〉에 대한 불복이나 이의제기에 대한 구체적인 기준과 시정 절차가 없다. 따라서, 부적정 결정을 받은 사회적기업들에게 이의제기 또는 재평가를 받을 수 있는 기회 또한 제공되어야 한다. 현장 실무중심의 세심한 불복 및 시정 절차와 기준을 반드시 마련해야 한다.

사회적기업의 새로운 도약을 위해서는 큰 처방이 필요하다. 영국의 CIC처럼 사회적기업 지배구조와 운영체계에 적합한 별도의 법인격 신설로 인증제도의 전반적인 변화가 필요한 시점이다. 현장과 정책의 큰 괴리다. 현장의 목소리가 충분히 반영되지 못했기 때문이다.

사회적기업과 경제가 더욱더 활성화하려면 여러 지역 사람들이 모일 수 있는 시스템과 공간이 만들어지고, 그 안에서 다양한 커뮤니케이션이 이뤄져야 한다. 우선 사회적기업에 대한 전문적인 컨설팅이 필요하다, 또한, 시장의 규모를 키워 규모화·전국화해야 한다. 단순한 아이디어가 아닌, 사회적금융과 컨설팅이 뒷받침돼야만 더 큰 성장과 확장이 될 수 있기 때문이다.

현장의 실질적인 목소리를 담는 제도적 장치인 의사결정시스템이 조속히 구축되어, 진정한 사회적기업의 가치가 구현되는 날을 손꼽아 기다리는 맘 간절하다. 이제는 우리 대구·경북이 먼저 실천에 옮길 차례.

출처: 경북도민일보, 2020.8.27.

사례연구 2 사회적 기업, 정부·지자체 조달시장 진입장벽 낮아진다

협동조합, 마을기업, 자활기업 등 사회적 가치 추구 기업(사회적 기업)의 정부 조달 시장 참여를 가로막아온 규제가 대폭 완화된다. 중소벤처기업부(중기부)와 중소기업 옴부즈만은 15일 오전 제115차 국정현안점검조정회의에서 정부조달 시장 진입촉진·부담 경감안을 포함한 '사회적 가치 추구기업 성장 촉진을 위한 현장공감 규제애로 개선방안'을 관계부처와 함께 발표했다.

사회적 기업은 ▲사회적 가치를 우선 추구하면서 영업활동을 수행하거나 ▲취약계층에게 교육, 보건, 사회복지, 문화 등 사회적 서비스 또는 일자리를 제공하면서 재화·서비스를 생산·판매하는 기업을 뜻한다. 사회적 기업, 협동조합, 마을기업, 자활기업, 여성기업, 장애인기업, 청년창업기업, 농어업경영체, 시장상인 등이 이 범주에 포함된다.

중기부, 행정안전부, 문화체육관광부, 고용노동부, 조달청 등이 이날 발표한 현장공감 규제애로 개선방안은 ▲사회적 기업간 형평성·자생력 제고 ▲정부조달 시장 진입 촉진·부담 경감 ▲규제 현실화·행정부담 감축 ▲성장촉진 기반조성·지원강화 등 4대 분야 핵심 규제 59건을 일괄 개선해 사회적 기업의 경영부담을 낮추고 성장을 촉진하는 데 초점을 맞췄다.

개선방안 가운데 정부조달 시장 진입 촉진부담·경감안에 따르면 사회적 기업의 정부·지자체 조달 시장 진입장벽이 낮아진다. 이를 위해 지방자치단체 수의계약(1인 견적) 체결 요건 중 '가장 경제적인 가격' 문구를 삭제해 사회적 기업 제품이나 서비스의 우선구매를 뒷받침하기로 했다. 정부는 이러한 조달규제 24건을 일괄 개선해 사회적 기업의 시장안착을 돕기로 했다.

사회적 기업의 국공립 박물관 문화상품 납품을 가로막아온 규제도 완화된다. 정부와 지자체는 그 첫 조치로 국·공립박물관 입점 문화상품을 선정할 때 '사회적 가치' 항목을 새로 만들고, 가산점도 부여한다. 지금까지는 위탁업체가 공모전 수상 등 문화상품 납품 기준을 자의적으로 정해왔다. 이에 따라 일부 박물관 현장에서 중국산 문화상품이 판매되는 사례도 있었다고 중기부는 전했다.

사회적 협동조합이 앞으로 여성·장애인 기업으로 인정받을 길도 열렸다. 사회적 기업 간 형평성을 제고하고 자생력도 키우기 위해서다. 일부 사회적 협동기업의 경우 여성 조합원이 대부분이지만, 비영리법인이라는 이유로 여성기업으로 인정받지 못해 정부나 지자체 관련 사업에 참여하지 못해왔다. 발달장애인 일자리를 위해 부모들이 만든 사회적 협동조합이 대표적 사례로 꼽혔다. 이들은 일반 협동조합과 형평성 문제를 제기해왔다.

정부는 이 밖에 사회적기업 인증 여부를 전산으로 확인할 수 있도록 통합정보시스템도 강화하기로 했다. 중기부 박영선 장관은 "사회적 가치 추구기업은 기업 특성상 일반기업과의 경쟁에서 일부 취약할 수 있으나 영리와 함께 공공의 이익을 함께 도모하는 점에서 의의가 있다"며 "이러한 기업의 자생력을 높이고 성장을 촉진하기 위해 최선을 다하겠다"고 말했다.

출처: 연합뉴스, 2020.10.15. 발췌정리

사례연구 3   2020년 '사회적경제 지역생태계 구축 지원사업' 참여자 모집

글로벌메이커스 이성수 기자] 고용노동부는 한국사회적기업진흥원과 함께 '사회적경제 지역생태계 구축 지원사업' 참여자를 모집한다고 밝혔다.

본 사업은 '한국판 뉴딜' 비대면·디지털 정부일자리 사업의 일환으로, 지역별 사회적경제 자원 조사를 통하여 지역 중심의 사회적경제 생태계 구축 및 정책 기반 조성을 목표로 한다.

지역에 특화된 조사를 추진하기 위하여 전국에서 총 18개 사업수행기관을 선정하였으며, 62개 기초자치단체의 사회적경제 자원을 조사할 계획이다. 조사 결과와 자료는 사회적경제조직, 연구자, 지자체 등 다양한 주체가 활용할 수 있도록 DB 구축 및 공공데이터 연계를 추진할 예정이다.

전체 모집 규모는 총 1,700명(예정)이나, 지역별 배정 인원은 각 지역의 여건 및 사업수행기관에 따라 상이하다. 모집 분야는 코디네이터(지역별 조사 총괄)와 조사원으로 구분되며, 참여 자격은 대한민국 거주 국민으로서, 사회적경제 및 조사 업무 경험 보유자, 사무 관련 전산 업무 가능자 등이다. 또한, 참여자 선정 시 사업수행기관의 조사 예정 지역 기초자치단체 거주민, 청년층(만 34세 이하) 및 취업취약계층 등을 우대한다.

지역별 배정 인원, 사업수행기관 정보 등 자세한 내용은 한국사회적기업진흥원 누리집 공지사항에 게시된 '사회적경제 지역생태계 구축 지원사업' 참여 인력 통합 채용 공고문'을 통해 확인할 수 있다.

출처: Global Makers, 2020.8.18.발췌정리

사례연구 4 ‘사회적 가치’ 앞세운 기업들 지역경제 ‘새 미래’ 연다

서울시는 사회적경제 기업을 활성화한다는 정책 방향 아래 2013년부터 사회적경제 우수기업을 선정해 왔다. 지난해까지 서울시 사회적경제 우수기업 인증을 받은 곳은 53곳으로 사회적기업 35곳, 협동조합 16곳, 마을기업 2곳이다.

2007년 사회적기업 육성법이 제정된 이후 서울시는 2010년 마을기업육성사업 시작, 2012년 지자체 최초로 종합지원계획을 수립했다. 2013년에는 ‘서울시 사회적경제 기본조례’ 등 관련 조례를 제정해 제도 기반을 마련하고 핵심 인프라인 ‘서울시사회적경제지원센터’를 설치해 자금 지원 이외에도 인재양성 · 경영지원 · 연구 · 홍보 등 지속 가능한 사회적경제 기업 생태계를 조성하는 데 앞장섰다.

이 결과 서울시의 사회적경제 기업 수 · 매출액 · 고용창출 규모는 매년 늘어났다. 2012년 사회적경제정책 기획단 출범 이후 서울의 사회적경제 기업 수는 882개에서 2019년 2월 4,505개로 5배 이상 증가했으며, 매출액과 고용인원도 각각 2배 이상 늘었다. 신규 기업들의 지속적인 진입은 사회·경제 문제의 해법으로써 사회적경제 기업에 대한 시민들의 기대감도 커지고 있다.

사회적 기업 · 협동조합 · 마을기업 · 자활기업 등을 통칭하는 ‘사회적경제 기업’은 이윤 증대와 함께 인간을 중심에 둔 사회적 가치를 추구하고 있다. 서울시는 지속적인 발전 가능성이 있고 사회적 가치 구현이 우수한 기업을 선별해 ‘사회적경제 우수기업’이라는 인증을 부여한다. 매년 새로운 기업을 대상으로 인증 자격이 주어지며 기존에 인증을 받은 기업도 해마다 재심사를 통과해야 자격을 유지할 수 있다. 이 때문에 검증된 기업만이 취득할 수 있는 신뢰도 높은 브랜드로 자리매김하고 있다.

서울시 사회적경제 우수기업에 선정되기 위해서는 (예비)사회적기업, (사회적)협동조합, 마을기업, 자활기업(법인)이 위치한 자치구의 요건평가에 이어 중간지원기관의 현장실사 이후 서울시의 1·2차 서면평가를 거친다. 서울시는 지속가능성을 평가할 수 있는 경제 지표 중심의 1차 서면평가와 사회적경제 성장에 기여하는 경영 · 조직 · 혁신 등의 사회 지표 중심으로의 2차 서면평가를 한다.

서울시는 또한 사회적경제 우수기업의 지원과 관리를 강화하고 있다. 지원 프로그램으로는 전체 우수기업을 대상으로 한 공통지원과 선정 후 3년차 기업까지 기업별 상황에 맞게 진행하는 맞춤형지원으로 구분된다.

공통 지원은 경영·판로·홍보·투자유치·네트워크 구축 등 5가지로 나뉜다. 전체 우수기업을 대상으로 하기 때문에 선정 후 3년간 집중 지원이 마무리된 우수기업도 매년 재인증을 통해 경영·홍보 등 공통 지원 혜택을 받을 수 있다. 신규 우수기업에는 홍보와 영업을 위해 기본적으로 갖춰야 할 기업별 리플렛과 홍보 동영상을 제작해 준다. 더불어 서울시 사회적경제 우수기업 네트워크를 구축, 주요 사업과 운영 노하우를 공유하고 협력방안을 모색하기도 한다.

사람의 가치를 우위에 둔 경제활동의 대두

기업의 생존과 성장을 위한 새로운 필요조건으로 공유가치창출(CSV: Created Shared Value)이 떠오르고 있다. 공유가치창출은 기업의 핵심역량을 활용해 사회문제를 해결함으로써 수익을 창출하는 활동, 즉 기업의 활동 자체가 사회적 가치를 창출하며 동시에 경제적 수익을 추구하는 것을 의미한다. 시장 실패와 정부의 한계를 넘어 양극화와 사회 문제를 해결할 수 있는 대안으로써 사회적경제가 주목받고 있다.

지난해까지 선정된 서울시 사회적경제 우수기업 53곳은 각 기업의 주어진 목표를 효과적으로 달성하는 데 그치지 않고 지역사회의 삶을 풍성하게 하기 위한 목표를 재정립하며 이를 위한 비즈니스를 만드는 데 집중하고 있다.

출처: 한국경제, 2019.12.4. 발췌정리

사례연구 5 사회적 기업 절반이 적자인데…
등록제 전환으로 '유령기업' 양산 우려

정부가 다양한 형태와 목적의 사회적 기업을 육성하기 위해 현행 인증제를 등록제로 개편하기로 했다. 시장 진입장벽을 낮춰 혁신기업과 1인 창업자들이 사회적 기업으로 활동할 수 있도록 하고 이를 통한 일자리 창출도 독려하는 차원이다. 하지만 사회적 기업 상당수가 정부의 재정 지원에 의존하고 이들 중 절반가량이 적자인 상황에서 자칫 '유령 사회적 기업'을 양산할 것이라는 우려가 나온다.

진입장벽 낮추고 평가는 까다롭게

정부는 20일 국무회의를 열어 사회적 기업 육성법 일부 개정안을 심의·의결했다. 개정안은 인증제를 등록제로 개편하는 대신 평가 기준을 엄격히 해 투명성을 강화한다는 게 골자다.

우선 조직 형태(법인), 사회적 목적 실현 등 사회적 기업으로서의 기본요건은 유지하되 유급 근로자를 반드시 고용해야 한다는 등의 실적 요건은 폐지한다. 지금까지는 사회적 기업으로 인증받으려면 본인 외에 근로자를 반드시 채용해야 했으나 앞으로는 1인 사회적 기업도 가능해진다는 얘기다.

다만 정부 지원을 받기 위한 요건은 까다로워진다. 지금은 각 지방자치단체가 심사 후 지원 여부를 결정했으나 앞으로는 고용노동부가 평가하고 해당 지자체에 통보하는 식으로 바뀐다. 또 정부 지원을 받으려면 의무적으로 경영공시를 해야 하고 부정 수급 관련 사전교육도 받아야 한다.

고용부 관계자는 "지난해 11월 사회적 기업 육성 기본계획 발표 이후 공청회와 현장 의견을 수렴해 이번 개정안을 마련했다"며 "엄격한 인증 요건으로 다양한 목적과 형태를 포괄하지 못한다는 지적을 반영한 것"이라고 말했다.

12년간 40배 증가

정부가 사회적 기업 등록제 전환을 추진하는 것은 그동안 수적으로는 크게 늘었으나 기업 형태와 목적이 취약계층 일자리 창출 등에 국한돼 다양한 사회적 가치를 담아내지 못하고 있다는 판단에 따른 것이다. 사회적 기업은 관련법이 제정된 2007년 55개에서 지난달 말 기준 2,249개로 늘어났다. 12년 만에 40배 이상 급증했다. 2017년 말 기준 전체 사회적 기업 매출은 3조 5,530억 원, 기업 한 곳당 평균 매출은 19억 5,000만 원이었다.

취약계층 일자리 창출과 복지확충을 동시에 해결하겠다는 법 취지대로 취약계층 고용창출 효과는 작지 않았다. 지난달 현재 사회적 기업이 고용하고 있는 인원은 총 4만 7,241명이다. 이 가운데 장애인, 고령자 등 취약계층 근로자는 2만 8,450명(60.2%)에 달한다. 고용부 관계자는 "사회적 기업이 매년 200~300개씩 늘고 있는 가운데 기업당 평균 매출이 2014년 12억 원에서 2017년 19억 5,000만 원으로 증가했다"며 "흑자를 내는 기업 비율이 높아지고 고용창출 효과가 매년 꾸준히 커지고 있다"고 했다.

年 1000억원 지원에도 절반이 적자

사회적 기업에 대한 '진입장벽 해체'가 부작용을 낳을 것이란 우려도 있다. 사회적 기업 인증을 받으려는 기업 상당수가 사회적 가치 실현보다는 인건비 보전이나 공공기관 우선 구매 등 정부 지원을 바라고 있기 때문이다.

한국노동연구원이 2017년 한국사회적기업진흥원의 위탁을 받아 1,289개사를 대상으로 조사한 결과에 따르면 인증을 신청한 기업의 38%가 '정부 지원을 받거나 정부 인증으로 이미지를 향상시키기 위해서'라고 답했다. '사회적 목적을 지향하고 있기 때문'이라는 응답은 36.2%였다. 사회적 기업으로 지정되면 최대 5년간 직원 인건비와 사업개발비 등 직간접 지원을 받는다. 지난해 말 기준 인건비와 사업개발비를 지원받은 곳은 각각 1,447곳, 871곳(중복 가능)이었다. 정부의 사회적 기업 지원금은 일자리 창출 지원금(약 800억 원), 사업개발비(약 200억 원) 등 매년 1,000억 원 규모다.

사회적 기업 절반가량이 적자를 면치 못하는 상황에서 부정 수급 대책이 포함되지 않은 것도 문제점으로 지적된다. 전현희 더불어민주당 의원에 따르면 2016년 전체 사회적 기업의 49.5%가, 2017년에는 44.8%가 영업손실을 기록했다. 적발된 부정 수급액은 2013~2017년 5년간 38억 원이 넘었다.

출처: 한국경제 2019.8.21. 발췌정리

창업가 마인드

창업가 마인드

1. 창업의 이해

(1) 창업의 개념

창업은 일반적인 사업과 달리 '새로운 것을 만들어서 시작한다'는 개념으로 이해하면 쉬울 것 같다. 즉, 창업의 아이템 발굴에 따른 선정을 통해서 창업자는 연구를 통해 가능한 경우 기술과 발명을 1개 이상은 확보를 할 수 있도록 하여야 한다. 이를

그림 4-1 **창업의 개념**

통해서 향후 다른 창업자 또는 사업자들이 창업자의 아이템을 침해하지 못하도록 특허 또는 실용신안을 출원하여 등록을 해놓는 것이 미래를 위해 안전성을 확보하는 방법이 될 수 있다.

참고로 지식재산권은 산업재산권(특허, 실용신안, 디자인, 상표)와 저작권, 신지식재산권(IT, BT, NT 등)을 말한다.

(2) 창업의 종류

1) 창업의 종류와 운영

〈그림 4-2〉와 같이 창업은 기술창업, 소셜벤처, 벤처창업, 프랜차이즈, 사회적기업, 무점포창업, 소호창업, 생계형 창업 등 다양한 형태의 창업이 있으며, 창업의 형태에 따른 창업의 명칭이 지속적으로 발생하고 있다. 특히 창업은 대부분 창업자 본인이 창업을 하여야 한다는 전제를 가지고 있으나, 대리상 또는 위탁매매인, 중개상을 통해서 간접적으로 운영하기도 한다.

또한 창업의 운영방식은 직·간접적으로 운영하는 것 외에도 라이선스 또는 기술이전, M&A를 통해 수익을 발생시키는 창업을 하는 경우도 있음을 인지하여야 한다. 즉, 라이선스, 기술이전, M&A를 통해서 회사의 이익을 발생시킨 이후 새로운 기술 등을 통해서 신규 창업 또는 재창업, 사업 확대 등을 통해서 창업자 스스로를 성장시키기도 한다.

그림 4-2 **창업의 종류**

창업의 종류

기술창업
소셜벤처
벤처창업
프랜차이즈
사회적 기업
무점포 창업
소호창업
생계형 창업
기타

창업의 아이템은 IT, 소재, 식품, 지식재산 등의 분야를 통해서 모든 창업을 할 수 있다는 장점이 있으나 시장성과 실현성 등을 고려하지 않을 경우에는 창업을 시작 또는 성공할 가능성이 적어 실패할 가능성이 매우 크므로 사전에 충분한 시장조사 등 사전점검을 철저히 진행해 놓는 것이 중요하다.

2) 창업 종류

① 기술창업

'기술창업'은 어떠한 특정분야의 혁신적인 기술을 창출하는 창업을 말한다. 일반적으로 기술창업은 벤처, 기술 집약형, 기술혁신 등을 포괄하여 사용되고 있다. 또한 기술창업을 '벤처(venture)'의 개념인 '기술 집약형 중소기업'으로 이해하는 경우가 많으며, 기술창업은 창업자의 성격, 특징, 창업동기를 기준으로 일반적인 창업과 차이점이 있다.

② 소셜벤처

'소셜벤처(social venture)'는 사회적으로 발생되는 문제를 해결하기 위하여 개인 또는 창업자의 창업정신을 통해서 사회에 이바지하기 위한 목적으로 설립한 사회적 기업을 말한다. 소셜벤처는 일반적인 창업가업과 같은 경영 및 영업활동을 통해서 수익을 발생시키고 장애인 등 사회의 취약계층에게 일자리를 제공하고, 사회적 서비스를 제공하여 사회의 문제점을 적극 해결하는 데 주목적이 있는 창업의 형태이다.

③ 벤처창업

벤처창업은 새로운 아이템 또는 기술 등을 사업화하기 위해 설립된 신생기업으로 사업에 대한 리스크는 존재하나 성공할 수 있는 가능성이 있어 이익을 기대해볼 수 있는 창업을 말하며, 신기술기업, 모험기업, 연구개발형기업, 하이테크기업 등으로 사용되기도 한다. 일반적으로 벤처창업은 모험이 필요하지만 높은 수익의 예상으로 향후 투자의 대상이 된다.

④ 프랜차이즈

국내의 프랜차이즈 사업은 공정거래위원회에서 「가맹사업거래의 공정화에 관한 법률」(이하 "가맹사업법"이라 한다)을 2002년 5월 13일에 제정하여 정부에서 관리를 하고 있다. 가맹사업은 현재 국내에서 가장 많이 선호하고 있는 창업으로 가맹본부의 노하우를 기초로 창업을 하는 방법으로 가맹비를 내고 사업을 쉽게 시작할 수 있다는 장점이 있다.

프랜차이즈의 가장 중요한 절차는 가맹본부(franchisor)와 가맹점사업자 또는 가맹희망자(franchisee) 간의 계약을 기초로 상거래를 하는 개념이다. 그러나 가맹본부에 의한 사기 등이 빈번히 발생함에 따라 가맹사업법은 지속적으로 가맹본부를 관리하기 위한 방안으로 가맹계약 전에 가맹희망자에게 정보공개서를 제공하여 가맹희망자가 가맹본부의 세부적인 사항을 확인할 수 있도록 시간을 부여하고, 이후 가맹계약을 체결하도록 하되, 가맹금에 대한 예치를 금융기간에 하도록 하여 일정기간 내에 가맹희망자가 계약을 해지하거나 가맹본부의 귀책사유로 인한 계약을 해지하는 경우 예치금을 반환받을 수 있도록 규정하고 있다. 프랜차이즈에 대한 가맹본부로 활동하기 위한 중요한 요소는 가맹본부의 상호, 영업표지(상표), 노하우, 매출액 등이 기본이 됨을 인지하여 철저한 준비를 통해 창업을 시작할 경우 실패를 최소할 수 있을 것이다.

⑤ 사회적 기업

'사회적 기업(social Enterprise, 社會的企業)'은 소셜벤처와 유사적 개념으로 기존의 기업은 경제적 영리에 따른 가치만을 목적으로 기업을 운영하였다. 그러나 최근 기업은 사회적 가치를 우선으로 하여 재화나 서비스의 생산과 판매, 영업 활동 등을 수행하여 기업에 대한 이미지 개선 및 고객을 확보하는 수단으로도 활용되고 있다. 즉, 소셜벤처와 같이 사회적 기업은 취약계층에게 취업을 연결 또는 제공하고, 지역의 경제 활성화를 통한 지역경제발전에 이바지하고, 기업의 사회공헌에 따른 경영문화의 윤리적 확장과 시장을 형성하는 데 목적이 있다.

정부로부터 사회적 기업으로 인증이 될 경우 컨설팅 제공, 사회보험료 지원, 세금 감면, 국·공유지의 임대, 시설비·부지 구입비 등의 지원, 융자 혜택 등을 받을 수 있다. 우리나라의 대표적인 사회적 기업은 '아름다운 가게'와 '위켄' 등이 있다.

⑥ 무점포 창업

무점포 창업은 인터넷의 발달에 따른 전자상거래를 말하며, 무점포라 함은 별도의 점포 공간이 필요 없고, 자신이 거주하고 있는 임대차 물건 등을 통해서 쉽게 창업을 할 수 있다는 점이 가장 큰 장점이라고 할 수 있다. 무점포 창업의 경우 자금이 부족한 창업자 또는 가족 간의 창업을 희망하는 창업자들이 가장 많이 선호하는 창업이며, 쇼핑몰, 온라인마켓, O2O, 번역사업 등이 대표적이다.

⑦ 소호창업

SOHO는 "Small Office, Home Office"의 약자로 작은 공간의 사무실, 소규모 사업장, 자택 등을 통해 일반창업의 자본이나 기술의 노하우가 아닌 정보와 아이디어의 노하우를 가지고 창업을 하는 것을 말하는 것으로 무점포 창업과 유사성이 있다.

SOHO는 넓은 의미에서는 자택이이나 작은 사무실을 통해서 소기업 형태 또는 프리랜서로 활동하는 것을 말하며, 좁은 의미로는 아이디어와 컴퓨터 네트워크를 결합한 소규모의 벤처기업이다. 즉, 창업자의 자본 또는 인력 등의 부담 없이 자택 또는 작은 사무실을 통해서 인터넷을 활용한 자신의 아이디어와 경력 등의 실력만을 가지고 사업을 영위하는 새로운 스타일의 비즈니스이다. 예로서 홈케어 서비스(곰팡이, 진드기 등), 세차 서비스 등이 대표적이다.

⑧ 생계형(일반) 창업

생계형 창업은 일반적으로 어떠한 아이디어 또는 아이템을 가지고 체계적으로 시작하는 창업과는 달리 기존의 제품 또는 상품을 구매하여 즉시 수익을 기대하는 경우가 많다. 또한 일반적 창업이라고도 하며, 통상적인 사업을 하는 것으로 개인사업자 또는 법인사업자 중 창업자의 선택에 따른 사업자로 창업을 진행할 수 있다. 개인사업자와 상법상 법인사업자의 종류에 대하여 간략히 살펴보면 〈표 4-1〉과 같다.

표 4-1 개인사업자와 법인사업자의 종류 및 책임

구분		책임
개인사업자		창업에 대한 모든 책임을 사업자가 부담
법인사업자	주식회사	① 주식 발행 ② 주주가 인수한 주식의 인수가액에 한하여 책임을 짐
	유한회사	① 50명 이하의 사원으로 구성 ② 각 사원이 출자한 금액의 한도 내에서 책임을 짐
	합명회사	① 무한책임사원으로 구성 ② 각 사원이 연대하여 회사의 채무를 무한책임 짐
	합자회사	① 무한 또는 유한책임사원으로 구성 ② 무한책임사원은 상기의 합명회사와 같은 책임을 짐 ③ 유한책임사원은 유한회사와 같은 책임을 짐
	유한책임회사	① 사원의 출자 및 설립등기에 의하여 설립 ② 사원은 출자금액의 한도 내에서 책임을 짐

3) 기본적 핵심요소

① 핵심요소

안정적이고 효율적인 창업을 운영하기 위해서는 ① 창업을 위한 아이템을 발굴하여 사전조사를 통한 시장성 및 실현가능성 등이 검토되어야 하고, ② 창업자를 포함한 조직적 개념의 전문적인 직원들과 자신을 지원해 줄 수 있는 인적 네트워크(사람)가 필요하며, ③ 창업을 할 때 필요한 자금으로 돈이 가능한 한 준비되어야 한다. 또한, ④ 아이템에 대한 판매 및 홍보를 위한 마케팅의 준비가 필요하며, ⑤ 해당 아이템 제품의 생산에 따른 최종 판매할 수 있는 시장이 준비되어 있어야 한다.

그러나 현실적으로 창업을 하면서 ① 내지 ⑤까지 사전에 준비되어 창업을 하는 창업자는 많지 않으므로, 창업을 하면서 발로 뛰어다니며 적극적인 준비를 하여야 한다.

그림 4-3 **기본적 핵심요소**

② 핵심요소 검토

ⅰ) 아이템

창업의 아이템은 창업자의 창업을 성공 또는 실패를 결정짓는 매우 중요한 요소라고 할 수 있다. 창업자는 창업에 대한 아이템 개발의 배경을 기초로 아이템의 구조와 편리성을 제공함에 있어서 제3자의 Needs, Demand 등을 충분히 조사하여 고려함으로써 좋은 기술과 서비스를 통해 가격 및 품질의 경쟁력을 확보하여야 한다. 그러나 창업자들은 대부분 현재 잘 팔리고 있는 제품 등을 카피 또는 벤치마킹하여 창업을 하는 경우가 많아 새로운 창업아이템의 발굴을 기대하기가 어렵고, 경우에 따라 제3자로부터 지식재산권 침해에 따른 분쟁 등이 발생하기도 한다. 즉, 창업자만의 신규성 또는 진보성적인 요소가 없다면 해당 아이템은 시장에서 이미 사장되어 가거나 사장될 제품으로 판단될 가능성이 높다.

ii) 사람

창업자의 아이템을 같이 공유하면서 아이템 성장을 위한 고민을 함께 할 수 있는 팀원 또는 직원과 창업진행의 도움을 줄 수 있는 멘토 등의 인적자원인 사람이 필요하다. 창업을 처음 시작하는 창업자의 경우 자신의 창업아이템을 제3자와 공유 및 소통하여 발전을 시키려 노력하기보다는 자신만의 창업 세계에 빠져 무조건 창업에 성공할 수 있다는 자신감을 통해서 제3자(전문가 등)의 의견을 적극 받아들이지 못해 실패하는 경우가 많다. 따라서 창업자와 함께 아이템을 공유하며 자신의 의견과 방향성을 제시할 수 있는 조직적 분위기를 구성하고, 제3자의 의견을 수렴하여 수용할 수 있는 마음가짐도 필요하다.

iii) 자금

창업은 자금이 없으면 어려움이 발생하는 것은 현실적 문제이다. 일반적으로 창업 시 자금의 해결 방안으로 자신이 모아놓은 돈을 사용하거나, 부모 또는 친구 등에게 자금을 빌리는 경우가 대부분이다. 또한 창업자의 신용 또는 기술을 통한 대출을 고려하면서 VC 또는 엔젤투자자 등을 통한 투자유치를 고려하기도 한다. 그러나 금융기관 또는 투자자들은 창업자의 창업성공을 기대할 수 없는 상황에서 창업자에게 대출 또는 투자 등을 고려하지 않는 것이 현실이다.

iv) 마케팅

창업은 경영학에서 파생된 실무적 학문으로 경영학을 배제하고서는 창업을 생각할 수 없다. 즉, 창업자의 현재의 상황을 점검해볼 수 있는 다양한 경영 TOOL을 통해서 사전 점검과 방향성을 설정하여 경영·영업·판매·자금·광고 등의 전략을 적극적으로 수립할 수 있어야 한다.

ⅴ) 시장

창업 아이템을 시제품으로 제작 후 다양한 pilot test 등을 통해서 시제품을 제품으로 양산할 경우 최종 제품을 판매할 수 있는 시장이 존재하지 않는다면 어렵게 만들어진 제품은 한 순간에 판매해보지도 못한 체 사장될 위기에 처하게 된다. 따라서 해당 제품이 양산될 경우 시장에 대한 환경을 사전에 명확히 분석하여야 하고, 필요한 경우 전문가를 통해서 시장 환경을 분석하여 전략적으로 생산 및 판매를 구상하여야 한다. 또한 제품을 구매 또는 판매해줄 수 있는 업체를 사전에 섭외하고 경우에 따라서 구매조건부 계약을 체결하여 판매를 시도하는 것도 현실적으로 필요하다.

(3) 시장조사의 필요성

창업 아이템 발굴과 관련하여 시장조사는 매우 중요한 절차이다. 창업자는 자신의 창업 아이템이 세상에서 유일하다고 생각하는 경우가 많아 타인의 말을 귀담아 듣지 않으려고 하는 성향이 강하다. 그러나 현실적으로는 이미 유사한 제품이 존재하고 이미 생산하여 판매를 하고 있는 경우가 많다는 점을 꼭 기억해 두어야 한다. 즉, 앞에서 살펴본 기술적 자료수집에 따른 방법 중 특허정보넷에 특허가 출원 또는 공개, 등록이 되어 있는 경우의 유무를 잘 살펴보아야 한다.

특허는 일반적으로 특허 등록이 완료되지 않은 경우 특허출원인의 요청으로 비공개되어 있거나 또는 출원만 된 상태에서는 제3자의 특허 출원 유무 등을 파악할 수 없고, 창업자가 시장을 통해 제품을 판매를 하던 중 특허 출원인으로부터 경고장을 받는 사례가 실제로 발생한다. 따라서 시장조사를 할 경우 문헌적, 기술적 자료수집을 동시에 진행하여 전체를 살펴볼 것을 권장한다.

시장조사의 경우 대표적으로 ① 오프라인과 ② 온라인으로 구분되며, 최근에는 온라인을 통한 전자상거래가 활성화되어 오프라인의 상품 또는 제품이 대부분 공개 및 노출되고 있다. 따라서 관련 시장이 있다면 온라인을 기초로 유사 또는 동일한 제품군을 정리하여 살펴보고, 내용상 홍보 또는 광고를 위해 소개되고 있는 기능 등을 꼼꼼히 분석하고 검토하는 지혜도 필요하다.

이후 필요에 따라 해당 상품 또는 제품이 판매되는 매장 등을 직접 방문하여 점원 또는 전문가로부터 창업자가 알고자 하는 사항과 지식 등을 확인하고, 직접 상품을 눈으로 보았을 때 창업자가 생각하는 기능과 방향성 등과 어느 정도 일치하는지,

유사한지, 동일한지, 차별성은 있는지 등을 적극적으로 검토해봄으로써 분쟁요소 및 침해요소를 최대한 제거할 수 있도록 최선을 다하여야 한다. 즉, 시장조사를 통해서 제품에 대한 다양성을 확인한다면 기존의 제품보다 한층 더 업그레이드된 제품을 개발하고 신규아이템 발굴에 많은 도움이 된다.

(4) 창업관련법상 창업제외 업종

창업지원법 시행령 제4조에 따라 창업에서 제외되는 업종으로 규정되어 있는 산업은 다음과 같다.
① 금융 및 보험업
② 부동산업
③ 숙박 및 음식점업
④ 무도장운영업
⑤ 골프장 및 스키장운영업
⑥ 기타 갬블링 및 베팅업
⑦ 기타 개인 서비스업
⑧ 그 밖에 제조업이 아닌 업종으로서 산업통상자원부령으로 정하는 업종은 창업범위에서 제외된다.

기존에는 금융 및 보험업에 대하여 제외업종으로 규정하였으나 2016년 5월 29일 창업지원법이 개정되면서 정보통신기술을 활용하여 금융서비스를 제공하는 업종으로서 1. 금융 및 보험업으로서 정보통신기술을 활용하여 금융서비스를 제공하는 업종을 그 주된 업종(「중소기업기본법 시행령」 제4조에 따른 주된 업종을 말함)으로 할 것, 2. 그 외 기타 여신금융업을 주된 업종으로 하지 아니할 것을 전제로 제외 업종을 구분하고 있다.

창업제외 업종과 1인 창조기업 범위에서 제외되는 업종을 표로 정리해 보면 다음과 같다.

표 4-2 창업지원법상 창업지원제외 업종

No	대상 업종	코드번호 세세분류
1	금융 및 보험업 - 정보통신기술을 활용하여 금융서비스를 제공하는 업종제외	K64~66
2	부동산업	L68
3	숙박 및 음식점업 - 호텔업, 휴양콘도 운영업, 기타 관광숙박시설 운영업 및 상시근로자 20명 이상의 법인인 음식점 제외	I55~56
4	무도장 운영업	91291
5	골프장 및 스키장 운영업	9112
6	기타 갬블링 및 베팅업	9124
7	기타 개인 서비스업(그 외 기타 개인 서비스업은 제외)	96
8	그 밖에 제조업이 아닌 업종으로서 산업통상자원부령으로 정하는 업종	-

표 4-3 1인 창조기업 범위에서 제외되는 업종

구분	대상 업종	한국표준 산업분류번호
광업	석탄, 원유 및 천연가스 광업	05
	금속광업	06
	비금속광물 광업(연료용 제외)	07
	광업지원 서비스업	08
제조업	담배제조업	12
	코크스, 연탄 및 석유정제품 제조업	19
	1차 금속 제조업	24
전기, 가스, 증기 및 수도사업	전기, 가스, 증기 및 공기조절 공급업	35
	수도사업	36
하수·폐기물처리, 원료재생 및 환경복원업	하수, 폐수 및 분뇨 처리업	37
	폐기물 수집운반, 처리 및 원료재생업	38
	환경 정화 및 복원업	39
건설업	종합건설업	41
	전문직별 공사업	42
도매 및 소매업	자동차 및 부품 판매업	45
	도매 및 상품중개업	46
	소매업(자동차 제외) - 전자상거래업은 제외한다.	47
운수업	육상운송 및 파이프라인 운송업	49
	수상 운송업	50
	항공 운송업	51
	창고 및 운송관련 서비스업	52

구분	대상 업종	한국표준 산업분류번호
숙박 및 음식점업	숙박업	55
	음식점 및 주점업	56
금융 및 보험업	금융업	64
	보험 및 연금업	65
	금융 및 보험 관련 서비스업 (그 외 기타 금융지원 서비스업 제외)	66
부동산업 및 임대업	부동산업	68
	임대업(부동산 제외)	69
보건업 및 사회복지 서비스업	보건업	86
	사회복지 서비스업	87
예술, 스포츠 및 여가관련 서비스업	스포츠 및 오락관련 서비스업	91
협회 및 단체, 수리 및 기타 개인서비스업	기타 개인 서비스업	96

비고: 해당 업종의 분류는 「통계법」 제22조에 따라 통계청장이 고시하는 한국표준산업분류에 따른다
(협회 및 단체는 지원이 불가함)

2. 창업가 마인드

(1) 창업가 정신((Entrepreneurship)의 개념

'창업가'라는 용어는 종종 '기업가'라는 용어가 같은 의미로 종종 사용되고 있다. 창업가정신과 기업가정신은 언제 발생하여 사용하게 된 것인지에 대하여 불명확하지만, 일반적으로 산업의 발전과 산업혁명 등으로 인해 사용된 것으로 추정된다. 이후 현대적 기업가정신은 19세기 후반에 프랑스의 경제학자 리차드 깡띠용(Richard Cantillon)이 경제학에서 사용하면서 기업가정신은 새로운 학문으로 거듭 발전하고 있다.

프랑스에서 유래된 기업가정신은 "어떠한 일을 시도하다, 모험을 하다'라는 의미가 있다. 즉, 창업가정신은 자신의 기업을 지속적으로 발전 및 성장시킬 목적으로 기업가의 리더십을 바탕으로 ① 사물을 보는 관점, ② 사업에 대한 현명한 판단과 결정, ③ 조직을 이끌어가는 조직력과 책임감 등을 두루 갖추고 있는 자이다.

(2) 창업가정신의 사상

창업가정신이란 정말 무엇일까?
창업가정신은 어떻게 생기는 것일까?
창업가정신은 어떠한 모습일까?

창업가정신에 대한 정확한 답이 없음을 우리는 앞에서 살펴보았고, 지금도 연구가 되고 있는 분야이다. 그렇다면 기업자정신에 대한 연구대상은 누가 되는 것인가? 잘나가는 국내·외의 대기업 회장 또는 사장, 중소기업 사장, 창업에 성공한 창업자 등에 한정되어 있는 것인가?

경제학, 경영학 등에서 다루어지는 개념도 중요하지만 기업가정신은 대기업의 오너와 실무자, 창업자, 대학생, 고등학생, 중학생, 초등학생 등이 창업 또는 사업, 발명 등을 자신이 직접 진행해보는 과정에서 발생된 프로세스를 통해 성공과 실패를 직접 경험해봄으로써 실무적으로 축적해 놓은 Know-how와 아이템 기술에 대한 철학이라고 생각한다.

창업에 성공한 기업가 또는 창업에 재도전을 고려하고 있는 창업자는 자신이 진행해온 창업 절차를 통해서 성공과 실패의 경험사례를 축적해 놓았고, 이를 바탕으로 시제품, 마케팅, 홍보, 인적관리, 자금관리, 선택과 집중, 결정능력 등의 경험적 지식을 최대한 발휘할 수 있는 능력을 갖추고 있다.

또한 창업자 스스로가 판단 또는 결정을 내려야 하는 중요한 상황이 발생하였거나 봉착한 경우 창업자는 신중에 신중을 기한 최상의 현명한 판단을 통해서 시기적절하게 결정을 내리는 지혜가 생기고, 리스크를 최소화하여 안정적인 창업을 지속 유지해 나갈 수 있는 능력을 보유하고 있다. 그러나 창업자가 현재의 창업에 대한 성공만을 자축하고 있는 사이 다른 창업자는 더 혁신적인 아이템을 통해서 더 좋은 제품을 만들고 있다는 생각을 항상 하여야 한다.

따라서 창업자는 연구개발을 게을리 하거나 진행하지 않을 경우 창업자는 또다시 '죽음의 계곡'으로 빠져들어 창업을 폐업하여야 하는 최악의 사태가 발생할 수도 있다. 그러므로 창업자는 창업가정신을 바탕으로 초심을 잃어서는 안 되며, 지속적으로 더 발전하고 성장할 수 있도록 항상 많은 고민과 해결방안을 찾을 수 있도록 더

그림 4-4 창업가정신의 기본

1 기업의 지속적 성장을 위한 리더십 기초

2 사물을 보는 관점

3 사업에 대한 현명한 판단과 결정

4 조직을 이끌어가는 조직력과 책임감

갖춘 자

많이 배우고 익혀 신기술, 신제품 등이 안정화될 수 있도록 적극 노력하여야 할 것이 며, 창업가정신의 기본을 정리하면 〈그림 4-4〉와 같다.

(3) 창업가와 경영자의 비교

1) 창업가의 성향

① 미래를 기준으로 사업계획을 설정
② 내부와 시장에 집중
③ 모호한 사안에 대한 높은 고민
④ 높은 리스크 감수
⑤ 성취욕에 따른 동기부여
⑥ 기술지식 및 경험 기반

2) 경영자의 성향

① 현재를 기준으로 사업계획을 설정 또는 기 수립된 계획 이행
② 내부와 비용에 집중
③ 모호한 사안에 대한 낮은 고민
④ 낮은 리스크 감수
⑤ 타인 지휘 및 통제에 따른 동기 부여
⑥ 경영지식 및 경험 기반

표 4-4 **창업가와 경영자의 비교**

구분		창업가	경영자
전략		사업기회 활용	보유자원 활용
결정		신속	신중
소요자원	투입	점진적	일시적
	지배력	없음	있음
조직운영 방식		수평적 비공식	수직적 공식
성과 및 보상		성과공유	개인 성과보상

위에서 살펴본 창업가와 경영자의 성향을 통해서 알 수 있듯 시장을 확보한 경우와 확보하지 못한 경우에 따라 성향이 변경될 수도 있다. 또한 〈표 4-4〉와 같이 조직을 운영하는 방법도 창업가와 경영자 간에 차이가 있음을 알 수 있다.

즉, 앞장에서 살펴본 바와 같이 창업(기업가)은 새로운 아이템을 발견하여 아이템을 다듬고 다듬어 시제품 과정을 통해 측정 및 개선한 후 양산제품을 세상에 보이는 과정에서 시장개척과 높은 리스크의 감수 등을 통해 매출을 발생시키고 동등한 입장에서 회사에 기여한 만큼 성과를 공유하는 형식을 가지고 가는 것이 일반적이다.

반면, 사업(경영자)은 이미 만들어져 있는 제품을 통해서 시장에 대한 분석과 판매가 가능한지 등의 검토를 통해 비용에 대한 적정성을 체크하고 낮은 리스크를 감수한 상태에서 조직적으로 성과에 대한 목표를 정하여 개별적 또는 팀적 성과를 보상해주는 것이 일반적이다. 또한 사업은 기존의 거래처관리를 통한 지속적인 거래를 유지하여 안정적인 입장에서 회사를 키워가기도 한다.

3. 창업가 필요 능력

창업가에게 필요한 능력으로 내용을 살펴보면 다음과 같다.

(1) 승부욕(모험심)

창업가는 자신의 창업 또는 사업에 대한 집착과 강한 집중력이 필요하다. 즉, 창업가는 자신의 창업 또는 사업에 대하여 모험을 할 줄 알아야 하고, 가능한 부분이

그림 4-5 **창업가의 필요 능력**

기업가의 필요 능력

1. 승부욕
2. 인내심
3. 네트워크 능력
4. 애사심
5. 인성
6. 소통
7. 전문가
8. 의사결정
9. 대책방안능력
10. 책임감
11. 선택과 집중

있다면 적극적으로 추진할 수 있어야 한다. 또한 경쟁업체를 지정하여 우리가 경쟁업체보다 더 잘 할 수 있는 목표를 설정하고 달성함으로써 나의 사업을 꼭 성공시키겠다는 투철한 사명감과 욕심을 가지고 사업을 운영하여야 한다.

(2) 인내심

창업가는 생각보다 일의 진척이 늦거나 매출이 발생하지 않는 등 자신의 뜻대로 진행이 되지 않을 경우 즉시 포기하거나 다른 사업으로 전환하는 등의 행동을 해서는 안 된다. 필요한 경우 제3자 또는 전문가로부터 자신의 아이템 또는 제품에 대한 평가를 받아 부족한 점과 문제점에 대한 개선방안을 고민하여 적극 개선할 수 있는 마음을 갖추어야 한다.

(3) 네트워크 능력

창업가는 언제 어디서든 자신의 업무를 지원하고 협조해줄 수 있는 다양한 인적·물적 네트워크를 보유하고 있어야 한다.

예를 들어 아이템에 대한 문제점 및 개선방안을 도출해보고자 할 경우 기업가의 능력만으로는 해결하지 못할 때 전문가 또는 해당 아이템관련 진출을 해본 선배 등에게 조언을 요청하여 원하는 답을 찾아낼 수도 있다. 또한 법률적으로 문제가 발생한 경우 아는 법조인 또는 해당 법률의 전문가와 상담을 하여 신속히 대처함으로써 추가적 손실 등을 예방할 수도 있다.

현대사회는 네트워크 없이는 성공할 수 없는 시대이므로 인간관계를 적극적으로 할 필요성이 있고, 자신이 다른 기업가 또는 창업가에게 도움을 줄 수 있는 것이 있다면 적극적으로 지원해줄 수 있는 마음가짐도 필요하다.

(4) 애사심

창업가는 자신이 만든 회사에 강한 애착심이 존재하는 것이 일반적이다. 그러나 창업자 자신부터 회사에 대한 애사심과 중요성을 가지고 있지 않다면 그 회사가 성장하는 데 많은 어려움이 따를 것이다. 그러므로 창업가는 회사의 비전과 목표 등을 설정하여 애사심을 가지고 적극적으로 실천하는 노력이 필요하다.

(5) 인성

창업가는 창업 또는 사업에 조금 성공하였다고 흥청망청 유흥을 즐기거나 거만해질 경우 주변에 있던 친한 친구들과 사람들이 기업가에게 실망하여 떠나게 되는 경우도 발생할 수 있다. 즉, 창업 또는 사업에 성공한 경우 자신을 위해 노력하고 지원해 준 주변 사람들을 살펴보고 가능한 경우 사회에 조금이라도 도움을 줄 수 있는 행동을 한다면 기업가는 또 다른 성장을 하게 되고, 주위에서는 기업가에게 조금이라도 더 도움이 될 수 있는 지원을 해줄 수 있는 기회가 생길 수도 있을 것이다.

(6) 소통

창업가는 자신만의 창업 세계에 빠져 다른 사람의 의견을 무시하거나 자신의 기술에 대해서는 자신이 세계 최고임을 주장하면서 전문가의 조언 받는 것을 거부하는 경우가 있다.

창업가는 제3자가 생각하는 자신의 창업 아이템에 대하여 의견을 줄 경우 해당 의견에 대하여 검증을 통한 개선을 시도해보려는 것도 기업가의 중요한 사항으로 제3자의 말에 경청하고 확인하는 노력을 통해 소통하는 것을 게을리 해서는 안 된다. 즉, 현대사회는 소통이 매우 중요한 사회로 제3자의 의견을 적극 경청하고 좋은 의견 또는 조언은 기업가의 성장에 도움이 될 수 있음을 이해하여야 한다.

(7) 전문가

창업가는 창업에 대한 전문가가 되어야 한다. 기업가 자신의 창업아이템에 대한 문제가 발생한 경우 즉시 원인을 찾아 해결할 수 있는 능력이 필요하다. 또한 창업의 기술과 경영, 인적관리, 자금 확보 등에 대한 멀티플레이어가 되어야 하므로 창업가는 현실에 안주하는 것이 아니라 더욱 더 연구하고 배우고 익혀 해당 분야의 전문가가 되어야 한다.

(8) 의사결정

창업가는 자신의 창업 또는 사업에 대한 책임자로서 회사의 업무에 대한 전반적인 프로세스를 명확히 이해하고 있어야 하며, 사안 발생 시 명확하고 신속한 의사결정을 통해 신속한 업무처리가 진행될 수 있도록 하여야 한다.

직원은 대표에게 즉시 결재를 받아 업체와 계약을 통해 매출을 발생시켜야 하는 입장에서 대표의 부재 또는 결재 보류에 따른 의사결정을 차일피일 미룬다면 이는 곧 창업가가 업무를 태만하여 스스로 기업의 손실을 초래한 사항으로 이후 직원들은 대표를 믿고 기업의 성장을 위해 적극적인 노력을 하지 않을 것이며, 이로 인해 조직관리의 실패로도 연결될 수 있다.

(9) 대책방안 능력

창업가는 창업 또는 사업을 운영하면서 다양한 문제에 봉착하는 경우가 빈번히 발생할 수 있다. 만약 회사에 고객의 클레임, 거래처의 클레임, 사고 등이 발생한 경우 본인은 어떻게 하겠는가? 기업가가 해당 문제가 발생하여 당황하거나 대책방안을 제시하지 못한다면 회사는 어떻게 되겠는가?

창업가는 어떠한 상황이 발생하더라도 문제해결을 위한 마음과 중심을 가지고 발생된 문제에 대하여 적극적으로 처리할 수 있는 대책방안을 수립하고 해결할 수 있는 슈퍼맨의 능력을 갖추어야 한다. 또한 앞에서 살펴본 창업가의 네트워크 능력과 연계하여 문제가 발생할 경우 인적 네트워크의 도움을 받아 처리하는 방법, 클레임을 제기한 업체의 대표 또는 담당자 등과 긴급 협의 등을 통해 안정적으로 업무를 수행할 수 있도록 지원 및 대책방안 등을 제시하여 평정심을 유지할 수 있도록 처리하는 지혜가 필요하다.

(10) 책임감

창업가는 자신의 책임을 다른 사람의 책임으로 전가시키려 하기 보다는 스스로의 책임으로 인정할 수 있어야 한다. 즉, 창업가 자신의 책임을 직원 또는 제3자가 지도록 억지를 쓴다거나 미룬다면 상호관계는 심각히 악화되어 적대관계가 형성이 될 수 있다. 이는 향후 창업가와 중요한 업무 등을 같이 추진함에 있어 부정적일 수 있으며, 유능한 인재를 퇴직시키는 불상사가 발생되어 회사의 손실을 초래할 수도 있다. 따라서 창업가라면 자신이 잘못한 부분에 대해서는 솔직하게 인정을 하고 향후 똑같은 일이 반복되지 않도록 준비하고 노력하는 자세로 솔선수범하는 것이 필요하다.

(11) 선택과 집중

창업가는 어떠한 업무를 할 경우 선택과 집중을 명확히 하여야 한다. 해당 업무가 완전히 해결되지 않았음에도 불구하고 다른 창업 아이템을 가지고 추가적인 창업을 추진한다면 창업에 역효과가 발생할 수도 있다.

안정적인 조직과 인력을 구성하고 있는 경우에는 필요에 따라 사업의 확대를 위해 다양한 아이디어를 개발하여 추진하는 것이 타당하나 처음 시작하는 단계에서 정신없이 성격이 다른 창업 아이템을 가지고 창업활동을 한다면 일에 대한 효율이 낮아지게 되고, 직원 및 창업의 목적에 혼란을 발생시켜 결국 창업을 포기해야 하는 경우를 맞이할 수도 있다. 따라서 기업가가 처음 시작하는 단계의 위치에 있는 경우 선택과 집중을 명확하게 하여 최상의 업무적 효율화를 극대화할 수 있도록 지혜를 발휘해야 할 것이다.

4. 창업가 유형

미국의 경제학자 졸탄 액스(Zoltan Acs)는 '빵을 부풀게 하는 것은 주원료가 되는 밀가루나 설탕이 아니라, 효모이다, 창업가의 정신이 곧 효모이다'이라 했다.

특히, 미국의 실리콘밸리에서 처음 사용된 스타트업(start-up)이란 단어는 곧 신생 창업기업을 말한다. 따라서 혁신적인 기술과 다양한 창업 아이디어를 보유하고 비즈니스 모델을 개발한다. 한편으로는 대규모 자금조달이 이루어지기 이전단계라는 점에서는 벤처기업과는 구분된다.

스타트업의 가장 중요한 핵심 키워드는 창업가 정신(Entrepreneurship)이다. 왜냐하면, 이는 지금까지 존재하지 않았던 새로운 비즈니스 모델과 개발과정을 통하여, 새로운 비즈니스의 창조과정과 관련된 모든 것이기 때문이다.

'낙관론과 비관론은 다 집어치우라, 우리는 되게 만들 것이다. 신께 맹세하건대, 나는 반드시 그것이 되도록 만들 것이다'라고 설파한 테슬라모터스의 CEO 일론 머스크(Elon Musk)의 창업가 정신에서 우리는 목표를 향한 강한 집념을 발견할 수 있다.

창업가 마인드를 이해하기 전에 우선 '자본주의의 불황'을 살펴보자. 독일의 사상가요 경제학자인 칼 마르크스(Karl Heinrich Marx)는 자본주의의 한계를 지적한 바 있다. 그는 이러한 모순으로 자본주의가 붕괴한다고 주장하였다. 자본주의가 위기에 빠졌을 때, 아담 스미스(Adam Smith)가 주장한 '보이지 않는 손'이 나타나지 않았고, 마침내 불황이 찾아왔다고 역설했다.

(1) 보이지 않는 손(Invisible hand)

영국의 고전학파 경제학자 애덤 스미스가 제안한 경제 이론이다. 1776년 스미스의 저서 〈국부론: An Inquiry into the Nature and Causes of the Wealth of Nations〉에 소개되었다. 모든 경제 주체가 건전한 사회제도 아래서 경쟁하면, '보이지 않는 손'에 의해 경제 질서를 가져오고 부와 번영을 이루게 된다는 이론이다.

스미스의 사상은 자유방임주의와 경제적 자유주의의 토대가 되었고, 많은 학자들에 의해 발전되어 경제적 균형이 효율적인 자원 배분을 실현시킬 수 있다는 신념을 낳았다. 스미스를 시조로 하는 고전학파 경제학자들은 모든 경제 주체가 건전한 사회제도의 배경에서 사전 조정 없이 각자의 이기심에 따라 경쟁을 전개하면, 시장기구라는 보이지 않는 손에 이끌려 국민경제 전체에 질서를 가져오고 부와 번영을 이루게 된다고 보았다.

이러한 견해는 산업혁명 전야의 영국에서 봉건적 유제와 중상주의적 속박을 철폐하려는 시민계급의 요구를 대변하는 것이었고, 나아가 자유방임주의와 경제적 자유주의의 사상적 기초가 되었다.

스미스는 〈국부론〉을 통해 이기심은 중세에서처럼 천한 것이 아니라, 인간의 행복 실현을 위해 신(神)이 내려준 수단으로서 비능률·불합리를 제거하는 유일한 요소이며 국부의 원동력이라고 주장했다.

시장에는 언제나 서로 상반된 이해관계가 작용해 조화와 협력보다는 충돌과 경쟁이 끊임없이 발생한다. 그러나 스미스는 각 경제 주체가 수요·공급에 의해 결정되는 재화의 가격을 지표로 자유롭고 책임 있는 경제활동을 수행한다면, 가격의 매개변수적 기능(parametric function of prices)에 의해 경쟁관계는 전체적인 조화로 발전하고, 혼란은 질서로, 상충되는 이해관계는 모든 거래 당사자들의 이익으로 나아가게 된다고 확신했다. 또한 스미스는 개인이 무제한으로 이기심을 발휘하게 되면 결국 사회는 파멸에 이를 것이라고 우려하면서 이를 정의의 법칙으로 제한해야 한다고 주장하고, 이기심을 바탕으로 이룩된 사회를 보다 행복하고 쾌적하게 만드는 조건으로 이타심·상호애, 자비심 등의 덕목을 중요시했다.

스미스는 이러한 관점을 국가와 정치에 적용함으로써 이기적 경제생활을 저해하는 모든 간섭·통제·보호는 철폐하고, 국가의 역할은 국방·치안 등 야경적 임무로만 국한시켜야 한다는 자유방임원리에 도달했다. 이 원리에 입각한 정치·경제 제도의 운영은 정치적 '민주주의', 사회적 '시민사회', 경제적 '자유기업제도'를 성립시켰고, 이를 바탕으로 하는 완전한 산업자본주의는 인류역사상 최초의 위대한 생산력을 발휘했다.

시장기구에 관한 스미스의 이론은 이후 많은 학자들에 의해 발전되면서 경쟁적 균형은 최적 자원배분을 실현시킬 수 있다는 신념을 낳았고, 오늘날에도 후생경제학 분야에서 정밀한 고급 이론으로 전개되고 있다. 그러나 이러한 논리는 여러 가지 전제를 필요로 한다. 즉, 규모의 경제가 존재하지 않아 완전경쟁이 보장되어야 하고, 다른 경제 주체의 행위가 시장을 통하지 않고 직접 영향을 미치는 외부효과가 없어야 하며, 생산요소의 이동이 자유로워야 하고, 가격의 신호에 따라 시장균형이 신속히 변화할 수 있어야 하는 것이다.

이들 조건 가운데 한 가지라도 보장되지 않을 경우 균형은 깨지고 최적 자원배분을 실현하지 못해 '시장의 실패'를 초래하게 된다. 그러나 가격기구는 이론상의 관념적 세계에 비해 훨씬 불확실하고 비신축적인 것이 현실이다. 결국 19세기 전반에 걸쳐 세계를 지배했던 자유방임원리는 제1차 세계대전을 전후해 본산지인 영국에서조차 퇴색하기 시작했다. 1926년 '자유방임의 종언'을 선언한 케인스는 사익과 공익은 일치되기 어렵고, 개별적 행동이 집단행동보다 현명하다고 할 수 있는 근거도 없다고 주장하면서, 경제활동의 몇 개 분야에서 자유방임원칙을 구축할 것을 제의했다.

현실에서도 산업화에 따른 급속한 변화 속에서 개인의 이해관계는 첨예화되었고, 외부효과는 뚜렷해지기 시작했으며, 기업구조는 기술진보와 자본축적에 힘입어 독과점이 대두하기 시작했다. 이들 요인은 가격제도의 운행을 저해하고, 소득분배의 형평문제를 제기했으며, 경기변동의 진폭을 격화시켰다. 이로 인해 선진국들의 경제력은 크게 약화되었고, 자유방임원리는 1929년 대공황으로 결정적인 타격을 입은 상태에서 다시 제2차 세계대전을 맞게 되었다. 마침내 각국 정부는 적극적으로 민간경제활동에 관여하기 시작했다.

오늘날 각국의 차이는 있지만 대부분의 나라가 경기변동 완화, 사회보장제도 실시, 소득재분배 등 다양한 정책을 채택하고 있다. 실제로 현대국가는 선진국일수록 정부의 책임이 커지고 정부의 영향을 받는 경제 부문이 확대되는, 복지국가와 혼합경제체제의 특징을 보이고 있다.

스타트업의 경우, 새로운 창업아이템으로 새롭게 만들어 나가는 과정이기 때문에 일반적인 기업에서 일하는 것보다 더욱 자기관리가 요구된다. 그럼 나는 어떤 유형의 창업가 특성을 갖고 있는지 체크해보자. 세상에 완전히 같은 성격을 가진 사람은 없고 완벽한 사람도 없다.

성격은 과연 창업의 성공과 연관이 있을까? 벤처창업 연구소 런치팝의 공동설립자 에바 찬과 제인 리는 "내 성격을 파악하고 강·약점을 활용하라"고 조언했다. 미국의 경제 잡지 '포브스'는 최근 이들이 발견한 창업자의 5가지 성격유형과 장·단점을 소개했다. 에바 챈과 제인 리는 2017년에 25개의 스타트업을 출범시키면서 창업자로서 성공하는 데 필요한 사항을 파악하고 분류했다.

1) 디테일 강자 유형

디테일 강자 유형은 정교하고 완벽을 추구한다. 이런 성격을 가진 창업자는 상품에 매우 집중하기 때문에 고객에게 훌륭한 서비스를 제공하는 편이다. 이들은 우선순위를 정하고 정해진 기간 안에 해야 할 것을 끝마치는 것이 때론 '완벽'보다 더 중요하다는 점을 알아야 한다. 그렇지 않으면 지나치게 사소한 것에 매몰되어 생산성과 성장 가능성에 악영향을 미칠 수 있기 때문이다.

2) 헐크 유형

헐크 유형은 목표 달성을 위해 모든 힘을 다하는 유형이다. 그러나 치열하게 일하는 만큼 때로는 막무가내로 앞만 보고 달릴 수 있기 때문에 사람을 관리하거나 사업 파트너와 좋은 관계를 유지하는 데에 어려움을 겪기도 한다.

이들은 회사 내에서 자신이 어떤 분위기를 만드는지 자각할 필요가 있고 비전과 업무 윤리를 중요하게 여겨야 한다는 점을 기억해야 한다.

3) 자리욕심꾼 유형

자리 욕심꾼 유형은 지위를 원할 뿐 기업가에게 요구되는 책무를 이해하지 못하는 유형이다. 창업자는 문제 해결 능력과 추진력이 필요하고, 사업이 부진할 때도 상황을 헤쳐 나갈 수 있는 책임감이 있어야 한다. 하지만 이를 모르면 단 한 번의 실패에도 쉽게 포기할 수 있다. 이들은 "창업은 긴 여정의 일부일 뿐이다"라는 것을 기억해야 할 것이다.

4) 팽이 유형

팽이 유형은 장난감 팽이와 같이 회전과 적응이 빠른 사람들이다. 이들은 기회를 빠르게 포착하고 움직이는데, 그만큼 심사숙고하는 시간이 부족해서 오히려 일관성을 잃은 것처럼 보일 수 있다. 인내심이야말로 다른 변화를 만들어 내는 데 필요한 조건임을 기억해야 할 것이다.

5) 낭만주의자 유형

낭만주의자 유형은 맡은 임무에 충실하고, 공감 능력이 뛰어나며 열정적인 편이다. 본인의 직감과 감성을 잘 활용하는 유형이다. 이와 반대로 종종 공적인 일에 사적인 감정과 상태를 끌고 들어올 가능성이 있다. 이들에게는 사업을 함에 있어서 감정변화를 잘 조절할 수 있는 체계를 스스로 갖추는 것이 중요할 것이다.

(2) 창업가 마인드

최근 애플, 테슬라, 넷플릭스 등 글로벌 대기업은 수동적인 모습을 강요했던 관행을 타파하고 개인에게 자율성을 부여해 창의력을 한껏 펼칠 수 있게 배려하고 있다. 이 기업들은 직원을 기업의 한 주체로 인정했고 기업과 동반자적인 관계를 구축해 글로벌 대기업으로 성장했다. 다양한 리스크를 감내하고 혁신을 감행한 이유가 무엇일까? 나는 기업의 창업자나 최고경영자가 '진정한 창업가'가 되고자 했기 때문이다.

'창업가'는 앙트레프레너(Entrepreneur)라는 프랑스어에서 유래되었다. 이 단어는 사이 등을 의미하는 앙트(Entre)와 특정 영역을 획득하는 자를 의미하는 프레너 (Preneur)의 합성어다. 창업가의 본질이 '틈새를 파고들어 새로운 시장을 차지하는 개척자'임을 의미한다.

경제학자 슘페터는 '기업가 정신'이 혁신과 창의적 파괴를 유발하며 새로운 시장의 개척으로 나타난다고 했다. 피터 드러커는 기업가 정신을 여러 도전에 용기를 가지고 과감하고 창의적으로 맞서 극복하는 정신이라고 했다. 티몬스는 균형 잡힌 리더십을 통한 기업가 정신의 실행을 강조했다.

결국 기업가 정신은 파괴적 혁신의 자세와 균형적 리더십을 기반으로 기회를 활용하는 창의적 도전을 통해 새로운 비즈니스를 실행하는 정신이다. 스티브 잡스, 일론 머스크, 리드 헤이스팅스 등 성공한 기업가들은 사회 변화에 민감하게 대응하면서 기회를 추구하고 혁신적인 경영으로 시장에 새로운 가치를 실현하고자 했다.

4차 산업혁명이라는 거대한 물결 속에 코로나19 유행으로 돌발적으로 제기된 우리 사회의 다양한 문제와 요구를 빅데이터 AI(인공지능)로 해결하는 비즈니스를 실현하고 있다. 창업가는 곧, 기업을 통한 수익 창출과 함께 과학기술을 활용해 코로나19 유행, 기후위기, 지방 소멸 등 다양한 사회문제를 해결하고자 노력해야 할 것이다.

요즘 급변하는 환경에서 기업가 정신을 가진 진정한 기업가들이 많이 늘어나고 있다. 이들은 스타트업(Start-up) 대표로 파괴적 혁신과 창의력으로 현실에 안주하기보다 새로운 가치를 창출하기 위해 노력해야 한다. 개인뿐만 아니라 기업 그리고 지역 나아가 국가에까지 사회문제 해결의 비즈니스적 영향력을 실현해 나가기 위해 이들은 노력하고 있다. 진정한 창업가는 사회와 공동체의 발전을 위해 수익 창출과 함께 사회문제 해결을 위한 노력을 기울이고 있는 혁신가이기 때문이다.

5. 사례연구

창업가와 기업가의 정신에 따른 국내·외 주요 사례를 소개하고, 창업자는 해당 사례를 분석 및 활용하여 창업자들이 한 단계 더 성장할 수 있기를 기대해 본다. 창업가 정신의 어록에는 기업가가 생각하는 신념과 비전, 목표 등이 내포되어 있음을 알 수 있다.

사례 1 애경 장영신 회장

34세 젊은 나이에 3남 1녀를 혼자 힘으로 양육하고 뒷바라지할 처지가 된 장영신 여사는 그 충격에 1년여를 집 밖을 벗어나지 않았다. 그런 장영신 여사에게 힘이 된 건 장남(채형석 애경그룹 총괄부회장)이었다. 채 부회장은 당시 10살 남짓한 나이에도 실의에 빠져 있는 어머니에게 "엄마, 걱정 마. 학교 앞에서 학생들 상대로 떡볶이 장사하면 되잖아!"라고 위로했다고 한다. 장 회장은 평소 "위기 때마다 장 회장을 든든하게 지원해 준 가족이 있었기에 지금의 애경이 탄생할 수 있었다"는 이야기를 자주 했다. 이 같은 가족애는 나중에 애경그룹 특유의 가족경영으로 이어지는 한 원인이 된다.

바로 '앞서가는 사고와 앞서가는 기술, 앞서가는 경영으로 풍요롭고 행복한 삶을 창조하는 기업이 되자'는 것이다. 애인경천에 바탕을 두고 장영신 회장이 몸소 보여준 기업가정신은 다음과 같다.

① 도전과 개척주의 정신

네 아이의 어머니로서, 극심한 난관과 좌절, 남녀 편견 때문에 어떻게 사장이라는 직책을 해낼까 하는 의아심과 극심한 반대 속에서도 "오직 할 수 있다"는 캔두이즘의 기업가정신으로 성공을 이뤄냈다는 점에서 장 회장은 '창조적 기업가'이다.

② 학습과 상식주의 정신

전문가가 되려면 학습과 상식을 풍부하게 해서 실력을 향상하도록 해야 한다. 장 회장은 초기의 신생기업을 그룹으로 성장시키는 과정에서 학습을 중요시하고 상식이 풍부한 기업가로 행동하는 성과를 일궈냈다.

③ 노사화합주의 정신

2003년 5월 13일 애경유화 울산공장은 장영신 회장과 채형석 부회장, 전기철 대표이사, 노조위원장 등이 참석한 가운데, 노사평화선언 선포식을 개최해 국민에게 큰 반향을 일으켰다. 애경산업 노사는 2003년 이후 올해까지 14년 연속 무교섭 타결을 이뤄냈다.

④ 고객만족주의 정신

"소비자는 기업에게 마치 『어린왕자』에 나오는 장미와 같다. 신제품이 나오면 금방 반색을 하다가도 또한 금방 싫증을 내며, 기분이 언짢을 때는 아무리 좋은 제품이라도 거들떠보지도 않는다. 그런가 하면 이렇게 해 달라, 저렇게 해 달라 요구사항도 많고 트집도 잘 잡는다. 하지만 기업은 '어린왕자'와 같은 마음을 가져야 성공한다. 토라진 소비자를 달래고, 기쁘게 해주기 위해 노력하고 요구사항은 충실히 들어주어야 한다. 이런 정신이 고객감동으로 이어지며 매출액도 증가한다." 장영신 회장은 늘 고객 만족주의를 추구했다.

⑤ 기술혁신에 의한 품질관리주의 정신

장영신 회장은 그룹 창업 때부터 연구개발을 시작, 기술혁신을 통한 품질관리 부문에서 특히 개가를 올렸다. 경영자로서 기술 혁신을 입버릇처럼 주창하고 강조했다.

사례 2 동화약품 윤광렬 회장

동화약품을 굴지의 제약기업으로 성장시킨 경영자는 가송 윤광렬 사장이다. 가송은 선친 보당을 닮은 독립운동가 정신에다 혁신적 기업가정신을 보여준 CEO다. 가송은 1948년 동화약품에 입사해 밑바닥부터 경영을 배워나간다.

선친을 닮은 민족기업인으로서 그의 진가는 1973년 그가 동화약품의 7대 사장으로 취임하면서 더욱 빛을 발하게 된다. 가송은 동화약품 창업자들이 해온 민족경제정신을 이어 받아 끊임없이 혁신하는 것이 애국운동이라고 여겼다.

혁신을 주창한 슘페터가 주장한 혁신기업가는 신기술의 발명, 신제품의 도입 및 개발, 신시장의 개척, 신 원료의 확보, 신 조직의 형성 등에서 혁신을 이뤄내는 기업가인데, 가송은 이와 같은 혁신을 의약품 경영에서 실현시킨 경영자라는 것이 기업가정신 연구자들의 평가다.

가송은 특히 선진 제약국인 일본을 벤치마킹해 제품 생산의 자동화를 도입했다. 병만 투입하면 1분당 750병 이상의 생산력을 갖추도록 하는 자동화로 2,000~3,000명이 필요한 생산인원을 1/20 정도로 감소시켰고, 정부로부터 KGMP(한국 우수의약품 제조공정 및 품질관리 기준) 적격업체 승인을 받는다. 이런 혁신을 통해 지금의 동화약품을 21세기 제약 산업의 대표적 기업으로 발전시켰다.

가송은 임직원들에게 정직하게 살자는 윤리경영주의, 저축하며 살자는 근검절약주의, 같이 번영하자는 공존공영주의 사상을 기본 정신으로 강조했다. 가송은 이 같은 경영기본방침을 토대로 특히 다음의 4가지를 생활 속에서 실천하도록 강조했다.

첫째, 부정을 멀리하고, 원리원칙에 입각한 경영을 한다.

둘째, 기업주의 이익에 앞서 종업원의 처우개선과 복지향상을 도모한다.

셋째, 근면성실하게 연구하며 일함으로써 좋은 약을 싼값에 팔아 소비자에게 봉사한다.

넷째, 살생보다는 소생하는 약을 만들어 국민보건에 기여한다는 지침이다.

"최고(最古)에서 최고(最高)의 회사로"

초대사장 민강, 보당 윤창식, 가송 윤광렬 등 이들 3인의 CEO가 강조한 정도경영, 윤리경영, 생명존중, 민족기업정신, 사원 우선주의 등 동화의 경영이념은 일제시대와 해방정국, 6.25전쟁과 경제재건이라는 큰 변화와 혼란기를 겪으면서도 시류에 퇴색하지 않고 지금까지 굳건히 동화 식구들의 행동지침이 되고 있다. 동화약품은 현재 400여 종의 우수의약품과 30여 종의 원료의약품을 생산, 국내 공급은 물론 세계 40여 개국에 수출하는 일류 제약 기업으로 성장했다.

생명존중 정신으로 제약보국의 기업가 정신을 지켜온 동화약품은 이제 동화의 미래를 상징하는 '최고최고정신' 즉, 최고(最古)의 의약품 제조회사라는 자부심에 최고(最高)의 제약회사라는 미래 비전을 위해 전 임직원이 노력을 경주하고 있다. 동화약품은 2010년부터 고 윤광렬 명예회장의 뒤를 이어 장남 윤도준 회장과 차남 윤길준 부회장이 함께 이끌고 있다.

바로 활명수의 글로벌화다. 동화약품은 생명을 살리는 물이라는 활명수의 의미를 살려 안전한 식수를 공급받지 못해 생명의 위협을 받고 있는 전 세계 어린이들에게 깨끗한 물을 전달하고 있다. 처음 시판됐을 때는 우리 민족의 생명을 살리는 물이었던 활명수가 이제 전 세계를 아울러 생명을 살리는 물의 역할을 해내고 있는 것이다. 생명을 살리고 국민의 건강을 지켜낸 동화약품이 이제 세계를 살리는 기업으로 발전해가고 있다.

사례 3 페이스북 마크 주커버그(Mark Zuckerberg)

"나에게 '기업가 정신'이란 변화를 만들어내는 것이지, 단지 회사를 창업하는 것만을 의미하는 것은 아니다. 사업으로 돈을 버는 것도 중요하지만, 핵심은 변화를 만들어낸다는 사명감이다."

(2016년 글로벌 기업가정신 정상회의)

"세계를 조금 더 열린 곳으로 만들고자 하는 그의 뚜렷한 가치관"

그가 어떻게 부자가 되었는지는 그의 꿈과 신조를 보면 알 수 있다. '개방, 사람을 연결하고 그들에게 중요한 것을 공유하는 데 보탬 되기, 혁명, 정보 흐름, 미니멀리즘.' 페이스북에 적힌 그의 신조다. 그가 만약 부와 성공을 위해 페이스북을 만들었다면 결코 성공하지 못했을 것이다. 그가 페이스북을 통해 실현하고자 한 것은 그가 투자자들에게 보내는 편지를 통해 알 수 있다. 세상을 더 열린 공간으로 만들어서 사람과 사람들을 서로 연결하고 서로 돕는 것, 그리고 모든 사람을 연결하고 목소리를 낼 수 있게 해주는 것이 페이스북의 사회적 임무라는 것이다.

그래서 그는 당장의 수익보다는 비전을 우선시 했다. 그가 2006년, 야후의 인수 제안을 거절한 것은 유명한 일화다. 다른 누구보다 자신이 페이스북을 가장 흥미롭게 만들 수 있을 것이라는 자신감과 함께 돈과 주변의 유혹에 흔들리지 않는 배짱을 가지고 있었던 것이다.

사례 4 알리바바 마윈(馬雲)

"미국에서 인터넷 접하고 창업 결심"

알리바바 창업자인 마윈(馬雲) 회장에 관한 이야기다. 마 회장은 1999년 수출업자와 해외 바이어를 연결해주는 알리바바닷컴을 설립했다. 중국의 선구적인 인터넷 기업 중 하나다. 바로 이 알리바바가 19일 뉴욕증권거래소(NYSE)에 주식을 상장한다. 기업공개 규모가 250억 달러(약 25조 9,000억 원)로 역대 최대다.

마 회장의 알리바바 창업은 미국 방문에서 시작됐다. 서른 살 때인 1994년 미국을 처음 방문했을 때 미국인 친구 사무실에서 인터넷이란 것을 처음 접했다. 친구는 "이것이 인터넷이다. 여기서는 무엇이든 찾을 수 있다"고 설명했다. 마 회장은 검색창에 'beer(맥주)'를 입력했다. 많은 정보가 떴다. 그러나 중국어 검색 결과는 하나도 없었다.

창업할 때부터 '글로벌 기업' 지향

첫 인터넷 회사는 잘 돌아가지 않았다. 돈을 벌지 못했다. 결국 회사를 접고 베이징으로 가서 회사원이 됐다. 그러나 창업하고 싶은 욕구를 견디지 못해 항저우로 내려가 1999년 자신의 아파트에서 알리바바를 창업했다. 1999년은 한국에서 네이버가 출범한 해다. 알리바바는 현재 기업가치에서 네이버의 일곱 배가 넘는 기업이 됐다.

알리바바를 창업한 1999년은 실리콘밸리에서 '닷컴 버블'이 한창 꺼지고 있을 때였다. 이런 시점에 창업한다는 것은 무모해 보였다. 마 회장은 자신의 아파트에서 공동 창업자 17명에게 창업 취지를 설명했다. 알리바바 성공 스토리를 담은 다큐멘터리 '양쯔강의 악어'를 보면 마 회장은 처음부터 '글로벌 웹사이트'를 지향했다.

'수수료 공짜'로 밀어붙여 이베이 꺾어

Chapter 04 **창업가 마인드**   183

마 회장의 적극성은 비교 대상이 없을 정도로 대단했다. 어느 날 실리콘밸리 카페에서 알리바바를 회사 명으로 택하려고 마음먹고 종업원에게 "알리바바를 아느냐?"고 물었다. "안다"고 했다. "무얼 아느냐?"고 물었다. "'열려라 참깨'를 안다"고 했다. 밖으로 나가 행인 20여 명을 붙잡고 물어봤다. 다들 알리바바를 안다고 답했다. 그래서 회사명을 알리바바로 지었다.

마 회장의 '싸움닭' 근성은 이베이와의 싸움에서 여실히 드러났다. 알리바바는 이베이를 꺾기 위해 '수수료 공짜'를 기치로 내걸었다. 개인 간 거래를 중개해주는 사업인데 중개수수료를 받지 않기로 했다. 이베이가 투자자들의 성화 때문에 '수수료 공짜'로 맞대응할 수 없다는 걸 간파한 전략이었다. 결국 이베이는 알리바바에 져서 밀려났다.

알리바바는 뉴욕 증시 상장을 계기로 글로벌 기업을 꿈꾸고 있다. 지금까지는 자국 내에서 정부의 보이지 않는 지원을 받으며 승승장구했다. 해외에서도 깃발을 날리며 명실상부한 글로벌 기업으로 도약할지 지켜볼 일이다.

사례 5 소프트뱅크 손 마사요시

사람의 감정을 이해하는 로봇 페퍼(Pepper)를 만들고 일본 이동통신 회사로서 일본에 처음으로 아이폰을 판매하고, 야후 일본을 운영하기도 한 일본의 대표 IT분야 투자회사인 소프트뱅크. 이 소프트뱅크를 이끄는 CEO는 한국계 일본인 손 마사요시, 손정의다. 그는 적절한 시기에 명확한 판단력으로 투자 결정을 내려 일본 내 최고 부자로서 등극했다. 재일교포 출신으로 수많은 차별과 역경을 이겨냈다.

"오르고 싶은 산을 결정하면 인생의 반은 결정된다."

손정의는 19살 때 자신의 '인생 50년 계획'을 세웠다. ▲ 20대의 이름을 알린다. ▲ 30대의 사업자금을 모은다. ▲ 40대에 한판 승부를 한다. ▲ 50대에 어느 정도의 사업, 비즈니스 모델을 완성시킨다. ▲ 60대에 다음 경영진에게 자리를 물려준다.

그는 20대의 소프트뱅크를 창업해 젊은 기업가로 이름을 알렸으며 30대에는 증시를 상장 시키고 야후에 투자해 야후 재팬을 설립했다. 40대에는 초고속 인터넷 도임, 보다폰을 인수하여 도쿄 내 이동통신사업 1위를 탈환했다. 50대에는 아시아의 대표 정보통신기술(ICT)그룹으로 발돋움시켰다. 그는 60대의 목표를 위해 후진양성 기관인 '소프트뱅크 아카데미아'를 설립해 자신의 후진을 양성시키고 있다.

"무언가를 이루려면 덧셈이 아닌, 뺄셈 방식으로 접근하라"

그의 경영 철학 중 하나인 '뺄셈 방식'. 뺄셈 방식은 5년 후, 10년 후, 100년 후, 300년 후를 치열하게 고민하고 그로부터 역산해 지금 해야 할 일이 무엇인지를 생각하는 것이다. 그는 뺄셈 방식 관점을 통해 보다폰(Vodafone) 인수를 결정했다. 소프트뱅크가 거대 독점기업 NTT에 맞서 디지털 정보혁명을 이루고 싶었다. 2006년 NTT 도코모가 53%, KDDI 26% 보다폰 6%였다. 그는 10년 내에 NTT 도코모를 앞지르겠다는 포부를 선언했고 2014년 결국 그 목표를 이루게 된다. 이동통신사업에서의 그가 목표를 이룰 수 있던 것은 그의 뺄셈 방식으로 촘촘한 계획설립과 실행 덕분이다.

"망설여질 때일수록 먼 앞을 봐라. 2~3년 앞보다 20~30년 앞을 예측하는 게 쉬울 수 있다."

일본 소프트뱅크는 알리바바의 최대 주주다. 야후의 공통 창업자 제리양과 마윈은 우연한 만남으로 관계를 맺고 있었는데, 1999년 알리바바를 차린 마윈이 투자자를 찾고 있을 때, 손정의 회장을 소개시켜줬다. 한눈의 알리바바의 잠재력을 알아챈 손 회장은 만난 지 6분 만에 2,000만 달러의 투자 결정을 내렸다. 14년 만에 59조 원을 벌어들이며 손 회장은 알리바바의 최대 주주가 됐다.

확고한 비전과 치밀한 분석, 과감한 승부수를 통해 일본 내 최고의 IT기업을 만든 손 마사요시. 그의 집요한 성격은 이미 아는 사람은 알고 있는 사실이라는 점. 창업을 하기 전 '오를 산'을 미리 정한 손 마사요시. 뚜렷한 목표 없이 헤매고 있는 이들에게 그의 삶은 좋은 본보기가 될 것이다.

사례 6 애플 스티브 잡스(Steven Paul "Steve" Jobs)

"미국의 기업인으로, 애플의 창립자다.", "Stay hungry, stay foolish."

"스티브잡스의 주요 창업가 정신"

① 완벽하라(Go for perfect)

아이팟이 출시되기 하루 전 애플의 직원들은 날밤을 샜다. 이어폰 잭을 꽂으면 '딸깍'하는 느낌이 시원하게 나야 하는데 잡스가 보기에 영 시원치 않았기 때문이다. 야심찬 물건을 내놓기 불과 하루 전이었지만 잡스는 개의치 않았다.

② 전문가를 이용하라(Tap the experts)

잡스는 1등이 되기 위해 전문가와 손잡을 줄 알았다. 그는 컴퓨터 시스템 'NeXT' 로고 디자인을 위해 유명 건축가 I. M. Pei를 고용했고, 애플스토어 출시를 위해 Gap의 대표 Mickey Drexler을 이사진으로 영입했다.

③ 1등을 넘어서라(Be ruthless)

잡스는 기존 제품을 넘어서는 제품을 만들 때마다 자부심을 느꼈다. 그는 1세대 PDA인 팜파일럿을 능가하는 제품을 만드는 데 애썼고, 후에는 휴대전화가 PDA를 넘어설 것이라 확신했다.

④ 특정 전문가들의 의견에 연연하지 마라(Shun focus groups)

"당신이 그것을 보여주기 전까지, 사람들은 자신이 원하는 것을 알지 못한다." 잡스의 유명한 어록이다. 그는 외부 전문가에게만 의존하지 않고, 시제품을 집에 가져가 몇 달간 직접 연구하기도 했다.

⑤ 연구를 멈추지 마라 (Never stop studying)

애플 브로셔 제작 초기 당시, 잡스는 Sony의 글자 폰트와 레이아웃, 종이 무게까지 일일이 분석했다. 초기 맥의 케이스 디자인을 기획할 땐 애플의 주차장을 돌아다니며 독일과 이탈리아 명품 차들의 체형을 직접 연구했다.

⑥ 간결하라(Simplify)

잡스의 디자인 철학은 간결함이었다. 그는 디자이너에게 아이팟 시제품의 전원버튼을 포함한 모든 버튼을 제거하라고 했다. 디자이너는 불평했다. 그러나 이를 계기로 아이팟의 대명사인 원형 스크롤이 탄생했다.

⑦ 비밀을 지켜라(Keep your secrets)

애플의 비밀을 누구와도 이야기 하지 말라. 철저한 보안은 소비자들이 애플의 신제품을 더욱 주목하게 만들었다.

⑧ 팀은 작게(Keep teams small)

맥킨토시 초창기, 개발팀은 불과 100명이었다. 101번째로 고용이 되었다면 누군가는 나가야 했다. 잡스는 100명 직원의 이름을 외울 수 있다고 확신했다.

⑨ 채찍보다는 당근(Use more carrot than stick)

잡스는 냉정했지만 그의 카리스마는 직원들에게 강한 동기부여가 됐다. 그의 열정 덕에 매킨토시(Mac) 개발팀은 3년 간 주당 90시간을 일했고, 매킨토시는 세계적으로 히트를 쳤다.

⑩ 견본품도 최고로 만들어라(Prototype to the extreme)

잡스는 하드웨어, 소프트웨어는 기본이고 애플스토어의 견본품까지 최고로 만들도록 했다.

마이크로 소프트 빌게이츠(Bill Gates)

"빌게츠의 주요 창업가 정신"

① 업종을 신중히 선택하라

당신이 즐길 수 있는 일을 하라. 광적인 정열 없이 생산적이 되는 것은 어렵다.

② 조심스럽게 고용하고 기꺼이 해고시킬 준비를 하라

당신은 강팀을 필요로 한다. 아무리 경영을 잘한다 해도 변변치 못한 팀은 변변치 못한 결과를 낳기 때문이다. 그저 웬만큼 일하는 사람을 그대로 두는 것은 흔히 있는 실수다. 훌륭한 경영자는 그를 교체하거나 그가 분명히 성공할 수 있는 다른 일을 맡긴다.

③ 생산적인 환경을 조성하라

이것은 각 회사가 처한 상황에 따라 서로 다른 접근법을 요구하기 때문에 쉬운 일이 아니다. 모두에게 자신의 사무실을 주거나 아니면 모두를 열린 공간에 둠으로써 생산성을 극대화할 수 있다. 때로는 금전적인 인센티브를 도입할 수 있다. 대개는 여러 접근법의 조합이 요구된다.

④ 성공을 정의하라

당신의 직원들에게 성공이란 무엇이고 어떻게 그들의 업적을 측정할 수 있는지를 분명히 밝혀라. 목표는 현실적이어야 한다. 프로젝트의 작업 일정은 그 일을 직접 하는 사람에 의해서 정해져야 하는 것이다. 달성이 불가능한 목표는 조직을 좀먹는다.

⑤ 훌륭한 경영자가 되려면 사람을 좋아하고 대화에 능숙해야 한다

이것은 가장 하기 어려운 것이다. 사람들과 교류하는 것을 진정으로 즐기지 않는다면 그들을 잘 다루는 것은 어렵다.

⑥ 당신의 직원들이 당신보다 더 일을 잘 할 수 있도록 발전시켜라

당신의 기술을 그들에게 전수하라. 부하직원이 일을 잘해 당신 자리를 빼앗을지 모른다고 걱정이 되면 사장에게 『교육을 잘 시키는 대신 저에게 맡길 새로운 일이 있습니까』라고 물어라. 많은 똑똑한 경영자들은 이 같은 방법으로 자신을 자유롭게 하고 미개척 분야에서 새로운 일을 해낸다.

⑦ 윤리를 확립하라

직원들에게 그들의 일이 회사와 고객에게 얼마나 중요한지를 느낄 수 있도록 하라. 훌륭한 성과를 얻었을 때는 모두가 그것을 함께 느낄 수 있어야 한다.

⑧ 프로젝트를 직접 수행하라

직원들이 제일 싫어하는 상사는 일을 분배만 하고 정작 자신은 일하지 않는 사람이다.

⑨ 똑같은 결정을 두 번 내리지 말라

한 번에 확고한 결정을 내릴 수 있도록 시간과 생각을 잘 활용하고 다시 그 문제를 다루지 않도록 하라. 자신 없게 지나간 문제를 끄집어냈다가 같은 결정을 다시 내리는 것은 어리석은 일이다.

⑩ 직원들에게 누구를 기쁘게 할지를 알게 하라

그것은 당신일 수도 있고 당신의 사장일 수도 있으며 혹은 다른 사람 일수도 있다. 직원들이 『이 사람을 기쁘게 해줘야 하나 다른 사람을 기쁘게 해야 하나』라고 고민하게 되면 당신은 조직에서 곤란을 겪게 될 것이다.

chapter 05

사회적경제와 창업

사회적경제와 창업

1. 사회적경제와 창업

재활용품을 수거해서 판매하는 '아름다운 가게', 우리 밀 과자를 지적장애인이 생산하는 '위캔', 재활용품을 사용하여 제작한 악기로 소외계층을 위한 공연을 진행하는 '노리단', 장애인 모자생산 기업 '동천모자' 등의 공통점은 무엇일까? 위에서 소개한 기업의 공통점은 바로 사회적기업이다. 사회적기업은 사회에 긍정적인 영향을 미치고, 어려운 계층에 힘이 될 수 있는 혹은 환경에 도움이 될 수 있는 사업을 하는 기업을 의미한다.

사회적기업은 비영리조직과 영리기업의 중간 형태로 사회적 목적을 추구하면서 영업활동을 수행하는 기업을 의미한다. 근로가 어려운 환경에 처한 취약계층에게 일자리나 사회적 서비스를 제공하여 지역주민의 삶의 질 향상을 돕고 사회적 목적을 추구하면서 재화 또는 서비스를 생판, 판매하는 곳이 바로 사회적기업이다. 특히 대상 업종은 사회적경제 창업 활성화를 위한 다음의 산업 전 분야가 해당된다.

① **기술창업**: 기계, 재료, 전기·전자, 정보통신, 화공, 섬유, 생명, 식품, 환경, 신재생에너지 등
② **지식창업**: 지식콘텐츠, 마케팅홍보, 전문컨설팅, 디자인, 번역, 웹디자인, 프리랜스, 통신업, 문화서비스업, 통신판매업, 아이디어 창업 등

표 5-1 사회적경제 관련 주요 사업

	고용노동부	중소벤처기업부	문화체육관광부	산업통상자원부	보건복지부
주요사업	사회적기업 일자리 창출	사회적경제기업 성장집중지원	문화예술분야 사회적경제 활성화 지원	사회적경제혁신성장 (R&D)	자활기업 활성화 지원
	사업개발비 지원	소상공인 협업 활성화	토요문화학교 운영	사회적경제혁신성장 (사업화)	사회서비스 분야 사회적경제 육성지원
	청년 등 사회적기업가 육성사업	중소기업협동조합 육성사업	작은미술관 조성 및 운영지원	사회적경제 혁신타운	사회적경제 연계 발달장애인 자조모임 활성화
	사회적기업 성장지원센터 조성	소셜벤처 육성	작은도서관 독서문화프로그램 운영	디자인 주도 사회적기업 혁신역량 강화	지역사회 통합돌봄 선도사업
	사회적기업 성장지원센터 조성	소셜임팩트 펀드	스포츠클럽 육성	사회적경제기업 해외진출 지원	
	사회적경제기업 판로지원 통합플랫폼 운영	소셜임팩트 보증	관광두레 조성		
	사회적기업 제품 공공기관 우선구매	사회적경제기업 정책자금지원			
	사회적경제기업 모태펀드	소상공인 사회적경제기업 전용자금			
		사회적경제기업 특례보증			
		예비창업패키지			

출처: 관련부처 홈피를 참고하여 필자가 구성

③ **6차산업**: 농업과 연계된 가공 및 서비스업

④ **가공**: 지역 농특산물을 생산 및 가공 사업화한 형태

⑤ **농가외식**: 농촌에 있는 우리 고유의 솜씨를 외식산업으로 연결한 형태농촌

⑥ **교육농장**: 농업농촌이 가지는 교육적 기능을 전문화시키고 사업화한 형태

⑦ **농어촌 민박**: 지역의 주거공간과 서비스공간의 융복합된 형태

⑧ **농촌체험관광**: 농업농촌의 다원적 가치를 관광서비스사업과 연계시킨 형태

⑨ **유통직매장**: 유통서비스에서 불필요한 비용요소를 줄여 상생체계를 구현한 형태

⑩ **일반창업**: 부가가치가 높은 소상공인 창업, 지역본사 프랜차이즈창업 등

특히, 현재 정부 관련 부처별로 시행되고 있는 시회적경제 관련의 주요사업은 〈표 5-1〉과 같다.

여기서는 사회적경제의 근간을 이루고 있는 사회적기업과 소셜벤처, 협동조합에 관해 각각 살펴보고자 한다.

(1) 사회적기업(Social Enterprise)

사회적기업은 사회적기업 육성을 통해 지속 가능한 경제, 사회통합 구현이 초점이다. 특히, 영리기업과 비영리기업의 중간 형태로, 사회적 목적을 우선적으로 추구하면서 재화·서비스의 생산과 판매 등 영업활동을 수행하는 기업이나 조직을 말한다. 한편, 「사회적기업육성법」에서는 사회적기업을 취약계층에게 사회서비스 또는 일자리를 제공하여 지역주민의 삶의 질을 높이는 등의 사회적 목적을 추구하면서 재화 및 서비스의 생산·판매 등 영업활동을 하는 기업으로서 고용노동부 장관의 인증을 받은 기관으로 정의하고 있다.

이는 영리기업이 주주나 소유자를 위해 이윤을 추구하는 것과는 달리, 사회적기업은 사회서비스를 제공하고 취약계층에게 일자리를 창출하는 등 사회적 목적을 조직의 주된 목적으로 추구한다는 점에서 차이가 있다.

(2) 등장 배경

외환위기 이후 짧은 기간 동안 공공근로, 자활 등 정부재정지원에 의한 일자리가 확대되었으나, 안정적인 일자리로 연결되지 못함에 따라 정부재정지원의 효과성과 관련한 논란이 지속적으로 제기되고 있다. 2000년대에 들어 고용 없는 성장의 구조화, 사회서비스 수요의 증가 등에 대한 대안으로 유럽의 사회적기업 제도 도입과 관련한 논의가 본격화되는 등의 추세다. 따라서, 비영리법인·단체 등 제3섹터를 활용한 안정적인 일자리 창출 및 양질의 사회서비스 제공모델로서 사회적기업 도입 논의가 구체화되고 있는 편이다. 한국의 사회적기업의 주요 역할과 주요 형태는 〈그림 5-1〉, 〈그림 5-2〉와 같다.

그림 5-1 **사회적기업의 주요 역할**

지속가능한 일자리 제공	지역사회 활성화	사회서비스 확충	윤리적 시장 확산
취약계층을 노동시장으로 통합 보람되고 좋은 일자리 확대	지역사회 통합 사회적 투자확충을 통한 지역경제 발전	새로운 공공서비스 수요충족 공공서비스 혁신	기업의 사회공헌과 윤리적 경영문화 확산 착한 소비문화 조성

그림 5-2 **사회적기업의 주요 형태**

① 사회 서비스 제공형   ② 일자리 제공형   ③ 혼합형   ④ 지역사회 공헌형   ⑤ 기타 (창의 · 혁신)형

2. 유형별 사례

(1) 사회서비스 제공형

사례 1) 메자닌아이팩(주)

메자닌아이팩의 근로자 대부분은 새터민(탈북자)이다. 새터민이 빈곤층으로 전락하지 않도록 돕기 위해 설립된 사회적기업으로 사회복지법인 열매나눔재단이 SK에너지와 협력하여 만들었다. 현재 거래처가 50여 곳이 넘는 활발한 작업 공장으로 새터민의 자립·자활에 기여하고 있다. 주요사업으로 Box 제조 등이 있다.

사례 2) 한빛예술단

"자신감 부여 장애극복 의지 고취, 시각장애 학생들의 음악적 재능 발굴 육성 음악을 통해 직업 창출, 자립능력 배양"이 모토이다. 특히, 시각장애인 연주단의 전문적인 연주를 통하여 장애인 공연 예술을 발전시키고 장애인 예술 인재를 발굴 및 양성한다. 또한 시각 장애인 연주단의 다양한 공연을 통하여 일반인들의 장애인식개선을 도모하고, 취약계층에게 지속적인 일자리나 사회서비스를 제공하여 삶의 질 향상에 기여한다. 그리고 지역사회와의 연대활동에 적극 참여함으로써 지역주민들이 경제적 안정과 자립기반 및 문화선진국으로서의 발돋움에 목적을 둔다. 주요사업은 음악 및

예술 분야의 시각장애인 전문인력 일자리 창출 사업, 문화 콘텐츠 개발 분야 등이다.

사례 3) 뉴시니어라이프

"위풍당당 시니어 프레타포르테", 대전지역 주민들이 협동조합 형태로 의료기관을 공동으로 소유하고, 의료인과 협동해 운영에 참여하고 이용하는 주민 자치 의료기관이다. 일반적인 의사와 환자의 관계를 넘어, 서로가 서로의 사정을 속속들이 아는 이웃이 되어 자신의 건강은 물론 공동체의 건강을 지키기 위해 조직됐다.

조합원들이 함께 즐길 수 있는 기체조, 산행, 요가, 마라톤과 같은 건강 소모임을 운영하고 있고, 독거노인, 철거민, 노숙인을 위한 무료진료 활동, 시민 대상 거리검진, 거동이 불편한 노인들을 위한 왕진 서비스 등 사회공헌에도 힘을 쏟고 있다.

민들레는 1차 의료기관과 각종 사회복지기관으로 구성되어있으며, 조합원은 물론 일반인들도 민들레의 의료복지 서비스를 이용할 수 있다. 주요사업은 지역사회 보건의료 서비스 분야이다.

(2) 일자리 제공형

사례 1) (사)충남교육연구소

"농촌문제, 교육으로 푼다", 농촌의 교사/지역주민/지역사회/지역학교가 교육을 필요로 하는 곳에 교육 인력을 배치하고 또 그 인력을 적절한 형태의 교육 프로그램과 연계하는 시스템을 구성한다. 또 교육의 질을 높이기 위해 다양한 교육전문가집단의 네트워크를 구축하는 작업을 하고 있다. 다시 말해 학교와 지역사회의 소통을 통해 '농촌 교육의 희망'을 찾아나가는 일을 하고 있다. 주요사업은 청소년문화학교 느티나무사업, 학교지원사업, 지역사업, 교육연수 등이다.

사례 2) 사회적협동조합 휴먼케어

"지역의 돌봄서비스를 책임지는 기업", 노인과 장애인의 이해와 요구를 우선 배려하면서도 직원의 근무여건 개선을 위해 노력하는 조정자 역할을 수행하여 지역사회 내 정직하고 질 좋은 사회서비스를 제공하는 기업이다. 주요사업은 요양기관, 복지용구사업, 장애인 활동보조 지원사업 등이다.

사례 3) 민들레의료복지 사회적협동조합

"'자신을 돌보라, 서로를 돌보라, 공동체를 돌보라' 정을 주고받는 쌍방형 돌봄서비스", 대전지역 주민들이 협동조합 형태로 의료기관을 공동으로 소유하고, 의료인과 협동해 운영에 참여하고 이용하는 주민 자치 의료기관이다.

일반적인 의사와 환자의 관계를 넘어, 서로가 서로의 사정을 속속들이 아는 이웃이 되어 자신의 건강은 물론 공동체의 건강을 지키기 위해 조직됐다.

조합원들이 함께 즐길 수 있는 기체조, 산행, 요가, 마라톤과 같은 건강 소모임을 운영하고 있고, 독거노인, 철거민, 노숙인을 위한 무료진료 활동, 시민 대상 거리검진, 거동이 불편한 노인들을 위한 왕진 서비스 등 사회공헌에도 힘을 쏟고 있다. 민들레는 1차 의료기관과 각종 사회복지기관으로 구성되어있으며, 조합원은 물론 일반인들도 민들레의 의료복지 서비스를 이용할 수 있다. 주요사업은 지역사회 보건의료 서비스 분야이다.

사례 4) 주식회사 해피맘하우스

정서발달에 좋은 제주 돌하르방 인형 만들기, 제주시 애월읍에 위치해 돌하르방 인형 등 핸드메이드 인형을 만들어 팔고 인형 만들기 체험학습장도 운영하는 사회적 기업이다. 돌하르방 인형은 친환경 원단을 사용하고 천연염색을 한다. 제주도 밖 지역 축제용 캐릭터 인형 개발도 시도한다. 사회적기업으로서 취약계층과 농어촌 교육 취약지역 어린이들을 찾아가 인형만들기 등의 체험학습 활동도 벌인다. 1시간 반~2시간에 걸쳐 반제품 인형에 솜을 넣은 후 눈을 그려 얼굴을 마음대로 표현하게 하며, 이 과정에서 아이들과 대화를 시도한다. 이러한 인형 만들기는 휴대폰, 게임중독 증세가 있는 청소년들에게 심리적 안정감을 준다. 주요사업은 인형체험학습, 인성교육 등이다.

(3) 혼합형

사례 1) 오가니제이션 요리

"만드는 사람과 먹는 사람 모두가 즐거운 요리, 재료와 사람에 대해 정직한 요리, 배움이 곧 나눔이고 성장인 요리", 청소년, 여성결혼이민자, 경력단절여성 등 희망을 가진 사람들이 더불어 성장하는 공동체회사이다. '가르치면서 배우기', '배우면서 일하기', '여성이 삶과 함께하는 건강한 일터 만들기'를 중심으로 여성친화적인 기업문화를 만들기 위해 노력하고 있다.

이러한 기반 위에 전문성을 강화하고 경쟁력을 갖춘 외식문화 회사로의 지속적인 성장을 목표로 하고 있으며 더불어 다음 세대를 위한 청소년요리사 인재 양성에도 힘쓰고 있다. 주요사업은 케이터링, 레스토랑, 하모니식당, 카페, 교육 등이다.

사례 2) 유한회사 행복도시락

"행복을 나누는 도시락", 행복도시락은 결식이웃에게 무료 도시락을 만들어 배달하고 취약계층에게는 조리와 배송 등의 과정에 참여하게 하여 일자리를 제공한다. 주요사업은 결식이웃 무료급식, 도시락사업, 김치사업 등이다.

사례 3) 한국재가장기요양기관(주)

"이웃을 품고 희망을 나누는 기업", 어르신께는 노인복지서비스를 제공하여 효를 실천하고, 저소득층/고령자/장기실업자 등 취약계층을 고용하여 안정적 일자리를 제공함으로써 지역주민의 삶의 질을 높이는 데 기여하고 있다. 주요사업은 노인재가서비스, 복지정보신문 발간, 취약계층 일자리 창출 등이다.

(4) 기타(창의, 혁신)형

사례 1) (재)아름다운 가게

"나눔과 순환 분야의 변화를 주도하여 새로운 전형을 만드는 신뢰받는 복합공익단체", 물건의 재사용과 순환을 통해 우리 사회의 생태적/친환경적 변화를 추구하고, 나눔을 통해 도움의 손길이 필요한 우리의 이웃들과 단체들의 공익활동을 지원하는 시민단체이다. 아름다운 가게 매장은 단순히 물건을 사고파는 곳이 아닌 수익배분을 통한 나눔, 지역 주민들의 기증을 통한 물품의 순환을 실천하는 지역공동체의 중심으로서 그 역할을 다하고 있다. 주요사업은 재사용 나눔가게, 공익캠페인, 자선/나눔사업, 공정무역, 국제지원 모금사업 분야 등이다.

사례 2) ㈜노리단

"버려진 것을 새롭게 살린다. 하고 싶은 일로 사회를 바꾼다." 노리단은 혁신적인 공연, 창의교육, 커뮤니티 디자인 사업과 미디어아트 통합브랜드 'dalog'로 사회 각 분야와 네트워킹을 통해 국내뿐 아니라 일본, 홍콩, 미국, 런던 등 글로벌 커뮤니티를 만나며 삶의 활력을 디자인하는 문화예술 기업이다. 주요사업은 공연사업, 교육사업, 디자인사업, 네트워크사업 분야 등이다.

사례 3) ㈜트레블러스맵

"공정한 여행, 지속가능한 여행." 여행자에게는 최고의 기회와 지역에는 최선의 기여 및 환경에는 최소의 영향이 타깃이다. 지속가능한 여행을 통해 사회적 과제를 해결하고자 노력하는 기업으로서 지역경제기반을 위협하고 문화 자연유산을 훼손하면서 여행할 수밖에 없는 기존의 관광산업구조 혁신을 위해 노력한다. 또한 대안여행 전문가를 양성하고 함께 사회적 과제를 해결해나갈 새로운 인재를 육성하고 있다. 주요사업은 국내외 공정여행 상품 개발 및 판매, 대안학교 로드스꼴라 운영 등이다.

사례 4) 셰어하우스우주 주식회사

"청년 주거 문제 해결에 앞서는 사회적기업", 2035 청년들이 저렴한 비용으로 집을 공유할 수 있는 셰어하우스를 운영하며 청년 주거난 문제 해결에 앞장서고 있다.
주거 공유뿐만 아니라 다양한 부가서비스(커뮤니티와 네트워킹 이벤트, 여가와 레저 할인 서비스, 의식주 전반에 걸친 여러 가지 편의)를 제공함으로써 거주자 스스로가 자부심을 느끼게 해준다. 단순히 싼 집이 아닌, 양질의 문화와 폭넓은 교류가 있는 따뜻하고 행복한 집을 추구하면서 우주인들의 동반성장을 모색하고 있다. 주요사업은 주거용 건물 임대 분야이다.

(5) 지역사회 공헌형

사례 1) 홍성유기농영농조합법인

"지역농업공동체를 꿈꾸다." 풀무학교와 친환경농산물을 중심으로 형성해 온 홍동지역의 많은 시설기반과 인적기반 등을 통해 친환경농산물 소포장 및 도농교류사업을 추진함으로써 친환경농산물의 품질을 높이고, 소비자의 만족도를 증진하는 한편, 농촌여성인력의 생산가공활동 참여를 통한 일자리 창출과 가정경제의 활성화를 도모하고, 도농 간의 교류를 통한 생산 소비자 공동체를 구현하고 있다. 주요사업은 친환경 농축산물 생산 및 유통 사업 분야이다.

사례 2) 사단법인 감천문화마을주민협의회

"달동네에서 핫플레이스로", 감천문화마을은 원래 6.25 전쟁 후 산비탈 경사지에 생긴 부산의 대표적인 달동네였다. 힘겨운 삶의 터전이었던 이곳에 변화의 바람이 불어오기 시작한 때는 2009년이다.

마을미술프로젝트 '꿈을 꾸는 부산의 마추픽추'를 통한 정부지원금으로 마을 곳곳에 10점의 미술작품들이 만들어졌다. 그리고 2010년 '미로미로 프로젝트'로 골목 구석구석 문화의 옷이 입혀졌다. 2011년에는 감천문화마을 주민협의회가 공식 출범하고, 현재는 감내맛집, 미니숍과 아트숍, 공영주차장, 감내카페, 게스트하우스 등이 들어선 어엿한 문화마을의 모습을 갖추게 되었다. 감천문화마을은 주민 모두의 희생과 협동으로 만들어낸 결과물이라 더욱 빛난다. 주요사업은 감천 문화마을 조성(카페, 맛집, 관광상품 개발 및 판매 등) 등이다.

사례 3) ㈜자이엔트

"ICT를 기반으로 지역문화콘텐츠 기획 및 컨설팅", 충남 천안 동남구에 위치한 자이엔트(G.I.ANT: Glocal Innovative Ant)는 대학생 시절 수도권과의 문화격차 해소를 위한 활동하던 대표자가 설립하였다.

아산 시조 수리부엉이를 모티브로 한 EDM 페스티벌인 '아울페스티벌', 복고컨셉의 원도심 활성화 프로젝트 '디스코아케이드' 등의 사업을 펼치며 문화소외지역민들에게는 문화향유의 기회를 제공하고, 문화예술인에게는 참여기회를 제공하는 등 지역경제 활성화에 기여하고자 활동하고 있다. 주요사업은 대중문화예술기획, 이벤트대행 등이다.

(6) 사회적기업 창업의 혜택

사회적기업은 사회적으로 긍정적인 영향을 미침과 동시에 다양한 혜택을 받아볼 수 있기에 최근 사회적기업 창업을 준비하는 사람들이 늘어나고 있다. 일반적인 기업과 비교했을 때 과연 어떤 혜택을 보유하고 있는지 아래 내용으로 함께 알아보자.

1) 법인세 & 소득세 감면

사회적기업 창업을 실시하면 설립 후 3년간 법인세와 소득세를 100% 감면받을 수 있으며 이후 2년 동안 법인세와 소득세를 50% 감면받을 수 있다.

2) 취득세, 등록면허세, 재산세 감면

법인이 직접 사용하고자 취득하는 부동산 취득세를 50% 감면받을 수 있으며 고유한 업무에 사용하는 부동산 재산세는 25% 감면받을 수 있다. 또, 법인등기에 대한 등록면허세는 50%까지 감면받을 수 있다.

3) 기부금 인정

사회적기업에 기부하는 개인기업, 일반법인기업, 연계기업에 기부금을 법인소득의 10% 내에서 손금산입으로 처리할 수 있다.

4) 부가가치세 면제

사회적기업이 제공하는 교육용역 및 의료보건에 대해 부가가치세를 면제받을 수 있다. 최근 사회적기업 창업을 위해 힘쓰는 예비창업자가 증가하고 있어 정부에서도 사회적기업 창업에 도움이 되는 지원정책을 펼치고 있다. 선한 영향력을 위해 힘쓰고자 노력하는 만큼 정부 지원으로 든든하게 창업하기 위해서는 정부의 지원 사업을 활용하여 창업을 실행하는 것이 좋다.

(7) 사회적기업 설립 조건

요즘처럼 세율이 계속해서 오르고, 세율이 부담스러울 정도로 적용되는 시기에 사회적기업의 절세 혜택은 매우 솔깃한 내용이 아닐 수 없다. 그래서 사회적기업 창업을 꿈꾸는 사람들이 점점 더 증가하는 추세다. 창업을 위해서는 사회적기업 설립 조건에 대해서 알아보자.

① 창업 목적이 사회적 목적이어야 하며, 그 목적을 위해 사업을 실현해야 한다.

② 대통령령이 정한 기준 이상의 영업활동 수입이 존재해야 한다.

③ 서비스 수혜자, 근로자 등 이해관계자가 참여하여 의사결정을 하는 구조를 갖춰야 한다.

④ 유급근로자를 고용하여 영업활동을 해야 한다.

   (사회적기업 신청 직전 6개월 동안 평균 1명 이상의 유급근로자를 고용한 상태여야 함)

⑤ 사회적 목적으로 이윤을 사용해야 한다.

(8) 사회적기업 창업 지원 사업

사회적 목적을 실현해야 하는 기업인만큼 설립 조건도 까다롭고, 사업을 실행하는데 소요되는 비용이 적지 않다. 따라서 적자를 최대한 막기 위해서는 사회적기업 창업자를 위한 정부의 지원사업을 활용하는 것도 방법이다.

대표적인 지원사업 중 하나인 2021 사회적기업가 육성사업 창업지원공고에 대해 알아보자. 해당 사업은 혁신적인 사회적기업 창업 아이템을 보유하고 사회문제를 해결하고자 하는 예비창업자를 발굴하여 창업공간, 창업자금, 멘토링 등을 지원하는 사업이다.

본 사업은 참여신청서, 사업화 계획서, 개인정보 활용 동의서 등을 준비하여 신청할 수 있으며 만약 본 사업에서 승인을 받을 시 1~5천만 원 내외의 지원금을 받아 창업을 실행할 수 있다.

3. 소셜벤처(Social Venture)

전 세계적으로 이러한 사회적기업가를 양성하고 이들을 독려하기 위해 GSVC (Global Social Venture Competition)가 매년 열리고 있으며, ASHOKA, Echoing Green, Schwab foundation 등에서 사회적기업가 발굴과 양성에 힘을 쓰고 있다. 따라서 사회문제에 대해 창의적이고 효과적인 솔루션을 갖고 있는 사회적기업가가 지속 가능한 사회적 목적 달성을 위해 설립한 기업 또는 조직을 말한다. 사회적기업은 사회적 문제 또는 시장실패를 완화하거나 줄이기 위해 사회적목적과 경제원리, 혁신성에 기반한 운영을 통해 사회적 가치를 생산해내는 비즈니스 벤처가 주 핵심이다.

따라서 소셜벤처는 사회문제를 해결하는 데에서 사회적 기회를 찾는 것으로, 이

그림 5-3 벤처와 소셜벤처의 비교

Venture?	Social Venture!
• 개인 또는 소수의 기업가가 기술혁신 아이디어를 상업화하기 위해 설립한 신생기업	• 개인 또는 소수의 기업가가 사회문제를 해결할 혁신적인 아이디어를 상업화하기 위해 설립한 신생기업
• 높은 위험부담을 감수하지만, 성공할 경우 높은 기대이익이 예상	• 높은 위험부담을 감수하지만, 성공할 경우 높은 사회적 가치와 이익 예상
• 모험적 사업에 도전하는 왕성한 기업가 정신을 가진 기업가에 의해 주도	• 사회적 목적을 지속가능하게 할 모험적 사업에 도전하는 창의적 기업가 정신을 가진 기업가에 의해 주도
전통적 기업의 대한 모델 지식정보와 시대에 적합한 네트워크형 기업으로서 수평적 관계중시, 투자중심의 자금조달, 투명경영의 특성 보유	**전통적 사회복지와 대한 기업의 새로운 경영모델로서의 소셜벤처** 지식정보와 시대에 적합한 네트워크형 기업으로서 수평적 관계중시, 투자중심의 자금조달, 투명경영의 특성 보유

출처: 한국사회적기업진흥원, 2021

를 구현해내는 사회적기업가의 아이디어, 도전정신, 열정을 가장 중요한 요소로 파악해야 한다.

(1) 한국의 소셜벤처(Social Venture)

국내에서는 정부가 사회적기업육성법을 제정하여, 사회적 목적을 달성하기 위하여 영업 및 이윤 추구 활동을 영위하는 사회적기업을 인증하고 있다. 소셜벤처와 사회적기업의 목적과 운영원리는 유사하지만, 정부의 인증을 받아야 하는 사회적기업에 비해 소셜벤처는 사회적기업인증제도에 의한 설립 기준에 구애받지 않고 다양한 방식과 형태를 통해 더욱 도전적이며 창의적으로 사업화할 수 있는 장점이 있다.

국내에서는 정부와 민간의 예비사회적기업가 발굴 지원 및 각종 경연대회 개최를 통해 소셜벤처 창업을 장려하고 있다. 특히, 청년 계층의 소셜벤처 창업이 돋보이며 중소기업 또는 퇴직자의 소셜벤처로의 전환 등도 유력한 흐름으로 형성되고 있는 중이다. 즉, 소셜벤처는 곧 창의적이고 도전적인 벤처정신으로 사회문제의 솔루션을 제공하는 혁신적인 기업 모델이다. 벤처정신에 사회문제의 솔루션을 담는 것이 소셜벤처(Social Venture)이다.

(2) 소셜벤처 지원대상

현재 실시 중인 소셜벤처 육성목적은 지속성장 가능한 일자리 창출을 위해 사회적 가치뿐만 아니라 경제적 성과를 나타내는 소셜벤처를 집중 육성하기 위한 사업은 '21년의 경우 2,178백만 원 규모이다. 지원대상은 소셜벤처 중간지원조직, 소셜벤처기업 등이다. 사업내용은 다음과 같다.

1) 소셜벤처 실태조사

소셜벤처 규모와 운영실태, 애로사항 및 정책수요를 파악하기 위한 소셜벤처 실태 조사를 실시하고 있다.

2) 소셜벤처 평가시스템(소셜벤처 스퀘어) 운영

소셜벤처 소개, 소셜벤처 판별·평가, 지원사업 정보 안내, 소셜벤처 현황(소셜벤처 맵) 및 지원기관 현황 등의 정보 제공, 특히 소셜벤처 기업이 산재되어 있는 소셜벤처 관련 지원정책 등의 정보에 쉽게 접근하고 지원받을 수 있도록 지속적인 정보 업데이트 및 소셜임팩트 보증, 소셜벤처 창업 사업 등에 지원하기 위한 소셜벤처 여부 판별을 소셜벤처스퀘어를 통해 온라인 간편 신청이 가능하다.

3) 수도권 소셜벤처 육성

소셜벤처 임팩트 투자사, 엑셀러레이터 등 소셜벤처 중간지원조직의 소셜벤처 활성화 프로그램을 확대·심화하여 지원하고 있다. 특히, 운영기관이 기획·제안하는 소셜벤처 활성화 프로그램을 공모로 선정하고, 제안한 기관이 직접 운영한다.

4) 지역 소셜벤처 지원

소셜벤처 중간지원조직을 통해 지역 소셜벤처 대상 역량 강화 프로그램을 발굴·운영하여 수도권-지역 간의 불균형을 해소하고, 민간 소셜벤처 지원조직이 사업 지역(광역시·도 단위)을 선정하고, 해당 지역 소재 소셜벤처에 적합한 특화프로그램을 제안하고 있다.

(3) 소셜임팩트 펀드

사업목적은 소셜벤처에 대한 민간 투자 유도 및 사회적 가치 투자 붐을 조성하기 위함이다. 지원대상은 재무적 성과와 사회문제 해결을 동시에 추구하면서 혁신성·성장성을 보유한 중소·벤처기업인 소셜벤처기업이다. 따라서 펀드 운용사가 소셜벤처기업 정의를 다음에 따라 제안하고 있다.

(4) 소셜벤처기업 정의

① UN 지속가능개발(SDGs) 17개 목표 범위 내에서 운용사가 자율 제안
② 사회통합, 사회문제, 공동체, 환경/생태 분야 해결을 주목적으로 하는 순수 비영리 조직

UN SDGs는 '15년 9월 유엔 총회에서 설정한 지속 가능한 개발을 위한 17개를 목표로 설정하였다. 〈표 5−2〉와 같이 특히, 빈곤과 기근, 보건과 교육, 성평등과 물 위생, 청정에너지와 고용, 산업과 혁신 및 인프라, 불평등 감소, 지속 가능한 사회, 책임 있는 소비·생산과 기후 변화 및 수중 생태계, 육지 생태계 분야와 평화 및 정의와 강한 협력, 목표 달성을 위한 협력 등이 우선시 된다.

주요사업 내용은 모태펀드(중소기업투자모태조합)에 기금을 출자하여 모태펀드와 민간 투자자가 함께 소셜벤처에 대한 투자를 목적으로 펀드를 결성하며, 규모는 모태펀드에서 출자(60%)하고, 민간자금(40%) 매칭을 통해 '20년까지 14개, 2,450억 원 규모의 소셜임팩트 펀드가 조성되었다.

표 5-2 소셜벤처의 사업 분야(예시)

구분	사회통합	사회문제(필요)	공동체(공동)	환경/생태
사업분야	① 취약계층 포용 ② 불평등 축소 ③ 저개발국가 원조, 협력 등	① 교육/저출산 ② 건강과 웰빙 ③ 고용/일자리 ④ 주택/주거 ⑤ 문화 등 ⑥ 사회적 책임 이행기업(CRS 등)	① 공공장소 활용 ② 공동체와 지역발전 ③ 교통/수도/전기 등 공공서비스	① 수질과 위생 ② 공해와 오염 ③ 기후변화 ④ 청정에너지 등

출처: 소셜벤처스퀘어

대표사례

- (사업대상) 째깍악어주식회사
- (기업유형) 예비 사회적기업(인증일: '17.8.11), 여성기업
- (주요사업) 째깍악어 (1세부터 초등학생까지 아이를 가진 부모님이 아이를 믿고 맡길 수 있는 온디멘드형 시간제 아이돌봄 서비스)
- (사업성과)
① 국내 아이돌봄 업계에서 돌봄 누적 시간과 부모·교사 회원 수 기준으로 시장점유율 1위 기록
② 국내 삼성카드, 롯데마트, 현대해상 등과 협업하여 경력단절 여성 재취업 지원
③ 오프라인 키즈 공간, 아파트 커뮤니티, 비대면 온라인 클래스 등으로 사업 확장 중

(5) 소셜임팩트 보증

사업목적은 기존 중소기업 제도에서는 금융 지원을 받기 어려웠던 소셜벤처들도 보증 지원을 받을 수 있도록 소셜임팩트 보증제도를 신설('18년 5월)하였다.

지원대상은 다음의 「소셜벤처기업 판별 프로세스」를 통해 '사회성'과 '혁신성'을 기준으로 소셜벤처기업을 분류하고 지원대상을 선정한다. 사회성 판별표 및 혁신성 장성 판별표에 의한 점수 합계가 각각 70점 이상인 경우에 해당된다.

시업내용은 사회적경제의 구성원인 소셜벤처에 대한 보증 우대지원으로 사회문제 해결 및 혁신성장 견인차 역할을 하고 있으며, 특히 보증료 감면(0.5%p), 전액보증, 보증심사 완화 등이다.

그림 5-4 **소셜벤처기업 판별 프로세스**

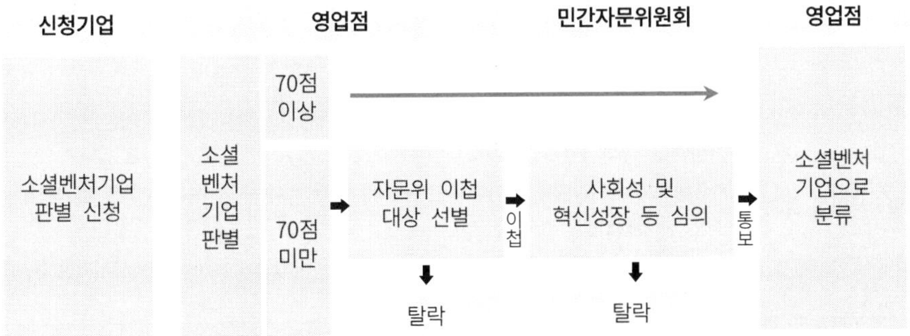

출처: 기술신용보증기금

4. 협동조합

협동조합기본법은 협동조합의 설립운영에 관한 기본적인 사항을 규정하여 자주적, 자립적, 자치적인 협동조합 활동을 촉진하고 사회통합과 국민경제의 균형 있는 발전에 기여함을 목적으로 하고 있다.

법인격 부재로 인한 애로사항을 해소하고 새로운 경제사회 발전의 대안모델로 주목받고 있는 협동조합의 설립과 운영을 규정함으로써 경제 사회적 수요를 반영하기 위한 것이다. 주요 내용을 정리하면 다음과 같다.

① 재화 또는 용역의 구매·생산·판매·제공 등을 협동으로 영위함으로써 조합원의 권익을 향상하고 지역사회에 공헌하는 사업조직이다(협동조합기본법 제2조 제1호).

② 공동으로 소유되고 민주적으로 운영되는 사업체를 통하여 공통의 경제적, 사회적, 문화적 필요와 욕구를 충족시키고자 하는 사람들이 자발적으로 결성한 자율적인 조직(국제협동조합연맹/ICA)

③ 이용자가 소유하고 이용자가 통제하며 이용규모를 기준으로 이익을 배분하는 사업체(미국 농무성/USDA)

표 5-3 **협동조합의 장점**

1. 경제주체별 효과	원하는 맞춤형 물품(유기농산물 등), 서비스(의료, 돌봄, 보육 등)를 저렴하고 안정적으로 구매하여 편익 증가 • 소비자: 원하는 맞춤형 물품(유기농산물 등), 서비스(의료, 돌봄, 보육 등)를 저렴하고 안정적으로 구매하여 편익 증가 • 생산자: 소비자조합 등과 연계하여 직거래 및 사전계약재배 등을 통해 안정적이고 높은 수익 보장 • 근로자: 직원으로 구성된 협동조합 설립을 통해 고용불안정 문제해결은 물론 임금수준 향상도 기대
2. 경제·사회적 효과	새로운 법인격 도입을 통해 경제활력을 제고하고 사회서비스 등 기존 복지체계에 민간참여를 확대 • 경제적 효과: 창업활성화를 통한 일자리 확대, 유통구조 개선을 통한 물가안정, 경제위기시 경제안정 효과 기대 • 사회적 효과: 취약계층에게 일자리 및 사회서비스를 제공하여 '복지시스템'을 보완하고 '일을 통한 복지'에 기여
3. 기타	민주적 운영(1인 1표)에 따른 의사결정의 조합원 참여를 보장하여 구성원의 만족감, 주인의식 등 제고

표 5-4 협동조합의 역할과 책임 범위

사업범위	의결권 및 선거권	책임범위	가입 · 탈퇴	배당
공동의 목적을 가진 5인 이상이 모여 조직한 사업체로서 그 사업의 종류에 제한이 없음(금융 및 보험업 제외)	출자규모와 무관하게 1인 1표제	조합원은 출자자산에 한정한 유한책임	자유로운 가입과 탈퇴	전체 배당액의 100분의 50 이상을 협동조합 사업이용 실적에 따라 배당

협동조합의 7대 원칙

국제협동조합연맹(ICA)은 협동조합의 7대 원칙을 천명
'협동조합 정체성에 대한 선언'(Statement on the Co-operative Identity), 95년 ICA 100주년 총회 시 발표

1. 자발적이고 개방적인 조합원 제도
- 협동조합은 자발적이며, 모든 사람들에게 성(性)적 · 인종적 · 정치적 · 종교적 차별 없이 열려 있는 조직

2. 조합원에 의한 민주적 관리
- 조합원들은 정책수립과 의사결정에 활발하게 참여하고 선출된 임원들은 조합원에게 책임을 갖고 봉사
  조합원마다 동등한 투표권(1인 1표)을 가지며, 협동조합연합회도 민주적인 방식으로 조직 · 운영

3. 조합원의 경제적 참여
- 협동조합의 자본은 공정하게 조성되고 민주적으로 통제
- 자본금의 일부는 조합의 공동재산이며, 출자배당이 있는 경우에는 조합원을 출자액에 따라 제한된 배당금을 받음
잉여금은
① 협동조합의 발전을 위해 일부는 배당하지 않고 유보금으로 적립
② 사업이용 실적에 비례한 편익제공
③ 여타 협동조합 활동 지원 등에 배분

4. 자율과 독립
- 협동조합이 다른 조직과 약정을 맺거나 외부에서 자본을 조달할 때 조합원에 의한 민주적 관리가 보장되고, 협동조합의 자율성이 유지되어야 함

5. 교육, 훈련 및 정보제공
- 조합원, 선출된 임원, 경영자, 직원들에게 교육과 훈련을 제공
- 젊은 세대와 여론 지도층에게 협동의 본질과 장점에 대한 정보를 제공

6. 협동조합 간의 협동
- 국내, 국외에서 공동으로 협력사업을 전개함으로써 협동조합 운동의 힘을 강화시키고, 조합원에게 효과적으로 봉사

7. 지역사회에 대하여 기여
- 조합원의 동의를 토대로 조합이 속한 지역사회의 지속가능한 발전을 위해 노력

사례연구 1 협동조합온리

전라북도에서 국내 협동조합 성공사례로 손꼽히고 있는 협동조합 '온리', 전주시 완산구 교동, 전주한옥마을로 유명한 이곳 한 귀퉁이에 협동조합 온리가 자리잡고 있다. 과거 전라북도 지역이 경제적 자립도가 낮아 젊은 세대들이 타지로 가는 경우가 많았다. 협동조합 온리의 김명진 이사장 또한 대학 졸업 후 서울 생활을 하였는데 김명진 이사장은 지역공동체가 파괴되는 모습을 보고, 지역공동체를 어떻게 되살릴 수 있을까 고민 끝에 리사이클링을 화두로 내세웠다. 그 결과 '온고을의 되살림'이라는 슬로건 아래 '온리'가 탄생하였다.

쓸모없는 폐종이를 활용, 본래 한지로 유명한 전북지역 전통의 복원, 어르신들의 일자리 창출. 이 세 가지가 시너지를 발휘해 지금의 협동조합온리(종이 정원)로 자리 잡은 것이다.

리사이클링 제품은 기업을 대상으로 하는 기념품 시장에서도 경쟁력이 있다. 실제로 웨딩업체에서는 리사이클링 청첩장 제작에 대한 문의가 오고 있다.

협동조합 온리의 '종이 정원'은 특별한 인쇄기법을 통해서 씨앗이 싹을 틔우는 과정에서도 인쇄된 타이포그래피가 지워지지 않는 방법을 구현해 다양한 분야에서 활용될 수 있어 기업홍보용으로도 관심을 받고 있다.

협동조합은 연대와 공유를 기본 가치로 하지만 실제로 그렇게 운영되는 것이 쉬운 일은 아닙니다. 그 이유는 여러 가지가 있겠지만, "기본적으로 조합원들의 경제적 기반이 담보되어야 하기 때문"이라고 말한다. 그래서 '협동조합 온리'는 '통치조직'과 '관리조직'을 분리해 조직을 이원화했다.

즉, '조합원 총회'로 전 조합원이 동등하게 민주적 의사결정을 하는 '관리조직'을 두되, '통치조직'을 별도로 구성하여 CEO를 필두로 효율적인 경영에 집중하며 경제적 기반을 담보로 연대와 공유를 실천할 수 있는 협동조합의 형태를 가지고 가는 것이다.

이를 통해 경제적 기반을 담보할 수 있는 효율적인 경영과 함께 전 조합원이 주인으로서 의사결정을 할 수 있는 지속 가능한 협동조합의 형태를 이룰 수 있었다.

협동조합온리

협동조합온리는 지역의 버려지는 폐자원을 디자인과 기술, 아이디어
그리고 정성스런 손길을 더해 새로운 쓸모를 지닌 친환경 문화 수공예
품으로 되살립니다. 지역공동체와 어우러진 기업활동으로 소외되고
어려운 이웃과 함께할 일자리를 만들고 그들과 함께 지역 고유의
문화를 만들어 갑니다.

출처: 협동조합온리

울산제과점협동조합은 울산지역 10개의 제과점이 모여 결성했다. 로컬 푸드를 이용한 제품을 개발하여 동네빵집의 활로를 모색하고 있으며 협동조합을 만들기 오래 전부터 울산의장애청소년들에게 제과제빵 교육과 봉사활동을 해왔다.

긴 시간 나눔의 가치를 실천하면서 똘똘 뭉친 여섯 명의 사장님들이 협동조합을 꾸린 뒤 얼마 지나지 않아 2014년 9월 '울산 12경 전병'을 판매하는 첫 공동 판매장을 개소했다.

울산의 대표적인 제과를 개발하는 것과 함께 장애인들이 일할 수 있는 사회적기업으로 성장하는 것이 그들의 바람이다. 협동조합 블로그지기가 전하는 오늘 국내사례는 울산제과점협동조합 이야기다.

출처: 울산제과협동조합

사례연구 3 와플대학협동조합

와플대학협동조합은 기존의 프랜차이즈와 다르게 로열티나 가맹비 없이 조합원들이 창업할 수 있도록 하고 있다. 자체 개발한 12가지 와플크림과 같은 재료지원과 운영교육으로 조합원들에게 든든한 조력자가 되고 있다.

'손에 손잡고'라는 슬로건을 내걸고 소자본 창업자를 적극 양성하고자 한다. 와플대학협동조합은 막막한 청년들에게 협동조합이 희망과 돌파구가 될 것이라고 말한다.

와플대학협동조합

와플대학협동조합은 기존의 프랜차이즈와 다르게 로열티나 가맹비 없이 조합원들이 창업할 수 있도록 교육과 재료를 지원하고 있습니다. 2009년 신촌의 한 노점상에서 시작해 현재 전국의 50여 곳에 와플대학 매장이 운영 중입니다. '손에 손잡고'라는 슬로건을 내걸고 소자본 창업자를 적극 양성합니다.

출처: 와플대학협동조합

사례연구 4　FC바르셀로나

오늘날 '축구의 신'으로 불리는 리오넬 메시! 그의 현란한 드리블은 축구를 잘 모르는 사람조차 '메시'를 열광하게 만들기에 충분할 것이다. 인터넷에서 리오넬 메시를 검색하면 적청색의 줄무늬 축구복을 입은 모습을 종종 발견하게 된다. 적청색은 스페인 카탈루냐어로 '로스 블라우그라나(Los Blaugrana)'라 하는데, 이는 그가 소속한 FC바르셀로나의 애칭이기도 하다.

FC바로셀로나는 지난 5월 유럽축구 챔피언스 리그에서 우승하는 등 최근 들어 축구클럽으로서 최고의 주가를 올리고 있다. 그런데 사실 FC바로셀로나에게 '최고의 주가를 올리다'란 찬사는 적합하지 않습니다. 왜냐하면 FC바로셀로나는 협동조합으로, 그들이 발행하는 주식은 없기 때문이다.

그렇다면 도대체 축구협동조합이란 뭘까? 간단하게 설명하면, 축구팬에 의해 소유되고 축구팬에 의해 통제되는 클럽이라고 말할 수 있다. 우선 FC바르셀로나의 주인은 특정 기업이 아니라 조합원 전체인데, 연간 27만 원 정도의 조합비를 내면 누구나 조합원으로 가입할 수 있다.

2010년 현재 조합원은 약 17만 5천 명이며, 이 중 3만 명은 스페인 국외 거주자다. 이에 따라, 대기업 총수가 구단주를 임명하는 우리나라와 달리, FC바르셀로나는 조합원이 6년마다 투표를 통해 구단주격인 회장을 직접 선출한다.

현 회장인 산드로 로셀은 2010년 역대 최고 득표율인 61.35%로 선출되었다. 전임 회장 호안 라포르타의 경우는, 임기 중 불신임안이 투표가 부쳐지기도 했다. 당시 해임 찬성률이 60%까지 나왔으나, 해임이 가결되는 66%에 못 미쳐, 회장 임기를 유지할 수 있었다. 또한 FC바르셀로나는 협동조합 자율과 독립의 원칙에 따라 필요한 재원은 조합비 증액과 상업적 수익을 통해서만 조달하고 있다. 주식시장에 상장한다거나 외부자본을 영입하는 것은 허용이 안 되는 것이다.

2006년 에이즈에 노출된 전 세계 어린이들을 위해 유니세프와 후원계약을 체결하고, 적청색 줄무늬 축구복에 기업광고가 아닌 유니세프 로고를 넣은 것도 영리를 목적으로 하지 않는 협동조합이기에 가능할 수 있었다.

1899년 스페인의 바르셀로나를 연고지로 창단된 FC바르셀로나는, 오늘날의 성공이 협동조합이었기에 오히려 가능했음을 입증하고 있다. FC바로셀로나는 Football Club이기 이전에, Football Cooperative 인 것이다.

출처: 협동조합생각창고

 사례연구 5 **썬키스트(미국)**

1769년, 아메리카 대륙 캘리포니아 주에 '캘리포니아 미션'을 지으면서 Father Junipero Serra와 그의 스페인 수사들이 처음으로 오렌지 씨를 심었다. 몇 년 후 이것들이 엄청나게 번성했다. 시간이 흘러 1804년. 원주민들의 도움으로 Father Cruzado는 켈리포니아에서 가장 커다란 오렌지 농장을 만들었다. 또한 당시 털모자 장수였던, 윌리엄 울프스킬(William Wolfskill)도 수백 개의 레몬과 오렌지 씨앗을 2에이커(약 4,046.8평방미터)에 심으면서 캘리포니아의 오렌지 농업은 시작됐다.

캘리포니아에서 오렌지만 나는 것은 아니다. 금광시대가 오면서 많은 사람들이 몰려들었고, 이들은 비타민C 부족으로 괴혈증에 시달렸다. 그래서 비타민C 보충에 최고인 레몬은 불티나게 팔렸고, 1848년 그 가격은 레몬 하나에 1$까지 치솟았다.

1870년에는 엘리자와 루터티베츠가 브라질에서부터 선물 받은 세 그루의 네이블 오렌지 나무를 캘리포니아 리버사이트에 심으면서 캘리포니아는 네이블 오렌지의 본거지다. 1877년엔 그 해 완성된 대륙 횡단 철도를 통하여 세인트 루이스에 오렌지를 판매했고 이로 인해 캘리포니아의 감귤류 도매산업이 전국적으로 확장되게 되었다. 그런데 1891년, 도매상의 횡포로 감귤류 재배자들이 판매 대금을 제때에 받지 못하여 적자를 면치 못하는 사태가 발생했고, 1893년 재배자들이 전국의 판매, 유통을 직접 관리하는 '남부 캘리포니아 과일 거래소(Siythern California Fruit Exchange)'를 만들었다. 거래소에 소속된 농부들의 수가 캘리포니아 전체 감귤류 재배자의 45%를 차지할 정도로 늘어나자 거래소명을 '캘리포니아 과일 재배자 거래소'로 변경했다.

이미 지나온 역사를 후루룩 훑어보면 조합운영이 쉽게 보이지만, 선키스트도 협동조합이 실패하는 가장 큰 원인인 조합원 간의 마찰로 어려움을 겪었다. 이러한 갈등을 봉합하기 위해 선키스트는 독립된 의사결정 기구를 만들고, 정기적으로 회원들에게 사업내용을 보고하여 추인하는 방식을 택하게 되었다. 조직을 정비하고, 직접 유통을 하면서 선키스트는 자리를 잡아갔고, 조합원 농민들의 이익을 대변하는 강력한 이익집단이 된다. 분만 아니라 협동조합의 취약점인 마케팅에도 적극적이었다.

이들은 상하기 쉬운 과일을 처음으로 광고한 선구자였고, 오렌지의 판매량은 50% 이상 증가했다. 이런 상승세를 타고 1908년부터는 고품질의 오렌지에 선키스트 상표를 사용하기 시작했으며 선키스트는 세계 최초로 브랜드명이 붙은 과일이 되었다. 선키스트라는 뜻은 캘리포니아의 강한 태양을 받고 자랐다는 것을 강조하는 '태양(sun)'이 키스(Kiss)했다는 뜻이다. 이 브랜드는 전문 광고회사를 통해 만들었고, 이런 의사결정을 할 수 있었던 것은 독립된 의사결정기구의 역할이 크게 작용했다.

이후에도 선키스트는 앞서가는 홍보전략으로 사람들에게 사랑 받는 브랜드다. 철저한 품질관리를 위해 내부기준에 따라 고품질의 오렌지에 한정수량에만 라벨을 붙일 수 있게 하였고, 이는 결과적으로 '선키스트 오렌지' 하면 맛있는 오렌지라는 명성을 얻게 했다.

1914년, 선키스트 가공기업의 시초가 되는 선키스트 마멀레이드 공장에서는 감귤류를 이용한 제품을 생산하기 시작했다. 그리고 1916년에 "Drink an Orange"라는 광고를 시작하면서 급격히 오렌지 주스의 새 시대가 열렸다. 1922년에는 비타민 C의 이로운 점을 강조하는 캠페인도 했다. 1977년에는 선키스트 오렌지 소다를 출시했고, 1990년에는 판매량 10억 달러를 기록했다. 선키스트 라이선스로 생산되는 제품은 청량음료, 캔디, 스낵, 비타민 등 약 600종류가 있다. 이후로도 다양한 제품과 적극적인 홍보전략, 그리고 무엇보다 맛있고 품질 좋은 오렌지로 세계시장에 승부수를 던지면서 선키스트는 성장하였다.

불합리한 유통체계를 바로잡고자 손을 잡은 농민들로 시작한 선키스트 협동조합. 120년 전부터 지금까지 선키스트가 사랑받는 것은 조합원 간의 갈등을 줄이기 위한 의사결정기구를 만들어 조직을 세우고, 꾸준한 품질관리 및 적극적인 홍보전략과 브랜드 관리, 다양한 제품개발의 결과다.

태양의 입맞춤, 선키스트

출처:new.fndairies.com

흔히 관광국가로 인식되고 있는 스위스의 1인당국민총생산은 연 7만 달러에 이르고 있다. 마치 관광수입이 총생산의 대부분을 차지하는 것으로 이해되고 있으나, GDP 중 관광이 차지하는 비중은 고작 5% 정도에 그치고 있다. 한때 최빈국이었던 스위스가 유럽의 강소국으로 거듭나게 된 배경에는 사회적기업을 중심으로 한 창의적이고 혁신적인 국민들의 자발적인 활동을 들 수 있다.

스위스 최대 소매유통기업인 쿱(Coop)과 미그로스(Migros)는 우리나라의 사회적기업 내지 협동조합 형태의 민간기업으로, 생산·제조에서부터 도매·소매에 이르는 유통 전 과정에 걸친 국민참여형 기업이다. 이들은 단계별 유통과정 전반에 참여함으로써 생산성을 향상시키는 한편, 수익의 환원 등 기업의 사회적 책임에도 열과 성을 다함으로 인해 스위스 국민들이 가장 사랑하고, 근무하고 싶어 하는 기업으로 꼽힌다.

최근 스위스 프랑의 초강세로 인한 수출성장의 둔화와 함께 내수시장의 위축 속에서도 유통의 수직적 통합화, 소매가격 인하 등 다양한 창의적 활동을 통해 지속적인 성장을 하고 있는 이들 기업은, 급기야 소비특성에 대한 면밀한 분석을 통해 스위스 건강기능식품시장의 75% 이상을 차지할 정도로 공급자와 유

출처: http://goodmonitoring.com

통경로로서 큰 의미를 지니게 되었다. 특히 2012년 말 기준, 회원수 300만 명을 확보하고 스위스 전역에 2,000개 이상의 점포를 운영하고 있는 쿱은 광범위한 네트워크와 회원을 토대로 약품, 향수, 여행상품, 택배서비스, 가구류 등 무려 17종의 분야별 소매업을 통해 2012년 한해 26조에 이르는 매출액을 올렸다.

품질이 보장된 공급단계 통합으로 인한 비용절감 및 제품경쟁력 확보와 함께 자체 브랜드 개발을 통한 유통·판매촉진비 절감 등 운영비용 최소화는 10~20%의 소비자 가격할인으로 이어져 규모의 경제를 실현하고 있다. 결국 소비자와 공급자 모두가 상생하는 유통모델로 자리를 잡아가고 있다.

　　스페인 고용창출 3위, 재계서열 7위, 매출순위 8위의 몬드라곤 협동조합 그룹(Mondragon Corporation Cooperative)은 세계에서 가장 성공적인 협동조합이다.

　　스페인 북동부 지역 바스크 지방정부 산하의 도시인 몬드라곤에서 1956년 돈 호세 마리아 신부의 지도 아래 5명의 조합원이 모여 첫 번째 노동자 협동조합인 석유난로공장 울고(Ulgor)를 설립하였다.

　　60여년이 지난 현재 몬드라곤 협동조합 그룹을 형성하여 산하에 257개의 협동조합 및 기업과 15개의 연구센터 74,060명의 직원을 두고 있다. 자본주의적 기업의 병폐인 분배의 불평으로 인한 빈부격차의 확대, 경영의 비민주성, 노사갈등의 문제 등을 해결하고자 하는 문제인식에서 시작된 몬드라곤 협동조합은 노동자가 직접 소유하고 경영하는 기업, 발생된 수익이 노동자들에게 고르게 분배되는 기업이 되었다.

　　일반기업이 많은 주식을 보유한 소수에 의해 의사결정이 좌지우지된다면 몬드라곤 협동조합에서는 노동자가 총회에서 직접 최고 경영자를 선출 또는 해임할 수 있으며, 잉여금도 주주이자 노동자인 구성원들에

출처: 몬드라곤 협동조합 그룹

게 고르게 분배된다.

또한 최저 임금자와 최고 임금자의 임금 격차를 1 : 4.5 이상이 되지 않게 함으로써 분배의 불균형을 방지하고 있다. 뿐만 아니라 270여 개의 협동조합 및 기업들이 서로의 영압 이익과 손실을 상당부분 공유하는 놀라운 형태를 띠고 있다.

이익이 많이 발생한 조합이 손실이 많은 조합을 지원하고 서로 돕기 때문에 어느 조합에 속해 있든지 임금 차이는 크게 나지 않고 고용불안 또한 상당히 낮다. 실제로 지난 50년 동안 해고된 노동자가 한 명도 존재하지 않는다. 엄격한 심사를 거치고 조합원의 동의만 얻을 수 있다면 몬드라곤에서는 누구나 경영자가 될 수 있다. 몬드라곤 그룹은 창업을 제도적으로 지원하고, 실패를 용인하고 공동의 기금을 사용하여 손실을 나눈다.

실패를 할 경우 힘들게 적립한 노동인민금고의 기금이 투입되기 때문에 다른 조합의 조합원이라고 해도 현재 추진되는 사업에 관심을 가질 수밖에 없다. 그리고 특정 조합을 성공시키기 위해서 많게는 3만 명이 넘는 몬드라곤의 조합원이 집단지성과 집단 구매력을 발휘한다. 그리고 이 모든 과정이 조합원의 자발적 동의와 합의, 참여에 의해 결정되고 추진된다.

사례연구 8 상지대 '사회적경제 창업 입문 과정 사업' 대학 선정

상지대학교 산학협력단은 한국사회적기업진흥원이 주관하는 2021년 분야별 사회적경제 창업 입문 과정(사회서비스 분야) 수행기관으로 선정됐다고 밝혔다.

지난 2월 사회적경제 선도대학으로 선정된 바 있는 상지대는 이번 사회적경제 창업 입문 과정 수행기관에 전국 대학 중 유일하게 선정돼 사회적경제 분야 대표 대학으로 자리매김하고 있다. 지난해는 도시재생 분야에 선정되기도 했다.

한국의료복지사회적협동조합 연합회와 컨소시엄 형태로 운영되며, 사회적경제기업 창업에 관심 있는 일반인을 대상으로 강원 중심의 중부권역과 전북 중심의 남부권역 등 2곳에서 진행될 예정이다.

상반기 기초와 하반기 심화 과정으로 나눠 진행되며, 교육 수료생에게는 소셜벤처 경연대회와 사회적기업가 육성사업 등 후속 연계와 현장실습 기회가 제공된다.

출처: 연합뉴스, 2021. 6. 3 발췌정리

최근 보건복지부의 '2020년 노인 실태조사' 결과에 따르면, 인구 고령화가 꽤 빠르게 진행 중이다. 노년기에 자녀와 함께 살고 싶은 노인은 10명 중 2명이 채 되지 않는다. 주1회 연락이나 왕래하는 비율도 크게 감소 추세다. 미혼 자녀와 같이 사는 경우에는 '같이 사는 게 당연하다'는 규범적 이유(39%)나 자녀의 필요(34.0%)를 꼽은 비율이 높다. 지난해 '노인 단독 가구' 비율은 78%로, 2008년(67%)보다 크게 늘었다.

경제활동에 참여하는 노인 비율은 꾸준히 늘었다. 지난해 노인(65세 이상)의 경제활동 참여율은 37%로, 3명 중 1명 이상이다. 대다수는 농·어업이나 단순 노무직에 종사한다. 나이 들어도 일하는 이유는 노인 10명 중 7명 이상은 생계비를 마련이 주목적이다. 디지털 시대의 변화 속에 노인들의 달라진 생활상도 두드러졌다. 스마트폰을 보유하고 있는 노인 비율은 2011년 0.4%에 불과했으나 지난해에는 56%로 절반 이상이다. 평소 만성질환을 앓고 있는 노인은 84.0%로, 평균 1.9개의 질환을 갖고 있다.

왜냐하면 이러한 현상은 우리들 기성세대(꼰대)와는 빠르게 달라지는 밀레니엄 세대(MZ)의 가치관에 따라, '인생은 단 한 번뿐이다'는 욜로(YOLO)와 늘어나는 젊은 늙은이 욜드(YOLD) 현상과 노인요양원 등 지금의 우리 사회상을 반영하듯, 노인의 사회적 관계망과 더불어 사회적경제시스템도 크게 변하고 있기 때문이 아닐까?.

사회적경제는 사회적 가치에 기반하여 공동의 이익을 목적으로 생산, 소비, 분배가 이뤄지는 경제시스템이다. 사회적경제 조직은 영리기업과 다르다. 대표적인 사회적경제조직으로는 사회적기업과 협동조합, 마을기업과 자활기업 및 농어촌공동체회사 등 다양한 편이다. 사회적경제는 자본주의 시장경제가 발전하면서 나타난 불평등과 빈부격차, 환경파괴 등 다양한 사회문제에 대한 대안으로 등장했다. 이러한 때 우리는 전 세계적인 불평등과 양극화 현상, 경제 위기에 따른 시장과 자본주의의 한계점에 와 있다.

이를 해결하기 위하여, 관련 5개 부처의 32개 분야가 유사중복과 경쟁적으로 과업을 수행하고 있다. 예를 들면, 고용노동부의 사회적기업 일자리 창출 사업 등 8개 분야, 중소벤처기업부의 사회적경제기업 성장집중지원 사업 등 9개 분야, 문화체육관광부의 문화예술분야 사회적경제 활성화 지원 등 6개 분야, 산업통상자원부의 사회적경제혁신성장(R&D) 등 5개 분야, 보건복지부의 자활기업활성화 지원 등 4개 분야 등이다. 특히, 사회적기업의 경우는 사회서비스 제공형과 일자리 제공형, 혼합형과 지역사회공헌형, 기타(창의 및 혁신)형으로 구분된다.

우리는 지금까지 한 번도 경험해보지 못한 새로운 지식정보사회에 살고 있다. 맥킨지 분석에 따르면 지식정보사회의 경제효과는 2030년 기준으로 최대 460조 원에 달할 전망이다. 2000년대 들어 노동불안정성 심화, 사회서비스 수요 증가를 배경으로 사회적기업이 창업시장에서 크게 주목받기 시작하였다. 15년 전에 제정된 사회적기업육성법에 따른 다양한 지원이 진행되고 있는 지금. 사회적경제기업과 정책에 대한 평가는 긍정과 부정의 시소처럼 양 날개 같다. 왜냐하면 종종 사회적경제기업의 허(虛)와 실(實)이 공존하고 있기 때문이다. 이제 두 측면을 포괄적이고 세심하게 살펴보는 노력이 절대적으로 필요한 시점에 와 있다면, 곧 노인이 되는 필자만의 생각일까? 결코 노인을 무시하지 말게, 너희들도 언젠가는 노인이 된다네.

김영국 계명대 벤처창업학과 교수·칼럼니스트·Saxophonist
출처: 경북도민일보 2021.6.10.

사회적경제와 행복경제

1. 행복경제

행복이란 자아의 변화에 따라 발생되는 상태 중 하나에 속하며, 인간의 궁극적인 삶 목표는 과거, 현재, 미래 모두 행복을 추구해왔다. 타인이 어떤 대상을 바라볼 때 확인 가능한 외형표현 양식에 따라 일정한 행복의 상태가 규정되는 것이라 볼 수는 없다.

예를 들어, 누군가가 '행복하지 않은 것'처럼 보이는 상태라 할지라도, 그 평가는 어디까지가 관찰자의 주관에 따른 것일 뿐, 혹 그 상태를 당사자가 주관적으로 행복한 상태라고 느끼고 있다면, 그것은 행복의 한 형태라 할 수 있다.

또 다른 예로, 사는 집이 없어 바깥을 떠도는 사람이 있다고 할 때, 만일 그 사람이 '누우면 침대요 하늘이 이불이라'는 식으로 좋게 받아들이는 경우, 그 '바깥'은 그 사람에게 있어서 행복감을 느끼는 주거 공간이 되게 되는 것이다. 또한, 개개인의 영역을 살펴보아도, 행복은 상대적이며, 이전에 충족시키지 못하였던 어떤 상태가 충족되었을 경우, 그것은 이전의 상태와 비교하여 행복하다고 볼 수 있을 것이다.

그러나 이러한 욕구의 정체를 모른 채, 자신이 무엇을 원하고 있는가를 이해하지 못하여 초조감에 싸인 사람이나, 욕구충족을 최우선으로 사고하여 욕구가 한없이 팽창하여 그것을 채우지 못하여 괴로워하는 사람 또한 적지 않다.

행복으로 말미암아 파생되는 심리 상태로 만족, 기쁨, 즐거움, 신남, 보람을 느낌, 가치감, 평온감 등이 존재하나, 이들 단어 역시 개개인의 주관에 따라 분화되는 개념이라 볼 수 있다. '즐겁다', '행복하다'라 불리는 상태는, 그 주체의 주관에 따라 주체적으로 바로잡는 것이 가능하며, 어떤 상황에서도 자신의 사고방식을 변경함으로써 조정할 수 있다.

(1) 법률 면에서 본 행복

한편, 법률에서도 행복에 대하여 언급하고 있다. 기본적인 인권에는 행복추구권이 포함되어 있어, 법률에 의거하여 누구든지 동등하게 행복해질 권리를 가지고 있다고 보고 있다.

행복추구권은 천부인권 사상가인 로크(J. Locke) 등이 주장하였으며, 근대 인권 선언의 초기에 주장되었던 기본권들 중의 하나이나, 현대 헌법에서는 찾아보기 쉽지 않은 기본권이기도 하다. 이 행복추구권은, 다른 사람의 행복추구권을 부당하게 침투하지 않는 한, 제약을 받는 일이 없다. 다른 표현을 쓰자면, 어떻게 자신의 행복을 추구하든 간에, 다른 사람의 행복을 침해하지 않도록 주의를 기울일 필요가 있다는 것이다.

(2) 경제면에서 본 행복

전형적으로, GDP나 GNP 등의 지표가 국가의 경제면의 윤택함을 나타내기 위한 도구로 사용됐다. 그러나 이들 수치가 높은 국가가 낮은 국가에 비해 행복하다고 여겨질지도 모르나, 연구에 의하면 GDP 15,000달러 이상의 국가의 경우, 한 국가의 평균 소득과 그 나라 국민의 평균 행복감과는 큰 차이를 보이지 않는다고 한다.

행복을 측정하는 지표가 전통적인 의미의 관점이 아닌, 공급이 얼마나 많은가를 따지는 것에 지나지 않는다는 비판 또한 존재한다.

행복경제학의 선구자 BRUNO S. FREY는 비용과 편익이라는 결과적 효용에만 초점을 맞춘 표준 경제이론의 한계를 지적하며, 개인의 '주관적 안녕감', 즉 행복을 측정하는 것이야말로 경제적 행동을 해석하고 경제정책을 수립하는 데 가장 중요한 열쇠라고 주장한다.

그는 1941년 스위스 바젤에서 태어났으며 스위스 바젤 대학교와 영국 케임브리지 대학교에서 경제학을 공부했다. 미국의 리처드 이스털린, 영국의 리처드 레이야드, 이탈리아의 루이지노 브루니와 함께 행복경제학의 흐름을 주도한 세계적인 학자이다. 1977년부터 스위스 취리히 대학교에 재직하면서 경제학의 정교한 분석 기법과 심리학 및 사회학의 새로운 연구 성과를 결합해 행복에 관한 이론적, 실천적 연구의 지평을 크게 넓혔다고 평가된다.

그는 행복 연구가 아직 완전한 단계에 이른 것은 아니지만, 중요한 것은 효용을 측정할 수 없다는 기존 경제학의 주장에 반해 이 연구가 '주관적 안녕감'이라는 분명한 측정치로 경제적 행동의 효용을 계량화할 수 있음을 보여주었으며, 이를 통해 경제이론 및 정책의 변화를 가져올 충분한 잠재력을 확인할 수 있었다는 점이라고 말한다.

그것만으로도 이미 경제학의 혁명이 시작되었다고 할 만하며, 나아가 '지속 가능한' 행복의 요건이 무엇인지를 밝혀내 복지와 후생의 차원에서 경제정책을 수립하는 데도 기여할 수 있으리라는 것이다. 그런 의미에서 프라이의 이 책은 오늘날 성장과 복지라는 두 화두 사이에서 고민하는 한국의 경제학자 및 정책 입안자들, 그리고 시민들에게도 중대한 의미를 지닌다.

2. 행복추구권

우리나라 「헌법」 제10조는 "모든 국민은 인간으로서의 존엄과 가치를 가지며, 행복을 추구할 권리를 가진다"라고 규정하고 있다. 이는 곧, 1980년 10월 27일 제정된, 고통이 없는 상태나 만족감을 느낄 수 있는 상태를 실현할 수 있는 권리를 말한다.

행복추구권은 근대 입헌민주주의의 핵심인 개인주의·자유주의를 그 사상적 기반으로 하고 있다. 행복추구권에 있어서 행복은 다의적인 개념으로, 각자의 생활조건이나 가치관에 따라 다르게 이해될 수 있으나, 최소한 인간적인 고통이 없는 상태 내지 만족감을 느낄 수 있는 행복한 상태를 의미한다.

행복이란 개인에 따라 다를 수 있으나, 그 기준은 정신이나 물질의 어느 한쪽에 치우칠 수 없음은 물론, 고정적인 것이 아니라 발전적으로 형성되어 가고 있는 추상적 개념이다.

행복추구권은 행복을 실현 내지 추구할 수 있는 권리로서, 자기가 추구하는 행복 관념에 따라 생활하는 것도 포함하며, 쾌적한 환경 속에서 살 권리, 행복한 사회적·경제적 생활을 할 권리로서, 개개의 구체적 권리로는 생명권, 신체의 자유, 정신적·

문화적·기술적 창조의 보호, 인간 고유의 개인적 영역에서의 권리(명예권·성명권·초상권 등), 자유로운 생활 영위, 생존권 등이 행복추구권의 구체적 내용으로 헌법재판소에 의해 구체화되고 있다.

(1) 행복추구권에 관한 학설

행복추구권의 본질에 관한 학설은 여러 가지가 있는데, 행복추구권은 사생활의 자유 등 인간의 모든 생활영역에 걸쳐서 자유롭게 생활하는 일반적 자유를 의미한다고 하는 일반적 자유설이 다수설을 차지하고 있다. 인간의 행복추구권은 인간의 본성에 그 근원을 두고 있다는 점에서 「헌법」은 이를 자연권적 권리로서 보장하고 있다.

행복추구권은 자연법사상을 바탕으로 하여 인간의 존엄성 조항과 밀접한 관계를 가진 인간의 권리를 의미하므로, 내국인뿐만 아니라 외국인도 그 주체가 된다. 행복추구권은 타인의 행복추구권을 방해하거나 헌법질서나 도덕률을 위반하지 않는 한계 내에서만 보장된다.

행복추구권도 국가안정보장·질서유지·공공복리를 위하여 법률로써 제한할 수 있으나, 그 제한은 행복추구권의 본질적 내용을 침해하지 않는 범위 내에서만 가능하다.

(2) 변천과 현황

행복추구권은 로크(J. Locke)사상의 영향을 받아 미국의 독립선언에서 최초로 규정되었으며, 미국 버지니아권리장전 제1조는 행복추구권을 개인 인격의 기본적 가치를 중심으로 하는 자연권의 포괄적 내용을 가지는 권리로서 선언하고 있다. 일본도 「헌법」 제13조에서 행복추구권을 규정하고 있다.

우리나라의 경우는 1980년 개정 「헌법」에 인간으로서의 존엄과 가치와 더불어 최초로 규정하여 현재에 이르고 있다.

(3) 의의와 평가

행복추구권이란 소극적으로는 고통과 불쾌감이 없는 상태를 추구할 권리, 적극적으로는 만족감을 느끼는 상태를 추구할 수 있는 권리라고 일반적으로 해석되고 있다. 그러나 행복이라는 개념 자체가 역사적 조건이나 때와 장소에 따라 그 개념이 달라질 수 있다.

또한 행복을 느끼는 정신적 상태는 생활환경이나 생활 조건, 인생관, 가치관에 따라 각기 다른 것이어서 일률적으로 정의하기가 어려운 개념일 수밖에 없다. 따라서 이처럼 불확실한 개념을 헌법상의 기본권으로 규정한 데 대한 비판적 논의도 있다.

아울러 우리 「헌법」은 인간의 존엄과 가치의 존중, 사생활의 비밀의 자유 등 구체적 기본권을 따로 규정해 놓고 있으면서 또 다시 그 개념이나 법적성격, 내용 등에 있어서 불명확한 행복추구권을 규정한 것은 추상적 권리를 중복하여 규정한 것이고 법해석의 혼란만 초래할 우려가 있다는 지적도 있다.

(4) 행복지수(Happy Planet Index)

행복지수에는 일반적으로 다음의 두 가지가 포함된다. 국민총행복지수(Gross National Happiness, GNH)는 부탄에서 1970년대에 만들어낸 개념이다. 지구촌행복지수(Happy Planet Index, HPI)는 영국의 신경제재단이 2006년 7월에 도입한 지수이다.

국내총생산(GDP) 등 경제적 가치뿐만 아니라 삶의 만족도, 미래에 대한 기대, 실업률, 자부심, 희망, 사랑 등 인간의 행복과 삶의 질을 포괄적으로 고려해서 측정하는 지표이다.

GDP는 한 국가의 경제 활동을 살펴보는 지표로 폭넓게 활용돼 왔으나 경제 활동의 양을 단순히 계산해 환경 악화 등 경제적 외부 효과나 삶의 질을 반영하지 못한다는 비판을 받아왔다.

이 때문에 GDP를 대체할 지표로 삶의 질과 지속 가능한 발전을 담은 새로운 지표를 만들자는 주장이 지속적으로 제기돼 왔다. 그러나 삶의 질이나 행복을 객관적으로 계량화하는 것이 어렵다는 점은 과제로 남아있다.

3. 행복과 효용의 관계

우리는 왜, 무엇을 위해 살까? 무엇 때문에 고된 노동, 바쁜 일상을 견뎌 내며 살아나가는 것일까? 대부분의 사람들은 '행복'해지기 위해서라고 답할 것이다. 그렇다면 행복이란 무엇일까? 나아가 경제 영역에서 우리가 만족감을 얻고 행복해진다는 것에는 어떤 의미가 담겨 있을까?

전통적인 경제 이론에서는 사람들의 경제적 행동을 추동하는 주된 요인으로 '효용' 개념을 적용해 왔다. 경제생활의 궁극적 목적은 소득과 소비를 통해 만족감을 얻는 것이라고 보고, 이를 효용으로 설명한 것이다. 하지만 표준 경제학에서는 효용을 측정할 수도, 측정할 필요도 없으며, 사람들이 선택한 현시선호에 따라 효용을 추론할 수 있을 뿐이라고 주장한다. 객관적으로 관찰 가능한 것은 사람들이 드러내는 구체적인 행동양식이므로 이를 통해 효용을 유추한 후, 그에 따라 다시 사람들의 선택을 설명할 수 있다는 것이다.

경제학은 개인의 행복에 관한 것이다? 혹은 행복에 관한 것이어야 한다. 우리의 관심은 적절한 경제성장, 실업, 인플레이션, 불평등, 나아가 좋은 지배구조와 같은 제도적 요인들이 개인의 만족에 얼마나 영향을 미치는가에 있다.

오랫동안 경제학에서는 소득을 인간의 행복을 측정하는 데 완전하지는 않으나 적합한 대리변수로 간주해 왔다. 그러나 행복에 관한 연구는 소득보다 사람들이 '직접 보고하는 주관적 안녕감(reported subjective well-being)'이 개인의 후생을 측정하는 훨씬 더 훌륭한 수단임을 보여 준다. 결과 중심적 사고방식이 행위와 관련해 중요한 유일한 측면은 아니다. 과정상의 효용도 존재하기 때문이다.

따라서 표준 경제이론의 객관주의적 접근에 대해서는 이론적으로나 경험적으로나 의문을 제기할 필요가 있다. 어쨌든 표준 이론을 따르는 경우 인간의 안녕감을 이해하는데, 그리고 안녕감에 영향을 미치는 데 상대적으로 제약될 수밖에 없다. 반면 효용에 대한 주관적인 접근법은 세상을 연구하는 데 필요한 보완적인 경로를 풍성하게 보여줄 수 있다.

(1) 소득이 행복에 영향을 미치는 방식

높은 소득이 행복에 더 큰 효과를 가져오지 않는 이유는 여러 가지가 있지만, 가장 큰 이유는 사람들이 자신의 생활수준에 적응할 뿐더러 다른 사람들과 자신을 비교하기 때문이다. 소득의 절대 수준이 아닌 과거 수준이나 다른 사람과 비교한 상대적 지위, 위치가 문제가 된다. 상대소득이 중요하다는 생각은 열망수준이라는 좀 더 일반화된 이론의 한 부분에 불과하다. 경제적 행동을 제대로 해석하고 복지경제학의 기초를 다지는 것이 주관적 안녕감, 즉 행복이다. '행복경제학'의 세계적인 흐름을 주도한 그는 '행복'과 '삶의 만족'이라는 개념을 통해 사람들이 느끼는 효용감이나 삶에 대한 행복감을 느낀다는 것이다. 실업자들의 낮은 주관적 안녕감을 소득수준이 낮기 때문이라거나 선천적으로 행복감을 덜 느끼는 사람들의 자기 선택 때문이라는 논리로 설명할 수 없다면, 실업은 비금전적 비용과 연결되어야 할 것이다. 행복의 감소는 대체로 심리적이고 사회적인 요인들로 설명할 수 있다.

(2) 인플레이션과 불평등이 행복에 미치는 영향

일반인들은 경제학자들이 관심을 갖는 인플레이션의 영향과 상당히 다른 측면에 주목한다. 즉 인플레이션이 발생하면 일반적으로 자신들의 경상소득수준도 증가한다는 사실을 애써 눈감으려 한다는 것이다. 다시 말해 인플레이션이 자신의 생활수준에 가져올 긍정적 효과는 도외시하고 오직 부정적인 영향에 집중하는 경향이 있다는 것이다.

(3) 절차적 효용과 예측

'절차적 효용'은 정치적인 의사결정에 참여할 '권리'를 가지게 됨에 따라 시민들이 경험하는 안녕감을 가리킨다. 이것은 투표 행위가 정치적 결과에 어떤 영향을 미치느냐와 무관하게, 자신의 이념적인 입장을 표현할 수 있는 것에 부여되는 가치를 포함한다. 우리가 어떤 주어진 효용의 분배를 판단을 할 때, 분배에 이르는 과정을 전적으로 무시한 채 제대로 된 판단을 할 수 있으리라고 확신하기는 힘들다. 결국 사회적 후생의 결과는 사회가 해당 결과에 도달하게 된 절차를 떼어 놓고 판단할 수 없다. 오히려 여러 사회경제적 의사결정 장치들로부터 생기는 절차적 효용을 고려해야 한다.

경제이론을 풍요롭게 만드는 또 다른 측면은 개인이 사회적·경제적인 의사결정에 참여할 가능성에서 생기는 절차적 효용과 관련되어 있다. 정치적이거나 경제적인 의사결정에 참여할 권리는 현대사회의 중요한 특징이다. 정치 참여 권리는 선거와 국민투표, 그리고 의회 의석을 얻기 위한 출마의 형태로 나타난다. 경제 분야에서 참여의 권리는 직장과 조직에서의 영향력 행사에서부터 기업 경영에서의 전면적인 공동 의사결정, 그리고 자영업을 통한 완전한 자기결정에 이르기까지 다양한 형태로 나타난다.

개인들은 가족이나 친구들과 시간을 보내거나 취미활동을 하는 등의 내재적 필요를 돌보는 소비에 대한 효용을 체계적으로 과소평가한다. 반면, 소득이나 지위와 같은 소비와 관련된 특성에 대해서는 과대평가한다.

사람들은 결과적으로 내재적 성향이 강한 재화나 활동의 경우에는 외재적 속성이 강한 것들에 비해 소비를 적게 하는 경향이 있다. 사람들은, 그들 자신의 주관적 가치평가에 따름에도 불구하고, 상이한 선택지들을 고르는 과정에서 왜곡된 결정을 하고, 결국 그렇지 않을 때 누릴 수 있는 것에 비해 낮은 수준의 효용만을 얻게 된다.

(4) 자영업과 자원봉사

자영업자들은 시장에 의해 직접적으로 부과되는 외적 제약뿐만 아니라 정부의 법규에 의해서 부과되는 여타의 외적 제약에도 직면하는 것이 사실이다. 그러나 근로와 관련해서 보자면, 피용자들의 경우 위계에 종속되는 반면, 자영업자들은 독립적으로 노동할 수 있다는 점이 두 집단들 사이의 주요한 차이점이다. 절차적 효용이 정상적인 속성이라면, 위계에 종속되지 않기를 선호하는 사람들은 위계가 존재하는 상황에서는 그 정도가 상대적으로 적은 경우를 선호할 것이다.

(5) 결혼과 행복

최근에는 결혼이 개인의 행복에 미치는 영향에 대한 연구가 활발하다. 여러 나라와 다른 시기를 경험적으로 연구한 다양한 결과들이 보여 주는 것은 결혼이 높은 행복 수준과 밀접한 관계가 있다는 것이다.

현재 결혼 상태에 있는 사람들은 한 번도 결혼을 하지 않았거나, 이혼, 별거, 사별을 한 사람들보다 주관적 안녕감 수준이 높은 것으로 보고되고 있다. 경험적 연구 결과는 사람들이 오늘날 주요한 일상적 활동의 하나인 TV 시청과 관련하여 체계적으로 불완전한 예측과 자기통제의 문제를 안고 있음을 보여 준다. TV 시청을 통해 얻는 효용수준은 다른 활동을 통해 얻을 수 있는 수준보다 낮다는 것이다. TV 시청이, 적어도 어느 순간만큼은, 즐거움을 제공하며, 중요한 정보 획득 수단이라는 사실을 부정할 사람은 거의 없을 것이다. 하지만 우리의 연구는 일부 사람들의 경우 그로부터 얻는 편익과 관계된 (미래) 비용 사이의 상충 관계에서 최적화할 능력이 없다는 것을 시사한다.

(6) 행복과 경제사회 정책과 정치제도

디너와 셀리그만은 사람의 행복을 측정하는 데 경제적인 지수들은 오직 일부분만을 포착할 수 있을 뿐이라고 비판하면서 '안녕감 지수들의 국가 체계'를 제안했다. 이 체계는 현존하는 삶의 만족도 측정방식(예컨대 유럽지표조사 또는 세계가치조사)을 훨씬 뛰어넘는 것이다.

이는 "삶의 중요한 측면들, 예컨대 직업이나 건강에서의 만족이나 불만족 상태의 변화, 그리고 좀 더 좁은 의미에서 안녕감의 측면들인 신뢰, 스트레스, 의미, 그리고 기타 요인들 등의 변화에 반응하는, 그리고 특정한 그룹별 표본들의 경험을 포괄하는 총체적 규모의 측정치들"로 이루어진다.

직접민주주의의 제도들은 정치적 결과를 개선하고 절차적 효용을 높임으로써 행복에 긍정적인 영향을 미친다. 물론 직접민주주의가 정치를 통해 사람들의 삶의 만족도를 높일 수 있는 유일한 수단은 아니다.

이러한 목적을 달성할 수 있는 다른 생산적인 가능성들도 많기 때문이다. 그럼에도 불구하고, 민주주의의 진전과 관련해 직접민주주의가 가치 있는 방향임을 부인할 수는 없다.

사례연구 1   도시재생은 사회적 경제를 담는 그릇

도시의 노후와 쇠퇴 문제를 우리보다 일찍 경험한 서구의 사례들을 살펴보면 도시재생은 단순히 도로나 공원과 같은 공공인프라를 확충하거나 낡은 주택을 허물어 신축을 한다고 해서 개선이 되지는 않는다.

한국의 도시재생은 산업구조의 변화 즉 도시 확장으로 인해 상대적으로 낙후된 기존 도시에 새로운 기능을 도입하고 창출함으로써 쇠퇴한 도시를 새롭게 부흥시키고자 정부주도 하에 각 부처 사업들을 담아내기 위한 다양하고 적극적인 방식의 사업들을 추진해 나가고 있다.

도시도 세월이 지남에 따라 낡고 훼손되며 노후화가 진행된다. 도시의 노후화는 도시의 기능이 쇠퇴하는 것으로 드러나며 도시의 쇠퇴한 기능을 회복시키는 사업이 바로 도시재생사업이다. 즉 인프라 정비 중심의 단일사업이 아닌 쇠퇴한 도시의 기능회복을 촉진하는 융복합사업이라 할 수 있다 도시재생이란 곧 도시의 쇠퇴한 지역 마을을 물리적 경제적 사회문화적으로 개선하여 원도심의 기능 회복과 동시에 오래된 것을 보존하고 새로운 것을 접목시켜 공동체의 결집과 경쟁력이 있는 정주환경 개선으로 지역 마을을 재창조하는 도시사업을 의미한다.

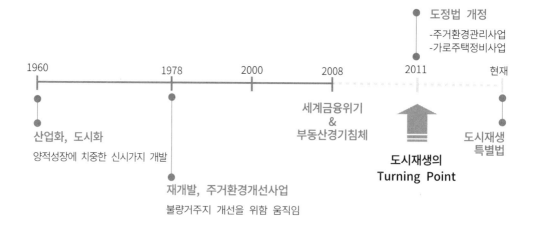

도시재생 활성화 및 지원에 관한 특별법 제정

도시재생 사업은 연월 도시재생 활성화 및 지원에 관한 특별법 이하 도시재생특별법 지정과 함께 2013년부터 본격적으로 시작되었다. 전면 철거형 재개발사업이 아닌 마을의 보전과 공동체의 복원 마을의 쇠퇴를 회복하는 도시재생사업을 추진할 수 있는 근거가 마련된 것이다.

도시재생 사업의 유형을 살펴보면 크게 경제 기반형(6년간 최대 150억 원/개소)과 근린재생형으로 분류되며 경제 기반형 도시재생사업은 쇠퇴하는 도시의 경제 활력 회복과 일자리 창출 등을 위한 목적으로 노후 된 산업단지나 항만의 주변 지역을 연계해 개발하는 것이고 근린재생형 도시재생 사업은 기존 재개발 사업처럼 낙후한 근린 주거지역의 생활환경을 개선하고 지역 특색을 살려 침체된 중심 시가지를 회복 생활환경 개선 공동체 활성화 기초생활 인프라 확충 골목경제 살리기 등 하는데 비중을 둔 사업이라 볼 수 있다.

근린 재생형은 다시 중심시가지형(5년간 최대 100억 원/개소)과 일반형(5년간 최대 50억 원/개소) 도시재생사업으로 나누어진다. 중심시가지형은 쇠퇴 낙후 도심지역으로 재활성화가 필요하고 지역 중심 시가지로서 잠재력이 있는 지역을 지정해서 추진하는 사업이며 일반형은 인구감소 고령화 등으로 쇠퇴하고 문화 및 복지 여건 등 잠재력이 있는 주거지를 지정해서 추진하는 사업이다.

도시재생과 사회적경제

사회적경제란 말을 풀어보면 사회와 관계된 경제라는 의미가 있다. 사회와 경제라는 단어의 조합이 모순적으로 들리면서도 묘한 울림이 있다. 우리가 살아가고 있는 지금 이 시대는 셀 수도 없이 많은 사회 문제들이 곳곳에 존재한다 하지만 소득의 불균형 고령화와 저출산 청년실업 이주민 증가와 같은 사회적 관점의 문제들을 경제적인 논리나 관점으로만 접근하기 보다는 사회와 연결시켜 지역주민들과 함께 해법을 찾아가는 과정이 분명 필요하다.

경기침체의 체감도가 더해지면 더 해질수록 서민들의 삶이 어렵고 궁핍해 질수록 부각되는 대안경제가 있다. 바로 사회적경제와 공유경제다.

사회적 가치실현과 공동체적 삶 사회문제 해결을 지향하는 사회적경제 소유가 아닌 공유하고 협력하는 지속 가능한 커뮤니티비즈니스 모델인 공유경제는 기존의 자본주의 경제를 부정하거나 대체 가능한 새로운 경제모델이 아닌 자본주의의 단점을 보듬어 가기 위한 대안경제로 불리고 있다.

사회적경제 협력사례

도시재생사업은 융복합의 특성상 플랫폼의 기능을 가지고 다양한 개별(Platform)'사업을 담아 낼 수 있는 그릇' 이란 특징이 있다.

문화체육관광부에서 추진하는 문화특구지정사업과 문화관광 콘텐츠사업 중소기업청에서 추진하는 상권 활성화 사업과 대학협력사업 법무부에서 추진하는 범죄예방환경개선사업 농식품부(CEPTED)에서 추진하는 도농복합 연계형사업과 인문인력 활용사업 해수부에서 추진하는 항만재 개발사업 행자부에서 추진하는 마을기업 육성사업과 희망마을만들기사업 고용노동부 여성가족부에서 추진하는 복지 보육 돌봄서비스사업과 일자리 창출사업 등이 있다.

도시재생이 필요한 지역의 주요 쇠퇴 요인이 청년인구가 감소하는 것이라면 공동체주택 또는 공유주택 등의 주거문제와 청년일자리 문제를 콘텐츠로 담아 낼 수 있으며 다양한 부처사업들을 연계하여 사업아이템을 구체화하고 실현 가능한 아이템으로 지역의 일자리를 만들어 낸다.

도시재생사업은 물리적 재생 중심에서 공동체 기반의 사회경제적 도시재생으로 패러다임이 전환되고 있다. 즉 도시재생은 마을공동체성의 회복을 넘어 공동체의 지속가능성을 고려하는 단계까지 나아가고 있다고 해도 과언이 아니다.

도시재생사업에서 공동체 기반의 사회경제조직들과의 연대와 협력은 선택요건이 아니라 필수이며 그런 의미에서 사회적경제 조직인 협동조합 사회적기업 마을기업 자활기업은 사회문제와 지역사회의 욕구를 유연하게 직시하고 대처할 수 있는 최적의 인프라다.

사회적경제 조직은 일반기업이나 단체들보다 공동체에 대한 이해가 높으며 도시 재생사업에 쉽게 접근할 수 있는 정책적 여건이 조성되어 있으며 지역에서 다양한 유관기관들과 함께 연대하고 협력 할 수 있는 상호보완적 시스템을 구축하고 있다.

도시재생 사업으로 비롯된 다양한 변화들을 지역주민들과 함께 수용하며 실전경험이 부족한 주민들에게 훈련의 장을 마련하여 역량을 강화하고 사회적경제 영역으로 진입 할 수 있는 기회를 제공한다.

이렇듯 도시재생사업은 마을이라는 삶의 자리에 사회적경제를 담는 그릇 이자 함께 공존 할 수밖에 없는 상호보완적 관계인 것이다.

쇠퇴하는 도시에 활력을 불어넣기 위한 도시재생사업을 더욱 성공적으로 추진해 나가기 위해서는 정부의 수용 가능한 범위 내에서 지역주민들과 함께 다양한 실패의 과정들을 끊임없이 시도되어야 한다.

한국의 도시재생사업은 이제 인큐베이터에서 갓 나온 아이와도 같다. 오랜 경험과 역사를 축적한 선진국들에 비해 다양한 사례가 존재하지 않으며 외국의 사례들을 지역 농어촌 도농복합 항구도시 등에 접목시켜 내기란 여간 어려운 일이 아닐 수 없다.

최근 2~3년 사이에 도시재생사업 초기 단계에서의 사회경제기업 및 중간지원조직들의 협력과 참여가 맹아적으로 이루어지고 있으며 대표적인 사례가 서울의 장위동에서 추진 중인 지역관리기업이다.

지역관리기업은 미국의 CDC(Community Development Corporation)와 유사한 사회경제조직으로 지역을 기반으로 활동하는 지역사회 관리 및 재생회사다. 미국의 CDC는 부담가능한 주택 개발 운영 상가 개발 사회서비스 등 다양한 사업을 통해 쇠퇴지역 주민들의 삶의 질 향상을 도모하고 있다. 프랑스에서는 지역관리기업이란 명칭으로 다수의 사회경제조직들이 활동하고 있으며 지역관리기업은 1970년대 프랑스 루베(Roubaix)시 알마갸르 구역에서 발생한 지역주민들의 전투적인 지역철거반대운동에서 출발했다.

이후 지역철거반대운동을 중심으로 형성된 일군의 사회학자들과 연구자들이 모여 자신들의 구역을 재생 시키는조직으로서 도심민중작업장(atelier populaire urbain: APU)을 만들었고 지역주민들의 참여와 지역커뮤니티의 활성화를 통해 지역을 개선하고 일자리를 창출하는 새로운 대안모델로 지역관리기업이라는 형태의 사회경제조직을 만들게 되었다.

이런 역사적 배경으로 인해 지역관리기업은 기업이자 민간단체이며 정치조직인 복합적인 성격을 갖게 되었다. 이후 도심의 쇠퇴한 지역을 중심으로 지역의 경제적·사회적 재생을 바라는 지역주민들과 지자체 지역 내 주요 결사체들이 합의에 의하여 지역관리기업을 설립 운영해 왔다.

지역관리기업은 2가지 유형이 있다. 지역관리기업은 인구밀도가 높은 서민주거지역에서 조직되는 유형이며 낙후지역관리기업은 인구밀도가 낮은 지역에서 조직된다. 1988년 지역관리기업 연합인 CNLRQ를 설립하고 지역관리기업 간의 교류와 상호이해 경험의 공유 노하우의 전수 등을 수행하고 있다. CNLRQ의 구성조직은 1901년 민간단체법에 따르며, 대표나 관리자로 대표되는 소속 지역관리기업들로 구성된다. CNLRQ는 지역의 대표자들과 CNLRQ가 연계한 전문가들과의 협력을 이끌어냄으로써 지역관리기업의 설립을 지원한다.

이 과정에서 어디에 지역관리기업을 만들 것인가 주민들의 참여는 어떻게 조직할 것인가 경제사업과 지역사회사업을 어떻게 만들어 낼 것인가 지역파트너들을 어떻게 만들어 낼 것인가 등에 대한 전체적인 밑그림을 지역의 대표자들과 함께 만들어 가게 된다.

한국의 도시재생과 연계된 지역관리기업 지역재생기업은 재생지역을 기반으로 사회적경제 활동을 수행하는 사회경제조직으로 정의할 수 있다. 지역관리기업의 주요 사업 영역은 사회주택 공급 및 운영관리 노후주택 개량 및 신축 공공시설 관리사업 등 마을의 경제적 재생과 공동체 활성화를 도모하는 민간 및 공공사업이다.

이와 같은 정의와 주요 사업영역에 근거해 지역관리기업의 핵심 요소를 뽑아보면 주민참여 공공성 지역기반성이다. 주민참여 공공성 지역기반성을 추구하며 지역관리기업을 준비하는 도시재생사업과 사회적경제특구 협력사례로 서울시 장위동 도시재생사업지는 성북구 마을사회적경제지원센터와 주 동네목수가 전면 결합하여 한국의 도시재생사업에서 최초의 실험인 지역관리기업의 설립 및 운영을 시도하고 있다.

도시재생사업에서 사회적경제 영역의 중간지원조직과 도시재생 영역의 중간지원조직은 수준 높은 컬래버레이션(Collaboration)이 요구된다. 사업의 전체적인 결과도 중요하지만 과정에서 일어나는 무수히 많은 변수들을 일부 조직에서만 감당해 내기에는 무리가 있으며 이는 곧 도시재생사업의 성패를 좌우할 수밖에 없다.

원활한 협력은 도시재생사업의 하드웨어 소프트웨어 휴먼웨어를 역동적으로 가동시키며 수많은 콘텐츠를 생산한다. 풍부한 콘텐츠는 많은 기대효과를 가져올 수 있다.

우선 지역사회 마을의 일자리 창출과 이윤의 재투자로 인해 경제적 자립 지원 효과를 얻게 되며 복지와 주거환경개선 문화예술 돌봄 교육 정주여건 등 사회서비스의 사각지대를 스스로 해소하며 지역주민들의 자발적인 참여와 확산을 이끌어내며 주민들의 자발적인 참여와 주도적인 역할로 공동체 회복의 실현을 기대할 수 있다.

이렇듯 도시재생사업은 사회경제 조직들은 지역사회와 함께 결합시켜 내는 가장 이상적인 수단이자 효율적인 도구가 되고 있으며 도시재생사업을 추진하는 지역에서의 사회적경제는 사회정책과 경제정책의 통합이자 지역사회 의식을 한 단계 성장시키는 변화와 혁신의 동력으로 작용한다.

사회적경제와 도시재생은 상호 의존할 수밖에 없으며 도시재생이 지역사회 문제해결의 플랫폼이라면 사회적경제는 지역사회 문제를 해결하는 유익한 솔루션이자 현재까지 제시되는 가장 이상적인 모델로 작동할 것이다.

사례연구 2 "기술이 이웃 되는 따뜻한 세상 만들 것"

ESG행복경제연구소와 한스경제 주최로 한국프레스센터 국제회의장서 열린 '제2회 ESG행복경제포럼'에서 SKT 이부사장은 "목마른 사람에게 근본적인 해결책은 우물과 정수시설 등 지속적인 도움을 제공하는 것이다"며 "SKT의 ESG 경영철학은 기술력을 통해 지속 가능한 미래를 위해 노력하는 것이다"고 설명했다. SKT 이부사장은 "현재 SKT와 관계사들은 경제적 가치는 물론 사회적 가치까지 평가하고 함께 관리하고 있다"며 "ESG에 걸림돌이 되는 리스크와 개선과제 등을 탐색하고 대응하는 방법들도 다각적으로 연구하고 있다"고 말했다. 또한 이 부사장은 ICT(정보통신기술), AI(인공지능) 등 SKT가 보유한 첨단 기술을 기반으로 비즈니스 파트너들은 물론 사회 구성원들과 상생할 수 있는 방안도 고민 중이라고 말했다. 대표적인 사례로 SK하이닉스는 반도체를 중심으로 중소 비즈니스 파트너사들과 유기적인 협력이 가능한 'We Do Tech Center'를 구축했다.

현재 SKT는기술력을 통한 사회적 가치 실현을 위한 노력으로 AI를 통한 고령인구 돌봄 서비스를 제공하고 있다. 이 부사장은 "미래는 고령 인구 증가로 고령 인구 돌봄에 대한 문제가 심각해지고 있다"며 "이러한 사회적 문제를 ICT 기술로 해결할 수 있는 방안을 고안했다"고 말했다.

SKT의 노인 돌봄 서비스의 핵심은 독거노인들의 위급상황을 관리하는 것이다. 독거노인의 낙상, 호흡곤란, 치매 등 위급한 상황에 빠졌을 때 AI센서가 '살려줘'라는 구조신호를 인식해 119를 호출하는 시스템으로 현재까지 총 99건의 위급사항을 처리했다.

이 밖에도 SKT는 신종 코로나바이러스 감염증(코로나19) 방역 현장을 지원한 'NUGU(누구)케어콜', 보이스피싱 범죄를 예방하기 위한 '음성스팸 필터링', 청각장애인들을 위한 '고요한 택시', 중증 장애인들의 이동권 보장을 위한 '착한 셔틀' 등을 운영하고 있다.

출처: 한국스포츠경제, 2021.5.26. 발췌정리

chapter 07

사회적금융과 지원제도

1. 사회적금융	2. 기업지원제도
	3. 사례연구

1. 사회적금융

(1) 사회적금융의 개념과 범위

1) 사회적금융(Social Finance)

사회적 가치(Social Value) 실현을 재무적 이익(Financial Return)과 함께 추구하는 금융이다. 특히, 지역사회와 국가 나아가 인류가 직면하고 있는 다양한 문제를 해결하기 위한 금융자본을 조성하고, 가용한 금융서비스를 개발, 적용하는 금융방식을 말한다.

그림 7-1 **사회적금융의 개념**

2) 협의의 사회적금융

사회적 가치 창출을 목적으로 사회적경제 기업, 즉 사회적기업, 협동조합, 자활기업, 마을기업 등으로, 공공성이 큰 재화나 서비스의 생산과 판매활동 등에 투자·융자·보증을 통해 자금을 지원하는 금융활동을 말한다.

3) 광의의 사회적금융

회수를 전제로 하는 투자·융자·보증뿐 아니라 보조금과 자선행위도 포함하거나 사회적 가치를 넓게 적용하여 환경·사회·지배구조(ESG) 우수기업에 투자하는 사회책임투자(SRI)까지 포괄하는 개념이다.

정부에서는 사회문제의 효율적이고 효과적인 해결을 위해 사회적경제기업 등에 투자·융자·보증을 통해 지원하는 방안에 중점을 두고 있다.

표 7-1 사회적금융의 범위 비교

구분	유럽	미국	한국
핵심개념	금융서비스자금지원	금융시스템	금융시스템
지원대상	자산단체·협동조합 등	비영리조직 (단체)	사회적기업·협동조합 등
육성주체			
달성목표	사회문제 개선 및 사회적 가치 증진		
구성범위	세 주체(수요주체, 공급주체, 중개주체)		

(2) 사회적금융의 유형

① 소액자금 대출과 사후서비스를 결합한 방식으로 빈곤층의 자립 자활을 지원하는 마이크로파이낸스(Micro finance) 등이다.
② 낙후된 지역에 돈이 흐르게 함으로써 지역경제를 활성화하기 위한 공동체금융(Community Finance) 등이 있다.
③ 사회 환경적으로 유익한 투자를 하면서도 동시에 수익을 창출하는 사회목적투자(Impact Investing)로 활용되고 있다.
④ 자조자립형 클러스터 조성에 중추적 기능을 담당하는 협동금융(Cooperation Finance) 등이다.

(3) 선진국의 사회적금융 형태

보조금, 부채, 인내자본(patient capital), 준지분(quasi equity), 지분 등 다양한 혁신적 금융수단을 매개로 긴밀하게 상호작용을 하면서 발전되고 있다.

(4) 사회적금융지원제도 실태

1) 한국의 사회적금융의 실태

현재 시행되고 있는 사회적금융과 관련된 공공부문의 지원제도 사례를 살펴보면 〈그림 7-2〉, 〈그림 7-3〉, 〈그림 7-4〉, 〈그림 7-5〉, 〈그림 7-6〉과 같이 요약할 수 있다.

그림 7-2 사회적금융 관련 공공부문 지원제도 사례

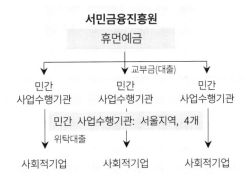

그림 7-3 사회적금융 관련 공공부문 지원제도 사례

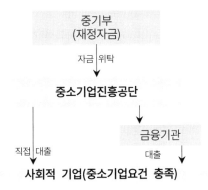

그림 7-4 사회적금융 관련 공공부문 지원제도사례

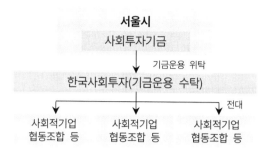

그림 7-5 사회적금융 관련 공공부문 지원제도 사례

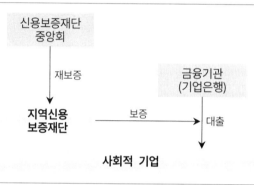

그림 7-6 사회적금융 관련 공공부문 지원제도 사례

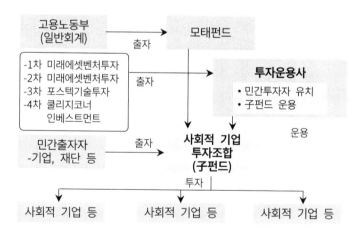

2) 한국의 사회적금융의 실태

한국의 사회적금융은 사회적금융시장이 비교적 구축되어 있는 영국과 미국, 프랑스 등의 선진국에 비하면, 이제 태동단계로서 절대적인 자금 공급량이 부족할 뿐만 아니라 이와 관련된 사회적금융지원제도의 생태계도 아직은 미형성된 상황으로 볼 수 있다.

〈표 7-2〉와 같이 성장기에 들어선 사회적경제의 발전정도에 비해 금융공급이 부족한 사회적금융의 과소공급 상태가 지속되고 있는 실정이다.

표 7-2 **사회적금융시장의 발전단계**

조화되지 않은 혁신 (한국) ▶	시장 구축 (영·미) ▶	시장가치의 포착 (영·미의 5~10년 후) ▶	시장 성숙
• 시장 요구와 정책 인센티브에 반응하여 산발적인 기업활동이 발생 • 언뜻 보면 성숙된 시장에서 각각의 혁신가들이 새로운 사업모델을 추구 • 시장의 상단을 제외하면 시장경쟁이 부재	• 활동의 중심이 발전하기 시작 • 거래비용을 낮추고 더 많은 활동을 지원하는 시장 인프라 구축	• 주요 시장참가자가 사회투자시장에 참여함으로써 성장이 일어남 • 시장활동이 증가함에 따라 이전 인프라에 투자한 고정 비용을 회수할 수 있음 • 조직들이 보다 전문화됨	• 활동이 정상상태에 도달, 성장이 둔화 • 일부에서는 활동의 축소가 일어나기도 함

출처: Monitor Institute, 2009

한편, 공공부문 주도로 자금공급을 적극적으로 확대하고 있으나 〈그림 7-7〉과 같이 지속적으로 증대되는 사회적경제의 자금수요에는 아직 미치지 못하는 수준이다. 이는 사회적경제의 특수성에 대한 고려가 미흡하여, 만기 및 융자·보증에 편중되어 있어 수급 간 미스매치도 발생되고 있기 때문이다.

또한 사회적금융 중개기관 등 생태계 구축이 미흡하고, 사회적 성과 평가 등 관련 시장인프라도 아직은 미비한 수준이다. 아직은 사회적금융을 복지제도로 혼동하거나 기대수익이 낮은 반면 위험은 높다는 인식 등으로 민간의 자율적 참여가 저조한 편이다.

(5) 시사점

지난 2018년 2월 사회적경제기업의 금융지원지원제도 대한 금융지원을 활성화하기 위한 〈사회적금융 활성화 방안〉이 발표되어 다각적으로 시행되고 있으나 공공부문과 정부 지원제도에 대한 역할이 크게 강화되고 있다.

사회적경제영역이 활성화되려면, 사회적기업과 협동조합, 마을공동체기업 등 다양한 사회적 경제조직들이 많이 만들어져야 하고, 이들 사회경제조직들이 지역 로열티를 중심으로 지원체계가 구축되어야 할 것이다.

현재 태동기인 한국의 사회적금융지원제도의 시장상황을 감안하면, 공공부문의 역할을 강화하는 것은 불가피한 측면이 있으며 향후 주요과제는 다음과 같이 요약된다.

① 사회적경제조직의 다양한 자율성 및 지속가능성의 확보를 위해 중장기적으로는 유럽과 캐나다 등과 같은 민간 중심의 정책전환이 필요하다. 현재 한국은 지방자치단체와 정부, 공공재원을 중심으로 하여 기존의 중소기업과 서민금융정책의 지원범위 및 체계 이내에서 지원이 이루어지고 있기 때문에 한국의 사회적금융지원제도의 경우, 민간 중심의 재원규모는 크지 않은 편이다.

② 사회적경제의 본래 취지가 시장의 정량적 평가와 단기적 성과의 극대화보다는, 정성적 평가와 사회적 가치의 실현에 있다는 점을 고려해야 한다. 특히,

그림 7-7   **사회적금융 사업주체별 중점 자금지원 대상**

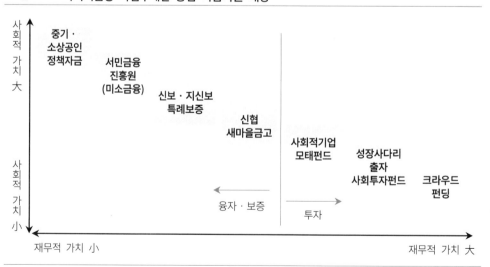

원활한 사회적금융지원제도의 정착을 위해서는 정치 및 시장상황에 영향을 받지 않는 자율성의 확보가 필수적이기 때문이다.

3) 사회적가치기금의 설립, 사회적금융 중개기관의 육성, 세제 등 만감참여자에 대한 인센티브 부여 및 정부 및 공공부분의 역할 강화 등에 정책방향이 활발하게 이루어져야 할 것이다.

(6) 해결방안

한국의 경우, 최근에 와서 사회적경제와 사회적금융지원제도에 대한 영역이 비교적 확산되고 있는 태동기 수준이다. 사회적금융은 사회적경제를 활성화시키기 위한 기본적인 금융서비스 제공임과 동시에 지역사회 생태계조성의 핵심적 요인이다.

사회적경제의 주요 활동무대는 지역공동체이며, 지역에서 생산된 부가 외부로 빠져나가지 않고 지역 경제 안에서 선 순환되는 자립형 경제 기반을 조성하는 데 의의가 있다.

이를 위해서 사회경제 주체들이 활동할 수 있는 생태계 조성의 핵심적 과제로 사회적경제 조직을 위한 판로개척과 금융지원체계의 수립은 가장 기본적인 인프라 구축의 필수적 요소이다. 그러나 이상에서 살펴본 바와 같이 확산되고 있는 사회적경제기업과 조직의 증가율에 비하면, 이를 지원하는 사회적금유지원제도의 지원체계는 아직도 상당히 미흡한 수준이다.

현재 한국의 대부분의 지역금융기관들은 영리목적의 상업은행으로 사회적기업과의 밀착형 금융기관들은 전무한 편이다. 미소금융의 확대 등 서민금융재원의 활용대안이 조속히 요구되는 시점이다.

미국과 영국과 같이 정부산하의 금융기관들이 공동출자형식으로 기금재원을 충당하는 사회적투자기금의 설치 및 사회적금융 전문기관의 조속한 설립 등 사회적경제 기업들에게 우호자금을 제공해 줄 수 있는 사회적금융 특수목적은행 등 전반적인 사회적금융지원제도의 정착이 시급한 실정이다.

사회적투자와 사회적기업을 중개하는 사회적금융 중개기관을 조성하고 사회적투자자의 투자수익에 대한 세제혜택 등 사회적경제를 지탱하는 하부구조 중 중요한 하나가 바로 사회적금융지원제도이기 때문이다.

2. 기업지원제도

(1) 중소기업 금융지원제도

중소기업 금융지원제도는 중소기업 진흥과 이를 통한 국민경제의 발전을 뒷받침하는 데 주목적이 있다. 중소기업 금융지원제도는 대기업에 비해 신용도와 담보력이 취약한 중소기업의 금융이용 기회를 확대하고 자금조달비용을 줄여줌으로써 중소기업 진흥과 이를 통한 국민경제의 발전을 뒷받침하는 데 주목적이 있다.

중소기업 금융지원제도의 기본체계는 한국은행의 자금공급과 일반예금자의 예금을 재원으로 금융기관이 취급하는 금융자금 지원제도, 정부의 재정자금 지원제도 등으로 구성되어 있다.

한국은행은 금융기관의 중소기업에 대한 무역금융, 기술형 창업 기업대출 등의 취급실적을 토대로 금융기관별로 저리자금을 배정하는 금융중개 지원 대출제도 및 수출환어음담보대출제도 등의 운용을 통하여 금융기관의 중소기업 대출 취급을 촉진하는 한편 중소기업 지원에 필요한 자금을 공급한다. 또한 중소기업대출비율제도의 활용 등을 통하여 금융기관의 중소기업에 대한 금융지원 확대를 적극 유도하고 있다.

한편, 중소기업 전담은행인 중소기업은행은 일반자금 외에 기술개발자금대출, 부품소재산업육성자금대출 등 중소기업특별자금을 지원하고 있으며 여타 금융기관들도 중소기업 지원을 위한 특별프로그램을 마련하여 시행하고 있다.

현재 우리나라에서 시행되고 있는 중소기업 금융지원제도는 정책자금 지원제도, 금융기관 지원제도, 채무조정 지원제도, 신용보증 지원제도, 여성기업 지원제도 등으로 대별할 수 있다.

(2) 중소기업 금융지원체계

1) 정책자금 지원제도

정책자금 지원제도는 정부가 중소기업 경쟁력 강화, 창업촉진 등 정책목표를 달성하기 위해 예산 및 기금 등을 원천으로 조성한 자금을 중소기업에 저리로 융자·출연·출자·보조의 형태로 지원하는 제도이다.

중소기업에 대한 정책자금은 중소벤처기업부, 중소기업진흥공단, 산업통상자원부 등 정부 각 기관, 지방자치단체 등에서 운영하고 있다. 특히 중소벤처기업부에서

그림 7-8 중소기업금융 지원체계

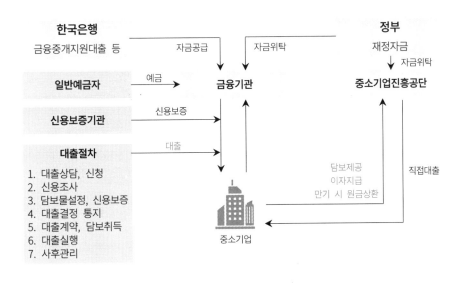

출처: 중소벤처기업부

취급하는 정책자금이 큰 비중을 차지하고 있는데, 그 종류에는 창업기업지원자금, 투융자복합금융자금, 신시장진출지원자금, 신성장기반자금 등이 있다.

2) 신용보증

신용보증지원제도는 담보력이 부족하여 자금조달에 애로를 겪는 중소기업이 금융기관 등으로부터 자금을 대출받을 수 있도록 중소기업의 자금 차입에 대하여 신용을 보증해 주는 제도이다.

이를 담당하는 기관으로는 ① 일반 중소기업에 대한 보증을 담당하는 신용보증기금, ② 신기술사업자 등 기술력 우수 중소기업 등에 대한 보증을 담당하는 기술보증기금, ③ 지방자치단체별로 소기업 및 소상공인에 대한 보증을 담당하는 지역신용보증재단이 있다.

3) 자금조달 및 창업지원제도

정부에서는 창업자를 위한 창업육성을 적극적으로 추진하고 있으며, 창업에 따른 산업발전에 기여할 수 있는 핵심 자원 등을 확보하기 위하여 다양한 방식으로 자금지원을 위한 노력을 하고 있다.

그림 7-9 　정책자금 융자체계

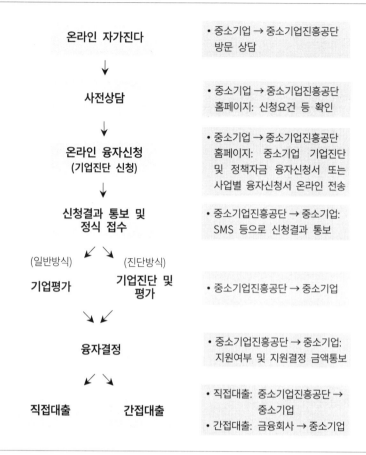

출처: 중소벤처기업부

　　다만, 문제가 되는 것은 정부창업지원금만을 노리는 일명 창업헌터들로 인해 실제 정상적으로 창업하고자 노력하는 창업자들에게 피해를 발생시키고 있는 것이 현실로 정부는 창업헌터에 대한 법적 조치 및 해결 할 수 있는 규제방안을 더욱 강구할 시점이라고 생각된다.

　　여기서는 자금조달에 관한 사항과 창업지원제도에 대한 Map을 정리하여 살펴보고 창업자가 자금조달을 위한 방향을 설정할 수 있도록 기초적 이해를 위한 내용으로 살펴보고자 한다.

(3) 기업성장단계와 자금유치 유형

창업자가 최초 자금조달을 하는 방법은 우선 ① 창업자 본인의 자금을 최대한 사용하고, 그 다음 부모님과 친구 등 지인들을 대상으로 자금을 대여하거나 투자로 유치하는 등의 행동을 한다. ② 이후 창업자는 창업관련 공모전 또는 창업지원 사업 등을 통해서 시제품제작 비용 및 마케팅 지원비 등을 받아서 업무를 진행하나 해당 공모전과 창업지원 사업은 한계성이 있다.

또한 창업자는 자금을 다 사용한 경우 ③ 2차적으로 금융기관을 통한 융자를 시도하거나 특허 등의 기술이 있을 경우 기술보증보험 또는 중소기업진흥공단 등을 통해서 벤처확인을 통한 보증을 받아 금융권으로부터 대출을 받는다.

창업자는 대출받은 자금 등을 다 사용하기 전에 미래를 위해서 ④ 3차적으로 IR 등의 참가를 통해서 투자기관을 통한 투자 유치, 벤처캐피탈에 의한 투자 유치, 엔젤

그림 7-10 **자금유치 유형**

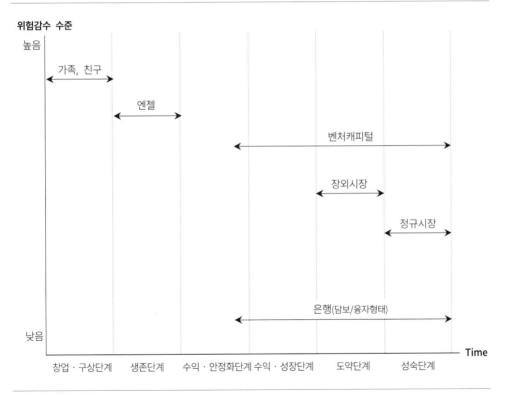

출처: kisdi

투자자를 통한 투자 유치 등의 방법을 강구하나 실제 창업자의 창업 아이템이 투자로까지 연결되는 것은 정말 어렵다. 즉, 창업자는 초기에는 가족 또는 지인 등을 통한 자금을 빌려 창업에 사용을 하나 한계성이 있고, 투자자 또는 금융기관 또한 미래를 알 수 없는 창업자에 위험을 감수하면서까지 쉽게 자금을 투자해주거나 융자해줄 것을 기대할 수 없는 것이 현실이다.

1) 엔젤투자 VS 벤처캐피탈

벤처캐피탈은 창업지원법 제16조와 동법 시행령 제11조에 의거하여 벤처조합을 결성할 경우 약정 총액의 40%를 창업 또는 벤처기업에 의무적으로 투자하도록 규정하고 있으며, 약정 총액이 10억 원인 벤처조합을 결정할 경우 4억 원에 대해서는 의무적으로 창업 또는 벤처기업에 투자하여야 한다.

엔젤투자와 벤처캐피탈을 비교하여 살펴보면 다음과 같다.

① 엔젤투자는 창업자가 '죽음의 계곡(Death Valley)' 단계에 있을 때 창업자가 엔젤투자자에게 투자설명을 하여 선정된 경우 소액의 필요한 자금을 직접 투자하는 것이다.

엔젤투자자는 창업자로부터 주식으로 대가를 받아 경영에 대한 자문과 멘토링 등을 실시하여 창업기업이 더 성장할 수 있도록 적극적인 지원을 하고 창업자의 기업 가치를 저변 확대하여 '투자이익'을 회수하는 것이 주요한 목적이다.

② 벤처캐피탈은 고위험의 창업자에게 투자하고 창업자는 VC에게 지분을 제공하여 창업자의 성장에 따른 약정된 이익을 취하는 투자전문가로 형성된 전문적 투자

표 7-3 엔젤투자와 벤처캐피탈 비교

구분	엔젤투자 (Angel Investor)	벤처캐피탈 (Venture Capital)
투자단계	성장 초기단계 선호	창업 후 초기성장단계 선호
지원내용	노하우 및 자금지원 등	자금지원
투자동기	고수익성, 지인, 인연 등	고수익성
투자재원	개인자산(투자펀드 작음)	투자자 모집(투자펀드 큼)
자격요건	제한 없음	법적요건
위험허용도	높음	낮음
투자수익성	높음	낮음
피투자자의 위치	투자자와 근거리	제한 없음
신분노출	비공개	공개
접촉계기	우연적 만남	협의 후 만남
형태	클럽	회사 또는 조합

집단이다.

즉, 창업자가 기술은 있으나 경영운영이 미흡하거나 자본금이 낮아 추가적 성장에 어려움이 있다고 판단되는 경우 초기투자를 진행하여 적극적인 경영지원과 멘토링을 통해서 창업자를 성장시켜 투자금을 회수하는 것이 일반적인 형태이다.

투자방법으로는 창업자로부터 투자설명을 듣고 가치가 있다고 판단되는 창업자를 선정하여 창업자의 신주인수 또는 지분을 출자하거나, 무담보 전환사채 또는 무담보 신주 인수권부 사채를 인수하기도 하며, 직접적인 프로젝트 투자를 진행하기도 한다.

2) 창업지원제도 Map

창업지원제도는 ① 중앙부터 지원 사업, ② 지방자치단체 지원 사업, ③ 창업절차 및 제도로 구분되며, '창업넷' 홈페이지를 통해서 세부적인 제도 등을 살펴볼 수 있다. 창업자는 해당 창업지원제도 Map을 기반으로 자신에게 필요한 창업지원이 무엇인지를 파악하여 해당 기관 또는 해당 기관의 홈페이지를 살펴보는 노력이 필요하며, 단계적으로 창업관련 지원 사업 등을 한눈에 볼 수 있도록 구축해 놓은 '창업넷' 홈페이지를 적극 활용할 경우 창업 진행에 많은 도움이 될 것이다.

그림 7-11 **창업지원 중앙부처 및 주요지원 사항**

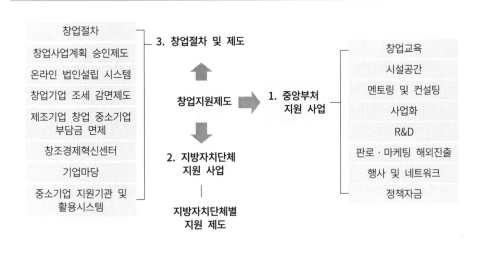

(4) 중소기업 금융지원

1) 금융권지원제도

① 관계형 금융

관계형 금융이란 은행이 기업과의 장기 신뢰관계를 통해 축적한 재무 및 대표자의 전문성, 업계 평판, 거래신뢰도, 사업전망, 노사관계의 안정성 등 비재무정보를 활용하여 신용도가 낮거나 담보는 부족하지만 유망한 중소기업에 대해 자금 등을 지원함으로써 기업의 성장과 함께 사업성과를 공유하는 금융방식을 의미한다. 주요내용은 다음과 같이 요약할 수 있다.

- 중소기업들은 사업전망이 양호함에도 불구하고, 은행에 충분한 담보나 보증을 제공하지 못하거나 신용등급이 낮은 경우 필요한 자금을 적기에 지원받지 못하고 있다.
- 또한 은행들은 중소기업 대출의 대부분을 1년 이하의 단기로 운용하여 기업들의 안정적인 경영활동에 애로사항이 많다.
- 이에 세계적으로 경쟁력 있는 중소기업들을 육성한 독일·일본의 사례를 참고하여, 외형적인 담보 또는 보증보다는 장기적 신뢰관계를 바탕으로 사업전망, 성장가능성, 대표자의 전문성 및 경영능력 등을 종합적으로 판단하는 관계형 금융을 도입하였다.
- '관계형 금융'은 은행이 기업과의 장기신뢰 관계를 통해 장기대출, 지분투자 외에 경영컨설팅서비스를 제공함으로써 기업의 성장과 함께 사업성과를 공유하는 제도이다.
- 기존에는 기업의 사업전망이 양호하여도 신용등급이 낮거나 담보가 부족하면 은행이 대출취급에 소극적이었으나, 관계형 금융은 기존의 재무정보뿐만 아니라 비재무정보를 포함한 모든 기업정보를 종합적으로 평가한다.
- 비재무정보는 대표자의 도덕성, 경영의지, 업계 평판, 거래신뢰도, 사업전망, 채무상환능력, 노사관계의 안정성 등 기업현황을 정량적·정성(情性)적으로 평가하는 정보를 의미한다.
- 또한 관계형 금융을 시행하고 있는 은행은 기업이 필요한 자금을 장기로 지원하고 금리 면에서도 우대하는 것은 물론 회계, 법률 등 경영컨설팅서비스를 폭넓게 제공하고 있다.

표 7-4 기존금융과 관계형 금융 비교

구분	기존금융	관계형 금융
대상기업	신용이 우수하거나 담보가 충분한 기업	신용도·담보가 부족하지만 대표자의 도덕성, 사업전망 등이 양호한 기업
지원내용	1년 이내 단기대출 위주	3년 이상 장기대출(지분투자 가능)
대출심사 방법	재무제표 및 신용평가결과만 활용	은행 자체 대출심사결과 (재무, 비재무 경영정보) 활용
사업성과	은행은 기업의 사업성과를 미공유	은행은 기업의 사업성과를 공유(배당, 자본이득)

② 기술금융

기술금융이란 아이디어와 기술의 개발·사업화 등 기술혁신 全과정에 필요한 자금을 지원하는 것을 의미한다. 즉, 기술금융이란 기술력이 우수한 중소기업에 대해 아이디어와 기술의 개발·사업화 등 기술혁신 全과정에 필요한 자금을 지원하는 것을 의미한다. 이는 미래 수익 창출이 기대되는 기술과 아이디어 등에 대한 기술신용평가기관(TCB: Tech Credit Bureau)의 기술신용평가정보를 활용하여 기업이 필요로 하는 자금을 대출이나 투자 형태로 지원된다. 주요기관은 기술보증기금, NICE평가정보, 한국기업데이터, ㈜나이스디앤비, SCI평가정보등 6개사다.

자본은 부족하지만 기술력이 있는 중소기업이 은행에 대출을 신청하면 은행은 기술신용평가기관(TCB)에 해당 중소기업의 기술력과 재무정보 평가를 의뢰하고, 이 평가결과를 바탕으로 대출여부를 진행한다.

그림 7-12 기술신용대출 진행절차

① 은행지점 등을 방문하여 기술신용대출 사전상담 진행

② 은행에서 기술신총평가기관(TCB)에 해당 기업의 기술신용평가 의뢰

③ 기술신용평가기관(TCB)은 기술정보 DB(TCB)를 바탕으로 기술신용등급을 산출하고 은행에 제공

④ 은행은 기술신용평가결과와 자체 여신심사를 토대로 해당 기업의 대출가능여부 결정

출처: 금융감독원

그림 7-13 기술금융(기술신용대출) 흐름도

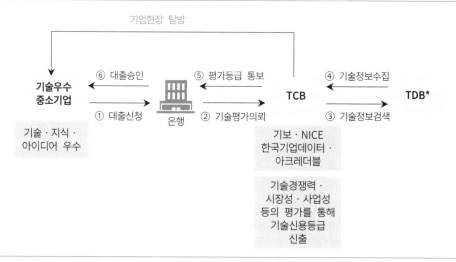

출처: 금융감독원

2) 해외온렌딩제도(한국수출입은행)

중소기업(건설·플랜트 및 해양기자재 중견기업 포함) 및 중소·중견기업 해외현지법인의 대외거래에 필요한 자금을 국내중개금융기관의 지점망을 통해 공급하는 간접적 정책금융지원제도이다.

표 7-5 지원내용

자금종류	지원대상거래	대출기간
수출촉진자금	• 대상: 수출을 추진하는 국내기업 • 용도: 시설투자 및 수출증진 효과가 있다고 인정되는 부문	• 시설자금: 10년 이내 • 기타: 3년 이내
수입자금	• 대상: 국내기업 • 용도: 국민생활 안정, 고용증대 및 수출 촉진 등에 기여하는 수입	• 수입자금: 2년 이내
해외투자자금	• 대상: 국내기업 • 외국법인 앞 출자 및 국내기업이 출자한 외국법인 앞 대여금	• 운영자금: 3년 이내 • 시설 및 투자자금: 10년 이내
해외사업자금	• 대상: 해외사업을 영위하는 국내기업 • 용도: 시설, 운영자금	
현지법인 사업자금	• 대상: 해외사업을 영위하는 국내기업의 해외자회사 • 용도: 시설, 운영자금	

중소 · 중견기업 　①　지원신청　→　중개금융기관*　②　자금요청　→　한국산업은행
　←　④　해외온렌딩 지원　　　　　←　③　자금공급

* 수출입은행과 해외온렌딩 약정을 체결한 중개금융기관 : (주)우리은행, IBK기업은행, (주)하나은행, 농협은행(주), (주)부산은행, (주)신한은행, 신한베트남은행

대출금액

소요자금의 90% 이내(단, 수출촉진자금은 대상기업별 대출한도 기준에 의해 별도산정)

(참고) 중소기업 기준 및 확인요령

중소기업 기준

중소기업이란 영리를 목적으로 사업을 영위하는 기업(상법상 회사 등과 개인사업자) 중 규모기준과 독립성 기준을 충족하는 기업 또는 비영리 사회적기업(「중소기업기본법」제2조)
- 규모기준: 자산총액이 5,000억 원 미만이고 평균 매출액이 업종에 따른 규모(400~1,500억원) 이하

예) 식료품제조업(1,000억 원), 금융업(400억 원), 도매 및 소매업(1,000억 원) 등
- 독립성기준(계열관계에 따른 판단기준): 다음 3가지 중 어느 하나에도 해당하지 않을 것
  • 상호출자제한 기업집단 및 채무보증제한 기업집단에 속하는 회사
  • 자산총액 5,000억 원 이상인 법인이 주식 등의 30% 이상을 직접적 또는 간접적으로 소유하면서 최다출자자인 기업
  • 관계기업에 속하는 기업의 경우, 출자 비율에 해당하는 평균매출액 등을 합산하여 업종별 규모기준(업종별로 400~1,500억 원)을 미충족하는 기업

중소기업 확인 요령

중소기업현황정보시스템에서 온라인으로 신청하고 온라인으로 확인서 발급
- 중소기업현황정보시스템 로그인 → 확인서 발급을 위한 신청서류 제출 → 확인서 발급신청(신청자 정보 입력) → 확인서 발급

이용방법

중소기업현황정보시스템 홈페이지(http://sminfo.smba.go.kr) → 중소기업(소상공인) 확인

(참고) 벤처기업 기준 및 확인요령

벤처기업 기준

벤처기업이란 중소기업 가운데 다음 3가지 중 1가지 요건을 만족하는 기업
(「벤처기업육성에 관한 특별조치법」 제2조의2)
- 벤처투자기업: 벤처투자기관으로부터 투자받은 금액이 자본금의 10% 이상이고, 투자금액이 5천만 원 이상일 것

벤처투자기관

창업투자회사(조합), 신기술사업금융업자, 신기술사업투자조합, 한국벤처투자조합, 한국산업은행, 기업은행, 일반은행, 개인투자조합, 사모투자전문회사 등

- 기술평가 보증·대출기업: 기술보증기금 및 중소기업진흥공단으로 부터 받은 기술성 평가가 우수하고, 보증·대출금액이 8천만 원 이상이면서 보증·대출금액이 총자산의 5% 이상일 것
- 연구개발기업: 기업부설연구소를 보유하고 있고, 연구개발비가 총매출액의 5~10% 이상이면서 5천만 원 이상일 것

벤처기업 확인 요령

벤처인 홈페이지에서 온라인으로 신청하고 벤처기업 유형에 따라 각 확인기관(기술보증기금, 중소기업진흥공단, 벤처캐피탈협회)에서 확인 후 벤처인 홈페이지에서 온라인으로 확인증 발급

이용방법

벤처인 홈페이지(http://www.venturein.or.kr) → 벤처확인

(참고) 소상공인 기준 및 확인요령

소상공인 기준

소상공인이란 「중소기업기본법」상 소기업 중 상시근로자 수가 5인 미만인 업체(「소상공인 보호 및 지원에 관한 법률」 제2조)

＊소기업

주된 업종별 평균매출액 등이 일정 규모 이하(10~120억 원)인 기업

소상공인 확인 요령

중소기업현황정보시스템에서 온라인으로 신청하고 온라인으로 확인서 발급
- 중소기업현황정보시스템 로그인 → 확인서 발급을 위한 신청서류 제출 → 확인서 발급신청(신청자 정보 입력) → 확인서 발급

이용방법

중소기업현황정보시스템 홈페이지(http://sminfo.smba.go.kr)→ 중소기업(소상공인) 확인

📜 사례연구 1   한국과 영국의 사회적기업 비교

한국의 사회적 기업

한국과 영국의 사회적 기업을 비교했을 때 영국에는 없는 시스템이 있어서 놀라웠다. 내 생각엔 두 국가의 환경이 달라서 생기는 시스템이라 생각한다. 그 시스템은 바로 종교 지원 사업이다. 우리나라는 개신교, 가톨릭교, 불교 등 종교에 대해 자유롭고 특별히 한 종교만 확산된 나라가 아니다. 하지만 영국은 기독교 신자가 월등히 많다. 이러한 상황에서, 한국은 각 종단 내 사회적 경제 인식확대 및 관심을 유도하여 종교계의 인적/물적 자원이 사회적경제로 유입될 수 있도록, 종단별 사회적경제 지원센터를 선정하여 사회적 경제를 집중지원하고 있다. 대표적인 활동사례로는, "사회적경제 지원 활성화를 위한 종교계 공통행사"가 있다. 대내외적인 사회적경제 지원활성화 분위기 조성을 위해 각 종교계가 협력하여 매년 순차적으로 주관을 맡아 종교계 공동행사를 개최(17년 개신교, 18년 가톨릭, 19년 불교)하고, 사회적경제를 통한 종교계의 화합을 도모하였다.

영국의 사회적 기업

반면, 영국에서 본받을만한 점들이 몇 개 있다. 우선, 국민들의 인식에서 차이가 많이 난다. 2018년도에 방영된 "다큐플러스"에서 영국 사회적기업협회 부사장과 인터뷰를 했는데 2014년에 영국에서 실시한 여론 조사에서는 30% 정도가 사회적기업에 대한 긍정적인 반응을 보였지만, 2018년도엔 무려 50% 정도가 늘었다. 하지만 한국의 경우, 국민들이 사회적기업에 대해 정확히 아는 비율도 매우 낮은 것으로 보도됐다. 이러한 상황이 나타난 이유가 캠페인이 아닐까하는 생각이 들었다. 영국은 사회적 기업에 대한 다양한 캠페인을 하는 것으로 유명하다.

소셜 토요일(Social Saturday), 소셜 여름방학(Social Summer), #WhoKnew, 바이 소셜 기업 챌린지(Buy Social Corporate Challenge)가 있다. 소셜 토요일(Social Saturday)는 매년 가을 토요일 하루를 정해 사회적경제를 다양한 방식으로 체험하는 캠페인이다. 이날은 사회적기업 제품을 구매할 뿐 아니라 사회적기업 팝업 스토어, 지역 축제, 워크숍 등도 함께 즐기며 사회적경제의 가치가 일상 속에 스며드는 경험을 할 수 있다. 이 캠페인을 실시한 후로, 일반인의 사회적 기업 인식도가 37%에서 51%로 올랐다고 한다.

소셜 여름방학(Social Summer)은 여름 계절 방학 기간(5주) 동안 활동하는 캠페인이다. SEUK는 두 달 동안 매일 영국 내 각종 사회적경제 놀거리를 소셜 미디어에 소개하는 '소셜 여름 방학 캠페인'을 진행하고 있다. 사람들이 찾아갈 수 있도록 홈페이지에는 각 장소를 표시한 지도를 제공한다. 사회적기업이 운영하는 박물관, 극장, 동물원, 카페 등도 함께 소개한다. SEUK는 '북아일랜드 사회적기업협회(Social Enterprise Northern Ireland),' '스코틀랜드 사회적기업협회(Social Enterprise Scotland),' '웨일스 협동조합센터(Wales Co-operative Centre),' 공익신탁 '파워투체인지(Power to Change)'와 협력해 '소셜 여름방학 2018' 기간 동안 잉글랜드, 스코틀랜드, 웨일스, 북아일랜드 지역에서 100개가 넘는 곳을 소개했다고 한다.

#WhoKnew는 11월 셋째 주 목요일(사회적기업의 날)에 시작하는 디지털 캠페인이다. SEUK가 '#WhoKnew,' '#SocialEnterpriseDay'라고 적힌 포스터를 제작하면, 사회적기업가들은 이를 인터넷에서 내려받아 큰 종이에 인쇄하고 자신의 기업이 만드는 차별점, 사회적 영향 등을 적는다. 그리고 사진을 찍어 소셜 미디어에 올린다. SEUK에 의하면 2018년에는 400개가 넘는 기관이 이 캠페인에 참여해 590만 트윗에 도달하는 등 유행으로 번졌다고 한다.

바이 소셜 기업 챌린지(Buy Social Corporate Challenge)는 시민뿐 아니라 영리기업도 사회적기업 제품을 이용하게 하는 사업이다. SEUK가 영국 정부의 지원과 함께 2016년 4월 시작했으며, 민간 기업이 2020년까지 10억 파운드(한화 약 1조 5천억 원)를 사회적 기업 상품 구매에 사용하게 하자는 목적을 갖고 있다. 한국에도 정부와 지방자치단체, 여러 공공기관에서 사회적 기업 제품을 적극적으로 구매하기 위한 노력을 벌이고 있다. 한 예로, 금융위원회가 최근 발표한 자료에 따르면 지난해 국내 은행권의 사회적경제기업에 대한 자금 공급 실적은 총 2천 986건, 3천 424억 원으로 집계됐다. 이는 2017년(2천 527억 원) 대비 897억 원(35.5%) 증가한 수치인데, 지원유형별로는 대출이 가장 높은 비중을 차지했지만(3천 355억 원, 98.0%) 제품구매도 40억 원(1.2%) 가량을 차지했다. SEUK의 '바이 소셜'이 주목받는 이유는 우선 영국의 사회적기업이 자발적으로 힘을 합해 사회적경제, 사회적기업, 사회적 가치를 알리면서도 소비자를 대상화하지 않기 때문이다. 소비자이니까 소비를 하도록 하자는 게 아니라, 소비행위라는 경험을 통해 변화를 체험하면서 스스로 삶의 방식을 바꾸는 계기를 만든다는 의미이다.

출처: 한국사회적기업진흥원, 네트워크 구축편, 2020.4.17. 발췌정리

사례연구 2 The Big Issue

예전에 서울에 갔을 때 지하철역에서 빨간 옷을 입고 잡지를 판매하는 어르신들을 보았다. 그때는 어떤 잡지였는지 몰랐는데, 시간이 지나고 그것이 'The Big Issue'라는 잡지라는 것을 알게 되었다.

기업소개

1991년 영국에서 창간된 대중문화 잡지이다. 사회구조로 인한 빈곤 문제를 해결하기 위해 홈리스(노숙인 등 주거취약계층)에게만 잡지를 판매할 수 있는 권한을 주어 경제적 능력을 회복할 수 있는 계기를 제공한다. 'The Big Issue' 잡지는 다양한 분야의 재능기부자들의 참여로 만들어진다.

기업이 해결하고자 하는 사회문제

사회구조로 인한 빈곤 문제가 기업이 해결하고자 하는 사회문제이다. 특히 'The Big Issue'는 노숙자 문제에 집중하였다. 2016년 기준 영국은 노숙자가 23만 명을 넘어서면서 사회문제화되고 있다.

영국 내 많은 사회적 기업들이 이 문제를 해결하고자 노력을 하고 있고 영국의 왕자가 직접 노숙자 체험을 하는 등 정부에서도 많이 신경 쓰고 있는 문제라고 할 수 있다.

기업 성장과정

'The Big Issue'를 창간한 존 버드는 놀랍게도 본래 노숙자 출신이다. 런던 노팅힐의 슬럼가에서 태어나 5살 때부터 노숙 생활을 시작했다. 그 후로도 계속해서 불안정한 삶을 유지했고, 13살 때는 감옥 생활도 했다. 그러다 20대가 되어 과거를 청산하고 공부를 시작했고 그는 안정적으로 자립에 성공했다. 그리고 40대가 된 존 버드는 세계적인 화장품 브랜드 'The Body Shop'의 공동창업자인 고든 로딕을 만나게 된다. 고든 로딕은 존 버드에게 사회적 이슈와 비즈니스를 결합한 사회적 기업을 제안하였다. 제안을 듣고 존 버드는 자선에 대해 고민했다.

어린 시절 가난을 겪었기에 누구보다 그 처지를 잘 알았던 존 버드는 자선 위주의 노숙자 관리 방식에 불만이 많았기에 단순한 자선이 아닌 자립할 기회를 주고 싶었다. 존 버드는 정부나 각종 단체의 자선을 "찔끔찔끔 먹이를 줌으로써 그 덫에 영원히 걸리게 하는 것"이라고 말하며 그들을 비판했다.

그저 연명하는 것이 아니라 기회를 주고 그들이 자기 삶의 주도권을 되찾길 바랐다. 그가 생각한 진짜 자선은 바로 '공짜는 없다'였다. 처음에는 노숙자들도 자신들이 착취당할 것이란 생각에 반대했다. 그러나 그는 1991년 'The Big Issue' 창업 후에도 뜻을 굽히지 않았다. 'The Big Issue' 판매원이 되기 위한 행동 수칙을 정했고 'The Big Issue' 판매 수익에 대해서도 정확한 기준을 세웠다. 'The Big Issue'는 처음 10권을 노숙자에게 무료로 제공하고 이를 팔아 생긴 수익으로 10권의 잡지를 반값에 살 수 있게 했다. 판매 수익의 반을 'The Big Issue' 판매원인 노숙자에게 제공한 것이었다. 그리고 6개월 이상 판매하고 꾸준히 저축을 하면 임대 주택 입주 자격도 주어진다.

'The Big Issue'의 방식은 대성공을 거둬 2018년 기준으로만 5,500명 이상의 노숙자가 자립에 성공했다. 'The Big Issue'는 현재 세계 11개국에서 11종이 발간되고 있다. 폴 매카트니, 베네딕트 컴버배치, 데이비드 베컴, 조앤 K. 롤링 등 유명인들이 재능기부로 'The Big Issue'에 출연하기도 했다. 한국에서도 이승기, 송일국, 여진구, 이하늬, 아이유, 이효리 등 많은 연예인들이 재능기부자로 출연했다.

출처: erounnews, 2019.4.26. 발췌정리

사례연구 3 Brigade

기업소개

2012년 런던 옛 '브리게이드(Brigade) 소방서' 자리에 들어선 레스토랑이다. 1861년 런던 툴리에서의 대화재를 추모하며 건립한 소방서는 지금은 역사 속으로 사라졌지만, 소방서가 시민의 재산과 생명을 보호했듯, 'Brigade' 역시 같은 비즈니스 철학과 사회적 책임의식 속에 역사를 이어가고 있다. 이곳은 노숙인이나 범죄자를 요리사로 키워내 재사회화 레스토랑으로 주목받는 곳이다. 노숙인이 만드는 음식에 편견을 가진 손님들도 조리과정을 볼 수 있는 개방형 주방과 훌륭한 음식 맛을 접하면 마음을 바꾼다고 한다.

기업이 해결하고자 하는 사회문제

사회 취약계층을 돕는 것이 'Brigade'을 운영하는 목적이다. 특히 노숙자와 범죄자 등 사외 취약계층을 요리사로 키워내 다시 일어설 기회를 주고 있다. 사회의 테두리 밖으로 벗어났던 이들에게 사회 구성원으로 함께 살아갈 수 있다는 희망을 주고 있다. 노숙자들에게 일자리를 제공해서 노숙자 문제를 해결한다는 점에서 'The Big Issue'와 비슷하다고 할 수 있다.

기업 성장과정

요리사 사이먼 보일이 2006년 스리랑카의 쓰나미 피해현장에서 봉사활동을 하다가 소외된 사람들을 도와야겠다는 결심을 하고 사업을 구상했다. 보일은 작은 주방을 빌려 3~4명에서 시작했다. 노숙인 쉼터를 찾아다니며 요리 교육을 들을 사람들을 모았다. 런던을 중심으로 16~60세까지 다양한 연령층 노숙자들을 위한 이벤트를 열어 요리학교에 대한 관심을 이끌었다.

그 과정에서 재단과 정부 지원도 받아 2012년 사회적기업을 설립했다. 일을 익히기로 한 노숙인들은 먼저 6주 간 워크숍을 통해 요리를 왜 배워야 하는지 수업을 듣는다. 이후 6달 동안 브리게이드 레스토랑에서 요리 실습을 하며 월 한화 100만 원 가량을 받는다.

이 과정을 거치면 요리사 자격증을 딸 수 있다. 브리게이드는 문을 연지 3년 만에 요리사를 60명 배출했다. 브리게이드 레스토랑은 연 40억 원의 매출을 올린다. 수익금은 다른 노숙인들을 돕는 데 사용한다.

출처: YTN, 2017.7.16. 발췌정리

chapter 08

사회적경제기업 우수현장사례

08   사회적경제기업 우수현장사례*

1. 예스크린세탁협동조합 　 우수현장 사례연구	2. 풍기고려홍삼협동조합 　 우수현장 사례연구

1. 예스크린세탁협동조합 우수현장 사례연구

(1) 협동조합 일반 현황

표 8-1 **예스크린세탁협동조합 현황**

협동조합명		예스크린세탁협동조합		이사장명 (대표자명)	송 영 복
업　　태		서비스(세탁, 프랜차이즈)		종목(유형)	세탁(오프라인)
주요 현황 및 계획 (단위: 백만원/명)	연도	매출액	조합원수	고용인력	출자금
	설립 당시	204	6	10	48
	'15	325	6	11	48
	'16	439	6	13	48
	'17	459	6	17	48
	'18	697	6	13	48
	'19	643	6	13	48
	'20	645	6	13	188
	'21	920	9	9	188
	'22	1,200	9	9	188

* 중소벤처부(소상공인시장진흥공단) 선정 우수협동조합으로, 필자의 현장방문 조사(동의)를 통한 작성자료임

(2) 사업 추진배경

표 8-2 연혁별 주요내용

2013.07.	예스크린세탁협동조합 창립총회
2013.07.	예스크린세탁협동조합 설립등기
2013.11.	예스크린세탁협동조합 사업자등록
2013.10.	소상공인시장진흥공단 소상공인협동조합 활성화사업 선정 (공동장비 정부지원금 181백만원)
2014.01.	예스크린 본점, 도량점, 원호점, 선산점, 인동점 오픈
2014.02.	SBS모닝와이드 출연
2014.09.	예스크린 문성점 오픈
2014.11.	소상공인시장진흥공단 표창장 수상(우수협동조합)
2015.04.	예스크린 신평점 오픈
2015.10.	해외 선진 협동조합 탐방(이탈리아)
2015.11.	예스크린 김천혁신점, 대우롯데점 오픈
2015.12.	예스크린 부곡점, 상모한신점 오픈
2016.02.	예스크린 남통점 오픈
2016.03.	보훈가족을 위한 "사랑의 세탁 서비스 지원" 시작(월 평균 40점)
2016.04.	예스크린 오태점 오픈
2016.07.	석유냄새 없는 친환경세탁소 운영
2016.11.	소상공인협동조합 컨퍼런스 참가
2016.11.	중소기업청장 표창장 수상(우수협동조합)
2016.12.	예스크린 금오공대점 오픈
2017.02.	MBC징검다리 출연
2018.01.	예스크린 지산점 오픈
2018.03.	예스크린 옥계점 오픈
2018.05.	보훈가족을 위한 "사랑의 세탁 지원" 지속 실시(월 평균 40점)
2018.11.	해외 선진기업 견학(일본)
2019.07	2019년 소상공인 협업활성화 공동사업 공동장비 지원 선정 (고시프레스기, 바지만능프레스기, 바지전용프레스기 총 3점 설치)
2019.07	예스크린 김천 신음점 오픈
2019.09	예스크린 옥계 호반점 오픈
2019.12	중소벤처기업부장관 표창장 수상

(3) 사업 추진계획

협동조합운영성과

정량적 운영성과

예스크린협동조합 연도별 총 매출현황

• 예스크린세탁협동조합은 세탁공장 사업을 통해 어려운 시장여건에서도 2018~2020년 동안 연평균 14.8%의 매출신장률을 실현하였음

표 8-3 **최근 3년간 매출액 및 신장률**(단위: 백만원)

구분	2018년		2019년		2020년		평균 신장률
	매출액	신장률	매출액	신장률	매출액	신장률	
매출액	697	52%	642	-7.8%	644	0.3%	14.8%

예스크린협동조합 연도별 조합원 매출현황

• 예스크린협동조합 설립 이후 조합원 사업장의 매출도 연평균 10% 수준의 성장을 이룩하였음

지점 개설 현황

• 협동조합 설립 이후 체인점 사업을 시작하여 현재 조합원 6개점, 비조합원 12개점의 지점을 개설하여 조합 설립 대비 2020년 260%의 지점 증가율을 달성함

• 협동조합의 설립 목적을 지켜나가기 위해 지역 내 개인 세탁업자와 지속적으로 소통하고, 지역공동체 일원으로서 소상공인과 함께 경제 활성화에 이바지하고자 노력하고 있음

표 8-4 **예스크린세탁협동조합 연도별 지점 현황**(단위: 개소)

구분	지역	2014	2015	2016	2017	2018	2019	2020
조합원	구미시	6	6	6	6	6	6	6
	기타지역	0	0	0	0	0	0	0
	소계	6	6	6	6	6	6	6
비 조합원	구미시	0	0	2	6	8	9	9
	기타지역	0	2	2	2	2	3	3
	소계	0	2	4	8	10	12	11
계		6	8	10	14	16	18	17

그림 8-1 **연도별 지점 수 변화 추이**

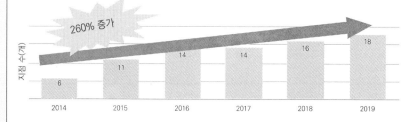

고용창출 현황

- 예스크린세탁협동조합은 현재 협동조합을 통한 조합원 및 비조합원은 총 18명이며, 조합원 사업장을 통해 6명의 고용을 창출하고 있고, 최성수기 3~4월에는 아르바이트생 추가 운용으로 고용인원수는 증가함

정성적 운영성과

우수협동조합 선정 상장 수여

그림 8-2 **예스크린세탁협동조합 수상현황**

- 2014년, 2016년, 2018년 그리고 2019년 우수협동조합으로 선정되어 상장을 수여받음

소상공인협동조합 컨퍼런스 참가

- 중소기업청(중소기업벤처부)에서 주최한 '제4회 소상공인협동조합 컨퍼런스'에 참가함
- 전국 73개 협동조합 263명의 조합원과 학계, 유관기관 등 400여 명이 참석한 가운데 우수 협동조합으로 선정됨

사업 비즈니스 모델

예스크린세탁협동조합의 비전

그림 8-3 예스크린세탁협동조합의 비전

- 경제적 이익을 추구하는 사업체이자 구미 지역 내 세탁업 활성화를 위한 사회적 목적을 가지고 있으며, 지역 내 세탁업 관련 소상공인들의 이익과 사업 지속성을 영위하고, 지역 발전에 이바지하는 것에 그 존재 의미가 있음
- 예스크린협동조합은 조합원에 의해 관리되는 민주적 조직으로 사업결정이나 의사결정에 대한 권리는 모든 조합원에게 평등하게 주어짐
- 고객과 연대하고 조합원과 협동하는 예스크린세탁협동조합의 사업 컨셉이며, 저가의 고품질 서비스를 목표로 하고 있음

협동조합의 비즈니스 플랫폼

그림 8-4 예스크린세탁협동조합의 세탁 프로세스

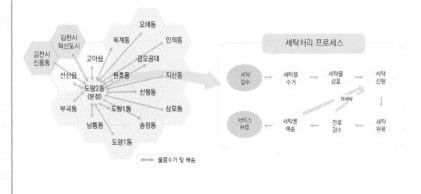

- 예스크린세탁협동조합은 고객이 지점에 세탁물을 접수하고, 본점에서 세탁물을 수거 및 세탁 완료 후 지점으로 다시 돌려주는 비즈니스 플랫폼을 형성하고 있음

그림 8-5 **서비스 허브 모델**

- 각 지점은 조합원 및 비조합원으로 구성되어 있으며, 조합의 일선에서 고객의 니즈를 확인하고, 소통하며 협동조합과 고객을 이어주는 서비스 허브 역할을 하고 있음

협동조합 구성 및 수익구조
- 주 수익원은 개인 고객이며, 그 외 조달청을 통한 관공서와 사기업, 지점의 매출 수수료가 협동조합의 수익원천임
- 조합의 수익 중 일부는 다시 조합에 재투자하며, 그 외 정부 지원을 통한 자금 투입을 통해 조합의 내실을 다지고 있음
- 지점은 타 세탁기업에 비해 낮은 수수료를 받음으로써 비조합원의 수익 보장에 노력하고 있음

그림 8-6 **예스크린협동조합의 수익구조**

협동조합의 경제적, 사회적 가치

그림 8-7 **공동사업 지원에 따른 선순환 구조도**

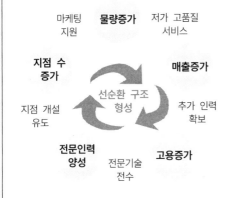

- 지속적인 협동조합의 성장으로 물량 증가, 매출증가, 고용창출, 전문 인 력양성, 지점 수 확장으로 이어지는 선순환 구조 형성하고 있음
- 형성된 선순환 구조를 기반으로 협동조합의 가치를 극대화하고 나아가 지역공동체의 일원으로서 지역 경제 활성화에 기여하고 있음

공동사업 지원의 필요성

세탁업 세계 시장 현황

그림 8-8 **세탁업 관련 세계시장 현황**

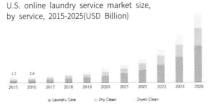

U.S. online laundry service market size, by service, 2015-2025(USD Billion)

industrial cleaning market, by region, 2017-2024(USD Billion)

- 건강하고 위생적인 생활 방식에 대한 인식이 높아짐에 따라 세탁 서비 스에 대한 수요가 높아졌음
- 2018년 세계 온라인 세탁 서비스 시장 규모는 133억 달러로 평가되었음
- 적은 투자로 편리한 세탁에 대한 수요가 증가하면서 시장의 제품 수요가

세부추진계획

증가한 것으로 추정되며, 소비자의 선호도를 바꾸고 전 세계적으로 생활 수준을 개선함으로써 제품 수요가 촉진을 기대하고 있음(Online Laundry Service Market Size, Share & Trends Analysis Report By Service, 2019)

그림 8-9　일본 빨래방 점포수 추이

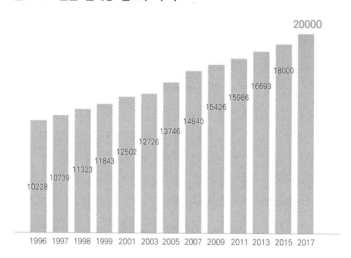

- 업계의 추산에 따르면 현재 일본 전역에서 운영되고 있는 빨래방은 약 1만 9,000개 점포에 달하는 것으로 추산됨
- 지난 2013년 일본후생노동성이 발표한 '코인오퍼레이션클리닝영업시설에 관한 조사' 결과에 따르면 2013년 말 기준 1만 6,693개로 4년 전인 2009년 1만 3,746개에 비해 2947개가 늘어남
- 연평균 736개씩 늘어난 셈이며, 이 같은 추세를 보았을 때 2017년 말경에는 2만개에 육박할 것으로 전망되었음(코인오퍼레이션클리닝영업시설에 관한 조사, 일본후생노동성, 2013)

세탁업 국내 시장 현황

- 국내에서 영업 중인 코인 빨래방 점포수는 2017년 말 기준 1,800여 개. 세대 수 대비 일본과 비슷한 수준으로 늘어날 것이라고 가정한다면, 앞으로 4배 이상(7,800여 개) 증가할 가능성이 있음
- 국내에서 코인 빨래방이 인기 있는 이유는 대표적으로 싱글족과 맞벌이족이 증가하는 현상을 꼽을 수 있음

그림 8-10 국내 코인 빨래방 수 및 시장 추정규모와 세탁업 시장규모

- 사람과 접촉하지 않고, 시간 제약 없이 이용할 수 있어 새로운 소비문화로 자리 잡았으며, 봄철 황사와 미세먼지가 늘어나는 것도 코인 빨래방의 인기 요인과 연결되는 것으로 예상됨

그림 8-11 전국 세탁소 지점 수 변화와 세탁업 폐업 추이

*(좌)미국 합판협동조합, (중)자메이카 설탕협동조합, (우)필라델피아 슈퍼협동조합

- 코인 빨래방의 증가와 대비하여 개인 세탁업자의 경우 폐점이 증가하고 있음
- 대부분 개인 세탁업자들은 짧게는 수년에서 길게는 20~40년 경력의 전문 인력이며, 폐점으로 인해 일자리를 잃어가고 있음

협동조합의 핵심가치와 지속화 노력

- 전 세계에 여러 협동조합이 있으며, 우후죽순 생겨난 협동조합은 여러 가지 이유에 의해 없어지는 경우가 많음
- 여러 실패 사례들을 살펴봄으로써 우리 예스크린세탁협동조합의 지속 경영을 위해 노력해야 할 부분을 고찰할 수 있었음
- 미국 합판 협동조합은 처음에 성공 가도를 달리다가 합판산업 불황과 높은 출자금, 그에 따른 젊은 조합원의 유치 실패로 협동조합이 해산되었음

그림 8-12 해외의 협동조합 실패사례

- 자메이카 설탕 협동조합의 경우, 조합원 구성의 관리위원회와 노동자 간의 지속된 갈등과 정부의 급격한 정책 변화로 조합이 해산되었음
- 필라델피아 슈퍼 협동조합의 경우 지역 내 하나 밖에 없는 슈퍼마켓을 살리기 위해 이용자들이 합심하여 설립한 협동조합으로 조합원의 자금 부족과 노동자 간의 낮은 유대가 원인이 되어 길게 지속되지 못하고 해산되었음

그림 8-13 예스크린세탁협동조합의 차별성

- 상기 실패사례를 통해 우리 예스크린세탁협동조합의 지속경영을 가능 하게 해줄 차별성은 신뢰라는 것을 알 수 있었음
- 협동조합에서 신뢰란 실력, 성품, 정보의 질 이렇게 크게 3가지로 구성됨
- 협동조합의 조합원은 20~40년의 경력을 가진 전문 인력으로 각 분야에 대한 경쟁력 있는 기술을 보유하고 있음
- 각 조합원 간의 유대가 강하여 상호 간의 갈등이 없음
- 경력, 강한 유대감, 높은 수준의 정보 공유로 조합원 간의 강한 신뢰 관 계를 구축하고 있으며, 이러한 강한 신뢰 관계가 협동조합의 지속경영

을 가능하게 하는 것으로 판단됨

- 조합원의 강한 신뢰 관계를 바탕으로 저가의 고품질 세탁 서비스 제공이 가능하기에 지금까지 지속적인 매출성장과 고용창출이 가능하였음
- 하지만 한정적인 장비와 마케팅 방법으로는 매출과 고용에 대한 제한이 있음
- 조합원의 수익 재투자와 매출로는 고가의 장비를 구매하고, 마케팅을 확대하기 위한 비용을 부담하는 데 어려움이 있음
- 장비 및 마케팅 지원을 통해 매출 증대와 고용 창출이 필요함

협동조합의 상품 차별성

- 높은 품질
- 세탁 작업에 대한 엄격한 품질기준에 대한 표준을 설정하고, 작업 시 불량 방지 체크리스트를 활용하여 높은 품질을 지향하고 가성비 높은 상품으로 인식되도록 함
- 또한 직원 교육 강화 및 전문기관과 협력으로 끊임없이 연구하여 지역에서 최고 품질을 자랑하는 서비스를 제공함
- 높은 고객만족도
- 높은 고객만족도를 실현하기 위하여 고객만족도 점검을 위한 이사회를 매월 실시하고 자체적 또는 외부기관을 통해 고객 만족도와 경쟁사 대비 평가를 조사하도록 함
- 친환경 중시
- 세탁 시 드라이용제 회수건조기를 사용하여 친환경 세탁을 함과 동시에 친환경 세제를 사용하여 고객과 직원의 건강을 지키고 환경을 훼손하는 일이 없도록 노력함
- 생산성 증대로 최고의 가성비 제공
- 섬유별로 최적화된 세탁 장비를 구입하고 기존의 세탁 장비를 첨단화함으로써 최소 인원 투입과 작업 시간을 단축하여 가격 대비 품질이 높은 서비스를 고객에게 제공함

협동조합 swot 분석

표 8-5　에스크린세탁협동조합 SWOT 분석

SWOT 분석		강점 (S)	약점 (W)
		• 조합원의 세탁 기술과 경험 • 협동조합과 프랜차이즈 결합 • 안정된 운영 시스템 • 높은 브랜드 가치 • 조합원의 높은 참여도	• 상표권 미확보 • 전문 세탁장비 부족 • 모바일 앱 개발 미흡 • 사업 확장의 한계 존재 • 조합원 수의 단출
기회 (O)	• 전문세탁 시장규모 확대 • 독신자 증가 • 첨단장비 출시 • 협동조합에 대한 정부지원 확대	**SO 전략** • 브랜드 이미지 구축 • 스마트 공장 구축 • 고객관리 프로세스 구축	**WO 전략** • 전문 세탁장비 도입 • 운영시스템 강화(홈페이지 개선과 모바일앱 개발 등) • 조합원 확대
위협 (T)	• 세탁편의점 확대 • 최저인금 인상 • 환경 규제 강화 • 건강 관심 증가 • 소비자의 가성비 요구 • 업체간 경쟁의 치열	**ST 전략** • 프랜차이즈 시스템 구축 • 친환경 이미지 제고 • 협업채널 구축	**WT 전략** • 조합원과 직원 교육 강화 • 마케팅 전략 수립 • 사업리스크 관리 강화

공동마케팅 필요성

• 현재 예스크린협동조합은 낮은 세탁비용과 고품질 서비스에 대한 입소문으로 신규 고객을 유치하고 있음
• 고객의 반복구매를 유도하기 위해 전체 문자를 전달하는 것뿐임
• 온·오프라인의 다양한 마케팅 전략을 통해 신규고객 유치 및 고객의 반복구매 유도 활성화가 필요함

그림 8-14　온오프라인 마케팅 예시

온라인	오프라인
홈페이지 개설과 활용 블로거 체험단 모집과 포스팅 활성화 페이스북 유료광고 실시 우수고객 생일날 스마트 할인쿠폰 발송 조합원과 직원의 SNS마케팅 체인점 포털(지도) 등록 블로그 자체 포스팅 활성화	고객정보/구매관리(고객관리 시스템) 고객접점관리 강화(친절과 미소를 판매하는 예스크린) 실내 마케팅(판넬을 통해 차별성과 우수성 홍보) 체인점 파사드(외관) 강화 고객 마잉ㄹ리지 적립(고객관리 시스템) 현수막 게시 유니폼 착용 실외 베너 활용 정가이벤트행사 실시 3단 리플렛, 브로슈어 등 활용

공동네트워크 필요성

- 현재 홈페이지는 개설이 되어 있으나, 인지도 부족 및 활용성이 저조함
- IU 개선 및 디자인 리빌드를 통해 고객 접근성을 높이고 홈페이지를 적극 활용하여 매출 신장 기여가 필요함

그림 8-15   **예스크린세탁협동조합의 홈페이지 메인화면**

공동장비 필요성

- 증가하는 세탁 물량에 대비하여 운용 가능한 설비 수가 부족한 실정임
- 신규 고용을 하고 싶으나, 현재 보유 장비로는 고용이 어려움
- 조합에서 발생하는 수익을 재투자하고 있으나, 고가의 장비를 구축하는 데 있어 턱없이 모자람
- 섬유 종류별 세탁품질 향상을 위하여 특수 세탁장비를 점진적으로 구입하고 있는 중이며 금번 소상공인시장진흥공단 협업활성화공동사업을 통해 셔프 전용 프레스를 도입하여 부드러운 천의 옷감 손상을 방지하고 작업시간을 단축하고자 함
- 의류, 이불, 운동화 등 세탁물의 얼룩제거, 황변제거, 기타 얼룩 제거가 가능한 얼룩제거 스파팅기를 도입하여 오물 제거 시간 단축을 통한 생산성을 향상시키고자 함
- 세탁 후 드라이용제를 회수하는 대형 관리기 고회수 건조기를 구입하여 친환경 세탁을 하면서 생산성을 높여 우리 조합 경쟁력을 강화하고자 함

공동사업 지원 후 활용 방법
마케팅 활용 계획

- 고객의 반복구매를 유도할 수 있는 자사의 수단·방법·장치
- 신규고객을 유인할 수 있는 수단·방법·장치 등

	네트워크 활용 계획 • 홈페이지 개선을 통한 고객과의 소통채널을 확보하고, 모바일 수발주 시스템 구축을 단계적으로 추진함 **장비 활용 계획** • 공동장비 관리 책임자 지정: (정) 송영복 이사장, (부) 지현석 이사 • 공동장비 관리규약 제정 • 장비에 대한 조합원 교육 실시: 장비 취급 요령, 주의 사항, 장비의 감가상각비 인식 등 • 공동장비 사용대장 제작과 사용자 작성 의무화 • 공동장비 점검표 작성과 매월 1회 점검
사업기대효과	**지원항목에 대한 기대효과** **공동장비 구매** • 우리 협동조합은 공동장비에 대해 아래와 같은 효과를 창출하고자 함 – 조합원 공동기획 및 공동작업으로 생산성 증대와 가격 경쟁력 제고 – 공동장비 이용으로 조합원 투자비 절감 – 공동장비와 조합원 노하우 결합으로 고객만족도 높은 세탁서비스 제공 • 정부 지원으로 마련된 공동장비를 이용하여 전문화와 분업의 이점을 최대한 살리고 고객 지향적 사업을 통해 지역 경기 활성화에 기여하고 사업영역 확장하여 규모의 경제 효과 창출 **공동마케팅** • 협동조합과 조합원 간의 공동마케팅에 대하여 정부지원으로 다음과 같은 기대효과를 창출할 수 있음 – 오프라인 광고를 통해 협동조합 브랜드의 인지도와 신뢰도 제고 – 브로슈어 등을 배포함으로써 협동조합의 명성 제고와 신뢰도 확보 – 다양한 잠재고객을 확보하고 고객 주문 활성화 – 정부지원으로 협동조합과 조합원의 한정된 예산을 효율적으로 사용하여 최소의 비용으로 최대의 효과를 냄 – 온라인과 오프라인이 연계된 광고와 홍보로 시너지 효과 창출 등

<table>
<tr><td colspan="5">협동조합과 조합원에 대한 기대효과</td></tr>
</table>

협동조합과 조합원에 대한 기대효과

협동조합의 정량적 기대효과

표 8-6 **주요 지표**(단위: 천원, 명, 점)

구분	2018년	2019년	2020년	2021년
협동조합 매출	697,000	763,000	950,000	1,100,000
직원수	17	13	15	18
조합원수	6	6	8	11
체인점수	16	16	18	21

• 협동조합의 정성적 기대효과
  - 협동조합 활성화 원동력 추가 확보
  - 협동조합 사기 진작
  - 협동조합 이미지 제고와 확산
  - 선도적 협동조합 성공사례 실현 등
• 조합원의 정성적 기대효과
  - 공동장비 이용으로 투자비와 운영자금 절감
  - 공동장비, 공동마케팅 효과로 조합원 사업장 매출증가
  - 조합원 공동구매로 원가 절감
  - 조합원의 자긍심 향상과 사업의욕과 자신감 증대 등

협동조합 자립화 계획

협동조합의 목표설정 배경
  - 협동조합 활성화에 대한 조합원 의지 결집 가능
  - 조합원 협력으로 원가 절감과 매출 증대 실현 가능
  - 정부지원으로 협업사업 2단계(2020년~2021년) 추진
  - 조합원 충원과 체인점 개설을 통한 조합의 규모 확대와 발전 가능 등

목표

• 협동조합 매출

최근 3년간 매출액 및 신장률(단위: 백만원)

구분	2019년		2020년		2021년		평균 신장률
	매출액	신장률	매출액	신장률	매출액	신장률	
매출액	763	9.4%	950	24.5%	1,100	31.6%	21.9%

(왼쪽 세로 표제: 향후자립화계획)

협동조합의 직원 운용 계획(단위: 명)

구 분	2018년	2019년	2020년	2021년
직원고용계획	17	13	15	18

협동조합의 조합원과 체인점 계획(단위: 명, 점)

구분	2018년	2019년	2020년	2021년
조합원수(명)	6	6	8	11
체인점수(점)	16	16	18	21

목표 달성을 위한 중점 추진 전략

• 경영이념 제정과 실천

  ■ 서비스의 고품질로 고객만족도를 높이기 위하여

  – 자체 엄격한 품질기준에 대한 표준 제작과 활용

  – 세탁에 대한 연구개발에 전념

  – 고객의 신뢰를 통해 또 다른 고객을 창출

  ■ 자주·자립·자치의 장을 만들기 위하여

  – 수평적, 민주적으로 의사결정 진행

  – 행복하고 보람 있는 일터로 만들어감

  – 협력을 통해 품질을 높이고 노하우를 공유

  – 다양한 교육 프로그램을 개발하여 조합원과 직원을 교육함

  ■ 지역사회 공헌을 위하여

  – 사업의 투명화를 실현

  – 협동조합 간 사업의 네트워크를 넓혀감

  – 조합의 이익의 일부를 지역사회에 환원

• 중점 추진 내용

  – 조합원과 체인점에 대한 교육 강화로 고객만족도 향상

  – 직원에 대한 교육 강화로 품질의 전문성 제고

  – 국내·외 우수 업체 벤치마킹으로 서비스 품질 향상

  – 매장 프로그램과 모바일 앱을 통합한 예스크린 전용 앱 개발

  – 신규고객 발굴을 위한 마케팅 활동 강화

  – 협동조합과 조합원 간의 협력으로 활성화와 시너지 효과 창출 등

중장기 협동조합 계획

단계적 시장진입 계획

- 1단계_시장진입 단계(2016~2017): 구미 및 대구 경북 지역 시장 진입
    - → 예스크린세탁협동조합은 설립 이후 소상공인시장진흥공단에서 지원하는 사업에 지속적으로 참여하고 있음
    - → 공단으로부터 받은 지원을 기반으로 서비스를 홍보하여 초기 시장 형성
    - → 예스크린세탁협동조합을 알리기 위해 국내 협동조합 박람회 등을 적극적으로 참여 예정

그림 8-16   한국협동조합박람회 참가

그림 8-17   세계 최대 규모의 상해 세탁장비박람회 참가

- 2단계_사업확대 단계(2018~2019): 예스크린세탁협동조합 전국 확대
    - → 구미와 대구 경북 지역의 판로가 확보되면 전국적으로 시장을 확대할 예정임
    - → 대구경북 지역의 협동조합과 연계하여 조합 합병 또는 조합 흡수를 검토

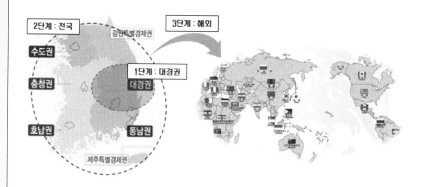

그림 8-18 단계적 시장진입 계획

→ 사업확대 단계에서는 친환경 세제, 세탁 장비 등의 개발을 통해 조합을
  확장시켜 나갈 예정

• 3단계_해외진출 단계(2020~): 해외 시장 진출

  → 세탁협동조합의 확장을 통해 해외시장 진출 가능(일본, 미국, 유럽, 중국 등)

  → KOTRA, 해외 전시회, 해외 마케팅 지원 사업 등을 통한 해외시장 개척

사업화를 위한 핵심인력 확보

• 외부 전문가 초빙

  → 국내외 전문가 그룹과의 네트워크를 통하여 전문 기술 보유자를 적극
    유치함

• 내부인력 육성

  → 기존 직원들에 대한 꾸준한 내외부 교육을 통해 사업화에 필요한 핵심
    역량을 배양함

• 산학관 협력을 통한 인재 발굴

  → 지역 내 산학관과의 협력을 통하여 우수인력을 발굴

(4) 예스크린세탁협동조합 주요 전경

협동조합 주요 전경

2. 풍기고려홍삼협동조합 우수현장 사례연구

표 8-7 **협동조합 일반 현황**

협동조합명		풍기고려홍삼협동조합		이사장명 (대표자명)	김병운
업 태		도소매(47217)		종목(유형)	홍삼, 홍삼가공품(온/오프라인)
	연도	매출액	조합원수	고용인력	출자금
주요 현황 및 계획 (단위: 백만원/ 명	'17	15	5		21
	'18	18	6		31
	'19	38	6		31
	'20	77	6		31
	'21	200	10	1	188
	'22	300	15	2	188

표 8-8 **협동조합 주요 현황**

협동조합 설립목적	경쟁력 약화로 위기를 맞은 풍기지역 홍삼 판매상들이 모여 제품의 공동개발, 공동마케팅 등 으로 경쟁력을 확보하고 공동의 수익을 증대하기 위함.
조합원 역할	1. 이사장: 기획 총괄, 신제품 개발, 판로 개척 　　기대효과: 상품의 경쟁력 확보, 홍보 효과 증대 및 판로확보, 매출 증대 2. 이사: 원자재 조달, 자재 관리 　　기대효과: 매출 증대, 판촉비 절감 3. 이사: 유통, 판촉 전략 　　기대효과: 판로확보, 유통비용 절감 4. 이사: 조합 간 협력사업, 홍보, 총무 　　기대효과: 판로의 다양화, 매출 증대 5. 감사: 감사, 온라인 시장 개척, 대외 영업 　　기대효과: 조달 비용 절감, 매출 및 수익증대 6. 조합원: 교육, 대외 영업 　　기대효과: 비용 절감, 수익증대
협동조합 운영성과	1. 공동브랜드 개발, 쇼핑몰 구축 2. 산재품 개발 　　홍삼액: 귀작, 명작, 수작 　　홍삼 농축 분말 상품: 홍삼e톡톡, 참편한 홍삼알톡, 홍삼 후레쉬 알톡 3. 광고 홍보 확대 　　2018, 2019년 지하철 광고 실시 4. 이동 판매 체계 구축 5. 조합의 자립 기반 조성 및 조합원의 사업추진에 대한 자신감 부여
사업 비즈니스 모델	수익 창출 방법: 우수 제품의 개발을 통해 경쟁력 확보 수익 원천: 제품 판매 수익 방법: 홍보 및 마케팅 활동 강화, 판매망 다양화
주요 생산품	홍삼액: 귀작, 수작, 명장 홍삼 농축 분말 상품: 홍삼e톡톡, 참편한 홍삼알톡, 홍삼 후레쉬 알톡
사업목표	사업추진 목표 - 협동조합 및 제품의 우수성 홍보, 매출 채널 창출 - 개발 완료한 조합제품에 대한 효과적인 마케팅으로 조합제품의 대중화와 매출의 획기적 　증대 - 2021년 지원사업을 바탕으로 조합의 자립화 기반 조성 기대효과 - 제품별 마케팅 비용의 절감과 홍보 효과 극대화 - 조합과 조합제품의 경쟁력 확보, 고객 인지도 제고를 통한 매출 증대

(1) 주요 연혁 및 사업 추진배경

협동조합 연혁별 주요내용 (요약기술)	2015. 08　협동조합 설립
	2015. 09　2015년 활성화지원사업 참여, 브랜드 개발, 네트워크 구축, 공동생산품 3종 출시
	2016. 06　경상북도 협동조합 공동홍보 프로모션 지원사업 참가. 홍삼액 3종, 농축액 2종 등록
	2016. 08　소상공인시장진흥공단 주관 협동조합 판로지원사업 참가 홍삼액 3종 농축액 2종 등록
	2017. 03　소상공인시장진흥공단 주관 협동조합 온라인 판매지원 선정 조합, 위메프 홍삼액, 　　　　　농축액 판매 중
	2017. 05　한국생산성본부 주관 협동조합제품 품평회 참가, 우수상품 선정
	2018. 01　신제품 개발을 위해 '한국천연색소산업화센터'와 기술 협약
	2018. 08　2018년 활성화지원사업 참여, 판매용 공동 차량 탑 설비
	2018. 09　신제품 '홍삼e톡톡' 시제품 개발, 상표등록, 특허출원
	2019. 08　신제품 '참편한 홍삼알톡' 개발, 출시
	2019. 12　소상공인시장진흥공단 우수소상공인협동조합 표창 수상
	2020. 03　중소벤처기업부의 공영홈쇼핑 판매 참여: '참편한 홍삼알톡' 2,500백만원 매출 달성
	2020. 11　메가쇼 시즌 2 참여
	2021. 01　'참편한 홍삼알톡', '홍삼 후레쉬 알톡' 제조기술 특허 취득, 본격 출시
	2021. 03　e마트 납품 추진: 제안서 제출 완료
협동조합 설립배경	2000년대 이후 경쟁력의 약화로 위기를 맞은 풍기홍삼 판매상들이 모여 차별화된 신제품의 공동 개발, 공동마케팅 등으로 경쟁력을 확보하고 경영의 효율화와 수익증대를 기하여 위기를 극복하 고자 설립하였음.

(2) 사업 추진 성과 및 계획

협동조합
운영성과
	협동조합 공동브랜드 개발, 쇼핑몰 구축(2015)
	
	• 협동조합 공동생산품 홍삼액 명작, 수작, 귀작 출시-영주시장 품질인증획득
	
	그림 8-19 **명작 1 브랜드 현황**

	풍기고려홍삼 6년근 홍삼액 명작 80 ml x 60포 풍기고려홍삼 6년근 홍삼액 수작 80 ml x 60포 풍기고려홍삼 6년근 홍삼액 귀작 80 ml x 60포
	
	신제품 연구 개발
	
	• 2015년
	
	   홍삼농축액 귀작 250g, 500g 2종 출시
	
	그림 8-20 **명작 2 브랜드 현황**

	6년근 홍삼농축액 귀작 500g 6년근 홍삼농축액 귀작 250g
	
	• 2017년
	
	   풋사과사과즙, 홍삼머근인견스카프 출시

그림 8-21 주요 브랜드 현황

100% 사과생즙 소백산 사과향기 1
10ml x 50포
홍삼머근 인견스카프

　　－ 협동조합발효음식창업연구소와 신제품 연구 및 개발을 위한 업무
　　　협약을 체결, 제품의 다양화 추진

● 2018년

홍삼농축분말상품 '홍삼e톡톡' 개발 연구(출시일 2019. 02. 21)

그림 8-22 홍삼 e톡톡 브랜드 현황

　　－ 100% 홍삼농축액에서 수분을 제거하여 액상 분말을 작은 알갱이
　　　로 만들어 체내 흡수율을 극대화한 신제품

　　특징: 1. 액상 분말을 작은 알갱이로 만들어 체내 흡수율을 극대화 함

　　　　　2. 홍삼 농축 알갱이가 입안에서 톡톡 터지는 홍삼의 짙은맛을 느
　　　　　　 낄 수 있음.

　　　　　3. 스푼 없이 간편하게 휴대하고 손쉽게 먹을 수 있음

● 2019년

'참편한 홍삼알톡': '홍삼e톡톡'을 소비자의 기호에 맞게 개선한 제품임

그림 8-23 **참 편한 홍삼 알톡 브랜드 현황**

- 2020년

  '참편한 홍삼알톡'을 조합의 대표상품으로 발전시킴(한국천연색소산업화
  센터 의뢰)

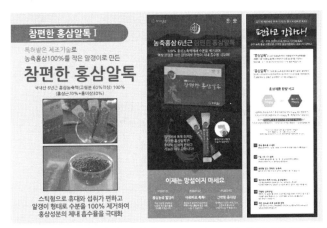

홍삼 농축액에 자일리톨을 50 : 50으로 합성한 '홍삼 후페위 알톡' 개발

그림 8-24 **홍삼 후레쉬 알톡 브랜드 현황**

- 2021년

'참편한 홍삼알톡', '홍삼 후레쉬 알톡(II)' 제조기술 특허 취득

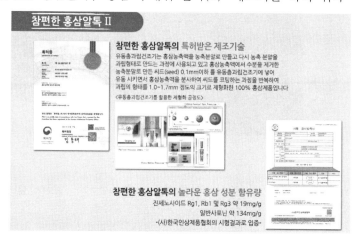

그림 8-25　홍삼 후레쉬 알톡II 브랜드 현황

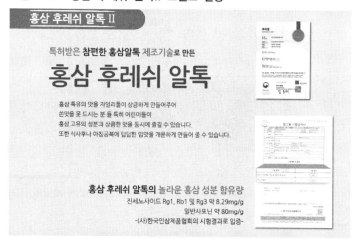

온라인 판매 활성화를 위해 쇼핑몰 리뉴얼

광고 홍보 확대

지하철 광고 실시(2018년, 2019년 지원사업으로 대구 지하철 광고 실시)

소비자를 찾아가는 이동 판매 체계 구축

2018년 지원사업으로 현지에서 직판할 수 있는 가두 판매용 탑차를 제조하여 현장에서 소비자들에게 직접 다가가는 판매전략을 수립

조합 확대 및 매출 증대 노력 지속

- 조합원 5명에서 6명으로 증가
- 출자금 20백만 원에서 31백만 원으로 증가됨.
- 2019년 매출 37백만 원에서 2020년 76백만 원으로 전년 대비 105% 상승함.

	조합원 의식 제고 활성화지원사업에 참여하면서 조합원들이 협동조합의 미래에 대한 자신감을 가지게 됨과 동시에 혁신적인 마인드로 사업에 적극 참여함
사업 비즈니스 모델	**핵심 파트너** 1. 지역 인삼 재배농가 2. 홍삼 제품 가공업체 3. 홍삼 제품 개발 연구기관 4. 경상북도, 영주시, 소상공인시장진흥공단 등 지원기관 5. 홍삼 제품 소매상 **핵심 활동** 1. 인삼 등 원재료 구매 2. 제품 연구 개발 3. 홍보, 마케팅, 판촉 활동 4. 쇼핑몰 관리 5. 고객관리 **가치** 1. 브랜드 제품보다 품질과 성능이 우수한 합리적인 제품 공급 2. 지역특산품을 원재료로 사용함으로써 가격 대비 품질의 우수성 확보 3. 현대인의 취향과 트렌드에 맞춘 건강제품 개발 **고객관리** 1. 구매고객에 대한 매뉴얼화된 사후관리 2. 고객의 건강지킴이 역할을 통한 끈끈한 유대관계 설정 3. 쇼핑몰 구매고객에게 포인트 적립으로 고정고객화 **고객 세그먼트** 1. 가족의 건강을 책임지는 40~50대 주부 2. 온라인 구매고객 − 상대적 젊은 층 3. 홍삼 제품 소매상

	4. 중동, 베트남 등 해외시장
	핵심 자원
	1. 지역 농가로부터 구매하는 우수한 품질의 원재료
	2. 오랜 경력의 조합원과 열정
	3. 정부의 적극적인 지원
	4. 신제품 연구 개발 능력
	마케팅 채널
	1. 광고 전문 대행사에 의뢰
	2. 블로그 등을 통한 바이럴 마케팅
	3. 지하철역 광고 등 오프라인 광고
	4. 구매고객의 추천, 입소문
	비용구조
	1. 원재료 조달 비용, 노무비, 제조 수수료 등 제조원가
	2. 제품 개발비
	3. 광고, 홍보비
	4. 포장비
	5. 조합 운영비
	수익흐름
	1. 홍삼농축액 '귀작, 명작, 수작' 등 홍삼 제품 매출
	2. 신제품 '홍삼e톡톡', '간편한 홍삼알톡' 매출
	3. 해외시장 수출
세부추진 계획	**공동사업 지원의 필요성** 2021년은 그동안의 활성화 지원사업으로 개발 완료한 신제품의 본격 출시를 시작하는 원년으로 삼아 마케팅 활동에 주력하고자 함. 특히 2020년 포장디자인까지 개발 완료하고 2021년 1월 각각 특허를 취득한 '참편한 홍삼알톡'과 '홍삼 후레쉬 알톡'을 조합의 대표상품으로 발전시키고자 하며 대대적인 마케팅 활동을 추진할 계획임.

동 사업의 효과적인 추진 시 조합제품의 가시적인 매출 성장이 이루어질 것으로 예상되나 영세한 조합의 부족한 자금 여력으로는 전문적인 마케팅 활동이 어려워 정부의 지원이 필요함.

공동사업 지원 후 활용 방법

– 제품의 제작공정 과정과 제품의 사진 컨텐츠 및 조합의 진정성을 공감으로 극대화시키는 기획을 통하여 대대적인 온라인 홍보의 연계를 통해 조합의 수익에 기여함으로써 그 역량을 끌어올리고 우수성을 증진시킴.

– 블로그 및 인스타그램의 체험단을 통하여 제품의 효익을 이해하기 쉬우며 신뢰감을 주는 컨셉 방향성을 토대로 전방위적인 조합제품의 인지도를 격상시켜 대내외적인 성장을 이끌 수 있도록 함.

협동조합의 주요 고객과 상품의 가치

– 홍삼 제품은 전통적으로 부모님을 위해 또는 자신이 복용하기 위해 구매하는 중장년층이 많은 것이 특징이나 최근 들어 수험 준비 중인 자녀를 위한 구매 비중이 높아지는 경향이 있음. 주요 구매고객은 섭취 연령대와 달리 40~50대 주부인 것으로 조사됨(출처 KGC인삼공사 고객 설문 조사 결과)

조합의 주요 고객

협동조합의 주요 고객은 브랜드 제품보다 제품의 품질, 가격, 섭취의 용이성 등을 꼼꼼히 따져 구매를 결정하는 합리적인 소비자들이며 이들을 목표로 신뢰받을 수 있는 제품을 생산하고 품질 관리에 만전을 기하고 있음.

– ㈜ 한국인삼제품에서 실시한 사포닌 함량 시험, 성적 검사에서 우수 제품으로 인정받아 영주시로부터 '풍기인삼 인증서'를 취득하여 경쟁력을 확보함.

협동조합 및 조합원 수익원천 및 현재 거래처에 제공하고 있는 제품(서비스)의 판매방식, 가격구조, 마진구조, 범위 등

조합에서 산지 인삼을 직접 구입, 가공함으로써 유통비용 없이 원재료를 조달하여 공동 가공으로 제품 생산 후 조합원에게 공급함으로써 조달 비용이 저렴하고 브랜드 제품 또는 타사제품 대비 성능과 가격에서 모두 비교 우위의 경쟁력을 확보하고 있음.

고객의 반복 구매를 유도할 수 있는 자사의 수단·방법·장치

- 조합에서 직접 엄선된 원재료를 조달하여 가공 후 완제품으로 조합원에게 공급함으로써 고객의 신뢰도를 제고하고 재구매를 유도하여 안정적인 판매망을 확보함.
- 권위 있는 기관의 성분 검사를 받아 브랜드 제품 대비 품질이 우수함을 적극 홍보하고 성능 대비 가격 경쟁력을 확보함.
- 제품의 차별화, 소비자 접근 방법의 차별화를 지속적으로 추진함.
- 고객 데이터베이스 구축, 체계적인 고객관리 시스템을 도입하여 가정의 달, 명절 특가 판매 행사 등 각종 이벤트 소식과 조합의 정보를 개별 홍보하고 구매 실적 적립으로 고정 고객화를 유도함.
- 고객이 구매한 제품을 잘 복용하고 있는지 정기적으로 체크하는 사후관리 서비스를 실시하여 고객과의 강한 유대 관계를 형성토록 함.

신규고객을 유인할 수 있는 수단·방법·장치 등

- 대동소이한 시중 홍삼 제품들과 차별화된 제품의 출시로 틈새시장을 공략
- 체험단을 통해 조합이 보유한 우수한 제품을 고객들에게 알리고 인지도를 제고시켜 신규고객을 창출: 전문 마케팅 기획사에 의뢰(2021)

제품홍보 및 판매 전략

- 소비자들에게 친근하게 다가갈 수 있도록 홍삼의 대중화 캠페인 추진
- 협동조합 박람회 등 각종 전시회, 박람회 등에 참가하여 조합제품에 대한 인지도 제고
- '참 편한 홍삼알톡' 등 신제품을 중심으로 유통망을 최대한 활용하여 조기 안착 유도
- 광고, 홍보 파트너와의 지속적인 협력관계를 유지
- 국제박람회 등에 참가하여 고려 홍삼의 우수성을 해외에 알리고 수출

	시장 개척
	협동조합 사업 운영에 따른 조합원의 이익(혜택)
	− 공동마케팅을 통한 안정적인 판로확보, 시장 확대에 따른 매출 증대, 판촉 비용 절감
	− 원자재의 조합 납품으로 매출 증대
	− 신제품 개발의 용이, 제품에 대한 고객 신뢰도 상승
사업 기대효과	− 전문 마케팅 기획사에 의뢰함으로써 광고효과 극대화 − 조합과 조합제품의 경쟁력 확보, 고객 인지도 제고를 통한 매출 증대 − 개별 사업자의 마케팅 비용 절감, 수익증대

향후 자립화 계획	− 상기 과제의 효과적인 추진과 매출 증대로 2022년 조합의 완전 자립화 달성

구분	주요 추진 내용	2021년	2022년	2023년	2024년
제품	신제품의 안정적 고객 확보				
제품	제품 개발 및 개선				
제조	공동 제조설비 구축				
판로	대형 마트, 백화점 납품 추진				
판로	해외시장 개척, 수출사업 개시				
조합	조합의 완전자립화 달성				
조합	조합의 대형화, 이익배당 실시				

·협동조합 전경

협동조합 전경

협동조합 관련 사진

협동조합 전경

부록

○○○ 마을관리 사회적협동조합 사업계획서

※ 작성 시 유의사항
- 사업계획서는 **마을관리 사회적협동조합 설립을 통해 도시재생사업으로 건립된 공영주차장 등 기초생활 인프라 어떻게 운영·관리할 것인가, 이를 활용하여 지역사회 필요한 재화 및 서비스를 어떻게 제공할 것인가**에 대한 **구체적인 계획 및 준비과정**이 잘 드러나도록 작성
- 주 사업 및 기타 사업의 사업내용은 마을관리 사회적협동조합 정관, 사업계획서, 수입·지출 예산서 간 **일치**하도록 작성
- 주 사업 작성 시 ① 마을관리 사회적협동조합 설립목적에 부합하는 사업 기술, ② 일반적이고 광범위한 사업명 및 백화점 나열식의 사업 기술 지양, ③ 실제 사업내용이 명확하게 드러나도록 한국표준산업분류상 업종·업태명 등을 참고하여 작성, ④ 관계법령에 따라 사회적협동조합이 수행 가능한 사업 기재
- 사업계획서는 **지자체, 도시재생지원센터, 주민협의체, 도시재생추진협의회, 마을관리 사회적협동조합 발기인**이 함께 협의하여 **최대한 구체적으로 작성**

I. 추진배경

구 분	주요내용
설립배경	* 일반적 차원에서의 설립배경이 아닌 해당 지역사회 해결문제, 도시재생사업 추진성과, 지역주민들의 필요사항 등을 중심으로 마을관리 사회적협동조합 설립 배경 기술
필요성 및 역할	• OOO 도시재생사업에 있어 마을관리 사회적협동조합의 필요성 • OOO 도시재생사업에서의 주요역할 * 일반적 차원에서의 필요성·역할보다 해당 도시재생 사업구역에서의 필요성·역할 기술
자원분석	• 마을관리 사회적협동조합 사업을 위한 지역 환경 분석 • 마을관리 사회적협동조합 사업에 연계 가능한 인·물적 자원 * 특히, 연계 가능한 지역의 인적자원(지역 내 풀뿌리조직, 사회적경제기업, 관련 중간지원조직 등)에 대해 구체적으로 기술
역량분석	• 마을관리 사회적협동조합 조합원 구성 * 주민협의체 및 단위사업 실행 가능한 주체 참여 등 구성원의 다양성 확보 현황 기술 • 마을관리 사회적협동조합 보유역량 * 조합설립 및 사업수행을 위해 조합원들의 준비과정 기술(교육·컨설팅, 시범사업 등) • 마을관리 사회적협동조합 내부 SWOT분석 * 조합원 구성 및 보유역량 등을 기반으로 한 마을관리 사회적협동조합 SWOT분석

II. 사업목표 및 추진내용

구분			주요내용
사업목표			• 마을관리 사회적협동조합 당해연도 목표 • 마을관리 사회적협동조합 장기적인 목표
추진방향			• 마을관리 사회적협동조합 사업목표 달성을 위한 추진방향 * 사업목표 달성을 위한 조합원의 다양성 확보, 유관업종 사회적경제기업과의 연계협력, 지자체와의 협력관계 및 민관 거버넌스 운영 등 중심으로 구체적으로 기술
추진체계			◦ 마을관리 사회적협동조합 조직도 * 사무국 및 갈등관리위원회 반영, 갈등관리위원회의 위치는 이사회 아래
사업총괄	주사업	0000 공동이용시설 운영관리 / 실행연도	• 사업내용 • 사업계획 * 주 사업은 당해연도 혹은 차년도 실제 수행사업 중심으로 기술 (최대 3년 이내 수행할 사업 중심) * 도시재생사업 성과로 조성된 0000 공동이용시설, 공영주차장 등 운영관리 사업은 시설별로 구분하여 작성하되, III. 기초생활인프라 운영관리, 활용계획과 연계하여 작성
		공영주차장 운영관리 / 실행연도	• 사업내용 • 사업계획
		주택관리 및 집수리사업 / 실행연도	• 사업내용 • 사업계획
		골목환경정비 / 실행연도	• 사업내용 • 사업계획
		마을식당 / 실행연도	• 사업내용 • 사업계획
		공동체활성화 프로그램 운영 / 실행연도	• 사업내용 • 사업계획
	기타사업	조합원·직원 교육훈련 및 정보제공	• 사업내용 • 사업계획 * 기타사업은 4가지로 구분하여 작성하되, 마을관리 사회적협동조합의 지역사회 대표성 확보 측면에서 '조합원 모집 및 홍보사업', 지역사회 공공성 확보 측면에서 '지역사회 공헌사업'을 작성
		협동조합 간 협력사업	• 사업내용 • 사업계획
		조합원 모집 및 조합 홍보 사업	• 사업내용 • 사업계획
		지역사회 공헌사업	• 사업내용 • 사업계획

구분	구 분	고용인원	주요역할	고용형태
고용계획	사무국 운영	1명	사무국 운영	통상근로자(1일 8시간)
	공공시설 운영관리	3명	공간매니저	단시간근로자(1일 4시간)
	공영주차장 운영관리	1명	주차장 운영관리	단시간근로자(1일 4시간)
	주택관리·집수리사업	3명	간단집수리	단시간근로자(1일 4시간)
	계	4명	-	-

III. 기초생활인프라 운영관리, 활용계획(관련 시설별 구분하여 모두 작성)

구 분	주요내용					
0000 공동이용시설	**1. 기본현황**					
	위 치				조성시기	
	2. 세부계획					
	구분	면적	공간계획	공간운영	운영방식	지자체 지원
	지하	200㎡	공 연 장	마을조합	사용수익허가	-
	1층	200㎡	마을카페	마을조합		-
		200㎡	마을관리소	마을조합		위탁사업 연계
	2층	300㎡	다함께돌봄	마을조합		위탁사업 연계
	3층	300㎡	사 무 실	마을조합		-
			주민교육장			-
	옥상	300㎡	태양광발전소	마을조합		설비 일부지원
	* 해당 공간을 기반으로 공공서비스를 연계할 경우 지자체의 지원내역에 기술					
공영주차장 1	**1. 기본현황**					
	위 치				조성시기	
	2. 세부계획					
	구분	면적	주차면수	운영방식	지자체 지원	
	1층	300㎡	120면	관리위탁	위탁관리 수수료	
	2층	300㎡				
	기 타		전기차충전소		전기차 충전기 설치	
			태양광발전소		설비 일부지원	
공영주차장 2	**1. 기본현황**					
	위 치				조성시기	
	2. 세부계획					
	구분	면적	주차면수	운영방식	지자체 지원	
	1층	300㎡	120명	관리위탁	위탁관리 수수료	
	2층	300㎡				

		1. 기본현황					
0000 상생상가		위 치				조성시기	
		2. 세부계획					
		구분	면적	공간계획	공간운영	운영방식	지자체 지원
		1층	150㎡	마을카페	A 마을기업(전대)	관리위탁	위탁관리 수수료/임대료
			150㎡	마을식당	B 마을기업(전대)		
		2층	300㎡	공동작업장	마을조합		
		3층	300㎡	공유오피스 1	C 청년기업(전대)		
				공유오피스 2	D 청년기업(전대)		
		4층	300㎡	청년임대주택	지방공사	직접운영	-
		5층	300㎡				

IV. 세부사업계획

1. 주 사업

* 주 사업이 여러 개인 경우 단위사업별 ① 주요내용, ② 사업공간, ③ 실행주체, ④ 네트워크, ⑤ 지자체 및 도시재생지원센터 지원역할, ⑥ 당해연도 추진계획, ⑦ 연 매출액, ⑧ 고용계획 등 모두 기술

○○○○ 공동이용시설 운영관리

구분		세부내용
0000 공동이용시설 운영관리	주요내용	
	사업공간	* III. 기초생활인프라 활용 및 운영관리 계획과 연계하여 작성
	실행주체	* 관련 사업역량을 보유한 단위사업 실행주체 확보 여부 및 확보 방안 등을 구체적이고 현실적으로 기술
	네트워크	* 전문인인 사업 수행에 필요한 지역사회 내·외부 네트워크 구축 여부 및 구축 방안을 구체적이고 현실적으로 기술
	지원역할	* 해당 단위사업 실행력 제고를 위하여 지자체, 도시재생지원센터의 역할을 각각 구체적이고 현실적으로 기술
	당해연도 추진계획	* 해당 단위사업 추진을 위해 당해연도, 차년도 추진계획을 구체적으로 기술 예) 공동이용시설 운영관리를 위한 교육·컨설팅 및 시범사업 추진
	연차별 달성목표	* 해당 단위사업의 향후 3년 간 달성목표를 연차별로 작성
	연매출액	* 해당 단위사업을 통한 당해연도 예상 연매출액을 현실적으로 작성
	고용계획	* 고용인원, 주요역할, 고용형태 등을 기술하되, II. 사업목표 및 추진계획 중 '고용계획'과 동일하게 작성

당해연도 추진계획 내 표:

일 정		내 용
21.03-06	교육·컨설팅 (00백만원)	· 워킹그룹 및 매니지먼트 팀 구성 · 지역 내 유사시설 및 보유 서비스 조사 · 시설이용자 타깃 설정을 위한 기초조사 및 분석 · 관련 선진사례 등 사례조사 및 현장방문 · 공동이용시설 운영관리 계획 수립
21.06-12	시범사업 (00백만원)	· 공동이용시설 시범사업 운영 및 운영규정 마련 · 공동이용시설 프로그램 기획·운영 및 용역 수행

연매출액 내 표:

구 분		산출내역	금 액
21년	관리위탁 수수료		약 000백만 원
	공간 임대료		약 000백만 원
	총 액		약 000백만 원

2. 기타사업

* 다음과 같이 기타사업 4가지를 구분하여 작성하되, 지역사회 대표성 확보를 위한 '조합원 모집 및 홍보사업', 지역사회 공공성 담보를 위한 '지역사회 공헌사업' 등은 구체적으로 기술

구분	세부내용	
조합원·직원 교육훈련 정보제공	주요내용	
	네트워크	
	지원역할	
	당해연도추진계획	
	연차별 달성목표	
협동조합 간 협력사업	주요내용	
	네트워크	
	지원역할	
	당해연도추진계획	
	연차별 달성목표	
조합원 모집 및 조합 홍보 사업	주요내용	
	네트워크	
	지원역할	
	당해연도추진계획	
	연차별 달성목표	
지역사회 공헌사업	주요내용	
	네트워크	
	지원역할	
	당해연도추진계획	
	연차별 달성목표	

3. 세부사업 일정표

사업		세부내용	사업추진일정											
			1월	2월	3월	4월	5월	6월	7월	8월	9월	10월	11월	12월
주 사 업	0000 공동이용시설 운영관리													
기 타 사 업	조합원·직원 교육훈련 정보제공		상시진행, 연 3회, 분기별 2회 등												
	협동조합 간 협력 사업		상시진행, 연 3회, 분기별 2회 등												
	조합원 모집 및 조합 홍보 사업		상시진행, 연 3회, 분기별 2회 등												
	지역사회 공헌사업		상시진행, 연 3회, 분기별 2회 등												

V. 예산총괄표

1. 사업예산

(단위: 백만원)

사업명	수입			지출		
주 사업						
A 사업	A 판매수입	0,000원×0회	00,000	인건비	0,000원×0월	00,000
	. . .	. . .	. . .	강사료	0,000원×0회	00,000
B 사업	B 판매수입	0,000원×0회	00,000	인건비	0,000원×0월	00,000
. . .	. . .	. . .	. . .	. . .	. . .	. . .
기타사업						
A 사업	A 판매수입	0,000원×0회	00,000	인건비	0,000원×0월	00,000
	. . .	. . .	. . .	강사료	0,000원×0회	00,000
B 사업	B 판매수입	0,000원×0회	00,000	인건비	0,000원×0월	00,000
. . .	. . .	. . .	. . .	. . .	. . .	. . .
-	합 계			합 계		

2. 운영예산

(단위: 백만원)

기관 운영비		
인건비	0,000천원×0월	00,000
2. 교육비	. . .	. . .
. . .	. . .	. . .
합 계		

붙임 1	마을관리 사회적협동조합 관련 회의내역

○○○ 마을관리 사회적협동조합 관련 회의내역

※ 작성 시 유의사항
- 마을관리 사회적협동조합 사업계획 수립 및 실행 준비 등을 위하여 **지자체, 도시재생지원센터, 주민 협의체, 도시재생추진협의회, 발기인 등**이 함께 개최한 <u>회의내역</u>(개최일자, 주요내용, 주요 참석자 포함)을 다음 표와 같이 작성
- 다음 표에 작성한 회의내역 중 향후 **마을관리 사회적협동조합 운영에 있어 중요한 내용을 결정하거 나 협의한 회의의 회의록 1부를 증빙서류로 첨부하여 제출**

연번	개최일자	주요 내용	주요 참석자	서명
1	'21.04.23.(금)	000 마을관리 사회적협동조합 사업 계획수립 1차 협의	도시재생과 △△△ 주무관 도시재생지원센터 △△△ 사무국장 마을조합 △△△ 이사장 주민협의체 △△△ 회원	
2	'21.04.30.(금)	000 공동이용시설 운영관리 계획 수립 1차 회의	도시재생과 △△△ 주무관 도시재생지원센터 △△△ 사무국장 마을조합 △△△ 이사장 주민협의체 △△△ 회원	
3				
4				
5				
6				
7				

마을관리 사회적협동조합 갈등관리위원회 운영규정의 작성예시

※ 〈마을관리 사회적협동조합 갈등관리위원회 운영규정의 작성예시〉는 관련 규정 작성의 편의를 위해 제공되는 참고자료입니다. 따라서 해당 마을관리 사회적협동조합 조합원들의 의견수렴을 통해 각 마을관리 사회적협동조합의 취지와 특색이 충분히 반영될 수 있도록 자율적으로 작성하여 주시기 바랍니다(2021년 5월 기준).

제1조(목적) 이 규정은 「ㅇㅇ 마을관리 사회적협동조합(이하 "ㅇㅇ마을관리사협"이라 한다)」 정관 제ㅇㅇ조에 따른 갈등관리위원회(이하 "위원회"라 한다)의 설치 및 운영에 관하여 필요한 사항을 규정함을 목적으로 한다.

제2조(정의) 이 규정에서 사용하는 용어의 뜻은 다음과 같다.

1. "갈등"이란 ㅇㅇ마을관리사협의 운영 및 사업의 수행과정에서 발생하는 이해관계의 충돌을 말한다.
2. "이해관계자"란 갈등의 원인이 된 ㅇㅇ마을관리사협 운영 및 사업상의 문제로부터 직접 또는 간접적인 영향을 받거나 받을 것으로 예상되는 사람을 말한다.
3. "조정"이란 조정인의 개입으로 당사자 사이의 이해와 화해를 이끌어내 갈등을 해결하는 절차를 말한다.
4. "중재"란 당사자들이 합의하여 정한 중재인의 판정에 따라 갈등을 해결하는 절차를 말한다.

제3조(기능) 위원회는 ㅇㅇ마을관리사협의 운영 및 사업의 수행과정 등에 있어 조합원 사이 또는 지역주민과의 사이에서 발생할 수 있는 갈등을 예방하고, 갈등이 발생하는 경우에는 조정 또는 중재함으로써 갈등을 해결하기 위하여 다음 각 호의 업무를 수행한다.

1. ㅇㅇ마을관리사협의 운영 및 사업의 수행과정 등에 있어 조합원 사이 또는 지역주민과의 사이에서 발생할 수 있는 갈등 예방을 위한 자문
2. 갈등이 발생하는 경우 그 조정 또는 중재
3. 갈등을 신속하고 효율적으로 해결할 수 있는 다양한 수단에 대한 자문
4. 갈등을 예방하고 갈등 해결능력을 향상하기 위한 소속 조합원들에 대한 교육 기

타 지원

5. 그 밖에 갈등의 예방·해결에 관하여 ○○마을관리사협이 요청하거나 위원회에서 필요하다고 판단하는 사항

제4조(갈등해결의 원칙) ① 갈등의 당사자는 대화와 타협을 통하여 자율적으로 해결할 수 있도록 노력하여야 한다.

② 위원회는 제1항에 따른 자율적 해결이 어렵다고 판단될 경우 중립적이고 공정한 위치에서 갈등이 합리적으로 해소될 수 있도록 유도해 나감으로써 갈등의 당사자 및 이해관계자의 신뢰회복에 노력하여야 한다.

③ 위원회는 갈등의 예방 및 조정·중재를 위하여 필요하다고 판단하는 경우 갈등의 당사자 외 이해관계자 등을 그 과정에 참여하게 할 수 있다.

제5조(구성) ① ○○마을관리사협은 이사회의 의결을 거쳐 위원장을 포함한 ○○명의 위원으로 위원회를 구성하되, 전문가 위원이 전체위원 총수의 2분의 1 이상이 되도록 하고, 특정 성별이 10분의 6을 초과하지 아니하도록 하여야 한다.

② 전문가 위원은 ○○마을관리사협 소재지 관할 지방자치단체, 도시재생지원기구, ○○마을관리사협 사업구역이 속한 권역별 사회적경제 중간지원조직 및 지역사회 사회적경제조직 연합 소속의 전문가 중에서 마을관리사협이 위촉한다.

③ 위원장은 전문가 위원 중에서 호선하여 선출한다.

④ 전문가 위원이 아닌 위원은 마을관리사협의 조합원이어야 한다.

⑤ 지방자치단체 소속이 아닌 위원의 임기는 3년으로 하고, 1회에 한하여 연임할 수 있다. 단, 지방자치단체 소속 위원의 임기는 해당 직에 재직하는 기간으로 하고, 보궐위원의 임기는 전임자의 잔임기간으로 한다.

⑥ 위원장이 부득이한 사유로 직무를 수행할 수 없을 때에는 위원장이 지명한 위원이 그 직무를 대행한다.

제6조(운영) ① 위원회의 위원장은 제3조의 기능을 수행하기 위해 필요한 경우 위원회의 회의를 소집할 수 있고, 그 의장이 된다. 단, 재적위원 과반수의 개회 요청이 있는 경우 위원장은 14일 이내에 회의를 소집해야만 한다.

② 위원장이 회의를 소집하고자 할 때에는 회의의 일시, 장소 및 부의사항을 정하여 회의 개최일 7일 전까지 각 위원에게 서면으로 통지하여야 한다. 다만, 긴급한 경

우에는 그러하지 아니하다.

③ 정기회의는 연 2회 개최함을 원칙으로 하고, 임시회의는 필요에 따라 수시로 개최할 수 있다.

④ 위원회는 대면 회의를 원칙으로 한다. 다만, 긴급한 사안에 대한 자문, 결정 등을 위하여 ○○마을관리사협의 이사장이 요청하거나 위원장이 필요하다고 인정하는 경우에는 서면회의로 할 수 있다.

⑤ 위원회는 재적위원 과반수의 출석으로 개의하고, 출석위원 과반수의 찬성으로 의결한다.

⑥ 위원장은 갈등 예방 및 해결 등에 관련하여 이해관계자로 하여금 위원회에 출석하여 내용을 설명하게 하거나 필요한 자료의 제출을 요청할 수 있다.

⑦ 위원회는 다음 각 호의 사항을 포함한 회의록을 작성·비치하여야 한다.

  1. 회의일시 및 장소

  2. 참석위원 성명

  3. 회의내용

⑧ 그 밖에 위원회의 운영에 관하여 필요한 사항은 위원회의 의결을 거쳐 위원장이 정한다.

제7조(회의방청) ① 이해관계자가 회의의 시작 전에 위원장에게 신분을 밝히고 방청을 신청하는 경우 위원장은 방청을 허락한다. 다만, 다음 각 호의 어느 하나에 해당하는 경우에는 방청을 제한할 수 있다.

  1. 흉기 또는 위험한 물품을 휴대한 사람

  2. 음주자 등 회의의 진행을 방해할 것으로 명백히 예상되는 사람

② 방청자는 발언할 수 없다. 다만, 위원장이 회의에 필요하다고 인정하여 발언을 허가한 경우에는 그러하지 아니하다.

③ 위원장은 다음 각 호의 어느 하나에 해당하는 경우 방청자를 퇴장시킬 수 있다.

  1. 폭력·욕설·위력 등으로 질서유지 및 회의진행을 방해하는 사람

  2. 허가 없이 녹음, 비디오 및 사진 촬영을 하거나 식음·흡연 등 회의의 진행에 방해되는 행동을 하는 사람

제8조(조정·중재) ① 위원회는 갈등에 직면한 당사자(조합원 또는 지역주민) 전원이 합의하여 조정 또는 중재를 신청하는 경우 위원 중 전문성을 고려하여 ○○인의

조정인 또는 중재인을 선정하여 그 갈등을 해결할 수 있다.

② 조정인 또는 중재인은 당사자 사이의 상호 양해를 통하여 조리를 바탕으로 공익과 사익, 사회적 가치를 비교·형량하여 적정·공평하게 갈등을 해결하여야 한다.

③ 조정인 또는 중재인은 조정 또는 중재가 완료된 날로부터 10일 이내에 다음 각 호의 사항을 포함한 결과보고서를 작성하여 위원회에 제출하여야 한다.

　1. 신청된 갈등사안의 개요

　2. 조정기일 또는 중재기일에 관한 기록

　3. 조정결과 또는 중재판정

④ 조정 또는 중재절차를 거친 당사자들은 조정결과 또는 중재판정을 준수하여야 하며, 이를 위반하는 경우 ○○마을관리사협 정관 제○○조에 따라 제명될 수 있다.

제9조(기피·회피) ① 위원은 다음 각 호의 어느 하나에 해당하는 경우에는 심의·의결에서 제척된다.

　1. 위원 또는 그 배우자나 배우자였던 자가 해당 안건에 관하여 당사자가 되거나 그 안건의 당사자와 공동권리자 또는 공동의무자인 경우

　2. 위원이 해당 안건의 당사자와 친족이거나 친족이었던 경우

　3. 위원이 해당 안건에 대하여 증언, 진술, 자문, 연구, 용역 또는 감정을 한 경우

　4. 위원이나 위원이 속한 법인이 해당 안건의 당사자의 대리인이거나 대리인이었던 경우

② 당사자는 위원에게 공정한 심의·의결을 기대하기 어려운 사정이 있는 경우에는 위원회에 기피신청을 할 수 있고, 위원회는 의결로 이를 결정한다. 이 경우 기피 신청의 대상이 된 위원장 또는 위원은 그 의결에 참여하지 못한다.

③ 위원이 제1항 각 호에 따른 제척 사유에 해당하는 경우에는 스스로 해당 안건의 심의·의결에서 회피하여야 한다.

④ 제1항부터 제4항까지의 규정은 제7조 제1항에 따른 조정인 또는 중재인에게도 적용한다.

제10조(사임·해촉) ① 위원(위원장을 포함한다)은 스스로 사임을 원하는 경우 언제든지 위원직을 사임할 수 있다.

② ○○마을관리사협은 다음 각 호의 어느 하나에 해당하는 경우 이사회의 의결을 거쳐 그 위원을 해촉할 수 있다.

1. 심신장애로 인하여 직무를 수행할 수 없게 된 경우
2. 질병, 해외출장 등 그 밖의 사유 등으로 6개월 이상 직무를 수행할 수 없을 경우
3. 직무태만, 품위손상이나 그 밖의 사유로 직무를 수행하기에 적합하지 아니하다고 인정되는 경우
4. 제8조 제1항 각 호의 어느 하나에 해당함에도 불구하고 회피하지 아니한 경우

제11조(신의성실의무 등) 위원회의 모든 위원은 신의성실의 자세로 안건을 심의·의결하여야 하고, 조정인 또는 중재인은 중립적이고 공정한 위치에서 공평하게 갈등을 해결하여야 한다.

제12조(비밀엄수의무 등) 위원과 조정인 또는 중재인은 업무를 수행하는 과정에서 알게 된 사실이나 정보 등 일체의 사항을 업무 외의 목적으로 사용하거나 제3자에게 제공 또는 누설할 수 없다. 단, 법령 또는 행정규칙, 재판절차 등에 의해 공개가 강제되는 경우에는 그러하지 아니하다.

제13조(수당 등) 필요한 경우 위원과 조정인 또는 중재인에 대하여 ○○마을관리사협의 예산 범위에서 수당, 여비, 기타 필요한 경비를 지급할 수 있다.

제14조(운영세칙) 이외 위원회의 운영에 관하여 필요한 세부사항은 ○○마을관리사협 이사회와의 사전 협의를 거쳐 위원회에서 따로 정할 수 있다.

부   칙

(시행일) 이 규정은 이사회에서 의결한 날부터 시행한다.

1. 사회적 경제 추진 현황과 과제

추진 현황

현재 정부는 사회적경제 활성화를 국정과제로 채택, 추진 중이다. 2017년 「사회적경제 활성화 방안」을 시작으로, 2020년 「사회적경제기업 일자리 창출 지원방안」 등 총 23개 대책 마련·추진 중이다. 특히, 민·관 협의체 등 추진체계를 마련하고 사회적금융, 공공구매 확대 및 주거·환경 등 진출 분야 다각화를 시도하고 있다. 그 결과, 사회적경제는 지난 4년간 양적 성장세를 보이면서 취약계층 고용 등 사회문제 해결에 기여하고 있다.

2017년 5월 후 협동조합(기재부), 사회적기업(고용부), 마을기업(행안부), 자활기업(복지부) 등 4대 주요 사회적경제기업을 중심으로 다음 표와 같이 기업과 종사자 수가 빠르게 증가하고 있다.

4대 주요 사회적경제기업(개) 및 종사자 수(명)

구분	'16년	'17년	'18년	'19년
기업 수 (전년비)	14,916	16,951 (13.6%↑)	19,397 (14.4%↑)	22,036 (13.6%↑)
종사자 수 (전년비)	92,656	100,485 (8.4%↑)	112,451 (11.9%↑)	137,954 (22.7%↑)

출처: 관계부처 합동, 2021.3

특히, 취약계층 고용을 통한 일자리 안전망 보완, 기업이윤의 사회 환원 등 사회적 가치 창출에도 지속적으로 기여하고 있다. 한편, 최근 들어 코로나 19로 인한 K자형 양극화 심화에 따라 사회적경제의 위기 완화극복 역할에 대한 요구도 증대되고 있다. 위기 시 회복력(resilience)이 좋은 사회적경제가 정부와 시장을 보완하면서 위기 극복에 역할을 할 것이라는 기대감이 다음 그림과 〈참고 1, 2〉와 같이 형성되고 있는 편이다. 이제는 그간의 양적 성장을 바탕으로 경쟁력 제고를 통한 질적 성장과 구체적 체감성과 도출에 주력할 필요가 있다.

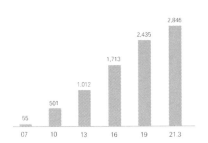

연도별 인증 사회적기업 현황

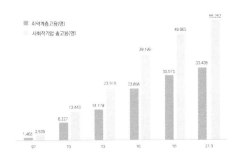

연도별 사회적기업 고용 현황

[참고 1] 사회적경제와 코로나 19 위기* 주요내용(OECD)

1. 사회적경제조직 특징과 코로나 19 위기

❶ 사회적경제조직은 **유럽의 경제 · 사회** 분야 주요 행위자* 중 하나
  * EU(28개국), 사회적경제조직 수 약 280만 개, EU 전체 고용의 6.3% 차지('17)

❷ 사회적경제는 **위기 시 회복력**(resilience)이 뛰어나다는 평가
  * '08~'10년 이탈리아, 벨기에 사회적경제 고용은 오히려 증가 (伊 20.1%, 白 11.5%) '00~'14년
    프랑스, 민간고용(6%)에 비해 사회적경제 고용이 크게 증가(25%)

■ 공공 · 민간부문을 보완하는 **안전판** 역할
  * (예) 노동시장에서 배제된 취약계층 고용 창출 및 틈새시장(niche) 개척

■ **지역에 대한 이해도 · 밀착력**을 바탕으로 지역사회 재건 역할
  * "지역 공동체는 국가 · 시장이 할 수 없는 역할 수행"(라구람 라잔 시카고大 교수)

■ **예방적 접근**을 통해 미래 공공지출 비용절감* 역할
  * (예) 예방의료 활동을 통해 질병 · 부상을 방지하여 보건지출 감소에 도움

2. 사회적경제조직을 위한 정책 지원방안

❶ **위기 초기**에는 사회적경제조직의 '생존' 지원 **정책**이 긴요

■ **긴급자금**(대출 · 보증 · 보조금 등) · **고용**지원, **공공조달** 참여 기회 확대

❷ **중장기**에는 사회적경제조직의 '**성장**'에 정책역량을 집중할 필요

- **기술 및 디지털 역량** 강화 중점지원, **사회공헌형 공공조달** 설계, 사회적경제조직에 대한 **인식**(visibility) **개선*** 등
  * 사회적 영향 평가모델 개발을 지원, 사회적가치 창출 효과에 대한 입증이 중요

☞ 사회적경제는 코로나 19 충격을 완화·극복하는 데 '특유의 역할*', 이후 정부와 시장을 보완하는 파트너로 성장할 것을 기대
  * (예) 자발적 위기극복 활동(취약계층 대상 필수용품 지원, 수제마스크 제작·보급 등)

☞ EU 등과 비교할 때 태동기*인 한국 사회적경제의 양적·질적 성장을 뒷받침하는 체계적 지원이 필요
  * 전체고용 대비 사회적경제기업 종사자 비중(%): 한국 1.1('19), EU(27개국) 6.3('17)

[참고 2] 사회적경제 정책 방향

목 표
☞ 사회적경제기업의 자립과 성장을 지원하고,
경제·사회 구조 전반에 사회적가치 확산을 촉진

**정 책
방 향
및
추 진
과 제**

1. 사회적경제기업 성장 지원

① 범부처 「성장 집중지원 프로그램」 시행
② 수요자 중심 사회적금융 체계 구축
③ 다각도 판로지원 방안 마련
④ 혁신형 협동조합 활성화 추진
⑤ 소셜벤처 확산기반 마련
⑥ 사회적기업 인증제의 등록제 전환 추진

2. 지역의 사회적경제 추진역량 제고

① 마을기업 등 지역·주민 공동체 중심 지역생태계 구축
② 지역별 사회적경제 클러스터 조성
③ 지역주민의 수요를 반영한 사업모델 발굴·확산

3. 사회적경제기업의 진출 분야 다양화 지원

① 사회적경제를 통한 사회서비스 공급 확대
② 주거빈곤 완화를 위한 사회주택 활성화
③ 사회적경제 분야 여성일자리 지원 강화
④ 탄소중립·자원순환을 뒷받침하는 환경 분야 진출 확대
⑤ 디지털 뉴딜 이행·활용 확대

4. 사회적경제 법·제도 인프라 확충

① 사회적경제 관련법 입법을 통한 정책의 법적 기반 마련
② 사회적 성과 측정지표 마련 등 제도적 기반 확충
③ 가치소비 캠페인(Buy Social)을 통한 대국민 인식 제고

**추
진
체
계**

핵심과제별 TF → 범부처 TF → 사회적경제 전문위원회

1. 주요 추진과제

현재 중점적으로 추진되고 있는 과제는 4개 분야로 나눌 수 있다. 첫째, 유망기업 중심의 성장 지원체계 구축 및 금융, 판로의 역할이 강화되고 있는 사회적경제기업 성장지원 분야와 둘째, 지역의 사회적경제 추진역량 제고, 셋째, 사회적경제기업의 진출분야 다양화 지원, 마지막으로 사회적경제 법·제도 인프라 확충이다.

1) 사회적경제기업 성장 지원

❶ 성장 유망기업에 대한 중점지원을 위해 관계부처 합동으로 「성장 집중지원 프로그램」을 2021년 2월부터 다음의 대상과 내용을 중심으로 시행하고 있다. 특히, 기업의 자생력 제고를 위해 최대 3년까지만 지원하고, 이후 유사 지원사업 참여를 제한하는 범부처 지원졸업제도 도입이 검토되고 있다.

- (대상) 업력 4~10년 사이 5개 유형의 사회적경제기업
  * 사회적기업, 협동조합(사회적협동조합 포함), 마을기업, 자활기업, 소셜벤처
- (내용) 기업진단, 컨설팅, 마케팅, 시제품 제작 등 종합지원(1~3억원)

❷ 기존 정책금융 공급 중심에서 벗어나 현장의 금융 접근성을 실질적으로 높일 수 있는 수요자 중심 사회적금융 체계 구축('21.4월)
  - 유망기업에 대한 성장지원 특례보증(신보)활성화 및 사회투자펀드 등 금융공급 지속 확대
  - 신협, 서금원의 타 법인에 대한 출자 허용(「신협법」, 「서민금융법」 개정) 등 제도 개선을 통해 사회적경제 분야 투자를 촉진
    - 비수도권 소재 사회적경제기업의 금융여건 개선방안 마련 검토
❸ 기존 공공구매 중심의 사회적경제기업의 판로에서 기업의 자생력을 강화할 수 있는 다각도 판로지원 방안을 마련('21.5월)
  - 사회적경제 전용 온라인몰(e-store 36.5) 등 비대면 판로 강화, 해외시장 진출 지원, 유통대기업 상생모델 개발 등 검토

◇ **주요 사회적경제기업의 경쟁력 제고**

❶ 협동조합 특화분야로서 직원협동조합 등 "혁신형" 협동조합 및 소비자생활협동조합(생협) 활성화 추진

- 직원협동조합 인수·전환 지원제도 마련, 프리랜서 협동조합을 통한 프리랜서 예술인 사회보험 가입 지원 등 추진
- 생협의 공적책무를 관련법에 구체화하는 한편, 지원 주체·범위 확대를 추진 (「생협법」개정 및 활성화 방안 마련 검토)

❷ 소셜벤처의 법적 정체성 확립 및 성장 지원, 사회적가치 측정체계 마련 등 소셜벤처 확산기반 공고화

- 설립·지원의 법적근거를 조속히 마련하고(「벤처기업법」개정), 소셜 임팩트보증 확대 등을 통해 안정적 성장을 뒷받침
- 소셜벤처 가치평가시스템('19년 기보 개발) 내 가치 측정 분야 및 대상기업 확대, 자가진단 프로세스 개발 추진
- 사회적가치 창출역량 및 기술력·혁신성을 갖춘 기업의 소셜벤처 창업을 뒷받침하기 위한 지원체계 보완방안 마련 검토

❸ 다양한 기업의 사회적경제계 진입 촉진을 위해 현행 사회적기업 인증제의 등록제 전환*을 추진('21), 요건 완화 및 절차 간소화, 등록권한 지자체 이관 검토 등

- 등록기업 중 평가를 통해 정부지원 대상을 선발하고 수혜기업은 경영공시를 의무화하도록 제도화(평가지표 등 구체적인 평가방법 마련, 지원제도 설계)

2) 지역의 사회적경제 추진역량 제고

◇ **지역별 특성을 반영한 사회적경제 인프라 및 사업모델 개발**

❶ 마을기업 등 지역·주민 공동체를 중심으로 지역별 문제를 스스로 해결하는 사회적경제 지역생태계 구축

- 마을기업 설립·지원의 근거가 되는 「마을기업법」제정 추진, 청년 마을기업 지원 확대, 청년이 출자자의 일정비율 이상으로 참여한 기업에 인센티브 부여 등 지원 확대 등 마을기업 활성화 방안 마련
- 기초지자체 단위의 사회적경제 민관협의체 구축 및 민관협의체 발굴·추진 사

업에 대한 사업비 일부 지원('21년 30개소), "지역자원뱅크"(91개 기초지자체 사회적경제 데이터, '20년) 활용 특화사업 개발 검토

■ 지역별 사회적경제 선도대학 내 취·창업 연계 프로그램 신설 및 지역주민 대상 교육 확대(지역 사회적기업 탐방, 사회적경제 리빙랩 프로그램 운영 등)

❷ 지역 내 산재한 부처별 지원기관의 점진적 연계 등을 통해 지역별 사회적경제 클러스터 조성을 추진

■ 성장지원센터(고용부) – 혁신타운(산업부) 간 연계를 위한 관계부처·지자체 협의체 구성 및 구체적 연계방안 마련 추진

■ 지역 소셜벤처 지원기관의 점진적 확대 추진('19년 3개→'21년 5개)

❸ 지역주민의 수요를 반영한 사회적경제 사업모델 발굴·확산

■ 도시재생, 농·산·어촌 등 커뮤니티 비즈니스 활성화 추진

① (도시재생) 마을관리협동조합을 통한 표준 사업모델 개발 및 우수사례 공유
② (농업) 사회적농장 확대(30개소→'21년 60개소) 및 거점농장 지정
③ (산림) 산림자원 활용 주민사업체("산림일자리발전소") 간 협력 사업모델 개발
④ (어촌) 어촌계의 사회적경제기업 전환 지원('21년 2개소)
⑤ (관광) 주민사업체 "관광두레" 우수사례 공유 등을 위한 전국대회 개최('21.2월)

3) 사회적경제기업의 진출분야 다양화 지원

◇ 경제·사회구조 변화에 따른 패러다임 전환을 뒷받침

❶ 인구·사회구조 변화에 따라 늘어나는 사회서비스 수요에 대응하기 위해 사회적경제를 통한 사회서비스 공급 확대 추진

■ 지역사회 통합돌봄사업에 대한 사회적경제기업 참여 확대, 의료사회적협동조합을 통한 지역의 의료공백 완화 등 추진

❷ 청년층 등 주거빈곤 완화를 위한 사회주택 활성화 추진

■ 사회주택 위탁 운영주체인 사회적경제기업이 주택 선정·설계 단계부터 참여할 수 있도록 제도화 추진
(현행) LH·서울시가 매입 주택의 일부를 사회주택으로 단순 운영위탁

(개선) 사회적경제기업이 매입약정 등을 통해 사회주택 선정 단계부터 참여

❸ 여성의 노동시장 진입 촉진 및 처우 개선 등을 위한 사회적경제 분야 여성일자리 지원 확대
- 경력단절여성 등의 사회적경제기업 취·창업 지원 강화, 가사 근로자 및 여성 프리랜서 등의 권리보장형 협동조합 확산 추진
  - 여성새로일하기센터 내 사회적경제 직업훈련, 전문경영자 과정 등 신설·확대
  - 공동브랜드 및 온라인플랫폼(앱) 개발 추진, 상호부조 등을 통한 처우개선 등

❹ 탄소중립, 자원순환을 뒷받침하는 환경 분야 기업 발굴·지원
- 사업모델 개발, 경영 컨설팅, 판로, 인·검증 등 종합지원 추진

❺ 디지털 뉴딜 이행·활용 등을 위해 과학기술인 협동조합, 소셜벤처 등 기술 기반 사회적경제기업 활성화 추진
- 과학기술인 협동조합「시장화 프로그램」(전문컨설팅 등) 시행, 소셜벤처 디지털· 온라인 전환 지원('20년 시범사업 기 시행)

4) 사회적경제 법·제도 인프라 확충

◇ 사회적경제 관련법 입법 및 사회성과 측정의 제도화 추진

❶ 사회적경제 관련법의 조속한 입법을 통한 법적 기반 마련
- 국회에 계류된 13개 관련법(총 23건) 중「사회적경제기본법」등 신속한 통과가 필요한 5개 법률의 조속한 처리를 추진
- 사회적경제기본법·공공기관의 가치실현에 관한 기본법(사회적가치기본법)(기재 부), 마을기업법(행안부), 서민금융법·신협법(금융위)

❷ 사회적 성과 측정지표, 통계 구축 등을 통한 제도 기반 마련
- 사회적 성과지표 풀(pool) 구축 및 사업별·과제별로 적용할 공통·특화지표 개 발 추진
  (예) 취약계층 신규고용 창출, 주민출자·배당 증가액, 지역공헌 증가액 등
- 개별기업의 사회가치 창출역량 평가를 위한 평가시스템('20년 신보 개발) 활용 확대('21년 50개사 목표) 및 시스템 고도화 추진

■ 현재 각 부처별로 자체 생산 중인 사회적경제 관련 통계의 산출주기·항목 등을 표준화해 객관적인 통계시스템을 마련

❸ 가치소비 캠페인(Buy-Social) 등을 통한 대국민 인식 제고

■ 온·오프라인 홍보, 사회적경제기업 제품 판촉전과 연계한 바이소셜 이벤트(예: 플리마켓 등) 기획·추진

■「사회적경제박람회」('21.7월, 광주, 제3회 박람회 개최) 계기 사회적경제제품 체험을 통한 가치 소비 확산 추진

2. 향후 추진계획

◇ 다부처 협업과제 중심으로 핵심과제를 선정하고 과제별 TF*를 구성해 추진·점검
   → TF별 최종안은 전문위원회 등에서 논의

   * ① 사회적금융, ② 판로, ③ 소셜벤처, ④ 혁신형 협동조합, ⑤ 지역생태계

세부 정책과제	추진시기	주관 부처
▪ 성장 집중지원 프로그램 시행	'21.上~	중기부
▪ 성장지원 특례보증 활성화	'21년~	금융위
▪ 사회투자펀드 등 금융공급 지속 확대	'21년~	금융위
▪ 신협·서금원의 他 법인에 대한 출자 허용	'21년~	금융위
▪ 非 수도권 지역 금융여건 개선방안 마련 검토	'21년	금융위
▪ 사회적경제 판로지원 대책 마련	'21.5	고용부
▪ 혁신형 협동조합 활성화 방안 마련 및 추진	'21.上~	기재부
▪ 생협 활성화 방안 마련 및 생협법 개정	'21.上~	공정위
▪ 「벤처기업법」 개정을 통한 소셜벤처 법적 근거 마련	'21년~	중기부
▪ 소셜 임팩트보증 확대	'21년~	중기부
▪ 소셜벤처의 사회적가치 측정분야 및 대상기업 확대	~'22년	중기부
▪ 사회적기업 인증제의 등록제 전환 추진	'21년~	고용부
▪ 사회적기업 평가방법 마련 및 지원제도 설계	연중	고용부
▪ 「마을기업법」 제정	'21년~	행안부
▪ 청년 마을기업 지원 확대 등 마을기업 발전방안 마련	'21.下	행안부
▪ 기초지자체 단위 민관협의체 구축 및 사업비 일부 지원	'21년	행안부
▪ 선도대학 내 취·창업 연계 프로그램 신설 등	'21.下	고용부
▪ 성장지원센터-혁신타운 간 연계방안 마련	'21.下	고용부, 산업부
▪ 지역 소셜벤처 지원기관 확대	'21년	중기부
▪ 도시재생, 농·산·어촌 커뮤니티 비즈니스 활성화	계속	국토부 등
▪ 통합돌봄사업 등을 통한 사회서비스 공급 확대	~'22년	복지부
▪ 사회주택 활성화 추진	'21년~	국토부
▪ 여성·가족 분야 사회적경제 활성화 방안 마련	'21.上	여가부
▪ 환경 분야 사회적경제기업 발굴 및 종합지원	'20년~	환경부
▪ 과학기술인 협동조합 「시장화 촉진 프로그램」 시행	'21년~	과기정통부
▪ 소셜벤처 디지털·온라인 전환 지원 확대 검토	'20년~	중기부
▪ 사회적경제 관련법 입법 추진	계속	기재부 등
▪ 사회적 성과지표 개발	'21년~	금융위 등
▪ 사회적가치 평가시스템 활용 확대 및 고도화 추진	'20년~	금융위
▪ 사회적경제 통계시스템 마련	계속	기재부, 통계청 등
▪ 가치소비 캠페인(Buy-Social)을 통한 대국민 인식 제고	'21년~	고용부
▪ 사회적경제박람회 개최를 통한 가치소비 확산	'21년	기재부

각 부처별 사회적 경제 담당 연락처

담당 부서		연락처
기획재정부	사회적경제과	044-215-5911
	협동조합과	044-215-5931
과학기술정보통신부	과학기술안전기반팀	044-202-4858
행정안전부	지구촌새마을과	044-205-3470
문화체육관광부	미래문화전략팀	044-203-2396
농림축산식품부	농촌사회복지과	044-201-1572
산업통상자원부	지역경제진흥과	044-203-4424
보건복지부	사회서비스정책과	044-202-3212
환경부	녹색전환정책과	044-201-6688
고용노동부	사회적기업과	044-202-7420
국토교통부	도시재생역량과	044-201-4915
	공공주택지원과	044-201-4533
해양수산부	수산정책과	044-200-5429
중소벤처기업부	지역상권과	042-481-1631
	벤처혁신정책과	042-481-1657
금융위원회	서민금융과	02-2100-2613
공정거래위원회	소비자정책과	044-200-4407
산림청	산림일자리창업팀	042-481-1851

3. 사례연구(최근 주요 인증 사회적기업)

사례 연구 ❶ 최근 주요 인증 사회적기업

주식회사 브라더스키퍼(Brother's Keeper)

- 기관명: 주식회사 브라더스키퍼(Brother's Keeper)(2018년 설립)
- 대표자, 연락처: 김성민, 070-5159-3232
- 소재지: 경기도 안양시 동안구 시민대로327번길 11-41, 3층 9호(관양동)
- 주요 사업 내용: 조경식물사업, 자립지원 위탁사업 등을 통해 보호종료아동 지원
- 기업미션: 보호종료아동의 경제적, 정서적 자립지원
- 주요 활동
  - 보육원 실내 벽면에 식물을 설치하는 벽면 녹화시공 및 유지관리 무료 제공(전국 18개 보육시설에 각 2회 제공)
  - 보육원 아동에게 식물치유 교육(가드닝키트교육)을 무료로 제공(전국 18개 보육시설에 가드닝키트 각 50개 제공)
  - 보육원 퇴소 직전 청년들에게 주거지원 서비스연계, 금융교육, 요리교육, 멘토링 등 자립지원 프로그램 무료 제공(전국 18개 보육시설의 시설당 2명에게 3개월간 제공)
  - 아름다운재단과 협업하여 보호종료 청년에게 교육비, 주거비, 생계비, 의료비 등의 맞춤형 통합지원 기회와 자립교육프로그램 제공

주식회사 소이프스튜디오(SOYF STUDIO Co., Ltd)

- 기관명: 주식회사 소이프스튜디오(SOYF STUDIO Co., Ltd)(2017년 설립)
- 대표자, 연락처: 고대현, 070-8630-5525
- 소재지: 서울특별시 서대문구 거북골로 184(북가좌동)
- 주요 사업 내용: 디자인제품 제조·판매 및 디자인 서비스 운영, 보육시설 청소년 및 보호종료아동 대상 디자인 교육 및 자립지원
- 기업미션: 보육시설 청소년 및 보호종료아동의 자립지원
- 주요 활동
  - 보육시설 청소년 및 보호종료아동에게 디자인 직업교육 제공
    (보육시설 청소년 및 보호종료아동의 GTQ 그래픽 기술자격증 취득 지원)
  - 보육시설 청소년 및 보호종료아동이 제품 디자인 개발에 참여, 제품 판매 수익금의 5%를 자립지원금으로 저축
    * 보육시설 청소년 및 보호종료아동이 디자인 개발에 참여한 제품 약 11종 입점 (www.soyf.co.kr/designproduct)
    * '20년 보육시설 청소년 및 보호종료아동이 마스크, 양말 등 제품 디자인에 참여하여 자립지원 저축액 3,190천원 달성
  - 보호종료아동의 정서적 자립을 위한 허들링(Huddling) 커뮤니티 운영
  - 생계가 곤란한 보호종료아동에게 생활비 및 학자금 무이자 대출

주식회사 모어댄

- 기관명: 주식회사 모어댄(2015년 설립)
- 대표자, 연락처: 최이현, 02−753−1233
- 소재지: 서울특별시 마포구 양화로3길 77(합정동)
- 주요 사업 내용: 자동차 폐기물(시트, 안전벨트, 에어백 등)을 재활용하여 가방, 지갑 등 패션아이템으로 제작·판매
- 기업미션: 재활용을 통한 환경보호 및 윤리적 소비문화 확산
- 주요 활동
  - 현대차, 제주도 등과 협약을 통해 폐가죽 시트, 에어백, 안전벨트 등을 수거하고 제품 디자인 과정을 거쳐 상품으로 재탄생
  - 당 기업 상품에 대한 여러 분야 인플루언서의 홍보를 통해 재활용 제품에 대한 대중의 인식을 제고하고 있음
  - 현재 자체 상표(컨티뉴)를 출시하여 제주면세점, 온라인 쇼핑몰 등에서 200여 종의 상품 판매 중
  - 특히, 친환경 공정과 에너지 자립 생태공정(태양광 발전, 빗물 재사용 등)을 통해 재활용을 진행하여 재활용 과정에서 발생할 수 있는 환경오염을 최소화하고 있음
  - '18년 환경형 예비사회적기업 지정

- 기관명: 얼쑤 사회적협동조합(2017년 설립)
- 대표자, 연락처: 이창숙, 041-572-0260
- 소재지: 충청남도 천안시 서북구 쌍용대로 222, 3층(상정동)
- 주요 사업 내용: 장애인 예술가 육성사업, 사물놀이 마당극 등 전통문화 공연사업, 전통문화예술 교육사업
- 기업미션: 중증 장애인에 대한 돌봄과 교육, 일자리 제공 등을 통하여 장애인 사회 참여를 촉진하고, 차별 없는 공정한 삶을 영위할 수 있도록 함
- 주요 활동
  - 발달장애인 대상으로 전통문화 직업 예술인으로의 육성을 지원하여 장애인 일 자리 창출 및 지역사회에서의 경제적 자립에 기여
  - 장애인 인식개선 공연, 찾아가는 요양원 공연, 국내기업·기관 초청공연 등 연간 100회 내외의 전통문화 공연 활동을 수행
  - 사물놀이, 마당극, 탈춤 등 전통 문화예술 교육을 통하여 발달장애인의 문화예 술 감수성 향상과 문화예술 향유 기회 제공

◇ '07년부터 '21.3월까지 74차에 걸쳐 총 3,368개 인증, 현재 2,846개소 활동 중

사회적기업 현황

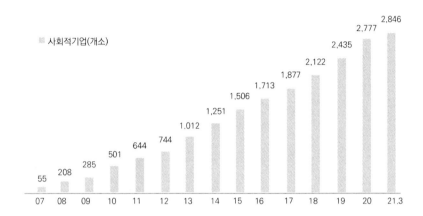

인증 사회적기업 고용 현황

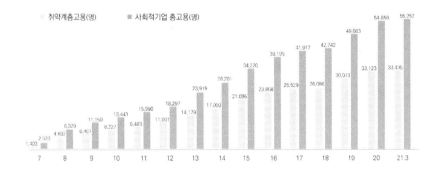

취약계층 상세현황

총근로자수	일반근로자 (39.5%)	취약계층(60.5%)				
		고령자	장애인	저소득자	기타	계
55,252	21,817	20,778	7,526	2,959	2,172	33,435

마을기업

이제 1마을 1마을기업 육성으로 새로운 지역경제 기반 만든 지도 있다. 「마을기업 활성화를 위한 발전방안」으로 향후 10년 동안 마을기업 3,500개로 확대될 예정이다. 지역이 갖고 있는 자원을 활용하여 지역경제 활성화를 이끌고, 지역공동체 회복에 큰 역할을 하고 있는 '마을기업*'이 2030년까지 모든 마을에 생긴다.

마을기업은 지역주민이 지역자원을 활용한 사업을 통해 지역 문제 해결 및 소득·일자리를 창출하여 지역공동체의 이익을 실현하기 위해 설립한 마을단위 기업이다. 지난 2011년 처음 선보인 마을기업은 전국에서 1,556개가 운영되고 있으며, 마을공동체 회복과 지역 균형 발전의 지속 가능한 모델로 주목받아 왔다.

「마을기업 활성화를 위한 발전방안」은 공동체적 성격을 더욱 강화하고 전국 모든 마을에 마을기업을 만들어, 향후 10년 동안 마을기업을 3,500개까지 확대하는 것을 목표로 추진된다. 이를 위해 행안부는 ▲공동체성 등 마을기업의 정체성 강화, ▲마을기업 발굴, 판로 확대 등 안정적 발전 도모, ▲「마을기업육성지원법」 제정 등 제도·인프라 구축을 중점적으로 추진할 계획이다.

먼저, 공동체적 성격을 더욱 강화하기 위하여 마을기업 심사 시 공동체성의 비중을 확대하고, 마을 만들기 등 그간 마을공동체 활동이 활발한 공동체가 마을기업이 될 수 있도록 개선할 예정이다. 또한, 마을기업이 사업 성격에 따라 맞춤형으로 지원받을 수 있도록 유형을 세분화하여 지원해나갈 예정이다. 이를 통해 지역특산물을 가공·판매하는 기업이나 지역주민에게 교육·복지 등 사회서비스를 제공하는 기업 등 각각의 성격에 맞게 지원을 받을 수 있게 된다.

마을기업을 지속적으로 확대하기 위하여 마을주민 자율협의체인 주민자치회와 연계하여 마을기업을 활성화하고 정부부처와 지자체가 추진하는 다양한 공동체 관련 사업이 마을기업으로 나갈 수 있도록 적극적으로 연계하여 발굴할 예정이다. 또한, 농어촌 등 청년 인구가 감소하는 지역에서 청년 마을기업의 지정 요건을 완화하여 청년이 마을기업의 또 하나의 주체가 될 수 있도록 지원한다.

한편, 마을기업의 판로를 다각화하기 위해 아파트공동체, 맘카페, 부녀회 등과 연계하여 지역내 홍보·판매망을 구축하는 한편, 권역별 유통지원센터 등 판매망을 확대해 나갈 예정이다. 아울러 마을기업의 법·제도적 기반을 조성하기 위하여 현재 국회 계류 중인 「마을기업육성지원법」 제정을 적극적으로 추진하고 중간지원기관 등 지원체계를 고도화할 계획이다. 마을마다 마을의 고유한 이야기와 주민의 수요를 담은 마을기업이 성장할 수 있도록 지원할 예정으로 마을기업이 침체된 지역사회에 활력을 불어넣고 지역공동체 회복을 견인하는 원동력이 기대된다.

1. 추진 배경

• 사회적경제에 대한 관심 증가, 포스트 코로나 시대에 공동체 회복력과 커뮤니티 차원의 주민 주도 경제활동의 중요성 강조

• 지역문제 해결, 지역공동체 회복을 위한 마을기업의 중요성 증가

2. 마을기업 육성사업의 현황

• (연혁 및 기업수) '10년 시범사업을 거쳐 '11년부터 본격 추진, 현재 1,556개소 운영('19.12월 기준)

• (세부 현황)

　－ (지역) 도지역(1,063개, 68%), 특·광역시 지역(493개소, 32%)

　－ (업종) 일반식품(44.3%), 전통식품(13.5%)이 다수, 점차 업종 다양화 추세

　－ (법인) 영농조합법인(40.2%)이 다수, 협동조합(25.5%)이 증가 추세

3. 마을기업 10년의 성과(참고1)

• (지역경제 활성화) 지역 자원을 활용하여 매년 일자리·소득 증대

　▶ '11년 대비 매출 9.8배('11년 196억 → '19년 1,928억), 일자리 6.4배('11년 3,145명 → '19년 20,062명) 성장

• (마을공동체 회복) 마을기업 활동을 통해 주민 간 교류 증가 및 소속감 증진

• (지역균형발전) 도 지역에 활발히 운영(68.3%)되어 새로운 소득원 창출

• (지역사회 공헌) 취약계층 고용, 지역환원('19년 94억 상당)을 통해 사회적가치 실현

• (사회적경제 활성화) 사회적기업, 협동조합, 자활기업과 함께 사회적경제 4대축

　☞ 마을기업이 지역순환경제 및 사회적경제 활성화의 주역으로 기능할 수 있도록 지정기준 개선 및 사업유형에 따른 맞춤형 지원, 경쟁력 강화, 기반 조성 등을 위해 발전 방안 마련

4. 마을기업 발전방안

목표	지역순환 경제의 중심으로 자리잡는 마을기업 - 마을別 1 마을기업 육성(3,500개) 및 지속가능한 성장기반 확충 -

추진전략	① (마을기업 유형 다변화) 농촌 및 식품 중심에서 벗어나 도시지역 마을기업 육성 및 사회서비스 등 진출분야 확대 ② (지역공동체와의 연계 강화) 지역차원 다양한 공동체 활동이 지속가능성을 담보한 마을기업 형태로 발전하도록 비즈니스 모델 개발 ③ (지역자원의 효과적 결합) 부처별 사업, 다른 사회적경제 부문과의 협업 강화

① 지역순환경제의 중심으로 마을기업의 정체성 강화

- 마을기업의 지정기준 개선
  - 설립목적에 따라 지역성을 다양하게 적용(읍면동 또는 시군구)
  - 공동체성의 비중 확대, 회원수 관련 심사 강화(회원수에 따른 가중평가 등), 마을 만들기 등 기존의 공동체 활동실적 고려
  - 사업모델의 차별성, 자격증 유무 등 기업적 역량에 대한 심사
- 사업성격에 따른 유형 구분 및 맞춤형 지원
  - 기존의 성장단계에 따른 유형(예비·신규·재지정·고도화 등)과 함께 사업 성격에 따른 유형 구분을 추가 및 체계적 지원
    - ▶ 지역자원활용형: 푸드플랜(농식품부)와 연결한 로컬푸드 마을기업 지원 등
      사회서비스제공형: 인건비 등 사용기준 개선, 지역사회통합돌봄사업(복지부) 활용 등
      마을관리형: 마을관리협동조합 등의 마을기업화 지원, 마을기업의 사업참여 확대 등
- 마을기업 교육 및 역량 강화
  - 마을기업의 저변 확대를 위해 소지역 공동체(마을회, 청년회, 이장협의회 등)에 대한 홍보 강화
  - 예비마을기업 제도 확대('19년 68개 →'22년 150개 이상)
  - 종사자 교육 강화, 우수마을기업 활용(예: '마을기업 장인' 육성)

• 공동체 관련 사업을 활용한 마을기업 발굴 확대

   − 주민자치회와 연계하여 지역의 공적사업을 수행하는 모델 발굴

일반 마을기업
• 일반 주민 주도
• 참여 주민들의 필요에 따라 제조업·서비스업 등 다양한 사업 추진

주민자치회 연계 마을기업
• 주민자치회 주도
• 마을 공동의 필요에 의한 공공자산 활용, 생활지원 사업(마을축제 수탁, 마을주차장 관리 등)

   − 공동체 관련 사업을 마을기업으로 발굴·확대

   ▶ 마을관리협동조합 등 공동체 관련 사업 추진시 마을기업 제도·우수사례 안내, 컨설팅, 마을기업 신청 시 인센티브 부여 등

• 지역 청년의 마을기업 참여 유도

   − 청년 마을기업 지정요건 완화 등 지원 확대

   ▶ 청년인구 감소로 지역활력이 감소하고 있는 지역에서 청년창업 유인을 위해 청년 인구비율에 따라 청년 회원비율을 차등적용(현행 50% → 청년 인구비율에 따라 차등(30~50%))

   − 청년대상 사업 연계, 체험 교육 등을 통해 마을기업 관심 제고

   − 귀농귀촌센터와 연계하여 귀농귀촌인의 마을정착 및 창업 지원

• 지역주민 고객 확보 등 마을기업 판로 확대

   − 지역 내 공동체(아파트공동체, 맘카페, 부녀회 등)를 대상으로 우리마을 제품 판매·홍보 추진

   − 상생장터 개최, 유통지원센터 확충, 온라인 쇼핑몰 입점 지원 등 판로 다각화

   − 가성비와 스토리를 모두 갖춘 제품 개발 등 전문가 컨설팅 확대

• 마을기업을 위한 지역의 금융 인프라 조성

   − 맞춤형 금융정보 제공 및 사회적경제 기금 설치 확대

   − 새마을금고의 역할 확대(융자상품 개발, 출자 사례 발굴, CSR 등)

③ 마을기업 관련 법·제도 등 인프라 구축

• 마을기업의 안정적 성장을 위한 법 제정 추진

- 마을기업 추진체계 구축(위원회 등), 지정 요건·절차 등 규정
- 공공구매, 조세감면 등 육성정책 및 지원기관 설치
- 중간지원기관 등 마을기업 지원체계 고도화
  - 전국 단위 지원체계를 추진하여 시도 지원기관 등의 연계 강화
  - 지자체 지원 등 지원체계 전반에 대한 종합적 평가 방안 마련
  - 마을기업을 지원하는 마을기업 모델 육성(컨설팅, 자금, 판로 등)
- 사회적경제조직 간의 협력 및 지역 기업과의 연계 강화
  - 마을기업 활성화를 위한 지역 내 네트워크 구축 지원
  - Buy Social 캠페인, 공공기관 우선구매 기반 조성 등 민간기업·공공기관의 마을기업 제품 구매 독려

5. 추진 일정

- 과제별 일정에 따라 체계적 추진

(지역경제 활성화)

지역 자원을 활용하여 매년 일자리·소득 증대

▶ '11년 대비 매출 9.8배('11년 196억 → '19년 1,928억), 일자리 6.4배('11년 3,145명 → '19년 20,062명) 성장

▶ 기업당 평균 매출 1.2억 원, 일자리 12.9개/연매출 10억 원 이상 마을기업 27개소(1.7%)

우수사례: 하늘농부유기농영농조합법인(충북 청주)

• 친환경농산물 가공·유통·판매로 지역주민 일자리 12명, 매출 24억 원 창출, 판로확보가 어려운 지역농가로부터 농산물 12억 원 매입
• 지역의 시니어클럽, 재활원, 이주민 노동자인권센터 등에 지원

(마을공동체 회복)

마을기업 활동을 통해 주민 간 교류가 늘고 소속감이 높아져 마을공동체가 회복·결성되는 사례 창출

우수사례: 원연장마을영농조합법인(전북 진안)

• 마을 전체가 농가 레스토랑 등을 직접 운영
• '08년부터 시작된 마을만들기 사업을 기초로 11년간 꽃잔디축제를 운영하며 주민역량 강화와 마을공동체 가치 실현
• 매월 마을공동식사(월 1회 이상), 마을여행(연 2회) 실시

(지역 균형 발전)

도 지역에 활발히 운영(1,063개소, 68.3%)되어 상대적으로 낙후된 지역에 새로운 소득원 창출 및 지역활력 제고

우수사례: 농부들의 카페장터(경기 가평)

- 마을 유휴시설을 활용, 작은 카페와 농산물 직판장 운영
- 고령의 지역주민들에게 일자리를 제공하는 등 지역을 위한 기업이라는 의식이 강하고, 지역민들의 참여율과 관심 증가
- 지역 내 어린이들을 위한 문화교육 프로그램 운영 등

(지역 사회공헌)

지역문제 해결을 모색하고 취약계층 고용이나 지역 환원('19년 94억 상당)을 통해 사회적 가치 실현

우수사례: 함께하는 그날 협동조합(제주)

- 제로웨이스트 리빙랩(지구별 가게) 운영 및 지역 내 환경교육
- 취약계층 대상 생리대 등 전달(소녀, 별을 품다 / 79회, 약 69백만 원)
- 일회용품 사용 줄이기 캠페인 전개(2,280명 대상)

(사회적경제 활성화)

사회적기업('07), 자활기업('00)에 비해 시작은 늦었으나 사회적경제 4대 축으로 자리매김

연번	추진 과제	일정
1	**지역순환경제의 중심으로 마을기업의 정체성 강화**	
1-1	마을기업의 지정기준 개선	
	- 현장 의견 수렴을 거쳐 지정기준 개선	'21년(하)
1-2	사업성격에 따른 유형 구분 및 맞춤형 지원	
	- 관계부처 TF 구성·운영	'22년~
	- 사업성격에 따른 유형 구분	'21년(하)
	- 유형별 맞춤형 지원 추진	'22년~
1-3	마을기업 교육 및 역량 강화	
	- 예비마을기업 활성화	'21~'23년
	- 소지역 공동체에 대한 홍보	'21년~
	- 교육과정 개선	'22년~
	- 우수마을기업 활용 교육	'23년~
2	**지역사회 연결망 확대로 안정적 발전 구현**	
2-1	공동체 사업을 활용한 마을기업 발굴 확대	
	- 주민자치회 연계 사업모델 발굴	'21년
	- 공동체 관련 사업의 마을기업 육성·확대	'22년~
2-2	지역 청년의 마을기업 참여 유도	
	- 청년마을기업 지정요건 개선	'21년
	- 청년대상 사업 연계 등 관심 제고	'22년~
2-3	지역주민 고객 확보 등 마을기업 판로 확대	
	- 온오프라인 판로 확대	'21년~
	- 지역사회 차원의 홍보·판매 및 컨설팅 확대	'22년~
2-4	마을기업을 위한 지역의 금융 인프라 조성	
	- 사회적금융 정보 제공, 기금설치 확대, 새마을금고의 역할 확대	'21년~
3	**마을기업 관련 법·제도 등 인프라 구축**	
3-1	마을기업의 안정적 성장을 위한 법 제정 추진	
	- 마을기업 육성지원법 제정 추진	'21년~
	- 시행령 제정, 시행지침 개정 등	'21년~
3-2	중간지원기관 등 마을기업 지원체계 고도화	
	- 지원기관 평가방식 개선, 마을관리형 신설	'21년(하)
	- 마을기업 지원센터 설치·구축	'23년~
3-3	사회적경제조직 간의 협력 및 지역 기업·단체와의 연계 강화	
	- 공공기관 우선구매 지표 개선	'21년
	- 지역 네트워크 활성화 지원, 바이소셜 캠페인 등	'21년~

참고문헌

📖

국내문헌

강용배(2003). 지역사회 정체성과 사회자본 형성요인 분석. 한국정책과학학회보, 7(2), 189−216.

강효민·박기동(2008). 지역사회에서 스포츠클럽 활동과 사회적 자본 형성, 한국스포츠학회지, 21(4), 845−863

고용노동부(2014). 2014년도 예산 및 기금운용계획 사업 설명자료.

_____(2015). 2015년도 예산 및 기금운용계획 사업 설명자료.

_____(2016). 2016년도 예산 및 기금운용계획 사업 설명자료.

_____(2017). 2017년도 예산 및 기금운용계획 사업 설명자료.

_____(2017), 사회적기업 제품 우선구매 지침.

고용노동부·한국사회적기업진흥원(2014). 2014 사회적기업 자율 경영공시 사례집.

_____(2016). 사회적기업 보조금 회계처리 안내.

_____(2017). 사회적기업 사업보고서 작성매뉴얼.

구자인(2007). 주민주도 상향식의 농촌 마을 만들기, 도시와 빈곤 84: 55−68.

_____(2014). 지역재생과 로컬 거버넌스 구축: 진안군마을만들기 10년의 경험을 중심으로. 『국토』390: 32−41.

국정기획자문위원회(2017). 문재인 정부 국정운영 5개년 계획.

금재호(2013). 고용안정사업 개편 방안.

금재호 외(2013). 고용보험의 적극적 기능강화를 위한 고용안정사업의 개편방안, 고용노동부.

길현종 외(2013), 2012 사회적기업 성과분석. 고용노동부·한국사회적 기업진흥원.

_____(2014), 2013 사회적기업 성과분석. 고용노동부·한국사회적기업진흥원.

_____(2015a), 사회적기업과 협동조합 고용영향평가 연구, 고용노동부·한국노동연구원.

_____(2015b), 2014 사회적기업 성과분석, 고용노동부·한국사회적기업진흥원.

_____(2016), 2015 사회적기업 성과분석, 고용노동부·한국사회적기업진흥원.

곽선화 외(2009), 2008 사회적기업 성과분석, 고용노동부.

_____(2010). 사회적기업 3주년 성과분석, 고용노동부.

_____(2011), 사회적기업의 사회적·경제적 성과분석, 한국사회적기업진흥원.

권순원 외(2016). 사회적기업의 새로운 패러다임 모색. 고용노동부.

권영숙·이영민 (2011). 지역사회 자원봉사활동 특성 유형과 사회적 자본 형성의 관계분석. 지방행정연구, 25(1), 137-156.

기영화(2017), 사회적경제 차원의 사회적기업과 기업의 사회적 책임의 비교연구, 사회적경제.

김건우, 스타트업 백서, 슬기북스, 2019와 정책연구, 7(3), 79-108.

김동철·김정원(2016). 사회적기업 성과분석에 관한 연구, 한국경영학회. 20(2). 143-162.

김미화·이용재(2015). 사회적기업의 조직문화가 조직의 사회적·경제적 성과에 미치는 영향, 한국지역사회복지학, 53. 173~196.

김성기(2010), 사회적기업의 지속가능성 연구: 다중이해자 참여를 중심으로. 성공회대박사학위 논문.

김윤미(2013), 사회적기업 생태계 발전방안에 관한 연구: 경남지역을 중심으로. 부산대 석사학위 논문.

김재홍·이재기(2012), 사회적기업에 대한 정부지원금의 고용창출 효과 분석, 지방정부연구 16(3), 135~163.

김종수(2009). 지역기반형 사회적기업의 태동과 운영에 관한 연구. 서울시립대학교 박사학위 논문.

김준영(2014), 직접일자리사업 참여자의 고용상태 이동 실태, 고용 이슈 제7권 제5호: 한국고용정보원, 2014.9.

김찬미·김경민(2014). 서울시 사회적기업의 사회적 네트워크 연구, 서울도시연구. 15(3), 165-178.

김창범·이찬영(2015). 한국 사회적기업의 경제적 성과와 사회적 성과에 대한 효율성분석, 산업경제연구 28(4), 1715~1738.

김혜원(2009). 한국 사회적기업 정책의 형성과 전망. 동향과 전망, 75, pp.74-108.

_____(2010), 재정지원 일자리사업과 노동이동, 2010년 경제학공동학술대회 자료집, 2010.2.

_____(2011), 한국의 사회적기업 지원정책의 개선 방안 연구: 일자리창출 중심의 지원에 대한 비판을 중심으로, 한국사회정책 18(1), 209-238.

김혜원·조영복(2010). 사회적기업 지원정책 로드맵 연구. 한국노동연구원.

김희철(2015), 사회적기업의 성과분석에 관한 연구, 대한경영학회지, 28(7). 1797-1812.

_____(2017), 사회적기업의 성과영향요인과 상관관계에 관한 연구, 한국산학기술학회논

　　문지, 18(7). 342－349.

김경휘·반정호(2006). 한국상황에서의 사회적기업의 개념과 유형에 관한 소고, 노동정책
　　연구6(4), 31－54.

김영정(2014), 지역연구의 동향과 전망. 한국사회 15(1): 163－199.

김영철(2011), 사회적경제와 지역의 내발적 발전. 지역사회연구 19(2): 25－49.

김원동 외(2014), 강원도 폐광지역의 사회경제적 기반 조성을 위한 새로운 방향 모색: 먹
　　거리 협동조합의 활성화를 중심으로. 농촌사회 24(2): 61－120.

김정원(2014), 사회적경제와 호혜: 경제 행위를 통한 사회의 재구성, 지역사회연구 22(2):
　　285－308.

김창진(2015), 퀘벡모델: 캐나다 퀘벡의 협동조합·사회경제·공공정책, 가을의 아침.

김정원(2009), 사회적기업이란 무엇인가?, 도서출판 아르케.

김도균(2011). 환경재난과 지역사회의 변화: 허베이스피리트호 기름유출사고의 사회재난,
　　서울: 한울아카데미.

김성기 편(2013), 지역사회 기반 사회적기업: 21C 지역사회의 변화의 주역, 성공회대학교
　　사회적기업연구센터.

김순양(2008). 사회적기업의 활성화를 위한 정책 방안: 영국의 사회적기업 지원정책사례
　　분석 및 시사점, 한국행정연구 17(3), 207－247.

_____(2008). 사회적기업에 대한 성과평가 지표의 개발 및 적용, 지방정부연구. 12(1).
　　31－59.

김영옥·권해수(2011). 자원봉사활동이 사회적 자본 형성에 미치는 영향, 한국거버넌스학
　　보, 18(2), 103－129.

김윤환 외(1981), 한국경제의 전개과정, 돌베개.

김정원(2007), 사회적 배제완화를 위한 사회적 자본의 역할. 전북대학교대학원 박사학위
　　논문

김철환(1986), 한국경제론, 창작사.

김태룡(2006), 시민단체가 사회자본의 형성에 미치는 영향에 관한 연구, 한국행정학보,
　　40(3), 27－51.

김태룡·안희정(2009), 자원봉사자의 활성화에 미치는 사회자본의 영향분석. 한국정책연
　　구, 9(3):197－218.

남은영 외(2011), 행복감, 사회자본, 여가. 한국사회학, 46(5), 1－33.

대전광역시(2013), 사회적 자본확충을 위한 실천개념 및 전략방안, 한국사회적기업진흥원.

문철우 외(2014), 사회적경제 사회가치 측정지표 정교화 및 활용을 위한 연구, 고용노동부
　　·한국사회적기업진흥원.

박현채 외(1987), 한국경제론, 까치.

_____(1986), 한국경제구조론, 일월서각.

방하남 외(2007), 고용의 질: 거시, 기업, 개인 수준에서의 지표개발 및 평가, 한국노동연구원.

보건복지부(2017), 2017년 자활사업 안내(Ⅰ).

변형석(2017), 당사자 입장에서 본 사회적기업 육성정책의 문제점과 발전과제, 사회적기업 육성법제정 10주년 기념 정책토론회: 사회적기업, 그 10년의 사회변화, 새로운 발전과제 모색 발표문.

박인규(2011), 여의도 스티브잡스의 성공 10계명, 행복우물

박성우·장우권(2009). 사회자본과 공공도서관의 사회적 영향에 관한 고찰. 한국문헌정보학회지, 43(2), 215-231.

베버·막스(Weber, Max)(2009(, 경제와 사회 공동체들. (역)박성환, 나남.

송경재(2006). 자발적인 시민참여 사이버 공동체의 사회적 자본에 관한 사례연구, 사이버 커뮤니케이션 학보, 19, 221-255.

신경희·이순희(2003), 지역사회 여성단체 활동의 사회적 자본에 대한 연구, 서울도시연구, 4(1)89-109.

심보선·강윤주(2010). 참여형 문화예술활동의 유형 및 사회적 기능분석. 경제와 사회, 87, 134-174.

성경륭·박준식(2013). 지역경제의 위기와 창조적 균형발전 전략의 모색, 지역사회학 15(1)91-112.

세넷, 리차드(Sennett, Richard)(2013), 투게더: 다른 사람들과 함께 살아가기, 김병화 역. 현암사.

신명호·이아름(2013), 원주 지역 협동조합의 생성과 지속가능성에 영향을 미치는 요인: 사회적 자본의 관점에서 본 네트워크의 효용, 정신문화연구, 36(4):31-58.

선남이·박능후(2011), 사회적기업의 사회경제적 성과에 미치는 영향요인 분석, 지방정 부 연구, 15(2)141~164.

신경희(2010), 서울시 사회적경제 사업체 연계발전 방안, 서울연구원.

신흥철(2012), 지역사회 사회적기업의 네트워크 구축방안에 관한 연구: 경기도 부천시를 중심으로, 가천대학교 석사학위 논문.

엄한진·권종희(2014), 대안운동으로서의 강원지역 사회적 경제: 연대의 경제론을 중심으로, 경제와 사회 104: 358-392.

스마트벤딩(2019), 창업가의 성격유형.

이인재 외(2014), 사회적기업 육성 정책 평가 및 과제. 고용노동부.

이해진(2012). 농촌지역개발사업의 성과의 차이와 농촌사회 발전에 대한 함의, 농촌사회 22(2)7－48.

_____(2015), 한국의 사회적경제: 제도화의 정치과정과 지역화 전략, 지역사회학 16(1)106

이해진·김철규(2013), 대안가치지향 귀농귀촌인의 사회적 특성과 역할, 농촌사회 23(2)49－90.

이선미(2004), 여성의 시민참여와 사회자본, 한국여성학, 20(1)163－193.

이재열(2006), 지역사회 공동체와 사회적 자본, 한국사회학회 기획학술심포지엄 23－49.

오단이 외(2017), 지역 사회적경제 생태계 실상과 고찰, 사회적경제와 정책연구, 7(3)1－26

윤찬영(2007), 사회복지법의 민주화와 시장화, 민주법학 35.

이승종(2010), 지방정부의 일자리창출을 위한 커뮤니티비즈니스 연구, 경상북도공무원 교육원

예산정책처(2012), 사회적기업 육성사업 평가, 예산정책처.

이경미·정원오(2017), 서울시 사회적경제 생태계의 유형 및 특성 연구: 퍼지셋 이상형 분석의 적용, 사회복지정책, 44(1)135～160.

이규용 외(2013), 취업취약계층 노동 시장정책 효율화 방안 연구, 한국노동연구원.

이양복·최항석(2016). 지배구조 및 네트워크 다양성이 사회적기업의 성과에 미치는 영향. 경상논총. 34(3)57～77.

이영수·길현종(2016), 사회적기업에 대한 정부지원이 고용창출 및 경제적 성과에 미치는 영향, 경영과 정보연구 35(5)123～146.

이영수 외(2017), 2016 사회적기업 성과분석, 고용노동부·한국사회적기업진흥원.

이용재·김봉환(2013), 사회적기업 자원연계 현황 및 활성화 방안, 한국콘텐츠학회논문 지 13, 27～235.

이유리·이명훈(2017), 사회적경제조직의 네트워크 효과에 따른 지역사회 영향분석, 한국지역개발학회지, 29(2)161～187.

이인재 외(2014), 사회적기업 육성정책 평가 및 과제. 고용노동부.

이재희·조상미(2015), 사회적기업 간 네트워크 특성이 조직성과에 미치는 영향: 네트워크 중심성을 중심으로, 한국사회복지행정학 17(2). 89～125.

이준우 외(2015), 사회가치 기본지표(BISV)의 검증 및 지표타당성 확보를 위한 연구용역, 한국사회적기업진흥원.

이철인(2016), 청년고용촉진장려금 효과 분석, 한국노동경제학회, 노동경제논집, 39(4)1～31.

Executive(2007), 경영자의 철학, Vol. 51: 201.

일자리위원회·관계부처합동(2017), 사회적경제 활성화 방안.

유종해(2004), 현대조직관리, 박영사, pp.406-430.

장성희(2014), 기업자지향성, 시장지향성, 기업의 사회적책임이 사회적기업의 성과에 미치는 영향, 한국컨텐츠학회논문지 14(6)355-366.

장지연·김정우(2002), 취약계층에 대한 고용보조금의 효과 및 개선방안, 한국노동연구원.

전병유 외(2015), 고용보조금 제도의 효과성 제고를 위한 개편방안 연구, 고용노동부.

_____(2012), 사회적기업 실태조사 연구보고서, 고용노동부.

조기준(1973), 한국자본주의 성립사론, 대왕사.

조용범(1973), 후진국경제론, 박영사.

_____(1981), 한국경제의 논리, 전예원.

정숙균·방희명(2017), 사회적기업가 정신, 네트워크, 사회적기업 성과 간의 인과관계 탐구, 인문사회 21. 7(4), 389~405.

장원봉(2006), 사회적 경제의 이론과 실제, 나눔의 집.

장석인(2012), 선진국의 사회적기업 국제비교: 유럽 3개국(프랑스·독일·영국)과 미국을 중심으로, 경영컨설팅리뷰 3(2).

장원봉(2007), 사회적 경제의 대안적 개념화, 시민사회와 NGO 5(2), 5~34.

전병유 외(2012), 사회적기업 실태조사 연구보고서, 고용노동부.

정동일·성경륭(2010), 창조적 지역발전과 그룹지니어스: 신활력사업 대상 낙후지역을 중심으로, 한국사회학 44(1)60-97.

정규(2012), 한국 도시공동체운동의 전개과정과 협력형 모델의 의미. 정신문화연구, 35(2), 8-33.

정보통신정책연구원(2000), 엔젤의 유형과 엔젤자금 유치 벤처기업의 성향 분석.

정선기(2012), 사회자본의 정책적 의미, 사회과학연구 21, 27-43.

정태인·이수연(2013), 협동의 경제학, 레디앙.

주성수(2010), 사회적 경제: 이론, 제도, 정책, 한양대학교 출판부.

와타나베이타루(2014), 시골빵집에서 자본론을 굽다, (역)정문주, 뉴스토마토.

SK텔레콤(2021), SK텔레콤 이사회 소위원회 구조.

천재교육편집부(2021), 고등교과서 한국사

최석현 외(2012), 사회적기업의 지속가능성을 위한 지역사회자본 형성전략에 대한 이론적 고찰: 연결망 재구축과 지속가능성을 중심으로. 한국거버넌스학회보 19(1), 125-151.

최영출·최외출(2010), 사회적기업간 네트워크 작동에 관한 연구, 한국비교정부학보, 14(1), 63-76.

최종덕(2007), 사회자본 형성을 위한 시민교육의 강화, 시민교육연구 39(4), 135－161.

최혁진(2012) 사회적협동조합을 통한 지역의 사회적경제 실현 전략, 재단법인 지역재단 (편), 지역재단제22차 지역리더포럼 자료집, (재)지역재단 3－14.

한국사회적기업진흥원(2012), 2012년 12월 현재 사회적기업 인증 현황.

_____(2013), 사회적기업 지원제도 요약.

_____(2015). 사회적기업 가이드북.

_____(2016). 2016년 12월 사회적기업 인증현황.

_____(2016), 사회적기업개요집.

_____(2017a), 2017년 5월 사회적기업 인증 현황.

_____(2017b), 2017년 7월 사회적기업 인증 현황.

_____(2017c), 2017년도 사회적기업 재정지원사업 업무지침.

_____(2017d), 사회적기업 지원제도.

_____(2017e), 사회적기업 사업보고서 작성매뉴얼.

_____(2018), 사업설명회 자료.

한신대학교 산학협력단(2012), 사회적기업 실태 조사 연구보고서.

행정자치부(2017), 2017년 마을기업 육성사업 시행지침.

황덕순 외(2015a), 사회적기업의 임금실태와 저임금 개선방안에 관한 연구.

_____(2015b), 사회적경제 이슈와 쟁점 연구. 고용노동부.

KAIST 사회책임경영연구센터(2010), 사회적기업 사최적 가치평가도구(SROI) 개발·평가 사업 결과보고서, 고용노동부.

폴라니, 칼(Polanyi, Karl)(2009), 거대한 전환, (역)홍기빈, 길.

풀뿌리사람들(2013), 대전광역시 마을기업 설립지원 설명회 자료집, 풀뿌리사람들.

홍현미라(2008), 사회적기업의 지역사회 접근 전략에 관한 탐색적 연구: 지역사회자본의 재구조화, 사회과학논총 23(2), 135－155.

외국문헌

Alsos, Gry Agnete., Sara Carter, Elisabet Ljunggren, and Friederike Welter, F(2011), Introduction: Researching entrepreneurship in agriculture and rural development, 1－20 in The Handbook of Research on Entrepreneurship in Agriculture and Rural Development, edited by Alsos et al. Edward Elgar Publishing.

Alter K.(2007), Social enterprise typology, Virtue Ventures LLC, available at: www.virtueventures.com/files/setypology.pdf.

Amin, Ash (eds.)(2009), The Social Economy: International Perspectives on Economic Solidarity. New York; Zed Books.

Amin, Ash, Angus Cameron, and Ray Hudson(2002), Placing the Social Economy. NewYork. Routledge.

Atterton, Jane, Robert Newbery, Gary Bosworth and Arthur Affleck(2011), Rural enter－prise and neo－endogenous development, 256－280 in The Handbook of Research on Entrepreneurship in Agriculture and Rural Development, edited by Alsos et al. Edward Elgar Publishing.

Atterton, Jane.(2007), The 'Strength of weak ties: social networking by business owners in the Highlands and Islands of Scotland, Sociologia Ruralis 47(3): 228－245.

Bacq, Sophie and Janssen, F.(2011), The multiple faces of social entrepreneurship: A review of definitional issues based on geographical and thematic criteria, Entrepreneurship & Regional Development: An International Journal 23(5－6), 373－403.

Baumgartner, Daniel, Tobias Schulz and Irmi Seidl(2013), Quantifying entrepreneurship and its impact on local economic performance: A spatial assessment in rural Switzerland, Entrepreneurship & Regional Development 25(3/4), 222－250.

Beaudoin, Jean－Michel., Luc LeBel and Luc Bouthillier(2011), Agricultural and forestry entrepreneurship: learning from the experience of an Aboriginal community in Canada, 281－295 in The Handbook of Research on Entrepreneurship in Agriculture and Rural Development, edited by Alsos et al. Edward Elgar Publishing.

Bertotti, Marcello, Angela Harden, Adrian Renton, and Kevin Shreidan.(2012), The con－tribution of a social enterprise to the building of social capital in a disadvantaged urban area of London, Community Development Journal 47(2): 168－183.

Borzaga, C. & Defourny, J.(2004), The Emergence of Social Enterprise, Routledge.

Borzaga, C. and J. Defourny(2001), The emergence of social enterprise. New York, NY: Routledge Creswell,

Borzaga, Carlo and Jacques Defourny(2001), The emergence of social enterprise, London, Routledge.

Bosworth, Gary and Jane Atterton(2012), Entrepreneurial In－migration and Neoendogenous Rural Development, Rural Sociology 77(2), 254－279.

Bouchard, Marie.(2012), Social innovation, an analytical grid for understanding the social economy: the example of the Quebec housing sector, Service Business 6, 47－59.

_____(2013), Introduction: the social economy in Québec, a laboratory of social innovation, 3−24 in Innovation and Social Economy: the Québec experience, edited by Marie Bouchard. Toronto: University of Toronto Press.

Bourdieu, Pierre (2003), 사회자본의 형태. 유석 (편역), 사회자본의 이론과 쟁점. 그린.

BRUNO S. FREY(2015), HAPPNISS, (역)박종현, 부키.

Chalita, L.V., Colosimo, E.A., & Demetrio, C.G.B.(2002). Likelihood approximation and discrete models for tied survival data. Communications in Statistics−Theory and Models, 31(7), 1215−1229.

Coleman, James S.(1990), Foundations of Social Theory. London: Cambridge.

Coleman, James(2003), 인적자본 형성에 있어서의 사회자본, 유석춘 (편역), 사회자본의 이론과 쟁점, 그린.

Connelly, Sean, Sean Markey, and Mark Roseland(2011), Bridging sustainability and the social economy: Achieving community transformation through local food initiatives, Critical Social Policy 31(2), 308−324.

Dana, Paul(2008), Community−based entrepreneurship in Norway Entrepreneurship and Innovation 9(2), 77−92.

Davister, C. Defourny, J., Gregoire, O.(2004), 2004 Work integration social enterprises in the European Union: an overview of existing models. DTI(Department of Trade & Industry). Social enterprise strategy for success.

Defourney(2001), Social Enterprise in Enlarged Europe: Concepts and Realities.

Defourny J. & Nyssens, M(ed, 2006), Social enterprise: At the crossroads of market, public policies and civil society, 3−26 Routledge, London.

Defourny, J. & Nyssens, M.(2008), Social enterprise in europe: recent trends and de−velopments, Social enterprise journal 4(3)202−228, Emerald Group Publishing Limite.

Defourny, J.(2004), The Emergence of Social Enterprise, London and New York, Routledge, 1−28.

Defourny, Jacques and Marthe Nyssens(2006), Defining Social Enterprise, 3−26 in Social Enterprise: At the Crossroads of Market, Public Policies and Civil Society, edited by Marthe Nyssens. London, Routledge.

_____(2010), Conceptions of social enterprise and social entrepreneurship in Europe and United States: Convergence and divergences, Journal of social entrepreneurship 1(1), 32−53.

EMES Network(1997), The emergence of SE: A new answer to social exclusion in

Europe.

Etchart, Nicole and Lee Davis(1999), Profit for Nonprofit NESsT.

European Commission(2013), Social economy and social entrepreneurship.

Evans, Mel and Stephen Syrett(2007), Generating Social Capital? The Social Economyand Local Economic Development, European Urban and Regional Studies 14(1), 55−74.

Evers, Adalbert(2001), The Significance of Social Capital in the Multiple Goal and Resource Structure of Social Enterprises, 296−311. in The Emergence of Social Enterprise, edited by C. Borzaga and J. Defourny. London: Routledge.

Eversole, Rovin, Jo Barraket, and Belinda Luke(2014), Social Enterprises in rural com−munity development, Community Development Journal 49(2), 245−261.

Fukuyama, Francis(1995), Trust: The Social Virtues and the Creation of Prosperity, New York: Free Press.

Garrow, E. E. and Hasenfeld, Y.(2014), Social Enterprises as an Embodiment of a Neoliberal Welfare Logic. American Behavioral Scientist, 58(11). 1475~1493.

Gedajlovic, Eric, Benson Honig, Curt B. Moore, G. Tyge Payne, and Mike Wright(2013), Social Capital and Entrepreneurship: A Schema and Research Agenda, Entrepreneurship Theory and Practice 37(3), 455−478.

Gesamtreport von Social Entrepreneurship in Deutschland(2013).

Glaeser, E. L. and A. Shleifer(2001), Not−for−profit enterepreneurs, Journal of Public Economics, 81, 99115.

Gottschalk (Eds.), Generating jobs: How to increase demand for less−skilled workers (21~53), New York: Russell Sage Foundation.

Granovetter, Mark(1985), Economic Action and Social Structure: The Problem of Embeddedness, American Journal of Sociology 91, 481−510.

Hanifan Lyda Judson (1916), The Rural School Community Center. Annals of the American Academy of Political and Social Science, 69, 130−138.

Hudson, Ray(2009), Life on the edge: navigating the competitive tensions between the 'social' and the 'economic' in the social economy and in its relations to the main−stream, Journal of Economic Geography 19, 1−18.

Hulgård, Lars and Roger Spear(2006), Social entrepreneurship and the mobilization of social capital in european social enterprise, 85−108 in Social Enterprises: At the crossroads of market, public polices and civil society. edited by Marthe Nyssens, London, Routledge.

Hulgård, Lars.(2014), Social Enterprise and the Third Sector Innovative Service Delivery or A Non—Capitalist Economy? 66—84 in Social   Enterprise and the Third Sector: Changing European Landscapes in a comparative perspective, edited by Jacques Defourny, Lars Hulgård, and Victor Pestoff, New York: Routledge.

Husted, B.(2003), Governance choices for corporate social responsibility: to contribute, collaborate or internalize?, Long range planning 36(5), 481—489.

J. W.(2014), Research Design : Qualitative, Quantitative, and Mixed Methods Approaches, Thousand Oaks, CA : Sage Publications.

Johannisson, Bendt., and Nilsson, A.(1989), Community entrepreneur networking for local development, Entrepreneurship & Regional Development: An International Journal 1(1), 3—19.

Johannisson, Bengt(1990), Community entrepreneurship cases and conceptualization, Entrepreneurship & Regional Development: An International Journal 2(1), 71—88.

Johnson, R. B.(1997), Examining the validity structure of qualitative research. Education, 118(2), 282—292.

Johnstone, Harvey. and Doug Lionais(2004), Depleted communities and community business entrepreneurship: revaluing space through place, Entrepreneurship & Regional Development: An International Journal 16(3), 217—233.

Julien, Pierre—André(2007), A Theory of Local Entrepreneurship in the Knowledge Economy, Edward Elgar.

Jung, Dong—Il(2014), Bringing entrepreneurship into the context of community devel—opment, Korean Regional Sociology 15(3), 5—32.

Kay, Alan(2006), Social capital, the social economy and community development, Community Development Journal 41(2), 160—173.

Kerlin, J. A. (2010), A comparative analysis of the global emergence of social enterprise. Voluntas. 21, 162∼179.

Kerlin, J.(2006), Social Enterprise in the United States and Europe: Understanding and Learning from the Differences, Voluntas(2006) 17, 247‑263.

Kluve(2010), The effectiveness of European active labor market programs, Labour Economics, Volume 1Issue 6, December 2010, 904—918.

Kwon, Seok—Woo, Colleen Helflin, and Martin Ruef(2013), Community social capital and entrepreneurship, American Sociological Review 78(6), 980∼1008.

Laville, Jean—Louis, Benoit Levesque and Marguerite Mendell(2008), The Social

Economy: Diverse Approaches and Practices in Europe and Canada, 155 – 181 in The Social Economy Building Inclusive Economies, edited by Noya, Antonella and Emma Clarence. OECD.

Leadbeater, C.(2007), Social Enterprise and Socia; Innovation: Strategies for the next ten years. Office of third sector.

Light, Paul(2008), The Search for Social Entrepreneurship. Brookings Institution.

Lukkarinen, Margita(2005), Community development, local economic development, and the social economy, Community Development Journal 40(4), 419 – 424

Martin, J.(2000), What Works Among Active Labour Market Policies: Evidence From OECD Countries' Experience, OECD Economic Studies, No. 30, 2000 – 1.

McCoyd, J.L.M. and T.S. Kerson(2006), Conducting intensive interviews using email: A serendipitous comparative opportunity, qualitative social work, 5(3), 389~406.

McKeever, Edward, Alistair Anderson, and Sarah Jack(2014), Entrepreneurship and Mutuality: Social Capital in Processes and Practices, Entrepreneurship & Regional Development: An International Journal 26(5 – 6), 453 – 477.

Miriam Wolf(2014), The State of Social Enterpreneurship in Germany.

Monette, D. R., T. J. Sullivan and C. R.,(2008), Applied social research: a tool for the human services (8th). Belmont, CA: Brooks/Cole.

Monitor Institute(2009), Investing for Social & Environmental Impact.

Morgan, D. L. and R. A. Kreuger(1993), When to use focus group and why, n Morgan, D. L. (ed). Successful focus groups, London: Sage, 3~19.

Nan Lin (2002), Social Capital: A Theory of Social Structure and Action. (역)김동윤·오소현, 사회자본, 커뮤니케이션북스.

Nicholls, Alex(eds.)(2008), Social Entrepreneurship: New models of sustainable social change. Oxford University Press.

Noya, A. & E. Clarence(2007), The Social Economy: Building Inclusive Economies, Organisation for Economic Co – operation and Development(OCED).

OECD(1999), 사회적기업보고서.

Putnam, Robert(1993), Making Democracy Work: Civic Traditions in Modern Italy Princeton: Princeton University Press.

Putnam, Robert(1994), Making Democracy Work: Civic Traditions in Modern Italy.

_____(2000), Bowling Alone – the collapse and revival of American community New York: Touchstone books.

Putnam, Robert(2000), Bowling Alone: The Collapse and Revival of American Community. New York.

Rabe−Hesketh, S., & Skrondal, A.(2012), Multilevel and longitudinal modeling using Stata (3rd ed.), College Station, Texas: Stata Press.

Ratten, Vanessa and Isabell M. Welpe(2011), Special issue: community−based, social and societal entrepreneurship, Entrepreneurship & Regional Development: An Intrernational Journal 23(5−6), 217−233.

Schumpeter(1934), A theory of eco−development, London: Oxford.

Schumpeter, Joseph. A(1934), The Theory of Economic Development. An Inquiry into Profits, Capital, Credit, Interest, and the Business Cycle (Opie Redvers Trans.), Cambridge, MA: Harvard University Press.

Sonnino, Roberta and Christopher Griggs−Trevarthen(2013), A resilient social economy? Insights from the community food sector in the UK, Entrepreneurship & Regional Development: An International Journal 25(3−4): 272−292.

Spear, R. & Bidet, E.(2005), Social enterprise for work integration in 12 European countries: a descriptive analysis, Annals of public and cooperative economics, 76(2), 195−231.

Spilling, Olav(2011), Mobilising the entrepreneurial potential in local community devel−opment, Entrepreneurship & Regional Development 23(1−2), 23−35.

Thompson, John(2008), Social Enterprise and Social Entrepreneurship: Where Have We Reached?, Social Enterprise Journal 4(2), 149−161.

Tracy, P., Phillips, N., & Haugh, H.(2005), Beyond Philanthropy: Community Enterprise as a Basis for Corporate Citizenship, Journal of business Ethics, 58, 327−344.

Woolcock, Michael(1998), Social capital and economic development: toward atheoretical synthesis and policy framework, Theory and Society 27, 151−208.

Young, Nathan(2010), Business Networks, Collaboration and Embeddedness in Local and Extra−local Spaces: The Case of Port Hardy, Canada, Sociologia Ruralis 50(4), 392−408.

Website

www.bigkinds.co.kr

www.chunjae.co.kr

www.coop.go.kr

www.doopedia.co.kr

www.easylaw.go.kr

www.eroun.net

www.e−store365.or.kr

www.fine.fss.or.kr

www.fss.or.kr

www.gsef.org

www. goodmonitoring.com

www.hankyung.com

www.kcmi.re.kr

www.kosmes.or.kr

www.kosis.kr

www.moef.go.kr

www.mss.go.kr

www.naver.com.

www.new.fndairies.com

www.news.joins.com

www.newsetax.go.kr

www.oecd.org

www.pns.or.kr

www.pressian.com

www.riss.kr

www.semas.or.kr

www.sehub.net

www.siegfahrenheit.tistory.com

www.sisunnews.co.kr

www.sminfo.smba.go.kr

www.socialenterprise.or.kr

www.sporbiz.co.kr

www.stats.gov.cn

www.yna.co.kr

www.wikipedia.org

1인창조기업법

문화산업진흥기본법

사회적기업 육성법 및 시행령

중소기업기본법 시행령

협동조합기본법 및 시행령

찾아보기(영문)

찾아보기(국문)

저자약력

김영국(PhD. England Kim/Saxophonist)

(현)계명대학교 벤처창업학과 교수/경남 창녕 출생
    계명대학교 영어영문학과, 동대학원 영문학석사/경제학석사/경영학박사
    한국메타버스협회 고문/한국NGO신문 객원논설위원
    한국청년기업가정신재단교육전문가/창업지도사/창업보육전문매니저

| 최근 주요 논문 및 저서

• 주요논문

A Study on the Actual Condition and Improvement Plan of Establishment Support System of Foreign-Invested Enterprises in Korea

A Study on the Customer Churning Behavior according to Market Maturity of Innovative Convergence Service

사회적기업 개선방안, 사회적금융, 사회적기업지원제도, 스마트팩토리, 창업지원제도 등 연구논문 다수

• 주요저서

사회적기업의 창업 이론과 실제, 박영사, 2022
4차 산업혁명과 실전창업보육, 박영사, 2020
실전 창업회계와 재무전략, C&C DREAM, 2019
4차 산업혁명과 글로벌 핀테크 for 창업, 박영사, 2018 <교육부 및 대한민국학술원 우수학술도서 선정>
4차 산업혁명과 창업금융, 박영사, 2018
창업과 액셀러레이터 for 성공전략, 박영사, 2017
실전창업전략, 도서출판 두남, 2017 등 다수

| 학술수상

한국창업학회 우수논문상 수상, 2017
교육부 및 대한민국학술원 우수학술저서(저자) 학술상, 2019

| 최근 국책(연구) 선정 과제

중소벤처부, 중소기업 기술개발지원사업, 2021~2022
한국청년기업가정신재단 학술연구과제 단독선정, 2021
연구개발특구진흥재단, 중소기업기술개발 역량강화사업, 2021
계명대학교, 초기창업패키지, 정책연구과제, 2020
계명대학교-지텍(주) 연구용역과제(단독), 2020
계명대학교-레이텍(주) 연구용역과제(단독), 2020
농림부 신활력플러스사업(창녕군 70억원) 추진단장 및 추진위원장, 2019
교육부(한국연구재단), 저술연구과제(단독), 2018
중소벤처기업부, 창업성장기술개발사업(공동), 2018
중소벤처기업부, 글로벌스타벤처육성(단독), 2018
계명대학교, 비사연구과제(단독), 2018
계명대학교, 정책과제(단독), 2018
계명대학교, 신진연구과제(단독), 2017

| 산·학·군·관 주요경력(40년)

• 산업체

DGB금융그룹 DLF(주)홍콩현지법인장(대표이사 CEO)
DGB금융그룹 대구은행 국제부, 국제영업부 등
한국경제신문사 객원연구위원
한국경제 TESAT연구소장
금호약품(주) 등 사외이사 및 경영(컨설팅)자문교수 다수
방송 및 칼럼니스트(TBC/경북일보/매일신문/한국경제신문/경북도민일보 등)

• 학계

경북대학교 등 교수
(창업학/경영학/국제통상/금융보험/재무관리 등)

• 군

육군장교(ROTC) 전역

• 관계

공무원(옴부즈만)
한국은행 객원연구위원
지식경제부 기업과제 평가위원장
국립충남대학교 교수채용 심사위원
한국무역학대사전 편찬위원
중소벤처기업부 중소기업기술개발 평가위원
소상공인시장진흥공단 기업과제 평가위원장
경북테크노파크 창업대전 선정 심사위원장
대구테크노파크 기업과제 평가위원장
경북테크노파크 기업과제 평가위원장
대구경북디자인센터 기업과제 평가위원장

| 주요특강

청년창업사관학교, 삼성pro캠퍼스, LG GROUP 등 다수

사회적기업의 창업 이론과 실제

초판발행	2022년 6월 25일
지은이	김영국
펴낸이	안종만 · 안상준
편 집	전채린
기획/마케팅	장규식
표지디자인	이수빈
제 작	고철민 · 조영환
펴낸곳	(주)**박영사**
	서울특별시 금천구 가산디지털2로 53, 210호(가산동, 한라시그마밸리)
	등록 1959. 3. 11. 제300-1959-1호(倫)
전 화	02)733-6771
f a x	02)736-4818
e-mail	pys@pybook.co.kr
homepage	www.pybook.co.kr
ISBN	979-11-303-1580-5　93320

정 가　　29,000원

본 연구는 2018년도 계명대학교 연구기금으로 이루어졌음
This research was supported by the Keimyung University Research Grant of 2018